Tandem MATHS

CE1 et CE2

Direction d'ouvrage

Christophe Gilger
Conseiller pédagogique

Catherine Grosjean
Conseillère pédagogique

Stéphanie Collomb
Professeure des écoles

Carole Cortay
Conseillère pédagogique

Sonia Dulout
Professeure des écoles – Maitre formatrice

Cécile Guénard
Professeure des écoles – Maitre formatrice

Johan Jacquier
Professeur de mathématiques

Vincent Lobry
Professeur des écoles – Maitre formateur

Cet ouvrage est conforme à la nouvelle orthographe
www.orthographe-recommandee.info

Nathan

SOMMAIRE

92 avenue de France – 75013 Paris
ISBN : 978-2-09-125197-4

GÉOMÉTRIE

PARTIE F Les séances de calcul

PARTIE G Les séances d'*Apprendre à chercher*

SOMMAIRE DES VIDÉOS

- Mesurer un segment
- Rendre la monnaie
- Tracer un cercle
- Reconnaitre et construire un angle droit
- Tracer un carré et un rectangle
- Tracer un triangle rectangle
- Compléter une figure par symétrie
- Poser une addition
- Poser une soustraction
- Poser une multiplication

Pictogrammes du guide pédagogique

- ▶ Renvoi à un **diaporama** présent dans l'espace numérique du guide
- ▶ Renvoi à une **fiche à imprimer** présente dans l'espace numérique du guide
- ▶ Renvoi à une **vidéo** présente dans l'espace numérique du guide

A Mettre en œuvre la méthode en double niveau

- L'une des ambitions de la collection *Tandem* est de proposer des **outils et une démarche adaptés à la gestion d'une classe en double niveau**, tout en restant fidèle à quelques spécificités :
  - **donner du sens** en faisant du lien **avec le réel**, la vie quotidienne des élèves ;
  - accorder une large place à la **manipulation** et à la **verbalisation** afin d'amener peu à peu les élèves à **l'abstraction**.
- La méthode est **utilisable deux années de suite, en CE1 et en CE2**. Pour autant, les élèves ne vont pas refaire en CE2 ce qu'ils ont déjà fait en CE1. Ils vont aller plus loin dans la maitrise des concepts mathématiques conformément aux programmes du cycle 2.

1. Organiser sa classe en double niveau avec Tandem

Des missions séparées, des missions en tandem

Les *Attendus de fin d'année* et les *Repères annuels de progression* ont présidé à l'organisation des apprentissages sur ces deux années du cycle 2. Ils indiquent que **les élèves de CE1 et ceux de CE2 doivent progresser au regard d'exigences différentes**, plus ambitieuses pour le CE2. Ainsi, notre organisation prévoit des temps d'apprentissage séparés (que nous appelons missions d'apprentissage). Pourtant, le fait que tous travaillent fréquemment à l'appropriation et à la maitrise de concepts similaires, a permis de **proposer de nombreuses missions « en tandem »**. Sur ces temps, tous les élèves de la classe travaillent ensemble, sur un même support, mais avec une différenciation, par exemple, dans les données.

2. Une journée type avec Tandem

Les outils principaux

- **Toutes les séances sont découpées en temps de 30 minutes quel que soit le domaine.** Elles prennent appui sur :

Des diaporamas pour l'apprentissage

+

Le fichier ou le cahier de géométrie pour l'entrainement

Journée type si la mission est en Tandem

> Le fond beige indique la **présence renforcée** de l'enseignant·e.

		CE1	CE2
MATIN	30 min	Mission d'apprentissage	
	30 min	Entrainement	
APRÈS-MIDI	15 min	Calcul mental	

Journée type si la mission est séparée

> L'entrainement autonome peut concerner des **notions vues la veille ou quelques jours avant**.

		CE1	CE2
MATIN	30 min	Mission d'apprentissage	Entrainement autonome
	30 min	Entrainement autonome	Mission d'apprentissage
APRÈS-MIDI	15 min	Calcul mental	

- L'organisation proposée prévoit **4 séances par semaine** réparties sur cinq périodes de 7 semaines (pour plus de détails, voir l'organisation au jour le jour).
- **La présence de l'enseignant·e auprès des élèves est pensée pour chaque moment d'une séance de mathématiques.** Les modules alternent des **temps de travail avec l'ensemble du groupe classe** sur des supports communs, mais aussi des **temps consacrés à un seul niveau**, pendant que l'autre niveau travaille en autonomie sur le fichier ou le cahier de géométrie.
- Pour les temps d'entrainement en autonomie, **chaque niveau dispose de son support** : un fichier ou un cahier qui contient un rappel de ce qui a été appris lors de la phase de manipulation et des exercices aux **consignes simples**.
- Des **fiches de différenciation** présentes dans le fichier à photocopier ou des jeux peuvent également être proposés **aux élèves les plus rapides** ou dans le but de proposer un **travail différencié** adapté aux besoins des élèves.

Comment permettre aux élèves de se repérer entre les différentes modalités de travail (classe entière, demi-groupe, individuel) ?

Des outils visuels peuvent aider les élèves à **se repérer plus facilement**.

- **Vous pouvez proposer une frise du temps montrant le déroulé de la séance.**

  L'enseignant·e a besoin lorsqu'il·elle prépare sa classe, de se projeter dans le déroulement et l'enchainement des étapes de sa séance, d'en avoir une vision d'ensemble. Il peut être utile de proposer à l'élève un outil adapté lui permettant également de se projeter dans la séance à venir.

▶ On peut proposer l'affichage ci-contre, sur lequel on va venir accrocher les étiquettes dont on a besoin, par des scratch par exemple. Une flèche est proposée pour chaque niveau, CE1 et CE2. Sur chaque flèche, la première ligne indique la modalité de travail et l'autre, le comportement attendu.

- **Étiquettes possibles**

Découverte	Manipulation	Entrainement	Calcul mental
Travail en autonomie	Travail avec la maitresse	Travail avec le maitre	Travail en groupe
Je cherche avec un camarade.	Je cherche avec mes camarades.	Je travaille en silence.	Je peux parler doucement avec un camarade.
Je peux utiliser un jeu mathématique.	Je peux me déplacer.	Je peux aller dans l'espace mathématique.	Je travaille à ma place.

- **Vous pouvez utiliser des pictogrammes pour indiquer le comportement attendu.**

  Il est important que l'élève sache explicitement ce qu'on attend de lui. Le pictogramme peut être distribué sur les tables ou affiché au tableau. En début d'année, explicitez le sens des différents pictogrammes et rappelez-le en cours d'année.

Les flèches, les étiquettes et les pictogrammes sont à télécharger dans l'**espace numérique du guide**.

3. Faciliter l'organisation de sa classe avec les diaporamas

C'est en utilisant les diaporamas que l'enseignant·e pourra facilement organiser les apprentissages dans sa classe : ils contiennent **tout ce qui est nécessaire au déroulé des missions d'apprentissage**, jusqu'à la phase d'entrainement individuel qui se fait ensuite dans le fichier ou le cahier de géométrie.

Les apprentissages y sont précisément structurés. Chaque étape s'appuie sur des diapositives qui sont un support visuel pour l'enseignant·e, mais aussi pour les élèves. **Leur attention est mieux canalisée et soutenue, ils comprendront plus facilement ce qui est attendu d'eux dans la mesure où les consignes ne sont plus seulement données oralement.**

Le diaporama Maths en vie

Pour donner du sens à chaque grande notion (les grands nombres, la symétrie, etc.), **un ancrage dans le réel est proposé** par un questionnement simple à partir d'une photographie. Chacune est choisie pour son lien avec le **quotidien des élèves**.

Ces séances de 30 minutes interviennent **3 à 4 fois par période**.

Diaporamas Maths en vie pour le module *Symétrie, alignement et milieu.* Deux entrées Maths en vie sont proposées pour chaque module dans le cas où l'enseignant·e aurait les mêmes élèves deux années de suite.

Le diaporama des missions d'apprentissage

Au cœur de la méthode, les missions d'apprentissage correspondent aux **séances mathématiques quotidiennes**. Elles sont composées de **trois étapes** :

1. Une manipulation guidée

2. Un bilan pour verbaliser

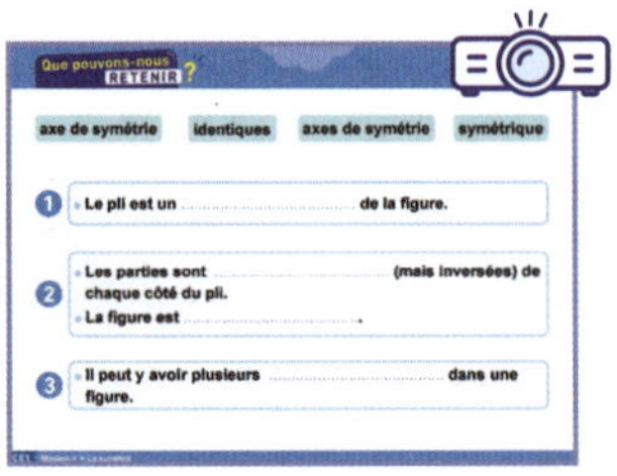

3. Un miniquiz pour vérifier la compréhension

Les diaporamas contiennent des **annotations pratiques, complémentaires au guide pédagogique** et ayant l'avantage d'être immédiatement disponibles. Elles apportent des précisions utiles à l'enseignant·e, en terme d'**organisation**, de **contenu mathématique** ou d'**attentes vis-à-vis des élèves**.

Comment mener le temps de verbalisation ?

***« Réussir n'est pas comprendre ».* Le temps de verbalisation, qui est l'étape 2 des diaporamas, peut être difficile à gérer avec un groupe important d'élèves. Il est pourtant indispensable pour les guider sur le chemin de l'abstraction.** Il va leur permettre de prendre du recul avec l'activité, de dépasser le « faire », de mettre des mots sur ce qu'ils ont appris.

Ce qui peut vous aider :

- **observer les élèves en train de manipuler** pour cibler ceux qu'il sera intéressant de faire parler ensuite et dans quel ordre ;
- **laisser un petit temps avant la mise en commun**, pour que chacun puisse formuler, dans sa tête ou par écrit, la réponse à la question qui permettra la mise en commun. On pourra proposer une amorce de phrase à compléter pour aider à la formulation.

Des diaporamas au service de la manipulation

Faire des mathématiques, c'est manipuler des symboles et des représentations, entrer dans un monde abstrait. Peu à peu les élèves sont amenés à laisser de côté les objets concrets, visibles et manipulables pour entrer dans un langage fait de symboles opératoires, de nombres, de signes...

Pour accéder à ce monde abstrait, il est nécessaire de lui donner d'abord du sens par le réel, donc par la manipulation. Les diaporamas ne se substituent pas à la manipulation, ils l'accompagnent. Il faut ensuite guider les élèves vers l'abstraction en appui de ce qu'ils ont vécu par le corps et le geste.

Mais selon leur rythme de croissance et de développement psychique, les enfants n'accèdent pas en même temps à cette capacité à se détacher du réel pour entrer dans le symbolique. Certains auront besoin encore plus que d'autre, ou plus longtemps, d'une proximité physique et ne pourront s'empêcher d'assimiler les situations mathématiques auxquelles ils sont confrontés à un vécu ou une expérience personnelle.

Doit-on faire manipuler toute la classe en même temps ?

En fonction de la séance et du matériel, il n'est pas toujours facile de mettre en même temps en manipulation tous les élèves de la classe (bruit, agitation, comportements des élèves). C'est pourquoi il a semblé indispensable que **certains temps de manipulation ne se fassent qu'avec un seul niveau en même temps**.

Pour qu'une séance de manipulation se passe bien, pensez à :

- **anticiper la préparation** et le rythme de déroulement de ce temps ;
- **être explicite sur les règles de comportement** et les attentes ;
- **indiquer aux élèves le temps dont ils disposent** (et qu'il leur reste) pour mener à bien leur tâche (utiliser un *Time timer*) ;
- **être explicite sur le but de la tâche**, mais aussi sur les moyens et les conditions qui vont permettre de réussir la tâche *(Qu'est-ce qu'il faut que je fasse pour réussir ?)*.

4. S'entrainer en autonomie avec les fichiers et les cahiers de géométrie

- Un temps de **30 minutes d'entrainement** est prévu **chaque jour**.
- Le **bilan de la mission**, en entrée de chaque double-page, permet aux élèves de se **souvenir de ce qui a été vécu en mission**. La photo de la manipulation aide les plus petits lecteurs à se remémorer la manipulation.

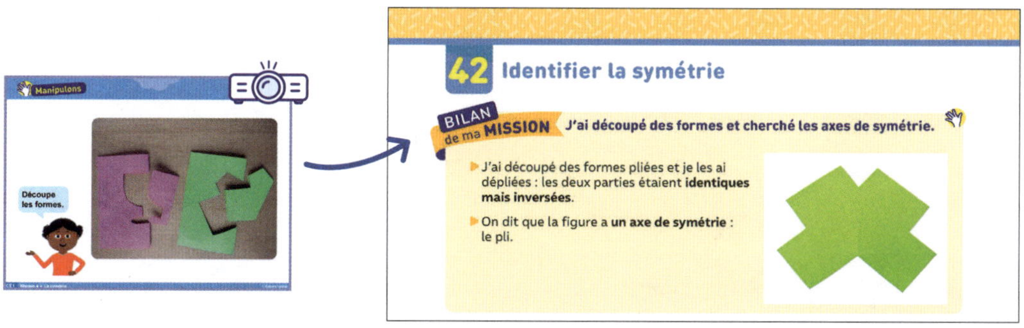

- Dans le fichier et le cahier de géométrie, **les exercices ont été conçus pour être réalisés en autonomie** : consignes simples, Seyès pour les réponses, phrases réponses à compléter pour le début d'année. La plupart des exercices sont destinés à être réalisés par tous les élèves.

Comment éviter que les élèves en autonomie soient focalisés sur les diaporamas de l'autre groupe ?

L'attrait pour le tableau numérique, s'il peut exister en début d'année, devrait ensuite s'atténuer. Néanmoins, **certaines dispositions de classe sont plus favorables à une alternance dans les modalités de travail** (organisation en ilots par exemple). Elles peuvent avoir l'avantage de permettre aux élèves d'associer un lieu de la classe à une modalité de travail et donc à une attitude particulière.

Dans l'esprit d'une classe flexible dans laquelle les élèves n'ont pas de places attitrées, on pourra par exemple :

- **réserver un espace face au tableau, où pourront s'installer les élèves qui sont en atelier dirigé avec l'enseignant·e.** Une disposition en U peut favoriser les échanges. Cet espace peut à certains moments être également utilisé comme un coin regroupement. Il permet à l'enseignant·e de pouvoir facilement, en se plaçant au centre du U, avoir un regard sur tous les élèves lorsqu'ils sont sur un temps de manipulation ;

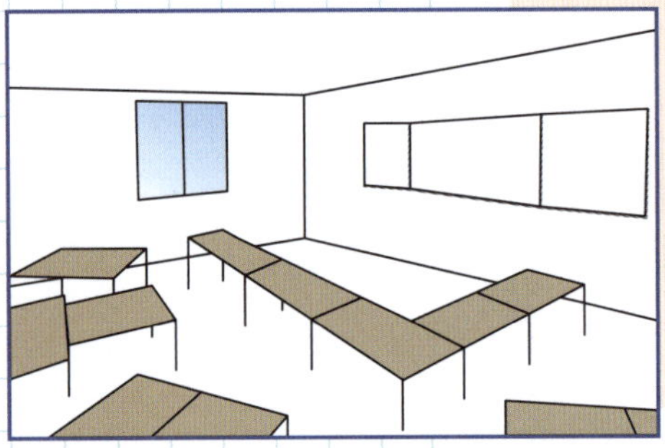

- **dans un autre espace, des zones de travail individuel pour des temps en autonomie**, avec si possible un tableau également pour y inscrire les consignes, modalités de travail… Au début d'année, **les tables pourront être isolées, voire même retournées par rapport au tableau numérique**, pour favoriser le travail individuel autonome. Petit à petit, la disposition pourra évoluer de façon à favoriser le travail en binôme ou en petit groupe.

5. Différencier, s'adapter aux besoins des élèves

Dans le **fichier à photocopier de différenciation**, **deux niveaux CE1 (fiches bleues) et deux niveaux CE2 (fiches vertes) sont proposés pour chaque compétence**, afin de s'adapter aux besoins des élèves et à leur progression dans la maitrise de la notion. D'un format A5 (A4 pour la géométrie), les fiches peuvent être collées dans le cahier de l'élève ou plastifiées et rangées dans un coin de la classe.

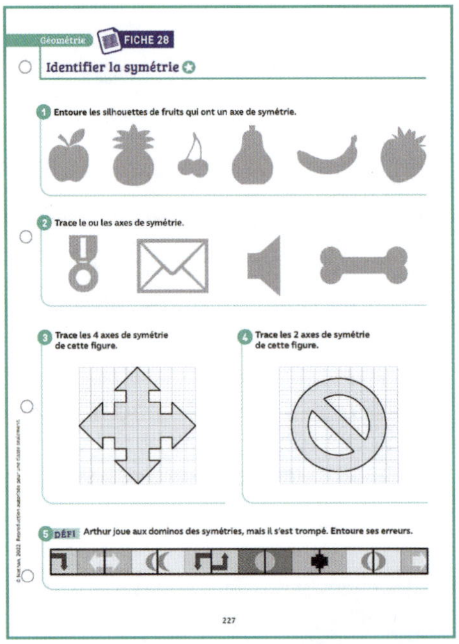

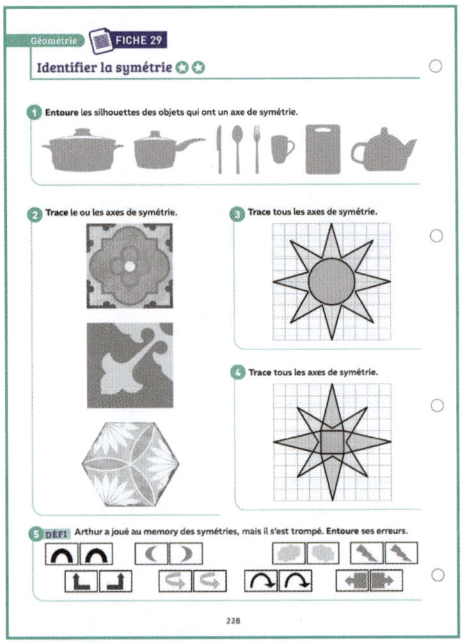

Les fiches de **niveau 2** sont l'outil idéal **à fournir aux élèves qui ont terminé l'entrainement autonome avant les autres**.

Parce qu'on dispose d'un outil réunissant les apprentissages destinés aux élèves de CE1 et de CE2, **il est possible de permettre à ceux qui en ont besoin de revoir les apprentissages de l'année précédente ou au contraire, à ceux qui sont en réussite, d'aller plus loin**.

La couleur (bleu ou vert) sont un repérage pour l'enseignant·e. Les fiches sont conçues pour être photocopiées en noir et blanc.

Comment faire avec des élèves qui ne sont pas autonomes ?

Nous pensons que **l'autonomie s'enseigne et s'apprend**.

- Les élèves doivent **clairement identifier les temps d'autonomie et le comportement attendu d'eux**. Cela peut être rappelé visuellement, en utilisant les étiquettes associées à la flèche du temps proposée en p. 6, mais aussi par l'**utilisation d'un *Time timer*** qui leur permettra de visualiser le moment où ils pourront à nouveau solliciter l'enseignant·e.
- **Les élèves doivent également précisément savoir ce qu'ils peuvent faire sur ce temps et comment trouver l'information s'ils ne s'en souviennent plus** (par un affichage, un écrit au tableau, des documents utiles toujours au même endroit...).
- **On apprendra aussi aux élèves à savoir où trouver les outils** (dans un espace mathématique bien identifié) et l'aide dont ils pourraient éventuellement avoir besoin (*je commence par chercher dans ma tête, puis dans ma leçon ; je peux ensuite faire appel à un camarade*).
- **Il est important de prendre quelques minutes pour valoriser le travail effectué, échanger sur les difficultés rencontrées, parler des comportements observés.** Les élèves accorderont d'autant plus d'importance à leur travail qu'il sera valorisé.

Sur les temps d'autonomie, une fois les règles de vie dans la classe bien établies, on pourra proposer des temps de travail en binôme ou en petit groupe, par exemple autour d'un jeu.

Vous pouvez également **développer la coopération dans un défi collectif et autonome** comme :

- écrire sur un tableau ou une affiche la suite des nombres à partir de 25, en comptant de 2 en 2, de 5 en 5, de 10 en 10, en avançant, en reculant... Chaque élève a la possibilité de venir, un à la fois, ajouter 10 propositions ;
- participer à la réalisation d'un grand puzzle ou d'un coloriage magique mathématique géant.

6. Un temps pour jouer

À la fin de chaque grande notion, un temps pour jouer est prévu dans la programmation :

- pour apprendre et réinvestir autrement ce que l'on a appris ;
- pour une utilisation en autonomie tout au long de l'année, dans une démarche spiralaire ;
- avec des variantes pour différencier.

Les jeux peuvent être proposés séparément ou simultanément aux élèves de CE1 et de CE2. Leur utilisation peut être, en appui sur les variantes proposées, l'occasion de faire des groupes mélangeant des élèves des deux niveaux.

Les jeux proposés sont toujours liés à la notion en cours.
Une fois le jeu bien installé, il **peut être réutilisé par les élèves sur des temps d'autonomie.**

Les jeux s'appuient sur un matériel de base et peu couteux. Ils sont conçus avec des règles simples et explicites pour les élèves, dans une présentation uniforme :

- **But du jeu :** les élèves savent à quoi ils doivent aboutir pour gagner ;
- **Organisation et éléments du jeu :** à combien joue-t-on ? De quoi a-t-on besoin ? Combien de temps dure une partie ?
- **Règle du jeu :** les principes de déroulement d'une partie, simples et explicites ;
- **Variantes :** afin de permettre à tous, quelles que soient leurs difficultés ou leurs compétences, de jouer.

Un diaporama permet de guider collectivement la découverte et la compréhension du jeu, avant les premières parties et permet aussi, après avoir joué, d'aller plus loin. Il s'agit d'aller au-delà du « jeu pour jouer » et de guider les élèves dans la prise de conscience des notions mathématiques sous-jacentes. Il s'agit de réfléchir à une situation particulière de jeu, comme un arrêt sur image, pour permettre aux élèves de mieux comprendre ce qu'ils doivent faire pour gagner, d'échanger sur les réussites et les difficultés, de réfléchir aux différentes stratégies possibles. Le but est qu'ils se rendent compte qu'ils n'ont pas seulement joué mais qu'ils ont aussi fait des maths.

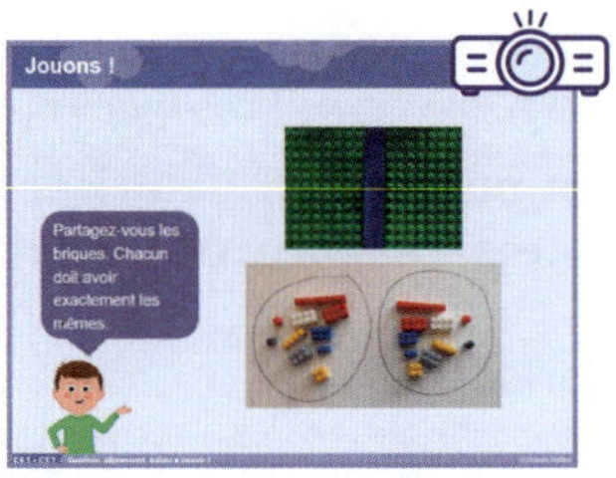

Répartition annuelle des domaines pour le CE1 et CE2 pour un temps complet

Période	Semaine	Nombres CE1 et CE2	Grandeurs et mesures CE1 et CE2	Géométrie CE1 et CE2	Calculer CE1 et CE2	Apprendre à chercher CE1 et CE2
Période 1	S1	X				
	S2			X		
	S3				X	X
	S4	X			X	
	S5			X	X	
	S6	X			X	
	S7			X	X	
Période 2	S1	X				
	S2		X			
	S3				X	X
	S4	X			X	
	S5		X		X	
	S6	X			X	
	S7		X		X	
Période 3	S1	X				
	S2			X		
	S3				X	X
	S4	X			X	
	S5			X	X	
	S6	X			X	
	S7			X	X	
Période 4	S1	X				
	S2		X			
	S3				X	X
	S4	X			X	
	S5		X		X	
	S6	X			X	
	S7		X		X	
Période 5	S1	X				
	S2	X				
	S3				X	X
	S4		X		X	
	S5		X		X	
	S6			X	X	
	S7			X	X	

L'organisation au jour le jour, période par période, est à télécharger dans l'espace numérique du guide pédagogique. Au format Excel, elle est **modifiable** par l'enseignant·e.

Proposition de répartition des domaines pour les enseignant·e·s travaillant à temps partiel

- De par la conception de la méthode en modules, tant pour le guide pédagogique que pour le fichier de l'élève, il est assez aisé de se répartir les modules entre deux enseignant·e·s travaillant sur une même classe et ce, quelles que soient les quotités.
- **Le seul domaine qu'on ne peut attribuer à l'un ou à l'autre enseignant·e, à notre sens, est le calcul mental.** En effet, celui-ci nécessite qu'on conserve une certaine régularité et continuité dans sa mise en œuvre. La programmation prévue permet de consacrer 15 minutes par jour au calcul mental et les séances s'enchainent de jour en jour de façon progressive. Le guide pédagogique précise ce qui peut être fait chaque jour (voir p. 29) et les enseignant·e·s peuvent facilement s'y reporter, même en cas de sortie ou de contre-temps, et enchainer avec ce qui aura été fait lors de la séance précédente qu'elle ait été menée par lui-même ou par un collègue.
- Nous avons fait le choix de **ne pas dissocier le domaine « calcul » et le domaine « numération » car ils sont étroitement liés**.

Pour les enseignant·e·s travaillant à 50 % sur une classe

Voici une proposition de répartition :

Enseignant 1	Enseignant 2
• Calcul • Numération • 50 % du calcul mental	• Grandeurs et mesures • Espace et géométrie • Apprendre à chercher • 50 % du calcul mental

Le module « Apprendre à chercher » peut être une variable d'ajustement entre les deux enseignant·e·s, en tout ou partie, en fonction du « retard » pris par l'un des deux enseignant sur sa partie du programme. Cela peut permettre de prendre en compte les besoins des élèves qui pourraient par exemple, être plus importants en géométrie parce qu'ils en auraient peu fait l'année précédente. En début de chaque période, une concertation entre les enseignant·e·s peut permettre de décider qui traitera le module suivant de résolution de problèmes pour la période à venir.

Cas des enseignant·e·s travaillant à 75 % ou 80 % sur une classe

Le fichier de géométrie étant distinct du fichier comprenant les autres domaines, il sera peut-être plus simple de réserver ce module à l'enseignant à 20 % ou 25 %.

Enseignant 1 75 % ou 80 %	Enseignant 2 25 % ou 20 %
• Calcul • Numération • Grandeurs et mesures ou Espace et Géométrie • 75 % à 80 % du calcul mental	• Espace et géométrie ou Grandeurs et Mesures • Apprendre à chercher • 25 % à 20 % du calcul mental

Le module « Apprendre à chercher » peut être une variable d'ajustement entre les deux enseignant·e·s.

PÉRIODE 1

	CE1	CE2	Matériel à prévoir (hors fiches à imprimer) – CE1	Matériel à prévoir (hors fiches à imprimer) – CE2
Numération	1 Dénombrer une collection jusqu'à 99 2 *Tandem* Comparer des nombres 3 Représenter une collection jusqu'à 99 4 *Tandem* Nommer et écrire les nombres en lettres 5 Manipuler les dizaines et les unités	1 Dénombrer et nommer une collection jusqu'à 999 2 *Tandem* Comparer deux nombres 3 Connaitre la suite des nombres jusqu'à 999 4 *Tandem* Écrire des nombres en lettres 5 Représenter les nombres jusqu'à 999	Graines type haricots, cartes-nombres (matériel détachable du fichier), crayons de couleur rouge et bleu	Cartes nombres (matériel détachable du fichier), crayons de couleur vert, rouge et bleu, compteur (matériel détachable)
Grandeurs et mesures				
Géométrie	39 Se repérer dans l'espace 40 Coder un emplacement 41 Coder un déplacement 42 Identifier la symétrie 43 Compléter une figure par symétrie 44 *Tandem* Reconnaitre un alignement de points 45 *Tandem* Repérer le milieu d'un segment	39 Se repérer sur un plan 40 Programmer un déplacement 41 Utiliser un logiciel de déplacement 42 Identifier un axe de symétrie 43 Compléter une figure par symétrie 44 *Tandem* Reconnaitre un alignement de points 45 *Tandem* Repérer le milieu d'un segment	Feutres, cubes en couleur, figurines type Playmobil, ruban adhésif de 2 couleurs type Masking tape, Post-it, pions, jetons, bouchons de feutres **Jeux :** jetons, dés classiques, dés avec lettres A, B, C, D, E F, legos	Figurines type Playmobil, geoplans et élastiques **Jeux :** jetons, dés classiques, dés avec lettres A, B, C, D, E F, legos
Calcul	1 Changer l'ordre des nombres pour additionner : 6 + 7 + 4 2 Décomposer pour additionner (1) : 32 + 6 3 Décomposer pour additionner (2) : 43 + 25 4 Utiliser les compléments pour additionner : 56 + 7	1 Décomposer pour additionner (1) : 43 + 25 2 Décomposer pour additionner (2) : 143 + 35 3 Décomposer pour soustraire (1) : 156 – 24 4 Utiliser la droite graduée pour additionner : 267 + 18	Matériel de base 10 (matériel détachable ou physique)	Matériel de base 10 (matériel détachable ou physique)
Calcul mental	• Compléments à 10 : 8 + ? = 10 • Somme de 2 nombres inférieurs à 10 : 7 + 5 = ? 7 + ? = 12 12 – 5 = ? • Somme de 2 dizaines inférieure à 100 : 30 + 20 = ? 30 + ? = 50 50 – 20 = ?	• Compléments à 100 par dizaines : 2 + ? + 10 donc 20 + ? = 100 • Sommes de dizaines entières : 70 + 50 = ? 70 + ? = 120 120 – 50 = ? • Somme d'un nombre inférieur à 200 et de dizaines : 153 + 30 = ? 153 + ? = 183 183 – 30 = ?	Jeux de 54 cartes classique, calculatrices	Jeux de 54 cartes classique, calculatrices
Apprendre à chercher	1 *Tandem* Situations de parties-tout	1 *Tandem* Situations de parties-tout	Cahiers de recherche, 1 boite de crayons de couleurs, cubes emboitables (facultatif)	

PÉRIODE 2

	CE1	CE2	Matériel à prévoir (hors fiches à imprimer) – CE1	Matériel à prévoir (hors fiches à imprimer) – CE2
Numération	6 Construire et représenter le nombre 100 7 Tandem Encadrer un nombre 8 Connaitre la suite des nombres jusqu'à 199 9 Tandem Ranger des nombres 10 Manipuler les nombres jusqu'à 199	6 Construire et représenter le nombre 1 000 7 Tandem Encadrer un nombre 8 Connaitre la suite des nombres jusqu'à 1 999 9 Tandem Ranger des nombres 10 Échanger les milliers, les centaines, les dizaines et les unités	Plaques de 100 multicubes, compteur (matériel détachable), matériel de base 10 **Jeux :** fond cartonné à rebord (type couvercle de ramette de papier), dé avec faces + et faces –, porte-carte ou pince à linge	Crayons de couleur vert, rouge, bleu, compteur (matériel détachable)
Grandeurs et mesures	24 Tandem Comparer des longueurs 25 Tandem Comparer des masses 26 Comparer des contenus et des contenances 27 Mesurer des longueurs et des masses avec des unités arbitraires 28 Graduer des segments pour comparer	24 Tandem Comparer des longueurs 25 Tandem Ranger des masses 26 Comparer des contenus et des contenances 27 Comparer des objets selon plusieurs grandeurs 28 Mesurer des contenances avec des unités arbitraires	Contenu de la trousse, balances Roberval, gobelets transparents, semoule (ou autre contenu), entonnoirs, bouteilles, planchettes kaplas, carrés de mosaïque de 1 cm de côté	Contenu de la trousse, bouteilles, saladiers, boites de conservation, verres de différentes tailles, bouteilles de forme irrégulière, gobelets
Géométrie				
Calcul	5 Utiliser la table d'addition pour additionner : 56 + 7 6 Décomposer pour soustraire (1) : 58 – 6 7 Décomposer pour soustraire (1) : 76 – 21 8 Le sens de la multiplication (1) : 8 × 2	5 Utiliser la droite graduée pour soustraire : 243 – 15 6 Poser une addition (1) : 564 + 355 7 Poser une soustraction (1) : 345 – 164 8 Décomposer pour multiplier (1) : 8 × 30	Matériel de base 10	Matériel de base 10
Calcul mental	• Les doubles et presque doubles jusqu'à 10 : 8 + 8 = ? • Somme de 2 nombres < 100 sans passage de dizaine : 52 + 5 = ? 52 + ? = 57 57 – 5 = ? • Somme d'un nombre < 100 et de dizaines : 47 + 30 = ? 47 + ? = 77 77 – 30 = ?	• Les compléments à 100 : 35 + ? = 100 • Les tables de multiplication par 2, par 5 • Les tables de multiplication par 3, par 4 • La table de multiplication par 6 • La table de multiplication par 7 • La table de multiplication par 8 • La table de multiplication par 9	Multicubes, pions, matériel de base 10, jetons, jeux de 54 cartes classique, calculatrices, dés	Pions, jeux de 54 cartes classique, jetons, dés
Apprendre à chercher	2 Tandem Situations de transformation	2 Tandem Situations de transformation	Cahiers de recherche	

PÉRIODE 3

	CE1	CE2	Matériel à prévoir (hors fiches à imprimer) – CE1	Matériel à prévoir (hors fiches à imprimer) – CE2
Numération	11 Les différentes écritures d'un nombre 12 *Tandem* Décomposer un nombre 13 Des nombres particuliers : les doubles 14 *Tandem* Décomposer un nombre autrement 15 Connaitre les centaines entières	11 Représenter les nombres jusqu'à 1 999 12 *Tandem* Décomposer un nombre 13 Décomposer autrement le nombre 100 14 *Tandem* Décomposer autrement les grands nombres 15 Manipuler les milliers	Compteurs, matériel de base 10 et cartes-nombres (matériel détachable), monnaie **Jeux :** calculatrices, dés	Compteurs, matériel de base 10 et cartes-nombres (matériel détachable), monnaie
Grandeurs et mesures				
Géométrie	46 Reconnaitre un solide 47 Décrire un solide 48 *Tandem* Construire un cube 49 Tracer un cercle 50 Reconnaitre des polygones simples 51 Construire un polygone simple 52 *Tandem* Reconnaitre et construire un angle droit	46 Décrire un polyèdre 47 Décrire les autres solides 48 *Tandem* Construire un cube 49 Décrire et tracer un cercle 50 Reconnaitre et tracer des triangles rectangles 51 Construire un polygone simple 52 *Tandem* Utiliser l'équerre	6 cerceaux de couleurs différentes, cubes, pavés droits, pyramides, boules, cônes, cylindres, boites en cartons, polypropylène ou feuilles cartonnées, ruban adhésif type Masking tape **Jeux :** jetons	Cubes, pavés droits, pyramides, cônes, boules, cylindres, paravent en carton, allumettes, pics en bois, pâte à fixer, emballages cartonnés cubique
Calcul	9 Le sens de la multiplication (2) : 12 × 3 10 Poser une addition (1) : 65 + 26 11 Utiliser la droite graduée pour additionner : 156 + 7 12 Utiliser la droite graduée pour soustraire : 156 – 8	9 Décomposer pour multiplier (2) : 132 × 3 10 Poser une multiplication (1) : 118 × 3 11 Poser une multiplication (2) : 136 × 4 12 Poser une multiplication (3) : 64 × 20	Matériel de base 10	Matériel de base 10
Calcul mental	• Les compléments à la dizaine supérieure : 83 + ? = 90 • Somme d'un nombre < 200 et d'un petit nombre sans passage de dizaine : 143 + 6 = ? 143 + ? = 149 149 – 6 = ? • Somme d'un nombre < 200 et de dizaines : 145 + 30 = ? 145 + ? = 175 175 – 30 = ?	• Les compléments à 1 000 par centaines : 2 + ? = 10 donc 200 + ? = 1 000 • Soustraire des unités, dizaines, centaines à 1 000 : 1 000 – 20 = ? • Multiplier des dizaines, résultat < 200 : 3 × 50 = ? • Multiplier des dizaines et des centaines, résultat < 2 000 : 200 × 3 = ? • Réviser les multiplications (table de Pythagore) • Produit d'un nombre à 1, 2 ou 3 chiffres par 10, 100 : 43 × 100 = ? 43 × ? = 4 300	Matériel de base 10, pions, jeux classiques de 54 cartes, jetons, calculatrices, dés	Matériel de base 10, calculatrices, pions, dés, glisse-nombres
Apprendre à chercher	3 *Tandem* Situations de comparaison	3 *Tandem* Situations de comparaison	Cahiers de recherche, jeu classique de 54 cartes	

PÉRIODE 4

	CE1	CE2	Matériel à prévoir (hors fiches à imprimer) CE1	Matériel à prévoir (hors fiches à imprimer) CE2
Numération	16 Connaitre la suite des nombres jusqu'à 999 17 Tandem Nommer, lire et écrire les nombres jusqu'à 999 18 Les nombres pairs et impairs 19 Tandem Comparer, ranger, encadrer et intercaler des nombres 20 Manipuler les centaines, dizaines et unités	16 Connaitre la suite des nombres jusqu'à 9 999 17 Tandem Nommer, lire et écrire les nombres jusqu'à 9 999 18 Distinguer « chiffre des » et « nombre de » 19 Tandem Comparer, encadrer, ranger et intercaler des nombres 20 Repérer précisément les nombres à quatre chiffres sur la droite graduée	Matériel de base 10	Compteurs (matériel détachable), matériel de base 10, cartes-nombres (matériel détachable)
Grandeurs et mesures	29 Construire des relations entre unités de mesure de longueur 30 Estimer et mesurer en cm, en dm, en m 31 Utiliser les euros et les centimes d'euros 32 Construire des relations entre unités de mesure de masse 33 Estimer et mesurer en g, en kg 34 Utiliser le litre	29 Revoir les unités de mesure de longueur 30 Estimer et mesurer en mm, en km 31 Rendre la monnaie 32 Revoir les unités de mesure de masse 33 Estimer et mesurer en tonne 34 Estimer et mesurer en cL, en dL	Carrés de mosaïque (de côté 1 cm), colle (10 cm), bandes pour placoplâtre, paquets de farine de 1 kg, craies de 10 g, savons de 100 g, serpentinis de 1 g, balances Roberval, bouteilles de yaourt à boire (10 cL), de lait (1 L), pots de confiture (250 mL), saladiers, semoule	Serpentinis, paquets de farine, des bouteilles de yaourt à boire (10 cL), petites cuillères (1 cL), 1 bouteille de lait (1 L), 1 ou plusieurs contenus au choix (semoule ou autre).
Géométrie				
Calcul	13 Poser une addition (2) : 176 + 43 14 Poser une soustraction (1) : 446 – 324 15 Poser une soustraction (2) : 446 – 328 16 Décomposer pour additionner (3) : 324 + 162	13 Décomposer pour additionner (3) : 3 252 + 1 436 14 Décomposer pour soustraire (2) : 2 348 – 135 15 Poser une addition et une soustraction 16 Poser une soustraction par compensation : 2 407 – 59	Matériel de base 10	Matériel de base 10
Calcul mental	• Les compléments à 100, 200 par dizaines : 170 + ? = 200 • Les doubles d'usage courant : 15 + 15 = ? • Les tables de multiplication par 2, par 3, par 4, par 5	• Les compléments à la centaine supérieure : 741 + ? = 800 • Somme d'un nombre à 3 chiffres et de centaines, dizaines ou unités • Les doubles d'usage courant : le double de 35 : ? • Les moitiés d'usage courant	Matériel de base 10, pions, dés, jetons, calculatrices, multicubes	Pions, dés, compteurs, jeux classiques de 54 cartes, jetons, calculatrices
Apprendre à chercher	4 Tandem Situations de groupement et partage	4 Tandem Situations de groupement et partage	Cahiers de recherche, paquets de madeleines	

PÉRIODE 5

	CE1	CE2	Matériel à prévoir (hors fiches à imprimer) CE1	Matériel à prévoir (hors fiches à imprimer) CE2
Numération	21 Nombre de dizaines et multiplication par 10 22 Tandem Des nombres particuliers : les moitiés 23 Des nombres particuliers : les multiples de 10	21 Les multiples : des nombres qui se partagent 22 Tandem Décomposer pour trouver la moitié d'un nombre 23 Reconnaitre les multiples de 100, 50, 25		
Grandeurs et mesures	35 Tandem Utiliser les unités de durées 36 Tandem Lire l'heure 37 Le calendrier 38 Résoudre des problèmes de durées	35 Tandem Utiliser les unités de durée 36 Tandem Lire l'heure 37 La frise chronologique 38 Résoudre des problèmes de durée	Jeux de Tangram, horloges (matériel détachable)	Montres, chronomètres, jeux de Tangram, sabliers, horloges (matériel détachable)
Géométrie	53 Tandem Construire un carré, un rectangle 54 Tandem Reproduire un assemblage de figures planes	53 Tandem Construire un carré, un rectangle à partir de mesures 54 Tandem Reproduire un assemblage de figures planes	Allumettes, pics en bois, gabarit d'angle droit (matériel détachable), paravent, règle non-graduée	Allumettes, pics en bois, équerre, paravent, règle non-graduée, compas
Calcul	17 Poser une addition (3) : 563 + 378 18 Décomposer pour multiplier : 15 × 3 19 Utiliser les doubles pour multiplier : 24 × 2 20 Utiliser la multiplication pour diviser : 38 divisé par 5	17 Décomposer pour multiplier (3) : 1 324 × 3 18 Poser une multiplication (4) : 36 × 14 19 Poser une multiplication (5) : 124 × 36 20 Diviser par essais-ajustements : 124 : 7	Matériel de base 10	Matériel de base 10
Calcul mental	• Compléments à 100 : 63 + ? = 100 • Somme d'un nombre à 3 chiffres et de dizaines ou centaines : 435 + 30 = ? 435 + 200 = ? 435 + 30 = ? 435 + 200 = ? • Multiplication par 10 d'un nombre < 100 : 23 × 10 = ? • Moitiés de nombres pairs d'usage courant < 100 : moitié de 60 ? • Tables de multiplication à trou : 5 × ? = 35	• Les compléments à 1 000 : 463 + ? = 1 000 • Ajouter 9, 90, 99, 900, 990, 999 : 377 + 99 • Retirer 9, 90, 99 : 526 – 90 • Tables de multiplication à trou par 2, 3, 4, 5, 6, 7, 8 et 9 : 7 × ? = 56 • Trouver le quotient et le reste d'une division : 44 = … × 7 + … • Trouver le quotient et le reste d'une division par 10, 100, 1 000 : 347 = … × 100 + …	Matériel de base 10, pions, dés, compteurs (matériel détachable), jeux classiques de 54 cartes, calculatrices, jetons	Jeux classiques de 54 cartes, jetons, calculatrices, compteurs (matériel détachable), pions, dés, glisse-nombres
Apprendre à chercher	5 Tandem Situation de groupement et partage (avec reste)	5 Tandem Situation de groupement et partage (avec reste)	Cahiers de recherche	

B. Programmation et matériel de la boite à grandeurs

Pour en savoir plus sur la mise en œuvre de la boite à grandeurs, voir p. 28.

Période / Module		CE1 Matériel physique à ajouter	CE1 Fiches Matériel	CE2 Matériel physique à ajouter	CE2 Fiches Matériel
Période 2 : Comparer des grandeurs et découvrir le principe d'unité	**S 2**	Ficelle, bandes de papier, pelote de laine, matériel pour fabriquer la balance porte-manteau (ficelle, cintre, 4 pots de yaourt prépercés), une balance Roberval	• *Expériences 1 CE1*	Ficelle, bandes de papier, pelote de laine, balance porte-manteau, balance Roberval	• *Expériences 1 CE2*
	S 5	Bouteilles de différentes formes et contenances, gobelets, saladiers, tasses, pots de confiture, semoule, sachet de coquillettes, riz, entonnoirs	• Cartes *Grandeurs longueur et masse* • *Expériences 2 CE1*	Bouteilles de différentes formes et contenances, gobelets, saladiers, tasses, semoule, sachet de coquillettes, du riz, entonnoirs	• Cartes *Grandeurs longueur, masse, contenance* • *Expériences 2 CE2*
	S 7	Planchettes Kapla, mosaïques, craies, pâtes serpentinis, Legos, tubes de colle, bandes de papier, feutres de différentes couleurs	• Cartes *Grandeurs contenance* • Étiquettes *Unités* • *Expériences 3 CE1*	Planchettes Kapla, mosaïques, pâtes serpentinis, Legos, tubes de colle, bouteilles de yaourts à boire, bouchons de bouteilles diverses, petites cuillères, bandes de papier et feuilles de différents formats	• Étiquettes *Unités* • *Expériences 3 CE2*
Période 4 : Construire/ Revoir les unités usuelles	**S 2**	Bande de placoplâtre, instruments de mesure de longueur (mètre à ruban, double et triple décimètre, règle du tableau…), monnaie en pièces et billets	• Étiquettes *Unités longueurs* • *Expériences 4 CE1*	Instruments de mesure de longueur (mètre à ruban, double et triple décimètre, règle du tableau…), monnaie en pièces et billets	• Étiquettes *Unités longueurs* • *Expériences 4 CE2*
	S 5	Savons, instruments de mesure de masse, masses marquées	• Étiquettes *Unités masses* • *Expériences 5 CE1*	Instruments de mesure de masse, masses marquées	• Étiquettes *Unités masses* • *Expériences 5 CE2*
	S 7	Bassine, arrosoir	• Étiquettes *Unités Contenances* • *Expériences 6 CE1*	Bassine, arrosoir, petite cuillère, instruments de mesure de contenance (verres doseurs, gobelets doseurs…)	• Étiquettes *Unités Contenances* • *Expériences 6 CE2*
Période 5 : Comprendre le temps	**S 3**	La 3e semaine de la dernière période peut être l'occasion de vider la boite à grandeurs afin de matérialiser le passage aux grandeurs liées au Temps…			
	S 4	Instruments de mesure de durée (sabliers, clepsydre, chronomètre), horloge	• Étiquettes *Unités Durée* • *Expériences 7 CE1*	Instruments de mesure de durée (sabliers, clepsydre, chronomètre), horloge	• Étiquettes *Unités Durée* • *Expériences 7 CE2*
	S 5		• *Expériences 8 CE1*		• *Expériences 8 CE2*

C Nos choix pédagogiques

1. La résolution de problèmes : un enseignement explicite et structuré

Celui-ci s'articule autour de **trois axes forts**.

1 La **compréhension et l'identification des problèmes**

Elles sont travaillées à travers :
- une typologie simplifiée de trois types de problèmes : « parties-tout », « comparaison » et « transformation » ;
- une réflexion argumentée et verbalisée lors des séances de découverte ;
- des exercices de compréhension des énoncés ;
- des situations d'écriture d'énoncés.

La photographie est largement utilisée comme **soutien à la compréhension**.

2 **L'utilisation réfléchie d'un schéma en barres évolutif**.

Elle est installée progressivement :
- en lien étroit avec la compréhension afin de donner du sens aux situations ;
- en adaptant légèrement le schéma en barres à chaque famille de problème ;
- en s'entrainant à utiliser le schéma en barres à travers suffisamment de problèmes du même type.

3 Un **entrainement conséquent** en résolution de problèmes. L'automatisation nécessaire à une certaine expertise, se fera grâce à la multiplication des problèmes résolus, par analogie avec les problèmes analysés et compris par ailleurs.

Les Instructions officielles préconisent de proposer 10 problèmes par semaine.
En plus des semaines « Apprendre à chercher », les élèves ont également l'occasion de résoudre de nombreux problèmes chaque semaine, lors des séances de calcul mental, des missions d'apprentissage et des temps d'entrainements, dans tous les domaines mathématiques.

La modélisation

Le schéma en barres choisi est un support pour verbaliser et pour traduire mathématiquement l'énoncé du problème afin d'aider à sa résolution abstraite par le calcul. Une progression a été réalisée permettant d'adapter l'outil à la complexité des problèmes. Des évolutions apparaitront et des conventions seront alors établies au regard des types de problèmes rencontrés. Ainsi, la modélisation fait l'objet d'un apprentissage progressif du CE1 au CE2. Une fois installé, cet outil pourra être mobilisé dans des problèmes plus complexes au CM : problèmes de proportionnalité ou à partir de fractions, etc.

L'organisation

Un temps d'apprentissage spécifique, sur une semaine par période, est dédié à cet enseignement. Chaque période présente l'enseignement d'une situation issue de la typologie et s'appuyant sur le quotidien des élèves :
- **période 1** : situations de parties-tout ;
- **période 2** : situations de transformation ;
- **période 3** : situations de comparaison ;
- **période 4** : situations de groupement et partage (qui relèvent des situations de parties-tout) ;
- **période 5** : situations de groupement et partage avec reste (qui relèvent des situations de parties-tout).

Une semaine en résolution de problème

▶ Séance 1 : Découverte

Un **problème permettant de réfléchir collectivement** sur la situation est proposé. Cette phase a également pour objectif de **construire le schéma en barres associé**. Les élèves sont amenés à réaliser des exercices de compréhension et à s'exercer à résoudre leurs premiers problèmes en autonomie, en s'appuyant sur le schéma découvert.

▶ Séance 2 : Découverte avec des problèmes plus complexes

Des problèmes plus complexes, relevant de la même situation, sont proposés. Il s'agit alors d'amener les élèves à faire des analogies avec les premiers problèmes rencontrés. On structurera ensuite cet apprentissage en montrant aux élèves, comment une même situation, peut se décliner en plusieurs énoncés.

▶ Séance 3 : Entrainement

Sur le fichier, afin de créer des automatismes.

▶ Séance 4 : Institutionnalisation et travail sur les problèmes à étapes

On utilisera cette séance comme un temps de remédiation, à partir du fichier de différenciation.

Un rituel en résolution de problèmes

- En complément du module « Apprendre à chercher », vous trouverez un rituel de problèmes afin d'entretenir et consolider les compétences et connaissances acquises dans le module. **Ce rituel s'appuie sur un diaporama unique pour chaque période.**
- **Ce rituel est prévu sur toute l'année scolaire et s'appuie sur la programmation en résolution de problèmes.** Chaque semaine, deux problèmes sont proposés pour le CE1 et deux problèmes pour le CE2. Le rituel se déroule donc deux jours par semaine, ce qui permet de laisser la place à d'autres rituels dans d'autres disciplines les autres jours.
- **Sur une même semaine, les élèves sont soumis à la même situation, mais avec une recherche portant sur une donnée différente.** Par exemple, pour un problème de parties-tout, la recherche pourra porter dans un premier temps sur le tout, puis sur une des parties. Cela permet aux élèves de faire des analogies de situations, sans les enfermer dans une opération.
- **Le problème proposé au CE2 s'appuie sur la même base que celui du CE1, mais avec des nombres plus grands ou une plus grande complexité.** Cela facilite les mises en commun en cours double, car on pourra s'appuyer sur la résolution du problème de CE1 pour corriger celui du CE2. Cela permet également de faciliter la mise en place d'une différenciation, les problèmes n'étant pas identifiés par un niveau de classe, mais par un niveau de difficulté.
- Chaque période s'organise de la même façon, sur sept semaines :
  - les **deux premières semaines** permettent de **« rebrasser » des problèmes étudiés** les périodes précédentes. La première période est consacrée à des révisions de problèmes vus l'année précédente.
  - **trois semaines** sont ensuite consacrées à **résoudre des problèmes en lien direct avec les situations proposées dans le module « Apprendre à chercher »**.
  - les **deux dernières semaines**, les élèves sont amenés à résoudre des **problèmes à étapes**, dont au moins une etape relève de la typologie étudiée dans la période.
- On pourra retrouver, sur une même période, une même thématique : l'école et la rentrée scolaire, l'automne, le sport, les métiers... en lien avec les saisons, les fêtes et la vie quotidienne de chaque élève. Cela permet d'ancrer au réel les situations proposées et de leur donner plus de sens.
- La séance de rituel se doit d'être courte :
  - **projection du problème aux élèves** et **lecture collective** pour s'assurer de la compréhension par tous de la situation ;
  - **recherche de la solution sur ardoise** : laisser les élèves libres de la forme donnée à leur recherche et au résultat ;
  - **synthèse collective au tableau** et écriture collective de la phrase réponse.

- Les nombres choisis sont volontairement en deçà des capacités en calcul des élèves. L'idée est bien de se consacrer à la compréhension, la modélisation et la traduction mathématique du problème en une opération. L'enseignant·e pourra d'ailleurs donner le résultat de l'opération trouvée et ainsi ne pas perdre de temps dans les techniques opératoires qui sont travaillées sur des temps spécifiques en calcul.
- Ce rituel est prévu pour être mis en œuvre sur deux jours dans la semaine, cependant, on peut également, selon l'organisation dans la classe, ne le faire vivre qu'une fois dans la semaine, en proposant deux problèmes un même jour, voire qu'un seul. L'objectif, comme le préconisent les instructions officielles, est de proposer de façon très régulière des problèmes à résoudre afin de s'entrainer, de favoriser des analogies et des automatismes.

2. La numération : la manipulation au cœur de la démarche

La manipulation, accessible pour tous les élèves grâce aux **diaporamas**, **facilite la construction d'images mentales** et aide ainsi les élèves à **accéder à l'abstraction**. Les situations proposées sont simples, concrètes, vivantes et reposent sur un guidage et un questionnement précis : les élèves sont donc actifs, ils cherchent et verbalisent leurs réponses et leurs démarches.

Du **matériel individuel** de manipulation **prédécoupé** est proposé avec le fichier. Le matériel de chaque élève pourra être placé dans une petite boite.

Pour ce faire, nous avons opté pour des **supports de manipulation en nombre restreint** mais variés, pour ne pas enfermer les élèves dans un seul type de matériel et fausser leurs représentations. Nous avons sélectionné un matériel qui apporte du sens aux apprentissages. Il est **souvent déjà présent dans les classes**.

Les outils utilisés

▶ Le matériel de base 10

Il permet de comprendre le système de numération décimale et les relations entre les unités de numération (en particulier les échanges).

▶ Les cartes-nombres

Elles permettent de travailler la valeur positionnelle des chiffres et aident à la décomposition – recomposition des nombres (même code couleur que la base 10).

▶ Le compteur

Il permet de faire le lien avec l'écriture chiffrée et le tableau de numération, ainsi qu'avec l'aspect algorithmique par ajout ou retrait de nombres.

▶ Les droites graduées

À différentes échelles, elles permettent une visualisation linéaire des nombres et en particulier les relations entre les nombres (comparaison, encadrement, rangement).

▶ Les multicubes

Ils sont utilisés en début de CE1 et permettent de remémorer le travail de dénombrement et de groupement par 10 réalisé en CP.

3. Le calcul

Afin de traiter la grande variété de calculs demandés dans les programmes, nous proposons une démarche progressive et stratégique basée sur la maitrise des trois modes de calcul :

- quand un calcul est **simple**, il peut être réalisé **mentalement** ;
- si ce calcul peut se faire en **plusieurs étapes simples** et entraine la mise de mémoire d'un ou plusieurs résultats intermédiaires, il peut souvent être réalisé **en ligne** ;
- si ce calcul ne peut être réalisé ni mentalement, ni en ligne, il peut être **posé**.

Un des objectifs de la méthode est que les élèves n'aient à faire appel au **calcul posé** – dont bien sûr ils doivent maitriser la procédure – **qu'en dernier recours**.

Ces trois modes de calculs étant maitrisés à des niveaux très variés selon les élèves, il est courant que, pour chaque élève, la « frontière » entre ces trois modes soit évolutive et en progression : un calcul posé à un moment de l'année pourra peut-être se réaliser en ligne voire mentalement quelques mois plus tard.

Un outil progressif pour le calcul en ligne : l'arbre à calculs

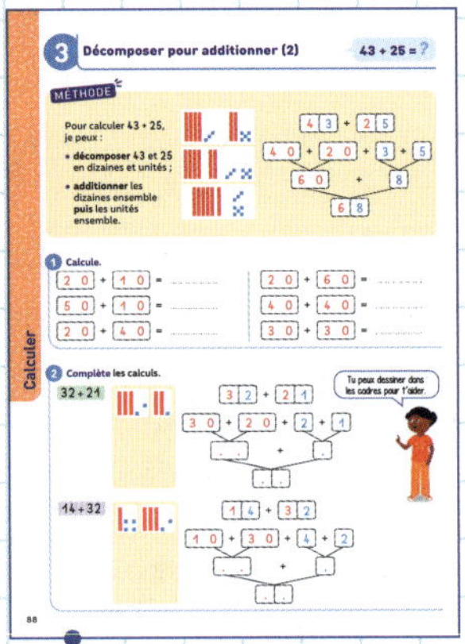

Un exemple d'arbres à calculs dans le fichier CE1.

Le calcul en ligne, tel que proposé dans le fichier sous la forme d'arbres à calculs, peut être appréhendé avec la métaphore suivante : si trouver le résultat d'un calcul correspond à dénouer un nœud sur une corde, **ce nœud est parfois trop gros pour être dénoué « en une fois »** (calcul mental). Il faut donc transformer ce « gros » nœud en plusieurs petit nœuds, chacun plus facile à résoudre : **c'est la raison pour laquelle la seconde ligne d'un calcul en ligne est souvent plus longue et peut, à première vue, questionner**. Les lignes suivantes auront pour but de résoudre un à un chacun de ces « petits » nœuds, jusqu'à arriver au résultat final. En termes mathématiques, la plupart des calculs en ligne commencent par une décomposition – additive ou multiplicative – qui permet d'exploiter les propriétés des opérations : commutativité, distributivité et associativité.

Nous sommes convaincus que la rencontre régulière de ce type de démarche – dans une forme non figée, le calcul en ligne étant plus créatif et en cela plus mathématique que le calcul posé – **apportera aux élèves une plus grande agilité mentale**, une meilleure compréhension des nombres et *in fine*, des compétences approfondies en calcul mental et en numération.

Des séances de calcul hebdomadaires

Chaque chapitre de calcul est proposé sous la forme de **deux créneaux de 30 minutes** sur deux journées différentes.

▶ **Séance 1 : Manipulation individuelle ou en binôme guidée par l'enseignant·e.**

Elle s'appuie sur le **même matériel qu'en numération** et vise à faire le lien entre les étapes de manipulation et les étapes de calcul – qu'il soit en ligne ou posé. Le mini-quiz permet, en fin de séance, de s'entrainer collectivement – avec l'ardoise – et de synthétiser les étapes de calcul.

▶ **Séance 2 : Entrainement en autonomie.**

L'entrainement est conçu pour passer progressivement d'une représentation proche de la manipulation de la première séance à des écritures plus abstraites, par « abandon » des dessins et passage à l'écriture sur fond Seyès en remplacement des cartes nombres. Un ou deux problèmes permettent d'illustrer les calculs proposés et de travailler le sens des opérations.

4. Le calcul mental

Les objectifs du calcul mental dans la méthode sont les suivants :

- **soulager la mémoire de travail des élèves** en visant la mémorisation des résultats de calculs simples (tables d'addition puis de multiplication) et en automatisant certaines procédures simples (ajouter ou soustraire 10, ajouter ou soustraire plusieurs dizaines, plusieurs centaines…) ;
- proposer des **stratégies de calculs simples et variées**.

Pour cela, différentes variantes d'un même calcul pour lesquels les élèves n'utilisent pas les mêmes procédures seront proposées (15 + 8 = ? / 15 + ? = 23 / 23 – 8 = ? / 23 – 15 = ?).

Nous proposons également des problèmes simples dont l'objectif n'est pas fondamentalement de trouver le calcul, mais d'ancrer chez les élèves des situations classiques et récurrentes d'utilisation des calculs proposés *(Nour possédait 15 cartes et elle en gagne 8. Combien de cartes a-t-elle maintenant ?).*

Un enseignement guidé du calcul mental

Les activités de calcul mental sont conçues afin d'être proposées sur un **temps quotidien de 15 minutes**.

Compte tenu des objectifs du calcul mental, nous préconisons un **enseignement guidé dans lequel l'enseignant·e est en présence d'un groupe d'élèves de taille relativement réduite**. Nous proposons donc une partition de la classe en 2 groupes (groupes de niveaux CE1 et CE2).

L'organisation proposée est une séance au même moment pour les deux niveaux de classe, la classe étant organisée en deux ateliers :

	Lundi	Mardi	Jeudi	Vendredi
CE1	Avec l'enseignant·e	Autonomie	Avec l'enseignant·e	Autonomie
CE2	Autonomie	Avec l'enseignant·e	Autonomie	Avec l'enseignant·e

Organisation des séances

▶ Les séances avec l'enseignant·e : découverte

Un nouveau type de calcul à réaliser mentalement est travaillé avec l'enseignant·e chaque semaine : il est donc travaillé deux fois dans la semaine en alternance avec les séances en autonomies portant sur des notions déjà étudiées.

Les objectifs de calcul feront l'objet d'une explicitation et d'un échange sur les stratégies utilisées par les élèves, et que l'enseignant·e complètera le cas échéant par la stratégie experte. **Une courte manipulation** est prévue lors de la première séance avec l'enseignant·e : cette manipulation, réalisée au tableau ou autour d'une table de manipulation selon la taille du groupe, est guidée par l'enseignant·e qui sollicite les élèves pour expliciter et proposer leur interprétation, susciter le questionnement et les propositions de réponses. Les outils communément utilisés par ailleurs en calcul ou en numération – compteur, base 10, cartes-nombres, droites graduées – pourront être utilisés dans ce cadre, selon les besoins de tous les élèves ou d'une partie d'entre eux.

L'ardoise sera un outil privilégié d'entrainement, car elle permet un feedback très rapide sur les résultats des élèves et la correction en temps réel des erreurs. D'autre part, les élèves auront à leur disposition une fiche de calcul mental (à télécharger dans l'espace numérique du guide) dans laquelle un espace sera réservé pour des réponses écrites, qui permettra à la fois une autoévaluation pour les élèves et une évaluation formative pour l'enseignant·e.

▶ Les séances en autonomie : entrainement

L'atelier en autonomie concerne une ou plusieurs notions déjà travaillées, en particulier celle travaillée la semaine précédente avec l'enseignant. Il vise à entrainer les élèves sur des procédures connues, à améliorer leur vitesse d'exécution et, à terme, aboutir à la mémorisation de certains calculs.

Ces séances (2 par semaine, en alternance avec les séances d'apprentissage avec l'enseignant) prendront **deux formes particulières** :

- **travail sur mini-fiches de calcul :** ce travail individuel et silencieux propose un maximum de calcul dans le temps imparti. Les fiches sont conçues pour que la consigne soit la plus courte et intuitive possible. Elles peuvent être imprimées individuellement ou mise sous pochette plastique et sont la plupart du temps **autocorrectives**.
- **petits jeux de calcul par groupes de 2 ou 3 élèves :** ces jeux à base de cartes, de dés... ont une organisation et une consigne simples et peuvent être réalisés sans perturber le groupe en apprentissage avec l'enseignant.

Il est également possible pour l'enseignant·e d'intégrer sur ces temps des activités qu'il·elle utilise par ailleurs, notamment numériques – type calcul@tice ou « J'peux pas, j'ai maths ».

5. La géométrie

À l'entrée du CE1, **les élèves connaissent du vocabulaire géométrique et reconnaissent divers objets géométriques**. Ils ont utilisé **leurs sens** pour les découvrir. Lors du CE, nous basculons de cette **perception avec leur corps vers la perception sur l'espace plan** : c'est le début de l'abstraction. Ce chemin vers l'abstraction sera un moyen de commencer à construire des concepts en géométrie et de découvrir les propriétés associées.

Une progression liée aux sens et à la manipulation

La progression de CE est une progression en entonnoir, liée aux sens et à la manipulation, qui permet d'affiner l'apprentissage en lien avec les capacités de l'élève :

- **Construction des repères et d'un langage communs à travers le repérage** en situant son corps dans l'espace ;
- **Utilisation de ces repères à travers les constructions de symétrie.** Nous aborderons les notions de **milieu** et **d'alignement**, sur lesquelles nous ferons un focus pour les institutionnaliser comme des propriétés géométriques ;
- **Avec les solides,** la perception s'affine (le toucher). En observant leurs caractéristiques, nous en déduirons des propriétés qui nous mèneront vers l'espace plan (2D) ;
- **Dans l'espace plan, observation et construction des figures géométriques** connues depuis la maternelle et le CP. Nous ferons un focus particulier sur l'angle droit en tant qu'élément lié à la propriété de perpendicularité ;
- **Rebrassage des connaissances avec des figures plus complexes** ou transplantées dans un nouvel environnement (rebrassage d'une semaine en école dehors) ;
- **En juin, nous proposons des séances à mener dans l'environnement proche de la classe, à l'extérieur.** Ces temps en tandem permettront aux élèves de confronter les apprentissages de l'année à de plus grands espaces et à l'environnement réel.

Lors de cette progression, nous commencerons par utiliser des outils non conventionnels de tracé pour en découvrir le sens, avant de basculer progressivement sur l'utilisation des outils conventionnels de la géométrie.

6. Les grandeurs et mesures

Il n'est pas toujours aisé de se repérer dans le domaine des grandeurs et mesures tant ces **deux termes renvoient à deux notions à la fois si liées et si différentes** ! Comment donner du sens aux différentes grandeurs et aux unités usuelles qui les mesurent ? Comment même comprendre la notion d'unité de mesure et ne pas la confondre avec la grandeur qu'elle mesure ?

Une progression qui va de la grandeur à la mesure

Nous avons fait le choix de proposer la progression suivante :

- **Entrée par la notion de grandeur en dehors de tout recours à la mesure**

L'utilisation d'un vocabulaire précis (« plus court », « plus léger », ... pour remplacer le fameux « plus petit » si polysémique) favorise l'acquisition des différentes grandeurs avec un travail autour de la **caractérisation** d'un objet selon une seule grandeur au CE1 (« la plume est plus légère que la gomme ») et selon plusieurs au CE2 (« la plume est plus légère que la gomme mais la gomme est plus courte que la plume), ainsi que la **comparaison** de deux objets (directe en CE1 et indirecte en CE2) selon une même grandeur.

- **Construction du concept d'unités de mesure arbitraire**

Par des activités de **mesurage** en appui sur des **objets du quotidien**.

▶ Introduction des unités usuelles, puis de l'estimation de mesure

Le lien avec les objets du quotidien permet la **création d'images de référence** (par exemple, la masse d'une pâte alimentaire comme représentation mentale du gramme ou la longueur d'un bâton de colle comme représentation du décimètre).

Nous avons également fait le choix :

- De proposer **une progressivité identique et équivalente pour chaque grandeur** (longueur, masse, contenance et durée sont traitées de la même manière) ;
- De mettre en valeur des similitudes entre les différentes grandeurs physiques au programme de cycle 2 (longueur, masse, contenance), préparant aux nouvelles grandeurs qui seront introduites au cycle 3 (périmètre, aire) ;
- De créer des liens entre les différents domaines des mathématiques en insistant sur la dimension géométrique de la grandeur et la dimension numérique de la mesure : utilisation du même code couleur qu'en numération, associé aux préfixes des unités de référence.

▶ Introduction du temps dans un module à part

Le temps-durée (abordé de manière identique aux autres grandeurs) est différencié du temps-horaire (abordé singulièrement).

7. La boite à grandeurs : un outil simple à mettre en œuvre

- Pour compléter le travail des missions et du fichier, nous proposons de mettre en place dans la classe l'utilisation d'une boite à grandeurs. **C'est un moyen simple de permettre aux élèves de manipuler régulièrement des objets liés aux grandeurs**, en évitant des séances de manipulation parfois compliquées à mettre en œuvre en classe, surtout en double niveau. Elle est constituée de matériel à disposition des élèves, dans un coin de classe spécifiquement aménagé. Elle peut être utilisée au sein d'ateliers autonomes, par exemple. Des temps spécifiques sont proposés dans l'organisation au jour le jour pour la découvrir et l'utiliser.
- Elle propose aux élèves **l'ensemble du matériel qui permet de réinvestir les découvertes des missions d'apprentissage** et de prolonger ces découvertes par des petites expériences conduisant à des constatations simples et guidées. Le contenu de cette boite à grandeurs s'adapte à la progressivité du domaine sur les deux niveaux tout au long de l'année et aux acquis des élèves.

Un exemple de contenu de la boite à grandeurs en période 3 de CE1

Comment utilise-t-on la boite à grandeurs ?

Lors des premières semaines d'utilisation, la boite ne contient que les cartes *Objets*, afin que les élèves les découvrent.

Le descriptif du matériel et son introduction dans l'année se trouve p. 20.

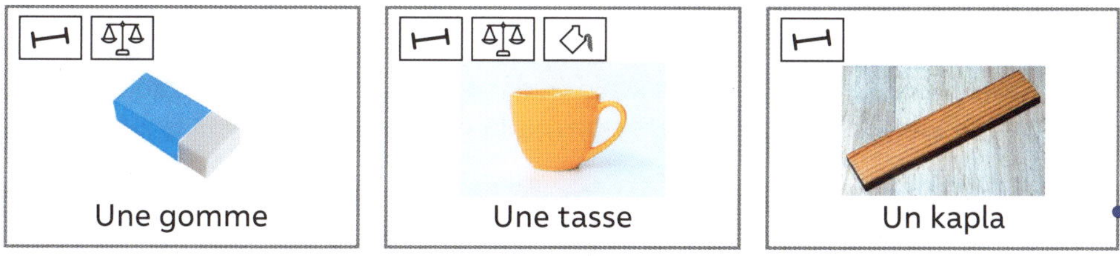

Des exemples de cartes Objets. L'enseignant·e peut sélectionner les cartes mentionnant les objets qu'il possède dans sa classe.

Au fur et à mesure, des cartes *Grandeurs* identifiant les grandeurs étudiées ainsi que le matériel permettant de comparer les objets selon ces grandeurs, puis d'en faire le mesurage, sont ajoutées dans la boite.

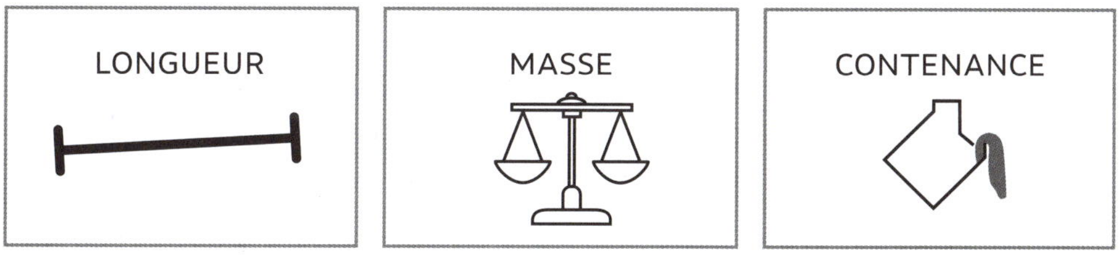

Pour guider les élèves dans l'utilisation de cette boite, plusieurs activités autonomes sont proposées (à télécharger dans l'espace numérique du guide). Elles ont pour objectif de prolonger ou préparer ce qui a été découvert dans les différentes missions. Elles sont réalisables en autonomie et donnent lieu à un bilan à compléter.
Exemple :

> **Expérience 1. Plus court, plus long ?**
>
> Tirez au sort deux cartes *Objets* puis une carte *Grandeur* (longueur ou masse).
>
> Complétez les phrases suivantes :
>
> J'ai comparé la ***longueur / masse*** des deux objets suivants : .... et ....
>
> Ma réponse : .... est plus ***long / court*** *ou* ***léger / lourd*** que ....

Une première séance de découverte guidée

- La première séance prévue dans l'organisation au jour le jour (voir fichier Excel dans l'espace numérique du guide) est une séance de découverte, en présence de l'enseignant·e. Cette séance est prévue après la mission 24 *Comparer des longueurs*, en période 2. Elle a pour but d'expliciter le contenu de cette boite à grandeurs, son côté évolutif et la façon dont l'enseignant envisage de l'exploiter selon ses pratiques de classe. Il est question également de pratiquer, sous son contrôle, une première expérience (voir la fiche *Expériences 1*).
- Durant cette séance, **l'enseignant·e présente tout d'abord le contenu de la boite à grandeurs**, en disposant devant les élèves les différents objets et cartes qui la composent. À ce stade, la boite à grandeurs est constituée de peu d'objets car une seule mission a été menée dans le domaine des grandeurs et mesures : bandes, bouts de ficelle, pelote de laine, paire de ciseaux.
- En plus de ce matériel, on trouve :
  - **une enveloppe contenant les cartes *Objets*.** Elle contient de nombreuses étiquettes montrant des objets de la classe. L'enseignant·e aura pris soin de vérifier que l'ensemble des objets représentés sont bien disponibles dans sa classe. L'enseignant·e explicitera la manière dont a été conçue chaque carte ainsi que le symbole lié à chaque grandeur (même si pour certaines, comme la contenance, elle n'a pas encore été introduite). Il·elle précisera également que les objets seront parfois à aller chercher et parfois devront rester à leur emplacement.
  - **une enveloppe contenant les cartes *Grandeurs*.** Elle contient plusieurs exemplaires des trois symboles représentant les grandeurs physiques. Elles seront à piocher selon les différentes expériences proposées.
  - **quelques expériences.** L'objectif de cette séance est de mener avec les élèves ces premières expériences, de façon guidée.
- Les « expériences » sont de difficulté graduelle et suivent la progressivité de la méthode. Les élèves sont guidés dans la manipulation à accomplir (ou à reproduire lorsqu'elle a été découverte en mission) et doivent ensuite compléter le « résultat » dans le cadre dédié, à faire valider par l'enseignant si nécessaire. On peut plastifier chaque expérience afin de pouvoir la réutiliser.

> Certaines expériences reprennent des exercices présents dans le fichier afin que les élèves, dont l'abstraction n'est pas encore suffisante, puissent les utiliser en remédiation. D'autres peuvent être utilisées comme évaluation.

Le matériel de la boite à grandeurs, période par période

- Dans le tableau p. 20, vous trouverez le descriptif du matériel que peut contenir la boite à grandeur. Au cours de chaque semaine de travail (ou après) sur le domaine des Grandeurs et Mesures, **la boite à grandeurs s'enrichit du matériel utilisé pour les missions**. Ce même matériel est utilisé également pour des missions ultérieures ; on trouvera donc parfois la mention « boite à grandeurs » dans le matériel d'une mission.
- Le tableau indique pour chaque semaine le matériel à rajouter. Sauf mention contraire, le matériel précédent doit rester dedans.

D Le calcul mental : les séances jour après jour

- Les activités de calcul mental sont conçues sur des temps de 15 minutes par jour, un groupe avec l'enseignant (fond beige) et un groupe en autonomie (fond blanc).

	Lundi	Mardi	Jeudi	Vendredi
CE1	Avec l'enseignant·e	Autonomie	Avec l'enseignant·e	Autonomie
CE2	Autonomie	Avec l'enseignant·e	Autonomie	Avec l'enseignant·e

- Une nouvelle compétence est travaillée chaque semaine et révisée lors d'un jeu en autonomie les semaines suivantes (pour plus de détails sur le fonctionnement du calcul mental, voir p. 24). Pour les jours de découverte avec l'enseignant·e (jour 1 pour le CE1, jour 2 pour le CE2), il est prévu une minifiche par période indiquée par le picto.

PÉRIODE 1

Semaine 1

JOUR 1 CE1 **Compléments à 10**

- **Nombres utilisés :** de 1-9 à 9-1
- **Calcul type :** 8 + ... = 10
- **Matériel :** 10 multicubes

Partager une barre de 10 multicubes en 2 barres complémentaires à 10 (8 et 2) : *J'ai une barre de 10 que je partage en deux barres*. Donner la valeur d'une barre et faire calculer la valeur de l'autre barre : doigts, surcomptage (*8 plus quelque chose font 10 ?* et *8 pour aller à 10 ?*). Proposer ainsi toutes les paires de compléments et les lister au tableau.

Tous les compléments à 10 dans le désordre.

Dicter : 5 + ... = 10   7 + ... = 10   1 + ... = 10   8 + ... = 10   4 + ... = 10

CE2 **Chemins – Révisions**

Tracer le chemin et colorier les cases qui sont le résultat de l'opération + 10.

JOUR 2 CE2 **Compléments à 100 par dizaines**

- **Nombres utilisés :** dizaines entières de 10 à 90
- **Calcul type :** 20 + ... = 100
- **Matériel :** 10 barres dizaine et 1 plaque centaine

Montrer la superposition entre 10 barres dizaine et 1 barre centaine (*100, c'est 10 dizaines.*). Prendre 2 barres dizaine et les poser sur la plaque centaine. Faire chercher le complément à 100 (*Combien faut-il de 20 pour aller à 100 ?*). Expliciter les stratégies principales : surcomptage de 10 en 10 (30, 40, ..., 100) et usage des compléments à 10 (2 + 8 font 10, donc 2 dizaines + 8 dizaines font 10 dizaines).

Dicter : 90 + ... = 100   50 + ... = 100   30 + ... = 100   60 + ... = 100   10 + ... = 100

Dicter : 80 + ... = 100   50 + ... = 100   20 + ... = 100   70 + ... = 100   40 + ... = 100

CE1 **Chemins – Révisions**

Dans chacune des deux grilles, il faut tracer le chemin et colorier les cases qui sont le résultat de l'opération + 2.

JOUR 3 CE1 **Compléments à 10**

Rappel du jour 1 et calculs : 7 + … = 10
9 + … = 10   1 + … = 10   5 + … = 10   4 + … = 10

Problèmes à écrire au tableau et à lire :

• *Thomas a 10 cartes. Il en donne 3 à Lison. Combien de cartes lui reste-t-il ?* Expliciter le problème et faire le lien avec le calcul. Utiliser les multicubes si besoin.

• *Sacha et Sofiane achètent 10 bouteilles de lait. Sacha en porte 4. Combien de bouteilles Sofiane porte-t-il ?* Insister sur l'écriture de l'unité *bouteilles* au pluriel.

Calculs et problèmes :
8 + … = 10   2 + … = 10   5 + … = 10

Lire le problème et écrire uniquement les quantités :

• *Dans le paquet de **10 yaourts**, **7 yaourts** ont déjà été mangés. Combien de yaourts reste-t-il ?*

• *M. et Mme Bon ont ramassé **10** gros **champignons**. M. Bon porte **6 champignons** dans son sac. Combien de champignons porte Mme Bon ?*

CE2 **JEUX** **Bataille d'additions**

• 2 joueurs

• Un jeu classique de 52 cartes sans les figures (avec pour la variante)

Les cartes sont distribuées à deux joueurs. Les joueurs retournent **en même temps 2 cartes** de leur tas, les additionnent et donnent le résultat. Celui·Celle qui obtient le plus grand résultat remporte le pli. Le but est de remporter toutes les cartes de son adversaire. La partie se termine à la fin du temps de jeu ou quand l'adversaire n'a plus de cartes. **Variante :** on peut ajouter les cartes figures (le valet vaut 10, la dame 15 et le roi 20). On peut réduire le temps de jeu en faisant gagner un jeton au joueur qui remporte le pli. Celui·Celle qui obtient 10 jetons en premier gagne.

JOUR 4 CE2 **Compléments à 100 par dizaines**

Rappel du jour 1 et calculs :
70 + … = 100   90 + … = 100   10 + … = 100
50 + … = 100   40 + … = 100

Problèmes à écrire au tableau et à lire :

• *Il reste 60 cahiers dans le placard. La maitresse veut en avoir 100 pour la rentrée. Combien de cahiers doit-elle commander ?* Expliciter le problème et faire le lien avec le calcul. Proposer la schématisation avec des paquets de 10 cahiers ou barres de base 10.

• *Chaque élève doit récolter 100 € pour financer un voyage de fin d'année. Henri a vendu pour 40 € de tickets de tombola cette semaine. Combien d'argent doit-il encore récolter ?*

Calculs et problèmes : 80 + … = 100   20 + … = 100   60 + … = 100

Lire le problème et écrire uniquement les quantités en gras :

• *L'usine de boites de conserve produit chaque jour **100 boites** de thon. Ce matin, **40 boites** ont été produites. Combien de boites devront être produites cet après-midi ?*

• *Il y a **60 personnes** assises avant le début de la séance de cinéma. La salle a **100 places**. Combien de personnes peuvent encore entrer dans la salle ?*

CE1 **JEUX** **Memory**

• Un jeu de 54 cartes sans les figures. Prévoir 2 couleurs par groupe (20 cartes).

Règles d'un memory classique.

Ce jeu permettra de réviser les règles du memory avant celui des compléments (semaine 2).

Semaine 2

JOUR 1 CE1 **Tables d'addition**

• **Nombres utilisés :** de 1 à 9
• **Calcul type :** 7 + 8 = …
• **Matériel :** 18 multicubes

Montrer deux tours côte à côte. *Voici une tour de 9 multicubes et une tour de 4 multicubes.* Les assembler l'une sur l'autre. Demander aux élèves le nombre total de multicubes. Faire le lien avec l'écriture 9 + 4 et discuter des stratégies de calcul possibles (surcomptage, passage par 10). Insister sur la mémorisation des résultats.

Résultats inférieurs à 10 : 7 + 2 = …   2 + 6 = …   5 + 4 = …   3 + 4 = …   8 + 1 = …   3 + 5 = …

Résultats supérieurs à 10 : 7 + 4 = …   5 + 6 = …   8 + 4 = …   9 + 5 = …   8 + 7 = …   9 + 9 = …

Dicter et écrire au tableau : 6 + 2 = …   4 + 5 = …   8 + 6 = …   9 + 4 = …   8 + 8 = …

CE2 **Compléments à 100 par dizaines**

Dans chaque tableau de 9 nombres, il faut entourer 2 nombres voisins qui font 100. On peut les entourer : horizontalement, verticalement et en diagonale. À la fin, colorier l'intrus dans chaque tableau.

JOUR 2 CE2 Somme de dizaines entières

- **Nombres utilisés :** dizaines entières de 10 à 90
- **Calcul type :** 70 + 50 = ...
- **Matériel :** 18 barres dizaine, 1 plaque centaine

Montrer un groupe de 7 barres dizaine et un groupe de 5 barres dizaine. Demander le nombre représenté par chaque groupe. Rassembler les 2 groupes : *Combien font 70 et 50, ou 7 dizaines et 5 dizaines ?* Discuter des stratégies possibles : surcomptage de 10 en 10 (80, 90, ..., 120), passage par la centaine (70 + 30 = 100, 100 + 20 = 120), utilisation des tables d'addition (7 + 5 = 12, donc 7 dizaines + 5 dizaines font 12 dizaines). Utiliser la plaque centaine pour matérialiser l'équivalence 12 dizaines = 1 centaine 2 dizaines, quelle que soit la stratégie. Insister sur l'importance de la mémorisation des tables d'addition vues en CE1.

Résultats inférieurs à 100 : 30 + 60 = ... 40 + 40 = ... 10 + 50 = ... 60 + 20 = ...

Résultats supérieurs ou égaux à 100 : 70 + 30 = ... 60 + 60 = ... 80 + 50 = ... 70 + 90 = ...

50 + 20 = ... 30 + 40 = ... 90 + 30 = ... 70 + 70 = ... 80 + 50 = ...

CE1 Compléments à 10

Dans chaque tableau de 9 chiffres, il faut entourer deux nombres voisins qui font 10. On peut les entourer horizontalement, verticalement et en diagonale.

JOUR 3 CE1 Tables d'addition

Rappel du jour 1 et calculs : 6 + 3 = ... 3 + 5 = ...
9 + 2 = ... 7 + 5 = ... 8 + 4 = ... 7 + 7 = ...

Problèmes à écrire au tableau et à lire :

- *Roméo achète un gâteau à 8 € et des croissants pour 3 €. Combien Roméo paie-t-il ?* Expliciter le problème et faire le lien avec le calcul.
- *Un plant de haricot mesurait 7 cm la semaine dernière et il a grandi de 8 cm cette semaine. Quelle est la hauteur du plant de haricot aujourd'hui ?*

Calculs et problèmes :
7 + ... = 10 2 + ... = 10 5 + ... = 10

Lire le problème et écrire uniquement les quantités :

- *Dans le minibus, **6 élèves** peuvent s'asseoir à gauche de l'allée et **9 élèves** à droite. Combien d'élèves peuvent monter dans le minibus ?*
- *L'équipe de handball de Maëva avait marqué **8 buts** à la fin de la 1re mi-temps. Elle a marqué **7 buts** en 2e mi-temps. Combien de buts a-t-elle marqués en tout ?*

CE2 JEUX Memory – Compléments à 100 par dizaines

- 2 à 4 joueurs
- *Cartes dizaines*

Les cartes sont disposées faces cachées sur la table. On retourne deux cartes et les additionne. Si la somme des 2 cartes est égale à 100, le joueur gagne la paire constituée et rejoue. Sinon, il les repose faces cachées là où elles étaient et c'est au suivant de jouer. La partie est terminée lorsque toutes les cartes ont été assemblées par paires.

JOUR 4 CE2 Somme de dizaines entières

Rappel du jour 2 et calculs :
60 + 20 = ... 80 + 30 = ... 70 + 40 = ...
90 + 90 = ... 50 + 80 = ...

Problèmes à écrire au tableau et à lire :

- *La commande pour la rentrée comporte 50 cahiers rouges et 30 cahiers verts. Combien de cahiers ont été commandés ?* Expliciter le problème et faire le lien avec le calcul.
- *80 élèves de l'école sont présents pour le cross. Un bus de 40 élèves arrive de l'école voisine. Combien d'élèves participent au cross ?*

Calculs et problèmes : 50 + 60 = ... 90 + 40 = ... 80 + 80 = ...

Lire le problème et écrire uniquement les quantités :

- *Susie doit courir au sprint une ligne droite de **80 m** et un virage de **40 m**. Quelle distance doit-elle courir au sprint ?*
- *Une table de jardin coûte **90 €**. Les quatre chaises coutent **60 €** en tout. Combien coutent la table et les chaises au total ?*

CE1 JEUX Memory – Compléments à 10

- 2 à 4 joueurs
- Un jeu de 54 cartes sans les figures et sans les 10. Prévoir 2 couleurs par groupe (18 cartes)

Règles d'un memory classique.
Retourner des paires de cartes qui font 10.

Semaine 3

JOUR 1

CE1 Tables d'addition – Additions à trou

- **Nombres utilisés :** de 1 à 9
- **Calcul type :** 7 + … = 15. Utilisation de la structure « pour aller à ».
- **Matériel :** 18 multicubes

Montrer une tour : *J'ai une tour de 13 multicubes.* Enlever une tour de 5 multicubes sans que cette quantité se voit : *J'ai enlevé un certain nombre de multicubes.* Annoncer qu'il reste 8 multicubes. Demander de calculer combien de multicubes ont été enlevés. Reformuler : *Combien faut-il de multicubes de 8 pour aller à 13 ?*

Résultats inférieurs à 10 : 7 + … = 9 3 + … = 8 5 + … = 9 6 + … = 8 2 + … = 7

Résultats supérieurs à 10 : 6 + … = 11 4 + … = 12 5 + … = 13 6 + … = 12 9 + … = 17

Dicter : 6 + … = 9 3 + … = 8 7 + … = 13 5 + … = 14 8 + … = 15

CE2 Somme de dizaines entières

Dans chacune des grilles de 25 calculs, il faut colorier uniquement les additions de dizaines entières dont le résultat est 110 / 130.

JOUR 2

CE2 Somme de dizaines entières – Additions à trou

- **Nombres utilisés :** dizaines entières jusqu'à 90 : 10 + 10 à 90 + 90
- **Calcul type :** 70 + … = 120
- **Matériel :** 18 barres dizaine, 1 plaque centaine

Montrer un groupe de 5 barres dizaine. Ajouter un nombre de barres non déterminé. Montrer le résultat sous forme de barres dizaine uniquement, puis de plaque centaine et barres dizaine. *J'avais 50, j'ai ajouté un nombre et j'obtiens 130 : combien ai-je ajouté ?* Discuter des stratégies possibles : surcomptage de 10 en 10 (60, 70, …, 130), passage par la centaine (50 + 50 = 100, 100 + 30 = 130), utilisation des tables d'addition (5 + 8 = 13, donc 5 dizaines + 8 dizaines font 13 dizaines).

Résultats inférieurs à 100 : 70 + … = 90 40 + … = 80 50 +… = 90 10 + … = 80

Résultats supérieurs à 100 : 60 + … = 120 40 + … = 130 50 + … = 110 90 + … = 150 80 + … = 140

Dicter : 50 + … = 90 30 + … = 80 70 + … = 130 60 + … = 140 90 + … = 180

CE1 Tables d'addition

Dans chacune des grilles de 25 calculs, il faut colorier uniquement les additions dont le résultat est 12 / 14.

JOUR 3

CE1 Tables d'addition – Additions à trou

Rappel du jour 1 et calculs :
3 + … = 8 4 + … = 9 9 + … = 12
7 + … = 14 9 + … = 16

Problèmes à écrire au tableau et à lire :

- *Robin a déjà couru 5 tours de piste. Il doit faire 9 tours en tout. Combien de tours doit-il encore courir ?* Expliciter le problème et faire le lien avec le calcul.
- *Yasmine a 9 € en poche, mais le livre qu'elle veut acheter coûte 14 €. Combien d'argent lui manque-t-il ?* Insister sur le choix de l'unité : 5 « argent » ne se dit pas, on dit 5 €.

Calculs et problèmes :
4 + … = 9 8 + … = 16 7 + … = 15

Lire le problème et écrire uniquement les quantités :

- *Alice a lancé un javelot à **7 m**. Pour aller en finale, elle doit le lancer à **9 m**. De combien de mètres doit-elle améliorer son meilleur lancer pour aller en finale ?*
- *M. Jardain a récolté **8 kg** de pommes de terre depuis ce matin. Il veut en récolter **15 kg** en tout avant de faire une pause. Quelle masse de pommes de terre doit-il encore récolter ?*

CE2 JEUX Cartes à additionner – Somme de dizaines entières

- 2 à 3 joueurs
- *Cartes dizaines*, 1 calculatrice

Les cartes sont mélangées et forment la pioche. Chacun leur tour, les joueurs piochent 2 cartes et les additionnent. Un vérificateur contrôle la réponse avec la calculatrice. Si c'est correct, le joueur gagne 2 points. Si la réponse est incorrecte, il rend 1 point. Le gagnant atteint 7 points en premier.

JOUR 4 CE2 Somme de dizaines entières – Additions à trou

Rappel du jour 2 et calculs :
30 + … = 80 60 + … = 90 70 + … = 120
60 + … = 150 90 + … = 160

Problèmes à écrire au tableau et à lire :

• *Le boulanger a déjà vendu 40 pains. Il en avait préparé 90. Combien de pains lui reste-t-il à vendre ?* Expliciter le problème et faire le lien avec le calcul.

• *Il y a 150 élèves à l'école primaire Arthur-Rimbaud. 60 élèves sont en maternelle. Combien d'élèves y a-t-il en élémentaire ?*

Calculs et problèmes :
50 + … = 90 80 + … = 120 70 + … = 150

Lire le problème et écrire uniquement les quantités :

• *Déborah a* ***90 points*** *au jeu vidéo. Elle doit avoir* ***150 points*** *pour passer au niveau supérieur. Combien de points lui manque-t-il ?*

• *Lors d'une course cycliste,* ***120 coureurs*** *sont inscrits et aucun n'a abandonné.* ***70 coureurs*** *sont arrivés avec le peloton. Combien de coureurs arriveront après le peloton ?*

CE1 JEUX Bataille d'additions – Tables d'addition

• 2 joueurs

• Jeu des oiseaux compteurs téléchargeable sur Eduscol ou un jeu de 54 cartes sans les figures et les 10

Règles d'une bataille classique mais chaque joueur retourne 2 cartes de sa pile et les additionne. Celui qui a posé la plus grande somme ramasse toutes les cartes. En cas de bataille, on retourne 2 nouvelles cartes.

Pour que le jeu dure moins longtemps : celui qui a la plus grande somme gagne 1 jeton et les cartes sont mises de côté. Ainsi, le jeu s'arrête au premier joueur qui obtient 10 jetons.

Semaine 4

JOUR 1 CE1 Tables d'addition – Soustractions

• **Nombres utilisés :** de 1 à 19
• **Calcul type :** 15 – 7 = …
• **Matériel :** 18 multicubes

Montrer une tour : *J'ai une tour de 14 multicubes.* Enlever 8 multicubes et annoncer ce nombre. Cacher la tour restante pour éviter le comptage des multicubes restants. Questionner les élèves sur le nombre de cubes restants et les stratégies pour trouver ce nombre (décomptage, passage par 10…).

Résultats inférieurs à 10 : 9 – 3 = … 7 – 5 = … 8 – 7 = … 9 – 5 = … 8 – 4 = …

Un des nombres supérieur à 10 : 11 – 4 = … 17 – 8 = … 13 – 7 = … 15 – 8 = … 18 – 9 = …

Dicter : 7 – 3 = … 9 – 4 = … 12 – 7 = … 15 – 7 = … 16 – 9 = …

CE2 Chemins 2 – Somme de dizaines entières

Dans la grille d'additions à trou, il y a deux chemins : un chemin qui relie les cases + 40 et un chemin qui relie les cases + 50. Il faut colorier le chemin en passant d'une case à une case voisine : horizontalement, verticalement ou en diagonale, du départ à l'arrivée.

JOUR 2 CE2 Tables d'addition – Soustractions

• **Nombres utilisés :** de 10 à 90
• **Calcul type :** 120 – 70 = …
• **Matériel :** 18 barres dizaine, 1 plaque centaine

Montrer 1 plaque centaine et un groupe de 2 barres dizaine. *J'ai 120, est-il possible d'enlever 40 ?* Faire verbaliser sur l'échange 1 centaine <> 10 dizaines, donc 120 = 12 dizaines. Enlever 4 dizaines et cacher le résultat. *Combien font 120 – 40 ?* Discuter des stratégies possibles : décomptage de 10 en 10 (110, 100, …, 80), passage par la centaine (120 – 20 = 100, 100 – 20 = 80), utilisation des tables d'addition (12 – 4 = 8, donc 12 dizaines – 4 dizaines font 8 dizaines).

Sans passage de la centaine : 90 – 30 = … 70 – 40 = … 80 – 70 = … 90 – 50 = …

Avec passage de la centaine : 120 – 30 = … 170 – 80 = … 140 – 70 = … 150 – 90 = …

Dicter : 80 – 30 = … 90 – 10 = … 120 – 70 = … 160 – 70 = … 130 – 50 = …

CE1 Chemins 2 – Tables d'addition

Dans la grille d'additions à trou, deux chemins sont à colorier : ajouter 5 ou ajouter 6. Il faut avancer sur le chemin en passant d'une case à une case voisine : horizontalement, verticalement ou en diagonale.

JOUR 3 CE1 **Tables d'addition – Soustractions**

Rappel du jour 1 et calculs : 11 – 4 = …
12 – 8 = … 13 – 6 = … 14 – 7 = … 15 – 6 = …

Problèmes à écrire au tableau et à lire :

• *Tom devait vendre 15 tickets de tombola. Il en a déjà vendu 7. Combien de tickets lui reste-t-il à vendre ?* Expliciter le problème et faire le lien avec le calcul.

• *À la pâtisserie, le Paris-Brest coûte 12 € et la Tropézienne coûte 9 €. Quelle est la différence de prix entre les deux pâtisseries ?* Insister sur la notion de différence comme écart entre deux quantités.

Calculs et problèmes :
13 – 7 = … 14 – 5 = … 16 – 8 = …

Lire le problème et écrire les quantités :

• *Au jeu vidéo, Amadou a droit à* ***12 vies****. Il a déjà utilisé* ***7 vies****. Combien de vies reste-t-il à Amadou ?*

• *La maman d'Oscar pèse* ***15 kg*** *et Oscar pèse* ***8 kg****. Quelle est la différence de poids entre les 2 chiens ?*

CE2 **JEUX Cinq secondes – Somme de dizaines entières**

• 2 joueurs
• Cartes *Additions à trou*, 1 calculatrice

Les cartes forment une pioche.

Le premier joueur prend une carte et a 5 secondes pour compléter l'addition. Le deuxième vérifie avec la calculatrice.

Si le résultat est juste, le joueur gagne la carte. S'il est faux, il remet la carte en dessous de la pioche. **Variante :** rendre 1 carte. Puis c'est le tour du deuxième. Le gagnant atteint 10 cartes en premier.

JOUR 4 CE2 **Somme de dizaines entières – Additions à trou**

Rappel du jour 2 et calculs : 110 – 40 = …
120 – 30 = … 150 – 60 = … 140 – 60 = …

Problèmes à écrire au tableau et à lire :

• *Au magasin, sur les 90 ballons en stock, 70 ont déjà été vendus. Combien de ballons reste-t-il ?* Expliciter le problème et faire le lien avec le calcul.

• *Le score final du match de basket est de 120 points à 80 points. Quel est l'écart de points entre les deux équipes ?* Insister sur la notion de différence comme écart entre deux quantités.

Calculs et problèmes :
130 – 60 = … 140 – 80 = … 180 – 90 = …

Lire le problème et écrire au tableau les quantités :

• *Nous sommes partis en voyage avec* ***130 €*** *en poche. Nous avons déjà dépensé* ***50 €****. Combien d'argent nous reste-t-il ?*

• *Les cerfs mâles pèsent en moyenne* ***120 kg*** *et les biches pèsent en moyenne* ***80 kg****.*
Quelle est, en moyenne, la différence de masse entre les cerfs et les biches ?

CE1 **JEUX Cinq secondes – Tables d'addition**

• 2 joueurs
• Cartes *Additions à trou*, 1 calculatrice
• Les cartes forment une pioche.

Suivre la même règle que pour le jeu précédent des CE2 : Jeu des cinq secondes.

Semaine 5

JOUR 1 CE1 **Sommes de deux dizaines**

• **Nombres utilisés :** dizaines entières de 10 à 90
• **Calcul type :** 40 + 20 = …
• **Matériel :** 9 barres dizaine

Prendre 5 barres dizaine dans une main et 2 barres dizaine dans l'autre main : *J'ai une tour dans chaque main.* Expliciter les quantités dans chaque main, sous forme de nombre de dizaines et nombres (respectivement 5 dizaines / 50 et 2 dizaines / 20). Demander de calculer la somme totale. Stratégies envisagées : calcul du nombre de dizaines, surcomptage de 10 en 10.

Avec le plus grand nombre en premier : 50 + 10 = … 40 + 30 = … 40 + 20 = … 70 + 20 = …

Avec le plus petit nombre en premier pour mettre en avant la commutativité :
20 + 40 = … 30 + 50 = … 10 + 70 = … 40 + 50 = …

Dicter : 60 + 20 = … 70 + 10 = … 20 + 50 = … 40 + 40 = … 10 + 80 = …

CE2 **Tables d'addition – Soustractions**

Parmi trois soustractions proposées pour un résultat, seules deux soustractions sont correctes et donnent le résultat indiqué : il faut les colorier.

JOUR 2

CE2 Somme d'un nombre inférieur à 200 et de dizaines

- **Nombres utilisés :** jusqu'à 199
- **Calcul type :** 153 + 30 = …
- **Matériel :** compteur

Indiquer 153 sur le compteur. Écrire le calcul souhaité : 153 + 30 = … . Demander le résultat. Faire observer les chiffres qui n'ont pas varié : centaines et unités. Échanger sur les stratégies possibles. Commencer par la stratégie la plus couteuse : 153 + 1 + 1 + 1… Ne pas terminer cette stratégie en mettant en évidence la lourdeur du surcomptage par unités. Expliciter les autres stratégies : surcomptage de 10 en 10 (163, 173, 183) et additions des dizaines (5 dizaines et 3 dizaines font 8 dizaines). Proposer ensuite le calcul 53 + 50 pour expliciter le passage de la centaine.

Sans passage de la centaine : 48 + 40 = … 71 + 20 = … 127 + 40 = … 162 + 30 = …

Avec passage de la centaine : 88 + 30 = … 56 + 50 = … 91 + 40 = … 84 + 80 = …

Dicter : 53 + 30 = … 62 + 30 = … 152 + 20 = … 143 + 50 = … 73 + 80 = …

CE1 Tables d'addition – Soustractions

Parmi trois soustractions proposées pour un résultat, seules deux soustractions sont correctes et donnent le résultat indiqué : il faut les colorier.

JOUR 3

CE1 Tables d'addition – Soustractions

Rappel du jour 1 et calculs : 50 + 10 = …
40 + 20 = … 70 + 10 = … 30 + 40 = … 20 + 60 = …

Problèmes à écrire au tableau et à lire :

- *Sur deux côtés de la cour, il y a du grillage : 60 m sur le grand côté et 30 m sur le petit côté. Quelle longueur de grillage y a-t-il ?* Expliciter le problème et faire le lien avec le calcul.
- *Au tennis, les ramasseurs ont rapporté 20 balles. Il y avait déjà 50 balles dans le seau. Combien de balles y a-t-il maintenant dans le seau ?*

Calculs et problèmes :
70 + 20 = … 40 + 40 = … 20 + 40 = …

Dicter et écrire les quantités :

- *Le maitre a acheté des livres pour **50 €** et des ballons pour **30 €**. Combien le maitre a-t-il payé ?*
- *Dans la salle de spectacle, **20 élèves** d'une école ont été rejoints par **60 élèves** d'une autre école. Combien d'élèves y a-t-il dans la salle de spectacle ?*

CE2 JEUX Jeu de l'oie des soustractions – Tables d'addition

- 2 à 3 joueurs + 1 vérificateur
- Le plateau du jeu, 1 pion par joueur, 1 dé (2 si on veut un jeu plus rapide)

Franchir en premier la ligne d'arrivée en répondant rapidement (5 sec.) aux questions posées sur les cases. Attention aux cases « stop » qui bloquent pendant 1 tour. La réponse est validée par le vérificateur qui possède la fiche réponse.

JOUR 4

CE2 Somme d'un nombre inférieur à 200 et de dizaines

Rappel du jour 2 et calculs : 48 + 30 = …
66 + 20 = … 149 + 20 = … 97 + 30 = … 38 + 90 = …

Problèmes à écrire au tableau et à lire :

- *Arthur pose l'une à côté l'autre une boite à chaussures de 38 cm et une boite de 40 cm pour ranger ses jouets. Quelle largeur font les deux boites côte à côte ?* Expliciter le problème et faire le lien avec le calcul.
- *La semaine dernière, Yumi avait réussi un score de 94 points au jeu du compte est bon. Elle a amélioré son score de 50 points cette semaine. Quel est le score de Yumi cette semaine ?*

Calculs et problèmes : 35 + 50 = … 87 + 20 = … 141 + 30 = …

Lire le problème et écrire les quantités :

- *Il y a à l'école **52 filles** et **50 garçons**. Combien d'élèves y a-t-il en tout à l'école ?*
- *Dans la salle de spectacle, il y a **125 places** dans les gradins. Pour le spectacle de Noël, on a ajouté **50 chaises**. Combien de places seront disponibles pour le spectacle ?*

CE1 JEUX Bataille de soustractions – Tables d'addition

- 2 joueurs
- Un jeu de 54 cartes sans les figures

Même principe que la bataille d'additions présentée en semaine 1 mais avec des soustractions : le joueur dont l'écart entre les deux cartes est le plus grand ramasse les cartes.

Semaine 6

JOUR 1

CE1 Sommes de deux dizaines – Additions à trou

- **Nombres utilisés :** dizaines entières de 10 à 90
- **Calcul type :** 40 + ... = 60
- **Matériel :** 9 barres dizaine

Prendre 7 dizaines en main : *J'ai 7 dizaines.* Prendre 2 dizaines sans que cette quantité se voit et l'ajouter aux 7 dizaines : *J'ajoute plusieurs dizaines. J'ai maintenant 9 dizaines.* Demander de compter la quantité qui a été ajoutée. Stratégies envisagées : surcomptage avec les dizaines (7 pour aller à 9), surcomptage de 10 en 10 (70, 80, 90).

Avec le plus grand nombre en premier : 50 + ... = 70   40 + ... = 80   70 + ... = 80   60 + ... = 90

Avec le plus petit nombre en premier : 20 + ... = 50   10 + ... = 50   40 + ... = 90   30 + ... = 70

Dicter : 70 + ... = 80   50 + ... = 80   30 + ... = 60   20 + ... = 60   10 + ... = 90

CE2 La bonne paire – Sommes d'un nombre inférieur à 200 et de dizaines

Dans chaque tableau de 8 nombres, il faut entourer et relier les paires de nombres qui font le résultat indiqué au-dessus du tableau.

JOUR 2

CE2 Sommes d'un nombre inférieur à 200 et de dizaines – Additions à trou

- **Nombres utilisés :** jusqu'à 199
- **Calcul type :** 153 + ... = 183
- **Matériel :** compteur

Indiquer 127 sur le compteur. Annoncer que l'on va ajouter une quantité qui n'est pas dite. Montrer le compteur sur 167 : *Quel nombre faut-il ajouter à 127 pour atteindre 167 ?* Faire observer les chiffres qui n'ont pas varié : centaines et unités. Discuter des stratégies possibles : surcomptage de 10 en 10 (137, 147, ..., 167), addition à trou des dizaines (2 dizaines pour aller à 6 dizaines : il faut 4 dizaines). Proposer la même démarche avec 86 + ... = 116, pour mettre en évidence le passage de la centaine.

Sans passage de la centaine : 53 + ... = 93   61 + ... = 81   17 +... = 77   151 + ... = 191

Avec passage de la centaine : 73 + ... = 103   82 + ... = 142   66 +... = 116   99 + ... = 189

Dicter : 71 + ... = 91   45 + ... = 85   113 + ... = 153   107 + ... = 177   85 + ... = 115

CE1 La bonne paire – Somme de deux dizaines

Dans chaque tableau de 8 nombres, entourer et relier les paires de nombres qui font le résultat indiqué au-dessus de chaque tableau : 60, 70, 80, 90.

JOUR 3

CE1 Sommes de deux dizaines – Additions à trou

Rappel du jour 1 et calculs :

50 + ... = 80   40 + ... = 70   30 + ... = 50
10 + ... = 50   30 + ... = 90

Problèmes à écrire au tableau et à lire :

- *Tiago a 50 cartes dans sa collection, mais il voudrait en avoir 70 en tout. Combien de cartes doit-il encore gagner ?* Expliciter le problème et faire le lien avec le calcul.
- *Le maitre a 40 cahiers dans le placard. Combien doit-il en commander pour commencer l'année avec 90 cahiers ?*

Calculs et problèmes :

50 + ... = 90   30 + ... = 60   20 + ... = 60

Lire le problème et écrire les quantités :

- ***30 personnes** sont déjà montées sur le bateau. Le bateau peut emmener **70 personnes**. Combien de personnes peuvent encore monter sur le bateau ?*
- *Le dessin animé au cinéma a commencé il y a **10 minutes.** Il dure **50 minutes**. Combien de temps reste-t-il jusqu'à la fin du film ?*

CE2 JEUX Loto des additions – Sommes d'un nombre inférieur à 200 et de dizaines

- 2 à 6 joueurs + 1 meneur de jeu
- *Un loto des additions*, une ardoise + son feutre par joueur

Chaque joueur reproduit une grille de jeu sur son ardoise. Le meneur énonce un calcul de son choix (sans dire la réponse). Les joueurs qui pensent avoir la réponse barrent la case correspondante sur leur grille. Celui qui a barré toutes les cases de sa grille en premier lève la main. Le meneur de jeu vérifie si toutes les réponses barrées correspondent aux calculs donnés avant de déclarer si le joueur est gagnant ou non.

JOUR 4 CE2 Sommes d'un nombre inférieur à 200 et de dizaines – Additions à trou

Rappel du jour 2 et calculs :
48 + ... = 78 71 + ... = 101 55 +... = 125
142 + ... = 192

Problèmes à écrire au tableau et à lire :

- *23 personnes sont déjà dans le bus à double étage, qui a 73 places. Combien de personnes peuvent encore monter dans le bus ?* Expliciter le problème et faire le lien avec le calcul.
- *Aminata a un record en saut en hauteur de 93 cm. Pour se qualifier pour les championnats de France, elle doit sauter à 113 cm. De combien de centimètres doit-elle améliorer son record ?*

CE1 JEUX Cartes à additionner – Sommes de deux dizaines

- 2 à 3 joueurs
- *Cartes dizaines*, 1 calculatrice

Les cartes sont mélangées et forment la pioche. Chacun leur tour, les joueurs piochent deux cartes et les additionnent. Un autre joueur vérifie la réponse avec la calculatrice. Si c'est correct, le joueur gagne 2 points. Si la réponse est incorrecte, il perd un point. Le gagnant atteint 7 points en premier.

Calculs et problèmes : 58 + ... = 98 87 + ... = 117 132 + ... = 182

Lire le problème et écrire les quantités :

- *Le jardinier a déjà ramassé* ***45 kg*** *de courges, mais il a besoin d'en ramasser* ***95 kg*** *pour le marché. Quelle masse de courges doit-il encore ramasser ?*
- *Le film que nous regardons a une durée de* ***117 minutes****. Nous avons commencé à le regarder depuis* ***57 min****. Combien de temps reste-t-il avant la fin du film ?*

Semaine 7

JOUR 1 CE1 Sommes de deux dizaines – Soustractions

- **Nombres utilisés :** résultats jusqu'à 90
- **Calcul type :** 60 – 40 = ...
- **Matériel :** 9 barres dizaine

Prendre 7 dizaines en main et expliciter cette quantité. Retirer 4 dizaines : *J'ai enlevé 4 dizaines.* Demander de calculer la quantité restante, qui n'est pas visible. Stratégies envisagées : soustraction de dizaines (7 dizaines – 4 dizaines), décomptage de 10 en 10 (60, 50, 40, 30).

CE2 Trouve les intrus – Sommes d'un nombre inférieur à 200 et de dizaines

Chaque addition à trou comporte 3 possibilités : une seule convient. Il faut barrer les 2 nombres qui ne conviennent pas.

En ôtant le petit nombre : 50 – 10 = ... 70 – 20 = ... 50 – 20 = ... 80 – 20 = ...

En ôtant le grand nombre : 50 – 40 = ... 60 – 40 = ... 90 – 60 = ... 60 – 50 = ...

Dicter : 40 – 10 = ... 90 – 20 = ... 80 – 40 = ... 70 – 60 = ... 90 – 50 = ...

JOUR 2 CE2 Sommes d'un nombre inférieur à 200 et de dizaines – Additions à trou

- **Nombres utilisés :** jusqu'à 199
- **Calcul type :** 183 – 30 = ...
- **Matériel :** compteur

Indiquer 174 sur le compteur. Écrire le calcul souhaité : 174 – 50 = ... Demander le résultat. Faire observer les chiffres qui n'ont pas varié : centaines et unités. Échanger sur les stratégies possibles. Rejeter la stratégie la plus couteuse : 174 – 1 – 1 – 1... Expliciter les stratégies : décomptage de 10 en 10 (164, 154..., 124) et soustraction des dizaines (7 dizaines moins 5 dizaines font 2 dizaines). Proposer ensuite le calcul 126 – 40 pour expliciter le passage de la centaine.

CE1 Trouve les intrus – Sommes de deux dizaines

Chaque addition à trou comporte trois possibilités : une seule convient. Il faut barrer les 2 nombres qui ne conviennent pas.

Sans passage de la centaine : 93 – 30 = ... 132 – 30 = ... 174 – 40 = ... 187 – 70 = ...

Avec passage de la centaine : 106 – 10 = ... 142 – 20 = ... 116 – 50 = ... 149 – 90 = ...

Dicter : 85 – 30 = ... 91 – 60 = ... 103 – 20 = ... 132 – 50 = ... 186 – 80 = ...

JOUR 3

CE1 Sommes de deux dizaines – Additions à trou

Rappel du jour 1 et calculs :
50 – 10 = … 80 – 20 = … 60 – 30 = …
90 – 40 = … 80 – 60 = …

Problèmes à écrire au tableau et à lire :

• *Il y avait 50 personnes dans le bus, puis 30 personnes sont descendues à l'arrêt de la gare. Combien de personnes reste-t-il dans le bus ?* Expliciter le problème et faire le lien avec le calcul.

• *Depuis le début d'année, sur un stock de 80 balles de golf, 60 ont été perdues. Combien de balles reste-t-il ?*

Calculs et problèmes :
80 – 30 = … 50 – 40 = … 90 – 60 = …

Lire le problème et écrire les quantités :

• *Le boulanger avait fabriqué **60 pains** et il a déjà vendu **40 pains**. Combien de pains lui reste-t-il à vendre ?*

• *La haie mesurait **90 cm** et le jardinier a coupé **40 cm**. Quelle est la hauteur de la haie maintenant ?*

CE2 JEUX Puissance 4 – Sommes d'un nombre inférieur à 200 et de dizaines

• 2 joueurs (ou 3 si on ajoute un vérificateur)

• 1 plateau de jeu ou 1 feuille vierge à remplir à partir du modèle, 40 jetons de 2 couleurs différentes (ou bouchons, cubes…), 1 calculatrice si besoin

À tour de rôle, résoudre une addition. Si la réponse est validée (par l'adversaire ou le vérificateur), poser 1 jeton de sa couleur sur la case. Le premier joueur qui réalise une ligne/colonne ou diagonale de 4 jetons gagne la partie.

JOUR 4

CE2 Sommes d'un nombre inférieur à 200 et de dizaines – Soustractions

Rappel du jour 2 et calculs :
75 – 20 = … 81 – 70 = … 115 – 20 = …
121 – 40 = … 165 – 60 = …

Problèmes à écrire au tableau et à lire :

• *Sur les 85 arbres du parc, 30 arbres ont été déracinés par une tempête. Combien d'arbres reste-t-il dans le parc ?* Expliciter le problème et faire le lien avec le calcul.

• *Lors des soldes, le prix initial de 119 € d'un vélo affiche une réduction de 30 €. Quel est le prix du vélo pendant les soldes ?*

Calculs et problèmes : 69 – 50 = … 101 – 10 = … 174 – 40 = …

Lire le problème et écrire les quantités :

• *Il y avait **97 personnes** au début du concert. **20 personnes** sont parties durant le concert. Combien de personnes reste-t-il à la fin ?*

• *Salomé a **123 cartes** : elle a **40 cartes** de plus que Jules. Combien de cartes a Jules ?*

CE1 JEUX Cinq secondes – Sommes de deux dizaines

• 2 joueurs

• Cartes *Additions à trou*, 1 calculatrice

Reprendre le jeu proposé en semaine 4.

PÉRIODE 2

Semaine 8

JOUR 1 — CE1 Les doubles et « presque doubles »

- **Nombres utilisés :** de 1 à 21, jusqu'à 10 + 10
- **Calcul type :** 8 + 8 = ? ; 8 + 9 = ?
- **Matériel :** 18 multicubes

Montrer deux tours côte à côte. *Voici deux tours de 7 cubes : combien de cubes y a-t-il en tout ?* Séparer les deux tours de 7, ajouter 1 cube à l'une des tours. Demander à nouveau le nombre total de cubes. Discuter des stratégies de calcul possibles : mémorisation de 8 + 7, utilisation du double pour calculer le « presque double ». Faire la même manipulation avec un cube de moins (7 + 6, c'est 6 + 6 + 1), et avec deux cubes de plus (un cube de plus et un cube de moins (8 + 6, c'est identique à 7 + 7)).

Dicter : 6 + 6 = … 5 + 6 = … 6 + 7 = … 5 + 7 = … 8 + 8 = … 8 + 9 = … 7 + 8 = …

Dicter : 7 + 7 = … 7 + 8 = … 9 + 9 = … 9 + 8 = … 6 + 8 = …

CE2 Somme d'un nombre inférieur à 200 et de dizaines – Soustractions

Dans chaque tableau de 25 cases de soustractions, il faut colorier uniquement les cases dont le résultat est égal à 105 / 77.

JOUR 2 — CE2 Compléments à 100

- **Nombres utilisés :** tous les nombres de 1 à 99
- **Calcul type :** 37 + … = 100
- **Matériel :** droite graduée de 1 en 1, de 0 à 100 ; dizaines indiquées sur les graduations

Placer le nombre 63 sur la droite graduée et l'entourer. Entourer le nombre 100. Faire une flèche sous la droite reliant 63 à 100. Demander le résultat de l'opération, 63 + … = 100. *Combien faut-il pour aller de 63 à 100 ?* Le nombre que l'on cherche est appelé « complément à 100 de 63 ». Expliciter les stratégies : surcomptage de 1 en 1 uniquement (couteux), soustraction (difficile) et surcomptage par étapes (de 1 en 1, puis de 10 en 10). *C'est cette stratégie que nous allons travailler, en nous aidant de la droite graduée.* Insister sur les compléments à 100 par dizaines étudiés en semaine 1. Proposer ensuite le calcul 37 + … = 100 et mettre en avant le couple de compléments 37 et 63.

Dicter : 85 + … = 100 73 + … = 100 61 + … = 100 55 + … = 100 46 + … = 100 39 + … = 100

Dicter : 87 + … = 100 72 + … = 100 59 + … = 100 45 + … = 100 33 + … = 100 14 + … = 100

CE1 Révisions – Soustractions de 2 dizaines entières

Dans chaque tableau de 25 cases de soustractions, il faut colorier uniquement les cases dont le résultat est égal à 20 / 30.

JOUR 3 — CE1 Les doubles et « presque doubles » jusqu'à 10 + 10

Rappel du jour 1 et calculs : 5 + 5 = … 6 + 5 = … 9 + 9 = … 7 + 7 = … 8 + 7 = … 5 + 7 = …

Problèmes à écrire au tableau et à lire :

- *Le maitre fait 2 tas de livres : un tas de 7 et un tas de 8. Combien de livres y a-t-il ?* Expliciter le problème et faire le lien avec le calcul.
- *Sam achète pour son anniversaire un gâteau à 8 € et un gâteau à 9 €. Combien paie-t-il ?* Insister sur l'écriture abrégée de l'unité €.

Calculs et problèmes :

8 + 8 = … 8 + 7 = … 8 + 9 = …

Lire le problème et écrire uniquement les quantités :

- *Papa a acheté **6 pommes** et **7 poires**. Combien de fruits a-t-il ?*
- *Dans la classe, notre plante a poussé de **9 cm** la semaine dernière et de **8 cm** cette semaine. De combien de centimètres la plante a-t-elle poussé en tout ?*

CE2 JEUX Le chat et les souris : Somme d'un nombre inférieur à 200 et de dizaines – Soustractions

- 2 à 4 joueurs
- 1 pion pour les souris, la bande de 10 cases, les cartes-calculs (ici soustractions, nombre < 200, dizaines), le puzzle du chat (ou n'importe quelle image de prédateur découpée en 4)

Chacun son tour, piocher un calcul et donner la réponse. Si la réponse est correcte, on avance le pion d'une case, si la réponse est fausse, on pose 1 pièce du puzzle du chat (réponse à écrire au dos des cartes ou ajouter 1 vérificateur avec calculatrice). Le but est d'atteindre la case arrivée avant que le puzzle du chat ne soit complet. **Variante :** Jouer 1 contre 1. Si on donne 1 réponse fausse, c'est l'adversaire qui avance son pion.

JOUR 4 CE2 Compléments à 100

Rappel du jour 1 et calculs :
78 + … = 100   51 + … = 100   82 + … = 100
43 + … = 100   39 + … = 100

Problèmes à écrire au tableau et à lire :

• *M. Ciel a payé une trottinette à 69 € avec un billet de 100 €. Quelle somme le caissier doit-il lui rendre ?* Expliciter le problème et faire le lien avec le calcul.

• *100 places ont été vendues par le cirque et 45 personnes sont déjà venues récupérer leur billet. Combien de personnes doivent encore récupérer leur billet ?*

Calculs et problèmes :
85 + … = 100   57 + … = 100   26 + … = 100

Lire le problème et écrire uniquement les quantités :

• *Le champion d'athlétisme doit faire* ***100 tours*** *de stade pour battre son record. Il a effectué* ***52 tours*** *pour l'instant. Combien de tours doit-il encore effectuer ?*

• *Les parents d'élèves ont besoin de* ***100 cônes*** *de glace pour la fête de l'école. Il reste* ***26 cônes*** *au congélateur. Combien de cônes doivent-ils acheter ?*

CE1 JEUX Somme de deux dizaines – Soustractions

• 3 à 4 joueurs

• Un jeu classique de 52 cartes ; chaque carte vaut sa valeur habituelle sauf : le roi qui vaut + 20 ou – 20 ; la dame qui vaut + 10 ou – 10 ; le valet qui vaut + 5 ou – 5

Distribuer 5 cartes à chaque joueur. On pose une carte et on annonce sa valeur. Puis on pioche une carte pour toujours avoir 5 cartes en main. Le joueur suivant pose une carte par-dessus en annonçant sa valeur (pour les cartes valet/dame/roi, le joueur choisit s'il fait + ou –) et annonce le total.

Le premier joueur qui atteint ou dépasse 101 a perdu. Celui qui pose sa carte et fait 101 ou plus a perdu. On retire alors les trois dernières cartes du paquet (la sienne et celles d'avant). Les autres joueurs continuent à jouer à partir de ce nouveau total. Le dernier en jeu a gagné la partie.

Semaine 9

JOUR 1 CE1 Somme de 2 nombres inférieurs à 100 sans passage de dizaine – Additions

• **Nombres utilisés :** de 1 à 90
• **Calcul type :** 52 + 5 = …
• **Matériel :** base 10 (6 dizaines et 9 unités)

Montrer 5 barres dizaines et 2 cubes unités. Demandez aux élèves le nombre représenté (52), puis ajouter 5 cubes unités. Leur demander combien il y a de cubes maintenant. Faire le lien avec l'écriture 52 + 5 et discuter des stratégies de calcul possibles : surcomptage à partir de 52, regroupement des unités… puis faire appel aux tables d'addition mémorisées (module 1).

Dicter : 36 + 3 = …   45 + 4 = …   53 + 3 = …   61 + 8 = …   44 + 4 = …

Dicter : 34 + 5 = …   43 + 6 = …   52 + 6 = …   55 + 3 = …   61 + 7 = …

CE2 Compléments à 100

Dans chaque tableau de 9 nombres, entourer et relier les paires de nombres dont le résultat est indiqué au-dessus de chaque tableau.

JOUR 2 CE2 Tables × 2, × 5

• **Nombres utilisés :** tables × 2 et × 5
• **Calcul type :** 7 × 2 = …, 8 × 5 = …
• **Matériel :** tables de multiplication sur droites graduées (*cf.* fichier CE1 calcul page 122) et tables de multiplication classiques

Choisir la table de 2. Écrire le calcul : 8 × 2 = … . Sur la droite graduée, montrer les 8 bonds consécutifs et verbaliser les multiples successifs (2, 4, 6, …, 16). Utiliser les doigts pour indiquer le nombre de bonds. Proposer de la même manière 8 × 5 = … . Rappeler la règle fondamentale de la commutativité : *Si vous cherchez 5 × 4, vous pouvez calculer 4 × 5 et le résultat sera le même.*

Dicter : 7 × 2 = …   9 × 2 = …   3 × 5 = …   5 × 5 = …   9 × 5 = …

Dicter : 8 × 2 = …   2 × 7 = …   6 × 5 = …   7 × 5 = …   5 × 8 = …

CE1 Révisions – Les doubles et « presque doubles »

Il faut relier les doubles et colorier de la même couleur le calcul et son résultat.

JOUR 3 **CE1** **Somme de 2 nombres inférieurs à 100 sans passage de dizaine – Additions**

Rappel du jour 1 et calculs : 34 + 4 = …
37 + 2 = … 45 + 3 = … 51 + 7 = … 36 + 3 = …

Problèmes à écrire au tableau et à lire :

- *Dans la salle de cinéma, il y a 53 personnes assises. 5 personnes arrivent au dernier moment. Combien de spectateurs y a-t-il dans la salle ?* Expliciter le problème et faire le lien avec le calcul.
- *Rami achète un jeu à 42 € et un livre à 7 €. Combien a-t-il dépensé ?*

Calculs et problèmes :
54 + 5 = … 42 + 7 = … 62 + 6 = …

Lire le problème et écrire uniquement les quantités :

- *Le fermier a **43 vaches** et **5 poules**. Combien d'animaux a-t-il ?*
- *L'usine de peinture mélange **51 litres** de peinture blanche et **6 litres** de rouge. Combien de litres de peinture rose obtient-on ?*

CE2 **JEUX** **Compléments à 100**

- 2 à 4 joueurs + 1 vérificateur
- 1 jeu de 54 cartes sans les 10 et les figures (1 tas de cartes rouges / 1 tas de cartes noires), une calculatrice, des jetons (bouchons…)

Chacun son tour, former un nombre en piochant une carte rouge pour les dizaines et une noire pour les unités, calculer ensuite le complément à 100. Si la réponse est juste (validée à la calculatrice par le vérificateur), on gagne un jeton. Si la réponse est fausse, on ne gagne rien (**variante :** on perd un jeton). Les cartes sont ensuite remises en jeu sous leur tas respectif. On gagne la partie quand on arrive en premier à 10 jetons. **Variantes :** varier le nombre de jetons pour gagner ou imposer une limite de temps.

JOUR 4 **CE2** **Tables × 2, × 5**

Rappel du jour 1 et calculs : 2 × 8 = …
6 × 2 = … 5 × 5 = … 5 × 9 = … 5 × 6 = …

Problèmes à écrire au tableau et à lire :

- *J'ai acheté 9 pains aux amandes à 2 €. Combien ai-je payé ?* Expliciter le problème et faire le lien avec le calcul.
- *Le tournoi de rugby rassemble 5 équipes de 8 joueurs. Combien y a-t-il de joueurs en tout ?*

Calculs et problèmes :
7 × 2 = … 8 × 5 = … 5 × 7 = …

Lire le problème et écrire uniquement les quantités :

- *La maitresse a commandé **7 paquets de 5 feutres** d'ardoise. Combien de feutres d'ardoise a-t-elle commandés ?*
- *Pour la tombola, Paul a vendu **9 carnets** à **2 €**. Quelle somme Paul a-t-il récoltée ?*

CE1 **JEUX** **Jeu de l'oie des doubles et presque doubles**

- Le plateau du jeu de l'oie des doubles ou « presque doubles » (à photocopier ou reproduire sur plateau vierge), 1 pion par joueur, 1 dé (2 si on veut un jeu plus rapide)

Il s'agit de franchir en premier la ligne d'arrivée en répondant rapidement (3 secondes) aux questions posées sur les cases. Attention aux cases « stop » qui bloquent pendant 1 tour.

Semaine 10

JOUR 1 **CE1** **Somme de 2 nombres inférieurs à 100 sans passage de dizaine – Additions à trou**

- **Nombres utilisés :** de 1 à 99
- **Calcul type :** 52 + … = 57
- **Matériel :** base 10 (6 dizaines et 9 unités)

Montrer 5 barres dizaines et 2 cubes unités. Demander aux élèves le nombre représenté, puis demander combien de cubes unités on doit ajouter pour en avoir 57. Écrire l'addition à trou au tableau. Discuter des stratégies de calcul possibles : surcomptage de 52 pour aller à 57, ou seulement de 2 pour aller à 7 pour faire appel aux tables d'addition mémorisées (module 1), ou le décomptage de 57 jusqu'à 52.

Dicter : 36 + … = 39 45 + … = 49 53 + … = 56 61 + … = 67 44 + … = 48

Dicter : 34 + … = 39 43 + … = 49 52 + … = 58 55 + … = 58 61 + … = 68

CE2 **Tables × 2, × 5**

Pour chaque table, il faut compléter les 3 exercices : entourer les multiples, remplir la route des multiples et compléter les calculs.

JOUR 2 CE2 Tables × 3, × 4

- **Nombres utilisés :** tables × 3 et × 4
- **Calcul type :** 6 × 3 = ..., 9 × 4 = ...
- **Matériel :** tables de multiplication sur droites graduées (*cf.* fichier CE1 calcul page 122) et tables de multiplication classiques

Choisir la table de 3. Écrire le calcul : 8 × 3 = ... Sur la droite graduée, montrer les 8 bonds consécutifs et verbaliser les multiples successifs (3, 6, 9, ..., 24). Utiliser les doigts pour indiquer le nombre de bonds. Proposer de la même manière 9 × 4 = ... Rappeler le principe de commutativité.

Dicter : 7 × 3 = ...   3 × 5 = ...   8 × 4 = ...   5 × 4 = ...   4 × 9 = ...

Dicter : 8 × 3 = ...   3 × 9 = ...   6 × 4 = ...   4 × 7 = ...   9 × 4 = ...

CE1 Révisions – Somme de 2 nombres inférieurs à 100 sans passage de dizaine – Additions

Dans le tableau de 25 calculs, il faut colorier chaque case d'une couleur différente selon le chiffre des unités du résultat.

JOUR 3 CE1 Somme de 2 nombres inférieurs à 100 sans passage de dizaine – Additions à trou

Rappel du jour 1 et calculs :

34 + ... = 38   37 + ... = 39   45 + ... = 48

51 + ... = 58   35 + ... = 38

Problèmes à écrire au tableau et à lire :

- *La maitresse a 22 cahiers. Combien lui en manque-t-il pour en avoir 29 ?*
- *Karim a économisé 51 €. Combien doit-il encore économiser pour acheter un jeu à 58 € ?*

Calculs et problèmes :

23 + ... = 29   51 + ... = 57   71 + ... = 78

Lire le problème et écrire uniquement les quantités :

- *Le berger possède* ***48 moutons****, il en a ramené* ***42*** *dans la bergerie. Combien de moutons ne sont pas rentrés ?*
- *Val a parcouru* ***33 km*** *à vélo. Combien doit-il encore faire de kilomètres pour que son compteur affiche* ***39 km*** *?* Expliquer l'abréviation km pour kilomètres.

CE2 JEUX Tables × 2, × 5

- 2 à 4 joueurs + 1 vérificateur
- Des jetons (bouchons...), 1 dé à 10 faces (ou à défaut des cartes à piocher de 1 à 10), la table de Pythagore (ou les tables de multiplication sur la couverture du fichier CE2) pour le vérificateur

À tour de rôle, on lance le dé (ou on tire une carte) et on calcule ... × 2 puis × 5. Si les deux réponses sont exactes (confirmées par le vérificateur), on gagne alors un jeton. Si une ou deux réponses sont fausses, on ne gagne pas de jeton et c'est au suivant de jouer... On gagne quand on obtient 10 jetons en premier.
Variante : on peut demander aux élèves de jouer une partie uniquement avec la table de 2 et une seconde partie uniquement avec la table de 5.

Jeu utilisable avec le plateau du jeu du chat et de la souris pour une version coopérative.

JOUR 4 CE2 Tables × 3, × 4

Rappel du jour 1 et calculs :

3 × 8 = ...   6 × 3 = ...   4 × 4 = ...

4 × 9 = ...   5 × 4 = ...

Problèmes à écrire au tableau et à lire :

- *Chacun des 8 enfants du centre aéré porte 3 kg de nourriture pour la randonnée. Quelle masse de nourriture les enfants portent-ils en tout ?* Expliciter le problème et faire le lien avec le calcul.
- *Il faut fixer les 4 pieds de table sous chacune des 6 tables pour la fête. Combien de pieds de table faut-il fixer ?*

Calculs et problèmes : 3 × 7 = ...   8 × 4 = ...   4 × 9 = ...

Lire le problème et écrire uniquement les quantités :

- *Au basket, marquer de loin rapporte* ***3 points****. Combien de points rapportent* ***7 paniers*** *de loin ?*
- *Chaque fois que notre équipe court* ***1 heure****, cela rapporte* ***4 €*** *pour une association. Nous avons réussi à courir* ***6 heures****. Combien d'argent avons-nous gagné ?*

CE1 JEUX Loto des additions

Voir la règle sur la fiche du jeu.

Semaine 11

JOUR 1

CE1 Somme de 2 nombres inférieurs à 100 sans passage de dizaine – Soustractions

- **Nombres utilisés :** de 1 à 99
- **Calcul type :** 57 – 5 = …
- **Matériel :** base 10 (5 dizaines et 9 unités)

Montrer 5 barres dizaines et 7 cubes unités. Demander aux élèves le nombre représenté, puis l'écrire au tableau. Ensuite enlever 5 cubes unités et demander aux élèves d'écrire l'opération pour transcrire le geste d'enlever les 5 cubes (on peut cacher le résultat de la manipulation pour l'instant). Faire le lien avec la soustraction 57 – 5, l'écrire et enfin demander le résultat du calcul et vérifier avec la manipulation. Discuter des stratégies de calculs possibles : décomptage à partir de 57 (5 bonds en arrière), décomptage des unités seulement 7 – 5.

Dicter : 39 – 3 = … 49 – 4 = … 56 – 3 = … 67 – 1 = … 48 – 4 = …

Dicter : 39 – 4 = … 49 – 3 = … 58 – 2 = … 58 – 5 = … 68 – 1 = …

CE2 Tables × 3, × 4

Pour chaque table, il faut compléter les 3 exercices : entourer les multiples, remplir la route des multiples et compléter les calculs.

JOUR 2

CE2 Table × 6

- **Nombres utilisés :** table × 6
- **Calcul type :** 7 × 6 = …
- **Matériel :** table de multiplication × 6 sur droite graduée (*cf.* fichier CE1 calcul page 122) et table de multiplication classique

Écrire le calcul : 7 × 6. Sur la droite graduée, montrer les 7 bonds consécutifs et verbaliser les multiples successifs (6, 12, 18, …, 42). Utiliser les doigts pour indiquer le nombre de bonds. Proposer de la même manière les calculs : 3 × 6, 10 × 6. Mettre en évidence les régularités de la table de 6 (nombres pairs uniquement). Mettre en avant les nouveaux résultats qui ne sont pas dans les tables précédemment apprises : 36, 42, 49, 53.

Dicter : 2 × 6 = … 6 × 3 = … 6 × 4 = … 6 × 6 = … 5 × 6 = …

Dicter : 3 × 6 = … 6 × 7 = … 6 × 5 = … 9 × 6 = … 6 × 8 = …

CE1 Somme de 2 nombres inférieurs à 100 sans passage de dizaine – Additions à trou

Pour chaque addition à trou, 3 nombres sont proposés, mais 1 seul convient. Il faut barrer les 2 nombres qui ne conviennent pas.

JOUR 3

CE1 Somme de 2 nombres inférieurs à 100 sans passage de dizaine – Soustractions

Rappel du jour 1 et calculs :

38 – 4 = … 39 – 2 = … 47 – 3 = …
58 – 7 = … 66 – 3 = …

Problèmes à écrire au tableau et à lire :

- *Paul a préparé 38 crêpes pour ses copains mais le chien en a dévoré 5. Combien de crêpes reste-t-il ?*
- *Simon a gagné 57 € à la brocante. Il dépense 6 € pour une glace. Quelle somme lui reste-t-il ?*

Calculs et problèmes :

38 – 6 = … 57 – 4 = … 88 – 7 = …

Lire le problème et écrire uniquement les quantités :

- *Il y avait **69 livres** dans la bibliothèque de la classe. Le maitre en a prêté **8** aux élèves. Combien de livres reste-t-il dans la bibliothèque ?*
- *Un pull coutait **27 €**. Il est en promotion, la réduction est de **5 €**. Quel est le nouveau prix du pull ?*

CE2 JEUX Jeu de dés avec les tables × 3, × 4

- 2 à 4 joueurs + 1 vérificateur
- Des jetons (bouchons…), 1 dé à 10 faces (ou à défaut des cartes à piocher de 1 à 10), la table de Pythagore (ou les tables de multiplication sur la couverture du fichier CE2) pour le vérificateur

À tour de rôle, on lance le dé (ou on tire une carte) et on calcule … × 3 puis × 4. Si les deux réponses sont exactes (confirmées par le vérificateur), on gagne alors 1 jeton. Si une ou deux réponses sont fausses, on ne gagne pas de jeton et c'est au joueur suivant de jouer… On gagne quand on obtient 10 jetons en premier. **Variante :** on peut faire jouer une partie uniquement sur la table de 3 et une seconde partie sur la table de 4.

Jeu utilisable avec le plateau du jeu du chat et de la souris pour une version coopérative.

JOUR 4 CE2 **Table × 6**

Rappel du jour 1 et calculs :
6 × 8 = … 3 × 6 = … 5 × 6 = …
6 × 7 = … 8 × 6 = …

Problèmes à écrire au tableau et à lire :

• *Mathis achète 7 boites de 6 œufs. Combien d'œufs Mathis achète-t-il ?* Expliciter le problème et faire le lien avec le calcul.

• *Nous installons des balles de tennis sous les pieds des 6 chaises de la salle informatique. Combien de balles faut-il prévoir ?*

Calculs et problèmes : 8 × 6 = … 6 × 6 = … 6 × 9 = …

Lire le problème et écrire uniquement les quantités :

• *La série de livres* Petits Héros *est constitué de* ***6 livres****. Le libraire achète* ***5 séries*** *entières. Combien de livres le libraire achète-t-il ?*

• *Sofia doit découper* ***9 bandes*** *de* ***6 cm*** *de tissu. De quelle longueur de tissu Sofia a-t-elle besoin ?*

CE1 **JEUX Puissance 4 des additions à trous**

Voir la règle sur la fiche du jeu.

Semaine 12

JOUR 1 CE1 **Somme d'un nombre inférieur à 100 et de dizaines – Additions**

• **Nombres utilisés :** de 1 à 99
• **Calcul type :** 47 + 30
• **Matériel :** base 10 (7 dizaines et 7 unités)

Montrer 4 dizaines et 7 unités, demander aux élèves le nombre représenté (47). Montrer maintenant 3 dizaines, demander aux élèves le nombre représenté (30). Demander de calculer la somme totale, puis les poser à côté du matériel représentant 47 et écrire l'addition ainsi représentée (47 + 30). Discuter des stratégies de calcul possibles : calcul du nombre de dizaines, surcomptage de 10 en 10. Expliciter en rassemblant les dizaines posées sur la table (4d + 3d).

Dicter (première série avec le plus grand nombre en premier) :
52 + 20 = … 46 + 30 = … 58 + 20 = …

Deuxième série avec le plus petit nombre en premier (mise en avant de la commutativité) :
10 + 34 = … 30 + 55 = … 40 + 48 = …

Dicter : 36 + 20 = … 43 + 50 = … 51 + 40 = … 20 + 68 = … 30 + 45 = …

CE2 **Table × 6**

Il faut compléter les 3 exercices : entourer les multiples, remplir la route des multiples et compléter les calculs.

JOUR 2 CE2 **Table × 7**

• **Nombres utilisés :** table × 7
• **Calcul type :** 5 × 7 = …
• **Matériel :** table de multiplication × 7 sur droite graduée (*cf.* fichier CE1 calcul page 122) et table de multiplication classique

Écrire le calcul : 5 × 7. Sur la droite graduée, montrer les 5 bonds consécutifs et verbaliser les multiples successifs (7, 14, 21, …, 35). Utiliser les doigts pour indiquer le nombre de bonds. Proposer de la même manière les calculs : 7 × 7, 10 × 7. Mettre en avant les nouveaux résultats qui ne sont pas dans les tables précédemment apprises : 49, 56, 63.

Dicter : 3 × 7 = … 7 × 2 = … 7 × 4 = … 5 × 7 = … 9 × 7 = …

Dicter : 4 × 7 = … 7 × 3 = … 7 × 5 = … 7 × 7 = … 7 × 8 = …

CE1 **Révisions – semaine 11**

Pour chaque résultat, 3 soustractions sont proposées mais seulement 2 soustractions conviennent : il faut les colorier.

JOUR 3 CE1 Somme d'un nombre inférieur à 100 et de dizaines – Additions

Rappel du jour 1 et calculs : 25 + 20 = …
38 + 30 = … 62 + 30 = … 20 + 56 = … 20 + 77 = …

Problèmes à écrire au tableau et à lire :

• *59 passagers sont dans le train. 20 nouveaux passagers montent à bord. Combien de passagers y a-t-il dans le train ?*

• *Chaque jour, ma vache boit 75 litres d'eau et son veau en boit 10 litres. À deux, quelle quantité d'eau boivent-ils en un jour ?*

Calculs et problèmes :
27 + 40 = … 54 + 20 = … 30 + 61 = …

Lire le problème et écrire uniquement les quantités :

• *Mon équipe avait marqué **75 points** au 1er défi maths. Elle en marque **20** de plus au 2e défi. Combien de points mon équipe a-t-elle marqué ?*

• *Le pommier que j'ai planté mesurait **57 centimètres**. Il a poussé de **30 centimètres** cette année. Combien mesure-t-il maintenant ?*

CE2 JEUX Loto de la table × 6

• 2 à 6 joueurs + 1 meneur de jeu

• Une ardoise + son feutre, la feuille questions/réponses, la table × 6 pour le meneur de jeu

Chaque joueur reproduit une grille de jeu sur son ardoise. Le meneur énonce un calcul de son choix (sans dire la réponse). Les joueurs qui pensent avoir la réponse barrent la case correspondante sur leur grille. Le joueur qui a barré toutes les cases de sa grille en premier lève la main. Le meneur de jeu vérifie si toutes les réponses barrées correspondent aux calculs donnés avant de déclarer si le joueur est le gagnant ou non.

JOUR 4 CE2 Table × 7

Rappel du jour 1 et calculs : 7 × 3 = …
5 × 7 = … 9 × 7 = … 7 × 7 = … 7 × 4 = …

Problèmes à écrire au tableau et à lire :

• *Un sac de pommes de terre pèse 7 kg. Lundi, le cuisinier a acheté 6 sacs. Quelle masse de pommes de terre le cuisinier a-t-il achetée ?* Expliciter le problème et faire le lien avec le calcul.

• *Les pamplemousses sont stockés par caisses de 7. Aujourd'hui, 8 caisses ont été vendues. Combien de pamplemousses ont été vendus ?*

Calculs et problèmes :
8 × 7 = … 7 × 9 = … 7 × 7 = …

Lire le problème et écrire uniquement les quantités :

• *Le maitre range les cahiers du jour par tas de **7 cahiers**. Il fait **4 tas**. Combien de cahiers y a-t-il en tout ?*

• *Aujourd'hui, **8 élèves** présentent un exposé. Chaque exposé doit durer **7 minutes** au maximum. Combien de temps vont durer tous les exposés au maximum ?*

CE1 JEUX Jeu de l'oie des soustractions

• 2 à 3 joueurs + 1 vérificateur

• Le plateau du jeu de l'oie des soustractions (à photocopier ou reproduire sur plateau vierge), 1 pion par joueur, 1 dé (2 si on veut un jeu plus rapide)

Le but : franchir en premier la ligne d'arrivée en répondant rapidement (3 secondes) aux questions posées dans les cases. Attention aux cases « stop » qui bloquent pendant 1 tour. La réponse est validée par le vérificateur qui possède la fiche réponse.

Semaine 13

JOUR 1 CE1 Somme d'un nombre inférieur à 100 et de dizaines – Additions à trou

• **Nombres utilisés :** de 1 à 99
• **Calcul type :** 47 + … = 77
• **Matériel :** base 10 (7 dizaines et 7 unités)

Montrer 4 dizaines et 7 unités, dire : *J'ai 47 cubes. J'en veux 77. Combien dois-je en ajouter ?* Reformuler : *J'ai 47 cubes. Combien il m'en manque pour aller à 77 ?* Écrire l'addition correspondante au tableau (47 + … = 77). Discuter des stratégies de calcul mises en œuvre par les élèves : compter de 10 en 10 de 47 à 77, compter uniquement les dizaines de 4 pour aller de 4 à 7… Mettre en évidence la différence entre les deux nombres avec le matériel : *Qu'est-ce qui change de 4 dizaines et 7 unités pour aller à 7 dizaines et 7 unités ?*

Dicter : 32 + … = 72 46 + … = 66 54 + … = 84 71 + … = 81 55 + … = 95 68 + … = 88

Dicter : 36 + … = 76 23 + … = 73 41 + … = 81 68 + … = 88 57 + … = 97

CE2 Table × 7

Il faut compléter les 3 exercices : entourer les multiples, remplir la route des multiples et compléter les calculs.

JOUR 2 CE2 Table × 8

• **Nombres utilisés :** table × 8

• **Calcul type :** 8 × 8 = …

• **Matériel :** table de multiplication × 8 sur droite graduée (*cf.* fichier CE1 calcul page 122) et table de multiplication classique

Écrire le calcul : 4 × 8. Sur la droite graduée, montrer les 4 bonds consécutifs et verbaliser les multiples successifs (8, 16, 24, 32). Utiliser les doigts pour indiquer le nombre de bonds. Proposer de la même manière les calculs : 8 × 8, 10 × 8. Mettre en évidence les régularités de la table de 8 (nombres pairs uniquement). Mettre en avant les nouveaux résultats qui ne sont pas dans les tables précédemment apprises : 64, 72.

Dicter : 3 × 8 = … 8 × 5 = … 2 × 8 = … 6 × 8 = … 8 × 9 = …

Dicter : 4 × 8 = … 5 × 8 = … 8 × 8 = … 9 × 8 = … 8 × 6 = …

CE1 Révisions – semaine 12

Dans chaque tableau de 9 nombres, il faut entourer et relier les paires de nombres qui font le résultat indiqué au-dessus du tableau.

JOUR 3 CE1 Somme d'un nombre inférieur à 100 et de dizaines – Additions à trou

Rappel du jour 1 et calculs :

25 + … = 45 38 + … = 68 62 + … = 82

56 + … = 76 77 + … = 96

Problèmes à écrire au tableau et à lire :

• *Sofia a déjà fait 25 kilomètres en voiture. Elle doit faire 75 kilomètres pour arriver à destination. Combien de kilomètres doit-elle encore parcourir ?* Expliciter le problème et faire le lien avec le calcul.

• *Papy a ramassé 38 kg de champignons cette année. Il veut en ramasser autant que l'an dernier, soit 58 kg. Combien de kilogrammes de champignons doit-il encore ramasser ?*

Calculs et problèmes :

23 + … = 63 57 + … = 77 39 + … = 89

Lire le problème et écrire uniquement les quantités :

• *Sam a économisé **27 euros**. Combien lui manque-t-il pour acheter un jeu à **67 euros** ?*

• *Éloïse a **19 cartes** de collection. Combien lui en manque-t-il pour en avoir **49** comme Ludo ?*

CE2 JEUX Loto de la table × 7

• 2 à 6 joueurs + 1 meneur de jeu

• Une ardoise + son feutre, la feuille questions/réponses, table × 7 pour le meneur de jeu

Chaque joueur reproduit une grille de jeu sur son ardoise. Le meneur énonce un calcul de son choix (sans dire la réponse). Les joueurs qui pensent avoir la réponse barrent la case correspondante sur leur grille. Le joueur qui a barré toutes les cases de sa grille en premier lève la main. Le meneur de jeu vérifie si toutes les réponses barrées ont bien été demandées avant de déclarer si le joueur est le gagnant ou non.

JOUR 4 CE2 Table × 8

Rappel du jour 1 et calculs :

8 × 4 = … 5 × 8 = … 8 × 8 = …

3 × 8 = … 8 × 9 = …

Problèmes à écrire au tableau et à lire :

• *En EPS, nous avons fait 5 séries de 8 flexions. Combien de flexions avons-nous faites ?* Expliciter le problème et faire le lien avec le calcul.

• *Pour le vide-grenier, les élèves ont besoin de 6 cordes de 8 m. De quelle longueur totale de corde ont-ils besoin ?*

Calculs et problèmes :

8 × 8 = … 8 × 6 = … 9 × 8 = …

Lire le problème et écrire uniquement les quantités :

• *L'arrosoir du jardinier a une contenance de **6 litres**. Ce matin, il a dû le remplir **8 fois** pour arroser son jardin. Quel volume d'eau a été nécessaire pour arroser ?*

• *L'entrée du cinéma coûte **9 €**. La maman de Charly offre l'entrée à **8 enfants**. Combien doit-elle payer pour les enfants ?*

CE1 JEUX Loto – Révisions : Somme d'un nombre inférieur à 100 et de dizaines – Additions

Voir la règle sur la fiche du jeu.

Semaine 14

JOUR 1 — CE1 Somme d'un nombre inférieur à 100 et de dizaines – Soustractions

- **Nombres utilisés :** de 1 à 99
- **Calcul type :** 77 – 30 = …
- **Matériel :** base 10 (7 barres dizaines et 7 cubes unités)

Montrer 7 dizaines et 7 unités. Faire identifier le nombre représenté (77), puis enlever 3 dizaines et cacher le matériel restant. Faire à nouveau identifier le nombre de cubes enlevés (30) et écrire au tableau le calcul de la manipulation (77 – 30). Questionner les élèves sur le nombre de cubes restants et les stratégies de calcul pour trouver ce nombre : décomptage de 10 en 10, soustraction des dizaines uniquement, soit 7d – 3d…

Dicter : 39 – 20 = … 66 – 30 = … 62 – 40 = … 73 – 50 = … 95 – 40 = … 84 – 30 = …

Dicter : 48 – 20 = … 76 – 30 = … 69 – 40 = … 94 – 50 = … 82 – 60 = …

CE2 JEUX Table × 8

Il faut compléter les 3 exercices : entourer les multiples, remplir la route des multiples et compléter les calculs.

JOUR 2 — CE2 Table × 9

- **Nombres utilisés :** table × 9
- **Calcul type :** 7 × 9 = …
- **Matériel :** table de multiplication × 9 sur droite graduée (*cf.* fichier CE1 calcul page 122) et table de multiplication classique

Écrire le calcul : 5 × 9. Sur la droite graduée, montrer les 5 bonds consécutifs et verbaliser les multiples successifs (9, 18, 27, …, 45). Utiliser les doigts pour indiquer le nombre de bonds. Proposer de la même manière les calculs : 7 × 9, 9 × 9. Mettre en évidence les particularités de la table de 9. Mettre en avant le nouveau résultat qui n'est pas dans les tables précédemment apprises : 81.

Dicter : 3 × 9 = … 9 × 2 = … 9 × 4 = … 5 × 9 = … 9 × 9 = …

Dicter : 4 × 9 = … 9 × 3 = … 9 × 5 = … 7 × 9 = … 9 × 8 = …

CE1 Révisions – Somme d'un nombre inférieur à 100 et de dizaines – Additions à trou

Pour chaque addition à trou, 3 nombres sont proposés, mais 1 seul convient. Barrer les 2 nombres qui ne conviennent pas.

JOUR 3 — CE1 Somme d'un nombre inférieur à 100 et de dizaines – Soustractions

Rappel du jour 1 et calculs :
66 – 20 = … 84 – 60 = … 57 – 30 = …
76 – 40 = … 98 – 50 = …

Problèmes à écrire au tableau et à lire :
- *José avait 38 billes. Il en a perdu 20 à la récréation. Combien de billes a-t-il maintenant ?*
- *Il y a 55 mètres de fil sur ma bobine. J'en coupe 30 mètres. Quelle longueur de fil reste-t-il sur ma bobine ?*

Calculs et problèmes :
69 – 20 = … 93 – 50 = … 76 – 30 = …

Lire le problème et écrire uniquement les quantités :
- *Le boulanger a préparé **43 kg** de pain. Il a vendu **20 kg** de pain ce matin. Quelle masse de pain lui reste-t-il à vendre ?*
- *Maman a fait pour **87 €** de courses. Elle a un bon de réduction de **30 €**. Combien va-t-elle payer ?*

CE2 JEUX Loto de la table × 8

- 2 à 6 joueurs + 1 meneur de jeu
- Une ardoise + son feutre, la feuille questions/réponses, la table × 8 pour le meneur de jeu

Chaque joueur reproduit une grille de jeu sur son ardoise. Le meneur énonce un calcul de son choix (sans dire la réponse). Les joueurs qui pensent avoir la réponse barrent la case correspondante sur leur grille. Le joueur qui a barré toutes les cases de sa grille en premier lève la main. Le meneur de jeu vérifie si toutes les réponses barrées ont bien été demandées avant de déclarer si le joueur est le gagnant ou non.

JOUR 4 CE2 Table × 9

Rappel du jour 1 et calculs :

9 × 3 = … 6 × 9 = … 9 × 9 = …
5 × 9 = … 9 × 7 = …

Problèmes à écrire au tableau et à lire :

• *Ma grand-mère a acheté 4 tartes à 9 € pour son anniversaire. Combien a-t-elle payé ?* Expliciter le problème et faire le lien avec le calcul.

• *L'arbuste que j'ai planté grandit de 9 cm chaque semaine. De combien a-t-il grandi en 5 semaines ?*

Calculs et problèmes :

9 × 9 = … 5 × 9 = … 9 × 7 = …

Lire le problème et écrire uniquement les quantités :

• *On met **9 feutres** dans chaque pot. Il y a **6 pots** sur le bureau de la maitresse. Combien de feutres sont sur le bureau de la maitresse ?*

• *Les équipes de basketball sont constituées de **9 joueurs**. Il y a **9 équipes** dans le tournoi. Combien de joueurs y a-t-il dans le tournoi ?*

CE1 JEUX Puissance 4 – Révisions semaine 13

• 2 joueurs (ou 3 si on ajoute un vérificateur)

• 1 plateau de jeu imprimé ou vierge à compléter, des jetons de 2 couleurs différentes (ou bouchons, cubes…), une calculatrice si besoin

À tour de rôle, il faut résoudre une addition. Si la réponse est validée (par l'adversaire ou le vérificateur), on pose 1 jeton de sa couleur sur la case. Le premier joueur qui réalise une ligne, une colonne ou une diagonale de 4 jetons gagne la partie.

PÉRIODE 3

Semaine 15

JOUR 1

CE1 Les compléments à la dizaine supérieure

- **Nombres utilisés :** de 1 à 99
- **Calcul type :** 83 + … = 90
- **Matériel :** base 10 (9 dizaines, 9 unités)

Montrer 8 dizaines et 3 unités. Disposer les unités à la verticale comme les dizaines afin de pouvoir ensuite identifier visuellement la quantité qu'il manque pour réaliser une nouvelle dizaine entière. Demander aux élèves d'identifier le nombre (83) puis demander : *Quel est le complément pour aller à la dizaine supérieure ?* Cette question va demander des explications. Il est important de d'abord faire trouver la dizaine entière qui vient juste après 83 c'est-à-dire 90 et reformuler : *On cherche donc combien il manque pour aller à 90.* Écrire le calcul au tableau 83 + … = 90. Illustrer cette question avec le matériel : *On veut 90, c'est 9 dizaines.* Rapprocher une dizaine des 3 unités pour visualiser la quantité de cubes qu'il manque. Après un court temps de recherche, discuter des stratégies de calcul des élèves. Montrer qu'il faut regarder les unités qu'il manque pour former une dizaine complète (de 3 pour aller à 10) et faire le lien avec les compléments à 10 déjà connus (vus en semaine 1 de la période 1). On peut également faire le lien avec la soustraction 90 – 83 surtout si un élève a utilisé cette stratégie.

Dicter : 5 + … = 10   45 + … = 50   8 + … = 10   78 + … = 80   64 + … = 70

Dicter : 25 + … = 30   47 + … = 50   52 + … = 60   66 + … = 70   29 + … = 30

CE2 Table × 9

Compléter les 3 exercices : entourer les multiples, remplir la route des multiples et compléter les calculs.

JOUR 2

CE2 Compléments à 1 000 par centaines

- **Nombres utilisés :** centaines entières de 100 à 900
- **Calcul type :** 200 + … = 1 000
- **Matériel :** base 10, 10 plaques centaines et 1 cube millier

Montrer l'équivalence entre 10 plaques centaines et 1 cube millier (*1 000, c'est 10 centaines*). Prendre 4 plaques centaines : *Combien faut-il de 400 pour aller à 1 000 ?* Expliciter les stratégies principales : surcomptage de 100 en 100 (500, 600, …, 1 000) et usage des compléments à 10 (4 + 6 font 10, donc 4 centaines + 6 centaines font 10 centaines).

Dicter : 900 + … = 1 000   500 + … = 1 000   300 + … = 1 000   600 + … = 1 000   100 + … = 1 000

Dicter : 400 + … = 1 000   700 + … = 1 000   200 + … = 1 000   800 + … = 1 000   500 + … = 1 000

CE1 Somme d'un nombre inférieur à 100 et de dizaines : sous forme de soustractions – Révisions

Dans chaque tableau, il faut barrer les résultats des différents calculs selon le code indiqué sous le tableau. À la fin, il faut trouver et colorier l'intrus.

JOUR 3

CE1 Les compléments à la dizaine supérieure

Rappel du jour 1 et calculs :

26 + … = 30   48 + … = 50   31 + … = 40
53 + … = 60   62 + … = 70   84 + … = 90

Problèmes à écrire au tableau et à lire :

- *Le fleuriste a commandé 63 roses. Combien doit-il en ajouter pour faire un bouquet de 70 roses ?* Expliciter le problème et faire le lien avec le calcul.
- *Marianne veut s'acheter un pull à 40 €. Dans son porte-monnaie, elle n'a que 36 €. Quelle somme lui manque-t-il ?* Insister sur l'écriture abrégée de l'unité €.

Calculs et problèmes :

68 + … = 70   33 + … = 40   56 + … = 60

Lire le problème et écrire uniquement les quantités :

- *Le jardinier veut planter **30 plants** de fraises. Il en a déjà planté **22**. Combien doit-il encore en planter ?*
- *Céline a construit une tour de kaplas de **82 centimètres**. Elle veut que sa tour soit aussi grande que celle de son petit frère, qui mesure **90 centimètres**. Combien de centimètres doit-elle ajouter à sa tour ?*

CE2 JEUX Loto de la table × 9

- 2 à 6 joueurs + 1 meneur de jeu
- Une ardoise + son feutre, la feuille questions/réponses pour le meneur de jeu

Chacun reproduit une grille de jeu sur son ardoise. Le meneur énonce un calcul de son choix (sans dire la réponse). Les joueurs qui pensent avoir la réponse barrent la case correspondante sur leur grille. Celui qui a barré toutes les cases de sa grille en premier lève la main. Le meneur de jeu vérifie si toutes les réponses barrées correspondent à des opérations demandées avant de déclarer si le joueur est le gagnant ou non.

JOUR 4 CE2 **Les compléments à 1 000 par centaines**

Rappel du jour 1 et calculs :
700 + … = 1 000 900 + … = 1 000 200 + … = 1 000
500 + … = 1 000 400 + … = 1 000

Problèmes à écrire au tableau et à lire :

- *Le menuisier prend pour son chantier 200 clous dans la boite de 1 000 clous. Combien reste-t-il de clous dans la boite ?* Expliciter le problème et faire le lien avec le calcul.
- *Il faut 1 000 points pour passer au niveau de jeu supérieur. Sandia a actuellement 500 points. Combien de points doit-elle encore marquer ?*

Calculs et problèmes :
800 + … = 1 000 300 + … = 1 000 600 + … = 1 000

Lire le problème et écrire uniquement les quantités :

- *Pour son expérience, le scientifique met **300 mL** de vinaigre. Il doit compléter jusqu'à **1 000 mL** avec de l'eau. Quel volume d'eau doit-il ajouter ?*
- *À l'entrée du parking de **1 000 places**, le panneau indique **600 places** libres. Combien de voitures sont garées dans le parking ?*

CE1 **JEUX Le chat et les souris – Somme d'un nombre inférieur à 100 et de dizaines – Additions à trou : révisions**

- 2 à 4 joueurs
- 1 pion pour les souris, la bande de 10 cases, les cartes calculs, le puzzle du chat (ou n'importe quelle image de prédateur découpée en 4)

Piocher un calcul et donner la réponse. Si la réponse est correcte, avancer le pion d'une case. Si la réponse est fausse, poser 1 pièce du puzzle du chat (réponse à écrire au dos des cartes ou ajouter 1 vérificateur avec une calculatrice). Le but est d'atteindre la case « arrivée » avant que le puzzle du chat ne soit complet.
Variante : Jouer 1 contre 1. Si l'on donne 1 réponse fausse, c'est l'adversaire qui avance son pion.

Semaine 16

JOUR 1 CE1 **Somme d'un nombre inférieur à 200 et d'un petit nombre sans passage de dizaine – Additions**

- **Nombres utilisés :** de 1 à 199
- **Calcul type :** 143 + 6 = …
- **Matériel :** base 10 (1 centaine, 4 dizaines, 9 unités)

Montrer 1 centaine, 4 dizaines et 3 unités. Demander aux élèves d'identifier le nombre représenté (143). Prendre 6 unités, les montrer et demander : *J'ajoute 6 unités. Combien y aura-t-il en tout ?* Ne pas montrer le résultat avec le matériel tout de suite, laisser un court temps de recherche, puis discuter des stratégies de calcul des élèves : surcomptage depuis 143, depuis 43, depuis 3… Valider la réponse avec le matériel et écrire l'addition 143 + 6 = 149. Faire constater (avec le matériel) que les centaines et les dizaines ne sont pas modifiées, et que l'on ne s'intéresse qu'aux unités sans échange en dizaines. Dès lors, on peut se servir des résultats des tables d'addition travaillées en période 1.

Dicter : 136 + 3 = … 145 + 4 = … 153 + 3 = … 161 + 8 = … 144 + 4 = …

Dicter : 134 + 5 = … 143 + 5 = … 152 + 6 = … 155 + 3 = … 161 + 6 = …

CE2 **Compléments à 100 et 1 000**

Dans chaque tableau de 9 chiffres, il faut barrer les nombres voisins compléments à 100 et entourer les nombres voisins compléments à 1 000. On peut les barrer ou entourer : horizontalement, verticalement et en diagonale. À la fin, colorier l'intrus dans chaque tableau.

JOUR 2

CE2 **Retirer des unités, des dizaines, des centaines à 1 000**

- **Nombres utilisés :** nombres de 1 à 10 et de 1 à 1 000 avec des dizaines ou des centaines entières
- **Calcul type :** 1 000 – 20 = …
- **Matériel :** 2 droites graduées se terminant à 1 000 : 1 droite graduée de 10 en 10 (marquée 900, 910, 920…, 1 000) et de 1 en 1 en graduation secondaire ; 1 droite graduée de 100 en 100 (marquée 0, 100, 200…, 1 000) et de 10 en 10 en graduation secondaire

Prendre la droite graduée de 100 en 100 et écrire le calcul 1 000 – 300 = … . Demander de chercher le résultat. Expliciter les stratégies : décomposition de 1 000 en centaines (*10 centaines moins 3 centaines font 7 centaines*), compléments à 1 000 (*Puisque 300 et 700 sont compléments à 1 000, le résultat est 700.*), décomptage de 100 en 100 (*900, 800, 700*). Insister sur l'intérêt de la droite graduée dans ce dernier cas : tracer les bonds de décomptage.

Faire la même démarche pour 1 000 – 30 (possible sur les 2 droites) et 1 000 – 3 : dans ces cas, le décomptage apparait la stratégie la plus adaptée.

Dicter : 1 000 – 200 = … 1 000 – 20 = … 1 000 – 2 = … 1 000 – 700 = … 1 000 – 70 = … 1 000 – 7 = …

Dicter : 1 000 – 500 = … 1 000 – 40 = … 1 000 – 9 = … 1 000 – 100 = … 1 000 – 50 = …

CE1 **Les compléments à la dizaine supérieure – Révisions**

Dans chaque tableau de 9 nombres, il faut entourer et relier les paires de nombres (compléments) donnant le nombre au-dessus du tableau.

JOUR 3

CE1 **Somme d'un nombre inférieur à 200 et d'un petit nombre sans passage de dizaine – Additions**

Rappel du jour 1 et calculs :
151 + 7 = … 166 + 3 = … 134 + 4 = …
137 + 2 = … 145 + 3 = …
Éventuellement, corriger le premier calcul en illustrant avec le matériel pour bien rappeler la stratégie vue en jour 1.

Problèmes à écrire au tableau et à lire :

- *Brian a collectionné 123 petits cailloux blancs. Il en rapporte 5 nouveaux de sa promenade. Combien en aura-t-il en tout dans sa collection ?* Expliciter le problème et faire le lien avec le calcul.
- *Meryl mesurait 132 cm. Elle a grandi de 8 cm cette année. Combien mesure-t-elle maintenant ?* Insister sur l'écriture abrégée de l'unité cm.

Calculs et problèmes :
124 + 5 = … 152 + 6 = … 163 + 4 = …
Lire le problème et écrire uniquement les quantités :

- *Au musée, on peut admirer **112 tableaux** et **7 sculptures**. Combien d'œuvres peut-on admirer au musée ?*
- *Le livreur transporte **164 kilogrammes** de colis et **5 kilogrammes** de courrier. Quelle est la masse de son chargement ?*

CE2 **JEUX** **Jeu du memory des compléments à 100 par dizaines et à 1 000 par centaines**

- 2 à 4 joueurs
- Les cartes dizaines (semaine 2) et les cartes centaines (imprimables), une calculatrice

Jouer avec l'ensemble des cartes ou seulement avec une moitié.

Les cartes sont disposées, faces cachées, sur la table. Retourner deux cartes et les additionner. Si la somme des 2 cartes est égale à 100 ou à 1 000, on gagne la paire constituée et on rejoue, sinon on les repose, faces cachées, là où elles étaient et c'est au suivant de jouer. La partie est terminée lorsque toutes les cartes ont été assemblées par paires.

JOUR 4 CE2 Retirer des unités, des dizaines, des centaines à 1 000

Rappel du jour 1 et calculs :
1 000 – 300 = … 1 000 – 30 = … 1 000 – 3 = …
1 000 – 900 = … 1 000 – 90 = … 1 000 – 9 = …

Problèmes à écrire au tableau et à lire :

• *Le garagiste a prévu une révision de la voiture au bout de 1 000 km. Elle a déjà roulé 300 km. Quelle distance peut-elle encore rouler avant la révision ?*
Expliciter le problème et faire le lien avec le calcul.

• *Un vélo électrique a une réduction de 80 € sur son prix initial de 1 000 €. Quel est son prix avec la réduction ?*

Calculs et problèmes :
1 000 – 20 = … 1 000 – 8 = … 1 000 – 400 = …
Lire le problème et écrire uniquement les quantités :

• *Sur **1 000 spectateurs** présents au début du match, **200 spectateurs** ont quitté le stade à la mi-temps. Combien de spectateurs reste-t-il ?*

• *Au zoo, il y a deux rhinocéros : le mâle pèse **1 000 kg** et la femelle pèse **90 kg** de moins. Combien pèse la femelle ?*

CE1 JEUX Les compléments à la dizaine supérieure – Révisions

• 2 joueurs + 1 vérificateur

• Un jeu de 54 cartes sans les figures pour 2 binômes (1 famille rouge et 1 famille noire par binôme), 20 jetons, 1 droite graduée ou une calculatrice

Chacun son tour, former un nombre en piochant 1 carte rouge pour les dizaines et 1 carte noire pour les unités. Puis calculer le complément pour aller à la dizaine supérieure. Le vérificateur valide sur une droite graduée (ou calculatrice) ; on gagne alors 1 jeton. Si la réponse est fausse, le jeton va à l'adversaire. Le premier joueur qui arrive à 10 jetons gagne la partie.

Semaine 17

JOUR 1 CE1 Somme d'un nombre inférieur à 200 et d'un petit nombre sans passage de dizaine – Additions à trou

• **Nombres utilisés :** de 1 à 199
• **Calcul type :** 143 + … = 149
• **Matériel :** base 10 (1 centaine, 4 dizaines, 9 unités)

Montrer 1 centaine, 4 dizaines et 3 unités et demander aux élèves d'identifier le nombre représenté (143). Annoncer : *Je voudrais 149. Combien dois-je ajouter ?* Puis écrire l'addition à trou 143 + … = 149. Après un court temps de recherche, discuter des stratégies de calcul des élèves : surcomptage depuis 143, depuis 43, depuis 3… Valider la réponse en envoyant un élève chercher le matériel à ajouter pour représenter 149 (6 cubes unités) et compléter l'addition. Faire constater (avec le matériel) que les centaines et les dizaines ne sont pas à prendre en compte pour ce calcul, et que l'on ne s'intéresse qu'aux unités. Dès lors, on peut se servir des résultats des tables d'addition (travaillées en période 1). On sait que 3 + 6 = 9 alors de 143 pour aller à 149, il manque 6.

Dicter : 136 + … = 139 145 + … = 148 153 + … = 156 161 + … = 169 144 + … = 148

Dicter : 134 + … = 139 143 + … = 148 152 + … = 157 155 + … = 158 161 + … = 167

CE2 Retirer des unités, des dizaines, des centaines à 1 000

Dans chaque tableau, il faut barrer les résultats des différents calculs selon le code indiqué sous le tableau. À la fin, il faut trouver et colorier l'intrus.

JOUR 2 CE2 Multiplier des dizaines

- **Nombres utilisés :** dizaines entières de 10 à 90
- **Calcul type :** 50 × 3 = …
- **Matériel :** tableau de numération

Écrire 3 dans le tableau de numération.
Tracer une flèche et une bulle × … à droite du tableau de numération (sur le modèle du fichier CE2 p. 98).
Demander : *Jusqu'à quel nombre peut-on multiplier 3 et connaitre le résultat facilement ?* Valider les réponses : jusqu'à × 10 (tables de multiplication), ainsi que × 100 et × 1 000. Écrire 50 dans la bulle. Demander aux élèves de chercher le résultat et d'expliciter les stratégies : addition itérée de 50, addition itérée de 30 (3 × 10) cinq fois, décomposition de × 50. Développer cette dernière stratégie selon les deux décompositions, × 10 × 5 puis × 5 × 10, en écrivant les résultats intermédiaires (30 et 150, puis 15 et 150) dans le tableau de numération. Privilégier cette dernière, et insister sur le fait qu'écrire un 0 quand on multiplie par 10 est une conséquence du déplacement des nombres d'une colonne à gauche dans le tableau de numération.

Dicter : 30 × 2 = …   50 × 3 = …   20 × 4 = …   40 × 5 = …   30 × 6 = …

Dicter : 60 × 2 = …   20 × 3 = …   40 × 4 = …   30 × 5 = …   50 × 6 = …

CE1 Somme d'un nombre inférieur à 200 et d'un petit nombre sans passage de dizaine : additions – Révisions

Parmi les trois calculs proposés, seuls deux calculs donnent le résultat correct : il faut les colorier.

JOUR 3 CE1 Somme d'un nombre inférieur à 200 et d'un petit nombre sans passage de dizaine – Additions à trou

Rappel du jour 1 et calculs :
134 + … = 138   137 + … = 139   145 + … = 148
151 + … = 157   166 + … = 169
Éventuellement, corriger le premier calcul en illustrant avec le matériel pour bien rappeler la stratégie vue en jour 1.

Problèmes à écrire au tableau et à lire :

- *Il reste 142 cahiers de liaison en réserve ; il en faut 1 pour chacun des 148 élèves de l'école. Combien de cahiers doit-on commander ?*
Expliciter le problème et faire le lien avec le calcul.
- *Pour faire son gâteau, Johnny a besoin de 145 g de sucre. Il ne lui reste que 141 g. Combien de grammes de sucre lui manque-t-il ?* Insister sur l'écriture abrégée de l'unité g.

Calculs et problèmes :
124 + … = 128   152 + … = 158 …   163 + … = 167
Lire le problème et écrire uniquement les quantités :

- *Sur l'étalage du marché, il y a* ***148 pommes*** *jaunes ou rouges.* ***141*** *sont jaunes. Combien de pommes rouges y a-t-il ?*
- *La maire a commandé* ***155 ballons*** *pour la fête du village. Dans le colis, il y en a seulement* ***152****. Combien de ballons manque-t-il ?*

CE2 JEUX Retirer des unités, des dizaines, des centaines à 1 000

- 2 à 3 joueurs + 1 vérificateur
- Le plateau du jeu de l'oie des soustractions à 1 000 (à photocopier ou à reproduire sur un plateau vierge), 1 pion par joueur, 1 dé (2 si on veut un jeu plus rapide)

Le but est de franchir en premier la ligne d'arrivée en répondant rapidement (3 secondes) aux questions posées sur les cases. Attention aux cases « stop » qui bloquent pendant 1 tour. La réponse est validée par le vérificateur qui possède la fiche réponse.

JOUR 4 CE2 **Multiplier des dizaines**

Rappel du jour 1 et calculs :

Rappeler la propriété de commutativité de la multiplication : 2 × 3 = 3 × 2.

Dicter : 6 × 20 = … 30 × 5 = … 5 × 40 = … 50 × 3 = … 3 × 60 = …

Problèmes à écrire au tableau et à lire :

- *Le club de foot a acheté 7 ballons à 20 €. Combien ont couté les ballons ?* Expliciter le problème et faire le lien avec le calcul.
- *Le berger emporte 40 sacs de 3 kg de sel pour ses moutons en été. Quelle masse de sel emporte-t-il ?*

Calculs et problèmes :

8 × 20 = … 40 × 4 = … 20 × 7 = …

Dicter et écrire uniquement les quantités :

- *Entre chaque étage de l'immeuble, l'escalier a* ***20 marches****. Il y a* ***9 étages****. Combien de marches l'escalier a-t-il en tout ?*
- *Pour son entrainement, Léon doit courir* ***5 fois*** *la ligne droite de* ***40 m****. Quelle distance doit-il courir ?*

CE1 **JEUX La course aux trésors**
Somme d'un nombre inférieur à 200 et d'un petit nombre sans passage de dizaine : additions

- 2 à 4 joueurs + 1 meneur
- Le plateau de jeu, 1 pion par joueur, 1 dé, la fiche question

Jouer chacun son tour. Le meneur de jeu pose une question, le premier joueur répond. Si la réponse est validée par le meneur (qui a les réponses), alors le joueur lance le dé et avance en direction du trésor, du nombre indiqué par le dé. Si la réponse est fausse, il lance le dé et recule du nombre de cases indiqué par le dé. (**Variante :** il ne recule que d'une case). Le gagnant est le premier à atteindre l'ile au trésor.

Semaine 18

JOUR 1 CE1 **Somme d'un nombre inférieur à 200 et d'un petit nombre sans passage de dizaine – Soustractions**

- **Nombres utilisés :** de 1 à 199
- **Calcul type :** 149 – 6 = …
- **Matériel :** base 10 (1 centaine, 4 dizaines, 9 unités)

Montrer 1 centaine, 4 dizaines et 9 unités et demander aux élèves d'identifier le nombre représenté (149). Annoncer : *Je vais enlever 6 unités.* Puis écrire la soustraction 149 – 6. Demander aux élèves de calculer ce qu'il va rester. Après un court temps de recherche, discuter des stratégies des élèves puis valider la réponse en demandant à un élève de venir enlever les 6 unités du matériel. Faire constater (avec le matériel) que les centaines et les dizaines ne sont pas à prendre en compte pour ce calcul, et que l'on ne s'intéresse qu'aux unités car le nombre à soustraire est inférieur au nombre d'unités. Il n'y a pas besoin de casser une dizaine. Dès lors, la soustraction est beaucoup plus simple : 9 – 6.

Dicter : 139 – 3 = … 148 – 3 = … 156 – 4 = … 169 – 8 = … 147 – 4 = …

Dicter : 139 – 5 = … 148 – 5 = … 157 – 5 = … 158 – 3 = … 167 – 6 = …

CE2 **Multiplier des dizaines**

Chaque multiplication comporte 3 possibilités : une seule convient, il faut barrer les 2 multiplicateurs qui ne conviennent pas.

JOUR 2

CE2 Multiplier des centaines

• **Nombres utilisés :** de 100 à 900 avec des centaines entières

• **Calcul type :** 200 × 3 = …

• **Matériel :** tableau de numération

Écrire 3 dans le tableau de numération. Tracer une flèche et une bulle × … à droite du tableau de numération (sur le modèle du fichier CE2 p. 98). Aux réponses de la semaine 16, s'ajoutent les dizaines entières : × 20, × 30, …, × 90. Écrire 200 dans la bulle. Demander aux élèves de chercher le résultat et expliciter les stratégies : addition itérée de 200, addition itérée de 300 (100 × 3) deux fois, décomposition de × 200. Développer cette dernière stratégie selon les deux décompositions, × 100 × 2 puis × 2 × 100, en écrivant les résultats intermédiaires (300 et 600, puis 6 et 600) dans le tableau de numération. Privilégier cette dernière et insister sur le fait qu'écrire deux 0 quand on multiplie par 100 est une conséquence du déplacement des nombres de deux colonnes à gauche dans le tableau de numération.

Dicter : 400 × 2 = … 500 × 3 = … 300 × 4 = … 200 × 5 = … 300 × 6 = …

Dicter : 200 × 2 = … 400 × 3 = … 200 × 4 = … 300 × 5 = … 200 × 6 = …

CE1 Somme d'un nombre inférieur à 200 et d'un petit nombre sans passage de dizaine : additions à trou – Révisions

Dans la grille d'additions à trou, il y a deux chemins : un chemin qui relie les cases + 4 et un chemin qui relie les cases + 5. Il faut avancer sur le chemin en passant d'une case à une case voisine : horizontalement, verticalement ou en diagonale. Il faut colorier ces cases et tracer le chemin du départ à l'arrivée.

JOUR 3

CE1 Somme d'un nombre inférieur à 200 et d'un petit nombre sans passage de dizaine – Soustractions

Rappel du jour 1 et calculs :

137 – 4 = … 139 – 7 = … 147 – 5 = …

167 – 2 = … 176 – 3

Éventuellement, corriger le premier calcul en illustrant avec le matériel pour bien rappeler la stratégie vue en jour 1.

Problèmes à écrire au tableau et à lire :

• *L'entraineur de handball a lavé les 127 maillots du club. Malheureusement, 4 sont déchirés. Combien de maillots en bon état reste-t-il ?* Expliciter le problème et faire le lien avec le calcul.

• *Wanda a 177 euros. Elle dépense 5 euros à la boulangerie. Quelle somme lui reste-t-il ?*

Calculs et problèmes :

168 – 6 = … 159 – 6 = … 189 – 2 = …

Lire le problème et écrire uniquement les quantités :

• *Pour une réunion en mairie, on a installé* ***128 chaises****.* ***6 chaises*** *sont réservées pour le maire et ses adjoints. Combien de chaises libres reste-t-il ?*

• *L'éleveuse a récolté* ***169 litres*** *de lait ce matin. Elle garde* ***7 litres*** *pour nourrir les veaux. Combien de litres de lait lui reste-t-il ?*

CE2 JEUX Loto des multiplications : multiplier des dizaines

• 2 à 6 joueurs + 1 meneur de jeu

• Une ardoise et son feutre, la feuille questions/réponses pour le meneur de jeu

Chaque joueur reproduit une grille de jeu sur son ardoise. Le meneur énonce un calcul de son choix (sans dire la réponse). Les joueurs qui pensent avoir la réponse barrent la case correspondante sur leur grille. Celui qui a barré toutes les cases de sa grille en premier lève la main.
Le meneur de jeu vérifie si toutes les réponses barrées correspondent bien à des calculs donnés avant de déclarer si le joueur est le gagnant ou non.

JOUR 4 CE2 Multiplier des centaines

Rappel du jour 1 et calculs :

Rappeler la propriété de commutativité de la multiplication : 2 × 3 = 3 × 2.

Dicter : 7 × 200 = … 300 × 4 = … 5 × 400 = … 500 × 3 = … 2 × 600 = …

Problèmes à écrire au tableau et à lire :

• *Les 5 premières étapes d'une course cycliste font 200 km chacune. Quelle distance les coureurs auront-ils parcourue au bout de 5 jours ?* Expliciter le problème et faire le lien avec le calcul.

• *Une association humanitaire récolte les dons par pièces de 2 € uniquement. Elle a récolté 700 pièces. Combien d'argent a-t-elle récolté ?*

Calculs et problèmes :

9 × 200 = … 700 × 2 = … 6 × 300 = …

Lire le problème et écrire uniquement les quantités :

• *Chaque tronc de bois que le bucheron a coupé fait* ***300 kg****. Il peut transporter* ***6 troncs*** *dans sa remorque. Quelle masse de bois peut transporter la remorque ?*

• *Un concours de mathématiques sur Internet rassemble* ***200 équipes*** *de* ***8 joueurs****. Combien de joueurs y a-t-il en tout ?*

CE1 JEUX Puissance 4 des additions à trous < 200 – Révisions

• 1 plateau de jeu imprimé ou 1 plateau vierge à compléter, des jetons de 2 couleurs différentes (ou bouchons, cubes…), calculatrice si besoin

À tour de rôle, résoudre une addition. Si la réponse est validée (par l'adversaire ou le vérificateur), poser 1 jeton de sa couleur sur la case. Le premier joueur qui réalise une ligne, une colonne ou diagonale de 4 jetons gagne la partie.

Semaine 19

JOUR 1 CE1 Somme d'un nombre inférieur à 200 et de dizaines – Additions

• **Nombres utilisés :** de 1 à 199

• **Calcul type :** 145 + 30 = …

• **Matériel :** base 10 (1 centaine, 4 dizaines, 5 unités)

Montrer 1 centaine, 4 dizaines et 5 unités et demander aux élèves le nombre représenté (145).

Prendre 3 dizaines, les montrer et dire : *J'ajoute 30. Quel nombre vais-je obtenir ?* Puis écrire au tableau le calcul 145 + 30. Après un court temps de recherche, discuter des différentes stratégies de calcul des élèves : compter de 10 en 10 depuis 145, ou depuis 45, isoler les dizaines… puis valider la réponse en posant les dizaines à côté de 145. Faire constater qu'ajouter 30, c'est ajouter 3 dizaines seulement. On ne touche ni aux centaines ni aux unités. Il faut donc rassembler les dizaines (le faire avec le matériel) : ainsi 4 dizaines + 3 dizaines est beaucoup plus simple à calculer et on peut faire appel aux résultats connus des tables d'addition. On obtient 7 dizaines. Compléter le calcul au tableau.

Dicter : 139 + 30 = … 148 + 20 = … 156 + 40 = … 169 + 10 = … 127 + 50 = …

Dicter : 139 + 40 = … 145 + 30 = … 163 + 20 = … 118 + 60 = … 122 + 50 = …

CE2 Multiplier des dizaines, des centaines

Parmi trois multiplications proposées pour un résultat, seules deux sont correctes et donnent le résultat indiqué : il faut les colorier.

JOUR 2 CE2 Réviser les tables de multiplication

• **Nombres utilisés :** toutes multiplications de 1 à 9

• **Calcul type :** 8 × 7 = …

• **Matériel :** table de Pythagore proportionnelle

Mener une révision collective des tables en présentant la table de Pythagore proportionnelle : c'est une synthèse de toutes les tables en un seul document. Plus le résultat est grand et difficile à retenir, plus la case est grosse. Demander aux élèves les résultats des tables dans un ordre autre que l'ordre classique, en ciblant les difficultés. Révision des carrés, en particulier des 4 derniers. Répétition des 6 résultats les plus difficiles (6 × 7 = …, 6 × 8 = …, 6 × 9 = …, 8 × 7 = …, 9 × 7 = …, 8 × 9…).

Dicter : 6 × 6 = … 9 × 5 = … 8 × 8 = … 7 × 6 = … 8 × 9 = …

Dicter : 5 × 5 = … 6 × 7 = … 7 × 8 = … 9 × 6 = … 9 × 9 = …

CE1 Soustractions – Révisions

Pour chaque soustraction, deux réponses sont proposées mais une seule est correcte : il faut colorier la réponse correcte.

JOUR 3 CE1 **Somme d'un nombre inférieur à 200 et de dizaines – Additions**

Rappel du jour 1 et calculs :
117 + 20 = … 124 + 30 = … 162 + 30 = …
145 + 40 = … 173 + 20 = …
Corriger le premier calcul avec le matériel.

Problèmes à écrire au tableau et à lire :

- *Zack possède 123 euros. Il reçoit un billet de 50 euros pour son anniversaire. Quelle somme possède-t-il maintenant ?* Expliciter le problème et faire le lien avec le calcul.
- *La crêperie a utilisé 156 œufs la semaine dernière. Elle en a utilisé 20 de plus cette semaine. Combien d'œufs a-t-elle utilisés cette semaine ?*

Calculs et problèmes :
118 + 70 = … 136 + 40 = … 151 + 20 = …
Lire le problème et écrire uniquement les quantités :

- *La biscuiterie a préparé **125 sablés** et **50 cookies**. Combien de biscuits ont été préparés aujourd'hui ?*
- *Le record de plongée en apnée était de **112 m** en 1989. Dix ans plus tard, il a été amélioré de **40 m**. Quel était le nouveau record de plongée ?*

CE2 **JEUX Loto des multiplications : multiplier des dizaines, des centaines**

- 2 à 6 joueurs + 1 meneur de jeu
- Une ardoise et son feutre, la feuille questions/réponses pour le meneur de jeu

Chaque joueur reproduit une grille de jeu sur son ardoise. Le meneur énonce un calcul de son choix (sans dire la réponse). Les joueurs qui pensent avoir la réponse barrent la case correspondante sur leur grille. Celui qui a barré toutes les cases de sa grille en premier lève la main. Le meneur de jeu vérifie si toutes les réponses barrées correspondent bien à des calculs donnés avant de déclarer si le joueur est le gagnant ou non.

JOUR 4 CE2 **Réviser les tables de multiplication**

Rappel du jour 1 et calculs : 4 × 8 = …
9 × 5 = … 7 × 7 = … 8 × 8 = … 9 × 8 = …

Problèmes à écrire au tableau et à lire :

- *Les enfants de grande section sont répartis en 4 groupes de 7 élèves. Combien d'élèves y a-t-il en grande section ?* Expliciter le problème et faire le lien avec le calcul.
- *L'école achète une série de 9 bandes dessinées à 8 €. Combien coutent les bandes dessinées ?*

Calculs et problèmes :
6 × 6 = … 8 × 8 = … 9 × 7 = …
Lire le problème et écrire uniquement les quantités :

- *Une équipe de rugby a marqué **8 essais** à **7 points**. Combien de points a-t-elle marqués ?*
- *Pour son anniversaire, Rose a reçu **9 bouquets** de **9 roses**. Combien de roses Rose a-t-elle reçues ?*

CE1 **JEUX Loto des soustractions > à 200 – Révisions**

- 2 à 6 joueurs + 1 meneur
- Une ardoise + feutre, la liste de calculs pour le meneur

Chaque joueur a un carton différent reproduit sur son ardoise. Le meneur annonce un calcul (sans donner la réponse). Les joueurs calculent puis cochent la case correspondant au résultat si elle est sur leur carton. Le premier joueur à avoir rempli tout son carton gagne.

Semaine 20

JOUR 1 CE1 **Somme d'un nombre inférieur à 200 et de dizaines – Additions à trou**

- **Nombres utilisés :** de 1 à 199
- **Calcul type :** 145 + … = 175
- **Matériel :** base 10 (1 centaine, 4 dizaines, 5 unités)

Montrer 1 centaine, 4 dizaines et 5 unités.
Demander aux élèves d'identifier le nombre représenté (145). Annoncer : *Je voudrais 175. Combien dois-je ajouter ?* Puis écrire l'addition à trou 145 + … = 175. Après un court temps de recherche, discuter des stratégies de calcul des élèves : surcomptage de 1 en 1, de 10 en 10 depuis 145, depuis 45… Valider la réponse avec le matériel à ajouter pour représenter 175 (3 barres dizaines) et compléter l'addition. Faire constater (avec le matériel) que les centaines et les unités ne sont pas modifiées pour ce calcul (comparer 145 et 175), et que l'on ne s'intéresse qu'aux dizaines. Dès lors, on peut se servir des résultats des tables d'addition. On sait que 4 dizaines pour aller à 7 dizaines, il manque 3 dizaines.

Dicter : 127 + … = 147 136 + … = 186 145 + … = 175 153 + … = 163 161 + … = 191

Dicter : 134 + … = 174 143 + … = 183 152 + … = 177 155 + … = 185 161 + … = 181

CE2 **Réviser les tables de multiplication**

Il faut remplir la table de Pythagore vierge. Pour les élèves les plus avancés, une table de Pythagore allant jusqu'à 11 peut être proposée.

JOUR 2 CE2 Produit d'un nombre à 1, 2 ou 3 chiffres par 10, 100, 1 000 – Multiplications

- **Nombres utilisés :** de 1 à 99, 100 et 1 000
- **Calcul type :** 3 × 1 000 = ..., 12 × 100 = ..., 56 × 10 = ...
- **Matériel :** le glisse-nombre, papier ou numérique

Rappeler les principes fondamentaux de la multiplication par 10, 100 ou 1 000 : décalage du nombre respectivement de 1, 2 ou 3 colonnes vers la gauche. Montrer 5 dans le glisse-nombre. Demander aux élèves d'effectuer les calculs suivants : 5 × 10 (ou 10 × 5), 5 × 100, 5 × 1 000. Valider les réponses avec le glisse-nombre. Même démarche avec : 16 × 10, 16 × 100, 40 × 10, 40 × 100.

Dicter : 21 × 10 = ... 7 × 100 = ... 4 × 1 000 = ... 50 × 10 = ... 20 × 100 = ...

Dicter : 7 × 100 = ... 55 × 10 = ... 13 × 100 = ... 79 × 10 = ... 9 × 1 000 = ...

CE1 Somme d'un nombre inférieur à 200 et de dizaines : additions – Révisions

Dans chaque tableau de 20 additions, il faut colorier uniquement les cases qui correspondent au résultat indiqué au-dessus de chaque tableau (177 / 185 / 193).

JOUR 3 CE1 Somme d'un nombre inférieur à 200 et de dizaines – Additions à trou

Rappel du jour 1 et calculs :

117 + ... = 167 124 + ... = 164 162 + ... = 192...
145 + ... = 185 173 + ... = 193

Éventuellement, corriger le premier calcul en illustrant avec le matériel pour bien rappeler la stratégie vue en jour 1.

Problèmes à écrire au tableau et à lire :

- *Pour payer les courses, papa sort 135 euros de son porte-monnaie. Le caissier lui demande 155 euros. Quelle somme papa doit-il ajouter ?* Expliciter le problème et faire le lien avec le calcul.
- *Mamie a parcouru 125 km à vélo. Quelle distance lui reste-t-il à parcourir pour atteindre l'arrivée à 175 kilomètres ?*

Calculs et problèmes :

118 + ... = 188 136 + ... = 176 151 + ... = 171

Lire le problème et écrire uniquement les quantités :

- *Le club de tennis doit acheter **155 balles** neuves. Ils en ont déjà commandé **125**. Combien doivent-ils encore en commander ?*
- *Loïc possède **149 images** de footballeurs. Léna en a **119**. Combien lui en manque-t-il pour en avoir autant que Loïc ?*

CE2 JEUX La course au trésor – Réviser les tables de multiplication

- 2 à 4 joueurs + 1 meneur
- Le plateau de jeu, 1 pion par joueur, 1 dé, les tables de multiplication pour le meneur

Jouer chacun son tour. Le meneur de jeu pose une question (combien font 4 fois 8 ?...), le joueur répond. Si la réponse est validée par le meneur (qui a les réponses) alors le joueur lance le dé et avance en direction du trésor du nombre indiqué par le dé. Si la réponse est fausse, il lance le dé et recule du nombre de cases indiqué par le dé. (**Variante :** il ne recule que d'une case). Le gagnant est le premier à atteindre l'ile au trésor.

Fiche questions à poser dans le désordre, au hasard. Ne pas dire la réponse. Cocher quand la question a été posée sauf si la réponse était fausse. On peut poser plusieurs fois les questions si le jeu n'est pas terminé.

JOUR 4 CE2 Produit d'un nombre à 1, 2 ou 3 chiffres par 10, 100, 1 000 – Multiplications

Rappel du jour 1 et calculs :
4 × 1 000 = … 16 × 100 = … 50 × 100 = …
49 × 10 = … 99 × 10 = …

Problèmes à écrire au tableau et à lire :

• *À la papeterie, il y a 15 paquets de 100 feuilles de couleur. Combien de feuilles de couleur y a-t-il ?* Expliciter le problème et faire le lien avec le calcul.

• *Un coureur doit faire 10 tours de 400 m chaque jour à l'entrainement. Quelle distance parcourt-il chaque jour ?*

Calculs et problèmes :
45 × 10 = … 7 × 1 000 = … 60 × 100 = …

Lire le problème et écrire uniquement les quantités :

• *Le directeur du cirque a vendu* ***78 places*** *à* ***10 €****. Combien d'argent a-t-il récolté ?*

• *Dans le camion, le maçon charge* ***100 sacs*** *de* ***20 kg*** *de ciment. Quelle masse totale de ciment a-t-il chargée ?*

CE1 JEUX Jeu de l'oie des additions de dizaines – Révisions

• 2 à 3 joueurs + 1 vérificateur

• Le plateau du jeu de l'oie des soustractions (à photocopier ou à reproduire sur un plateau vierge), 1 pion par joueur, 1 dé (2 si on veut un jeu plus rapide)

Franchir en premier la ligne d'arrivée en répondant rapidement (3 secondes) aux questions posées sur les cases. Attention aux cases « stop » qui bloquent pendant 1 tour. La réponse est validée par le vérificateur qui possède la fiche réponse.

Semaine 21

JOUR 1 CE1 Somme d'un nombre inférieur à 200 et de dizaines – Soustractions

• **Nombres utilisés :** de 1 à 199

• **Calcul type :** 175 – 30 = …

• **Matériel :** base 10 (1 centaine, 7 dizaines, 5 unités)

Montrer 1 centaine, 7 dizaines et 5 unités. Faire identifier le nombre représenté (175) puis annoncer : *Je vais enlever 30*. Écrire au tableau le calcul de la manipulation (175 – 30). Questionner les élèves sur le nombre qui va rester. Après un court temps de recherche, discuter des stratégies de calcul des élèves (décomptage de 10 en 10, soustraction des dizaines uniquement : 7 d – 3 d…). Illustrer la réponse en demandant à un·e élève de venir faire la manipulation. Ainsi, montrer que 30, c'est 3 dizaines (on va enlever 3 d), que l'on ne va pas toucher à la centaine ni aux unités donc 7 dizaines – 3 dizaines est bien plus facile à calculer. Puis compléter le calcul au tableau 175 – 30 = 145.

Dicter : 139 – 20 = … 166 – 30 = … 162 – 40 = … 173 – 50 = … 195 – 40 = … 184 – 50 = …

Dicter : 148 – 20 = … 176 – 50 = … 169 – 40 = … 194 – 60 = … 182 – 70 = …

CE2 Produit d'un nombre à 1, 2 ou 3 chiffres par 10, 100, 1 000 – Multiplications

Pour chaque multiplication, il y a le choix entre 2 réponses : il faut colorier la réponse correcte.

JOUR 2 CE2 Produit d'un nombre à 1, 2 ou 3 chiffres par 10, 100, 1 000 – Multiplication à trou

• **Nombres utilisés :** de 1 à 199

• **Calcul type :** 3 × … = 3 000, 12 × … = 1 200, 56 × … = 560

• **Matériel :** le glisse-nombre, papier ou numérique

Rappeler les principes fondamentaux de la multiplication par 10, 100 ou 1 000 : décalage du nombre de 1, 2 ou 3 colonnes vers la gauche. Montrer 5 dans le glisse-nombre. Demander aux élèves de fermer les yeux et faire glisser jusqu'à 500. Écrire le calcul : 5 × … = 500 et demander la réponse. Valider la seule réponse possible avec le glisse-nombre. Même démarche avec : 16 × 1 600, 48 × 480, 3 × 3 000.

Dicter : 54 × … = 540 20 × … = 2 000 4 × … = 4 000 107 × … = 1 070 80 × … = 800

Dicter : 22 × … = 220 7 × … = 7 000 90 × … = 900 150 × … = 1 500 30 × … = 3 000

CE1 Somme d'un nombre inférieur à 200 et de dizaines : additions à trou – Révisions

Dans la grille d'additions à trou, il y a deux chemins : un chemin qui relie les cases + 40 et un chemin qui relie les cases + 50. On avance sur le chemin en passant d'une case à une case voisine : horizontalement, verticalement ou en diagonale. Il faut colorier ces cases et tracer le chemin du départ à l'arrivée.

JOUR 3 CE1 Somme d'un nombre inférieur à 200 et de dizaines – soustractions

Rappel du jour 1 et calculs :
166 – 20 = ...   184 – 60 = ...   157 – 30 = ...
176 – 40 = ...   198 – 50 = ...   Si besoin, corriger le premier calcul en illustrant avec le matériel pour bien rappeler la stratégie vue en jour 1.

Problèmes à écrire au tableau et à lire :

• *Bruno avait 189 poules. Il en a vendu 50 à son voisin. Combien de poules lui reste-t-il ?*

• *L'autruche d'Afrique pèse 155 kg. Ses plumes représentent 20 kg. Quelle serait la masse de l'autruche sans ses plumes ?*

Calculs et problèmes :
169 – 20 = ...   193 – 50 = ...   176 – 40 = ...

Lire le problème et écrire uniquement les quantités :

• *Il y a **155 pages** dans mon livre. J'en ai déjà lu **30**. Combien de pages me reste-t-il à lire ?*

• *Tony a fait pour **177 €** de courses. Il a un bon d'achat de **20 €**. Quelle somme lui reste-t-il à payer ?*

CE2 JEUX Jeu de l'oie des multiplications par 10, 100, 1 000

• 2 à 3 joueurs + 1 vérificateur

• Le plateau du jeu (à photocopier ou à reproduire sur un plateau vierge), 1 pion par joueur, 1 dé (2 si on veut un jeu plus rapide)

Le but est de franchir en premier la ligne d'arrivée en répondant rapidement (3 secondes) aux questions posées sur les cases. Attention aux cases « stop » qui bloquent pendant 1 tour. La réponse est validée par le vérificateur qui possède la fiche réponse.

JOUR 4 CE2 Produit d'un nombre à 1, 2 ou 3 chiffres par 10, 100, 1 000 – Multiplications à trou

Rappel du jour 1 et calculs :
6 × ... = 600   13 × ... = 1 300   9 × ... = 9 000
109 × ... = 1 090

Problèmes à écrire au tableau et à lire :

• *La maitresse a commandé 900 agrafes. Elle a reçu 9 boites. Combien d'agrafes y a-t-il par boite ?*
Expliciter le problème et faire le lien avec le calcul.

• *Le distributeur de billets contient 50 billets identiques qui font une somme de 5 000 €. Quelle est la valeur des billets stockés dans le distributeur ?*

Calculs et problèmes :
61 × ... = 610   19 × ... = 1 900   8 × ... = 8 000
70 × ... = 70 000

Lire le problème et écrire uniquement les quantités :

• *Le cycliste a fait une boucle de **3 000 km** en France. Il a dû recharger son vélo électrique **30 fois**. Combien de kilomètres pouvait-il faire avant d'avoir besoin de recharger son vélo ?*

• *Dans la boite de sucre, qui pèse **500 g**, il y a **50 morceaux** de sucre. Combien pèse un morceau de sucre ?*

CE1 JEUX Le chat et la souris – Somme d'un nombre inférieur à 200 et de dizaines : additions à trou

• 2 à 4 joueurs

• 1 pion pour les souris, la bande de 10 cases, les cartes calculs, le puzzle du chat (ou n'importe quelle image de prédateur découpée en 4)

Chacun son tour, piocher un calcul et donner la réponse. Si la réponse est correcte, on avance le pion d'une case. Si la réponse est fausse, on pose 1 pièce du puzzle du chat (réponse à écrire au dos des cartes ou ajouter 1 vérificateur avec calculatrice). Le but est d'atteindre la case « arrivée » avant que le puzzle du chat ne soit complet.
Variante : jouer 1 contre 1. Si on donne une réponse fausse, c'est l'adversaire qui avance son pion.

PÉRIODE 4

Semaine 22

JOUR 1

CE1 Les compléments à 100, 200 par dizaines

- **Nombres utilisés :** de 1 à 99
- **Calcul type :** 170 + … = 200
- **Matériel :** base 10

Montrer l'équivalence entre 10 barres dizaines et 1 barre centaines (*100, c'est 10 dizaines*). Prendre 7 barres dizaines et les poser sur la plaque centaines. *Combien faut-il pour aller de 70 à 100 ?* Expliciter les stratégies de calcul principales : surcomptage de 10 en 10 (80, 90, 100) et usage des compléments à 10 (7 + 3 font 10), donc 7 dizaines + 3 dizaines font 10 dizaines.

Dicter : 10 + … = 100 110 + … = 200 30 + … = 100 130 + … = 200 50 + … = 100

Dicter : 150 + … = 200 70 + … = 100 90 + … = 100 120 + … = 200 160 + … = 200

CE2 Produit d'un nombre à 1, 2 ou 3 chiffres par 10, 100, 1 000 – Multiplications à trou

Dans la grille de multiplications à trou, il y a deux chemins : un chemin qui relie les cases × 10 et un chemin qui relie les cases × 100. Il faut colorier les cases pour tracer le chemin du départ à l'arrivée en passant d'une case à une case voisine : horizontalement, verticalement ou en diagonale.

JOUR 2

CE2 Compléments à la centaine supérieure

- **Nombres utilisés :** de 1 à 1 000
- **Calcul type :** 741 + … = 800
- **Matériel :** droite graduée commençant et se terminant par une centaine entière, graduée de 10 en 10 et de 1 en 1 en graduation secondaire

Écrire au tableau le calcul 741 + … = 800. *Nous allons calculer le complément de 741 à la centaine supérieure.* Montrer la droite graduée et placer collectivement le nombre 741, après avoir complété les graduations (700, 710…, 800). Demander les stratégies de calcul utilisées. La stratégie experte retenue est celle des compléments à 100. D'abord, calculer le complément à la dizaine supérieure, puis à la centaine supérieure : indiquer les deux bonds successifs sur la droite. Refaire l'ensemble de la démarche et ajouter unités et dizaines pour trouver le résultat. Reproduire cette manipulation collectivement pour 258 + … = 300 afin de montrer que la droite partiellement graduée s'adapte à tous les calculs.

Dicter : 854 + … = 900 538 + … = 600 206 + … = 300 666 + … = 700

Dicter : 876 + … = 900 616 + … = 700 431 + … = 500 189 + … = 200 303 + … = 400

CE1 Somme d'un nombre inférieur à 200 et de dizaines : soustraction – Révisions

Dans chaque tableau, il faut barrer les résultats des différents calculs selon le code indiqué sous le tableau. À la fin, il faut trouver et colorier l'intrus.

JOUR 3

CE1 Les compléments à 100, 200 par dizaines

Rappel du jour 1 et calculs :

190 + … = 200 60 + … = 100 40 + … = 100

170 + … = 200 140 + … = 200

Problèmes à écrire au tableau et à lire :

- *Il reste 180 feuilles à dessin dans l'armoire. Le maitre en veut 200. Combien doit-il en commander ?* Expliciter le problème et faire le lien avec le calcul.
- *Basile voudrait acheter une trottinette à 100 euros. Il n'a que 70 euros en poche. Combien lui manque-t-il ?*

Calculs et problèmes :

20 + … = 100 80 + … = 100 150 + … = 200

Lire le problème et écrire uniquement les quantités :

- *Il y a* ***200 places*** *à vendre pour le spectacle.* ***110*** *ont été vendues. Combien de places reste-t-il à vendre ?*
- *Éva a reçu un billet de* ***100 €****. Elle s'achète un jouet à* ***40 €****. Quelle somme lui reste-t-il ?*

CE2 JEUX Jeu de l'oie des multiplications à trou par 10, 100, 1 000

- 2 à 3 joueurs + 1 vérificateur
- Le plateau du jeu (à photocopier ou à reproduire), 1 pion par joueur, 1 dé (2 si l'on veut un jeu plus rapide)

Franchir en premier la ligne d'arrivée en répondant rapidement (3 secondes) aux questions posées sur les cases. Attention aux cases « stop » qui bloquent pendant 1 tour. La réponse est validée par le vérificateur qui possède la fiche réponse.

JOUR 4 CE2 **Les compléments à la centaine supérieure**

Rappel du jour 1 et calculs :
783 + ... = 800   538 + ... = 600   271 + ... = 300

Problèmes à écrire au tableau et à lire :

• *Liam doit atteindre un score de 300 points pour réussir son examen d'anglais. Avant le dernier exercice, il a 273 points. Combien de points doit-il obtenir au minimum au dernier exercice ?* Expliciter le problème et faire le lien avec le calcul.

• *Sacha doit mettre 700 g de farine pour faire la pâte à crêpe. La balance indique pour l'instant 615 g. Quelle masse de farine doit-il ajouter ?*

Calculs et problèmes :
729 + ... = 800   185 + ... = 200   333 + ... = 400

Lire le problème et écrire uniquement les quantités :

• *Le trajet en voiture pour aller voir nos grands-parents fait* ***600 km****. À midi, nous avons fait* ***515 km****. Quelle distance reste-t-il à parcourir ?*

• *L'artisan achète du matériel électrique pour* ***445 €****. Il paie* ***500 €****. Quelle somme d'argent doit-on lui rendre ?*

CE1 **JEUX La course au trésor – Révisions**

• 2 à 4 joueurs + 1 meneur

• Le plateau de jeu, 1 pion par joueur, 1 dé, les cartes questions addition

Jouer chacun son tour. Le meneur de jeu pose une question, le joueur répond. Si la réponse est validée par le meneur (qui a les réponses) alors le joueur lance le dé et avance en direction du trésor du nombre indiqué par le dé. Si la réponse est fausse, il lance le dé et recule du nombre de cases indiqué par le dé. (**Variante :** ne reculer que d'une case). Le gagnant est le premier à atteindre l'ile au trésor.

Fiche questions : À poser dans le désordre, au hasard. Ne pas dire la réponse. Cocher quand la question a été posée sauf si la réponse était fausse. Poser plusieurs fois les questions si le jeu n'est pas terminé.

Semaine 23

JOUR 1 CE1 **Les doubles d'usage courant**

• **Nombres utilisés :** de 1 à 10, 15, 20, 25, 30, 40, 50... 100

• **Calcul type :** 15 + 15 = ...

• **Matériel :** base 10 (5 barres dizaines, 10 unités)

Montrer 15 avec la base 10. Demander ce que signifie *le double de 15* et rappeler les doubles jusqu'à 10 revus en période 1. Montrer 15 et 15 en base 10 : *Le double de 15, c'est 15 et encore 15, 15 + 15*. Écrire ce calcul au tableau. Demander le résultat, puis les stratégies de calcul : recomptage de la totalité des dizaines et unités (peu efficace sans le matériel), surcomptage de 5 en 5... puis illustrer le résultat avec la manipulation : *Le double de 15, c'est le double de 10 + le double de 5*. Rapprocher les dizaines, le double de 10, c'est 20, puis rapprocher les unités, le double de 5, c'est 10 (faire l'échange) puis annoncer et écrire : *le double de 15, c'est 30*. Faire la même manipulation avec le double de 25 et constater que les stratégies sont les mêmes. On peut également proposer le double de 20 et constater que les doubles sans unités sont simples à trouver notamment en faisant appel aux doubles connus (le double de 20, c'est le double de 2 dizaines, soit 4 dizaines).

Dicter : (alterner les 2 manières de présenter les doubles X + X ou double de X c'est...)
10 + 10 = ...   double de 20 ?   30 + 30 = ...   double de 40 ?   50 + 50 = ...

Dicter : 15 + 15 = ...   double de 10 ?   25 + 25 = ...   double de 20 ?   30 + 30 = ...

CE2 **Les compléments à la centaine supérieure**

Pour chaque nombre proposé, il faut tracer le chemin vers la centaine supérieure en ajoutant d'abord les unités puis les dizaines.

JOUR 2 CE2 Somme d'un nombre à 3 chiffres avec des unités ou un nombre avec des dizaines ou centaines entières

• **Nombres utilisés :** de 1 à 1 200

• **Calcul type :** 675 + 5 = … 675 + 40 = …
675 + 400 = …

• **Matériel :** Compteur

Montrer le nombre 453. Demander le résultat de 453 + 5. Exposer les stratégies : surcomptage de 1 en 1, addition des unités et centaines / dizaines inchangées. Montrer que les deux stratégies se visualisent de la même manière sur le compteur : modification du chiffre des unités. Faire la même démarche avec 453 + 30 et 453 + 300. Faire la synthèse : repérage du chiffre concerné et stratégie, et constater l'absence de passage de dizaine / centaine / millier.

Proposer la même démarche en annonçant le piège du passage de dizaine / centaine / millier : 675 + 5 = …, 675 + 40 = …, 675 + 400 = … .

Dicter : 351 + 5 = … 351 + 20 = … 351 + 300 = … 869 + 2 = … 869 + 50 = … 859 + 300 = …

Dicter : 617 + 2 = … 617 + 50 = … 617 + 200 = … 758 + 6 = … 758 + 50 = …

CE1 Les compléments à 100, 200 par dizaines

Dans chaque tableau de 9 chiffres, il faut entourer les nombres voisins compléments à 100 ou 200. On peut les entourer : horizontalement, verticalement et en diagonale. À la fin, il faut colorier l'intrus dans chaque tableau.

JOUR 3 CE1 Les doubles d'usage courant

Rappel du jour 1 et calculs :

double de 30 ? double de 5 ? 35 + 35 = …
double de 40 ? 45 + 45 = …

Possibilité d'illustrer la correction avec le matériel de base 10 et de le mettre à disposition des élèves qui en ont encore besoin pour comprendre.

Problèmes à écrire au tableau et à lire :

• *Nabil a 25 billes et son frère en a le double. Combien de billes a son frère ?* Expliciter le problème et faire le lien avec le calcul. Au besoin, proposer la schématisation avec la base 10.

• *Jude doit faire 40 kilomètres pour aller chez sa mamie. Combien de kilomètres doit-il parcourir pour faire l'aller-retour chez elle ?*

Calculs et problèmes :

double de 50 ? 100 + 100 = … 15 + 15 = …

Lire le problème et écrire uniquement les quantités :

• *Pour son anniversaire, Karim a écrit **10 cartes** d'invitation. Il lui en faut **le double**. Combien de cartes va-t-il écrire en tout ?*

• *Charlyse a économisé **25 €**. Mais le beau livre qu'elle veut coûte **le double**. Quel est le prix du livre ?*

CE2 JEUX Les compléments à la centaine supérieure

• 2 à 4 joueurs + 1 vérificateur

• Un jeu de 54 cartes sans les figures, 20 à 40 jetons, 1 droite graduée ou calculatrice

Chacun son tour, former un nombre en piochant 1 carte pour les centaines, 1 carte pour les dizaines et 1 carte pour les unités. Puis calculer le complément pour aller à la centaine supérieure. Le vérificateur valide sur une droite graduée (ou calculatrice), on gagne alors 1 jeton. Si la réponse est fausse, le jeton va à l'adversaire. Le premier joueur qui arrive à 10 jetons gagne la partie.

JOUR 4 **CE2** **Somme d'un nombre à 3 chiffres avec des unités ou un nombre avec des dizaines ou des centaines entières**

Rappel du jour 1 et calculs :

267 + 2 = … 267 + 30 = … 267 + 400 = …
575 + 6 = … 575 + 30 = … 575 + 500 = …

Problèmes à écrire au tableau et à lire :

• *La distance pour aller à l'école depuis la maison de Rémi est de 465 m par le chemin et 50 m de plus par la route. Quelle est la distance par la route ?* Expliciter le problème et faire le lien avec le calcul.

• *Mona a comparé les prix des billets de train pour Paris : 286 € le vendredi soir et 8 € de plus le samedi matin. Quel est prix du billet le samedi matin ?*

Calculs et problèmes :

468 + 4 = … 468 + 30 = … 468 + 500 = …

Lire le problème et écrire uniquement les quantités :

• *La bibliothèque de l'école contenait* ***646 livres****. Les enseignants ont acheté* ***60*** *nouveaux* ***livres*** *cette année. Combien de livres y a-t-il maintenant ?*

• *Dans la recette des gaufres, il est écrit* ***850 g*** *de farine et* ***200 g*** *de sucre. Quelle masse indiquera la balance après avoir mélangé le sucre et la farine ?*

CE1 **JEUX** **Puissance 4 des compléments à 100, 200 par dizaines – Révisions**

• 2 joueurs + 1 vérificateur

• 1 plateau de jeu imprimé ou vierge à compléter, jetons de 2 couleurs différentes (ou bouchons, cubes…), calculatrice ou fiche réponse

À tour de rôle, résoudre une addition. Si la réponse est validée (par l'adversaire ou le vérificateur), poser 1 jeton de sa couleur sur la case. Le premier joueur qui réalise une ligne, une colonne ou une diagonale de 4 jetons gagne la partie.

Semaine 24

JOUR 1 **CE1** **La table × 2**

• **Nombres utilisés :** de 1 à 20

• **Calcul type :** … × 2

• **Matériel :** multicubes

Montrer une tour de 2 multicubes et dire : *J'ai fait une deuxième tour avec 2 multicubes, combien ai-je utilisé de cubes ?* Recommencer la manipulation avec 3, 4 puis 5 tours et écrire au fur et à mesure les nombres de cubes trouvés en colonne. Ensuite, faire une pause pour écrire (face aux résultats trouvés) les multiplications correspondantes en disant : *J'ai pris une première fois 2 multicubes* (montrer la première tour) *; on écrit 1 × 2. J'ai pris 2 fois 2 multicubes* (montrer 2 tours) *; on écrit 2 × 2…* Continuer ainsi jusqu'à 5 puis faire constater que la table de 2, c'est prendre 2 × la même chose, comme les doubles et qu'on ajoute 2 à chaque fois. Construire ainsi le reste de la table de 2 au tableau et ajouter que ces résultats sont des multiples de 2.

Dicter (faire référence à la manipulation si besoin) :

2 × 2 = … 4 × 2 = … 6 × 2 = … 8 × 2 = … 10 × 2 = …

Dicter : 3 × 2 = … 5 × 2 = … 7 × 2 = … 1 × 2 = … 9 × 2 = …

CE2 **Somme d'un nombre à 3 chiffres et de centaines, dizaines entières ou unités**

Dans chacune des grilles de 30 calculs, il faut colorier uniquement les additions dont le résultat est 632 / 915.

JOUR 2

CE2 Somme d'un nombre à 3 chiffres avec des unités ou un nombre avec des dizaines ou des centaines entières – Additions à trou

- **Nombres utilisés :** de 1 à 1 200
- **Calcul type :** 584 + … = 590   584 + … = 604   584 + … = 1 084
- **Matériel :** Compteur

Montrer le nombre 765 et l'écrire au tableau. Modifier le compteur sans l'expliciter pour afficher 795. Demander le résultat de 765 + … = 795. Exposer les stratégies de calcul : surcomptage de 1 en 1 (peu probable et à rejeter), de 10 en 10, addition des dizaines (centaines / unités inchangées). Montrer que les deux stratégies se visualisent de la même manière sur le compteur : modification du chiffre des dizaines. Faire la même démarche avec 765 + … = 769 et 765 + … = 768. Faire la synthèse : repérage du chiffre concerné et stratégie ; constater l'absence de passage de dizaine / centaine / millier.

Proposer la même démarche en annonçant le piège du passage de dizaine / centaine / millier :
584 + … = 590   584 + … = 604   584 + … = 1 084.

Dicter : 273 + … = 773   273 + … = 281   273 + … = 313   856 + … = 861   856 + … = 906   856 + … = 1 056

Dicter : 636 + … = 639   482 + … = 982   327 + … = 407   811 + … = 1 011   741 + … = 791

CE1 Les doubles d'usage courant – Révisions

Trois possibilités sont données pour chaque résultat de doubles : une seule convient, il faut barrer les deux nombres qui ne conviennent pas.

JOUR 3

CE1 La table × 2

Rappel du jour 1 et calculs :
Ici, proposer les calculs dans les 2 sens afin de rappeler la commutativité (vu en calcul en période 3, chapitre 9).

3 × 2 = …   2 × 3 = …   4 × 2 = …   2 × 4 = …
10 × 2 = …   5 × 2 = …   2 × 10 = …   2 × 5 = …
6 × 2 = …   7 × 2 = …   2 × 6 = …   2 × 7 = …

Problèmes à écrire au tableau et à lire :

- *Maman achète 2 boites de 10 œufs. Combien d'œufs a-t-elle achetés ?*
- *Medhi a 2 billets de 5 € dans son porte-monnaie. Quelle somme d'argent a-t-il ?*

Calculs et problèmes :
8 × 2 = …   2 × 4 = …   6 × 2 = …

Lire le problème et écrire uniquement les quantités :

- *Harold a mangé **2 paquets** de **4 biscuits**. Combien de biscuits a-t-il mangés ?*
- *Une fleur d'amaryllis grandit de **2 cm** par jour. De combien de centimètres grandit-elle en **7 jours** ?*

CE2 JEUX Le chat et les souris : Somme d'un nombre à 3 chiffres et de centaines, dizaines entières ou unités – Additions

- 2 à 4 joueurs
- 1 pion pour les souris, la bande de 10 cases, les cartes calculs (ici additions d'un nombre à trois chiffres + centaines / dizaines / unités), le puzzle du chat

Chacun son tour, piocher un calcul et donner la réponse. Si la réponse est correcte, on avance le pion d'une case, si la réponse est fausse, on pose 1 pièce du puzzle du chat (réponse à écrire au dos des cartes ou ajouter un vérificateur avec une calculatrice). Le but est d'atteindre la case « arrivée » avant que le puzzle du chat ne soit complet. **Variante :** Jouer 1 contre 1. Si on donne 1 réponse fausse, c'est l'adversaire qui avance son pion.

JOUR 4 CE2 **Somme d'un nombre à 3 chiffres avec des unités ou un nombre avec des dizaines ou des centaines entières – Additions à trou**

Rappel du jour 1 et calculs :
412 + ... = 812   553 + ... = 613   934 + ... = 1 134

Problèmes à écrire au tableau et à lire :

• *Hier, 325 places pour le tournoi de football ont été vendues. Ce soir, 625 places ont été vendues en tout. Combien de places ont été vendues aujourd'hui ?*
Expliciter le problème et faire le lien avec le calcul.

• *L'an dernier, le vélo dont Pierre rêve valait 649 €. Cette année, il vaut 719 €. De combien le prix du vélo a-t-il augmenté ?*

Calculs et problèmes :
954 + ... = 1 054   639 + ... = 709   535 + ... = 542

Lire le problème et écrire uniquement les quantités :

• *Au jeu, Sonia a obtenu un score de* ***121 points*** *et Gustave un score de* ***191 points****. Combien de points Gustave a-t-il obtenus en plus ?*

• *À midi, nous avons roulé* ***457 km*** *sur la route des vacances. En tout, il faudra faire* ***527 km****. Quelle distance nous reste-t-il à parcourir ?*

CE1 **JEUX Mémory des doubles d'usage courant – Révisions**

• 2 à 4 joueurs
• Les cartes imprimées du mémory

Chacun son tour, retourner deux cartes.
Si les nombres sont identiques, on gagne la paire constituée et on rejoue.
Si les nombres sont différents, on les repose, faces cachées, là où elles étaient.
Et c'est au joueur suivant de jouer.
La partie est terminée lorsque toutes les cartes ont été assemblées par paires.

Semaine 25

JOUR 1 CE1 **La table × 3**

• **Nombres utilisés :** table × 3
• **Calcul type :** ... × 3
• **Matériel :** multicubes

La manipulation est identique à la semaine 24 avec des tours de 3 multicubes. Il s'agit de construire la table de × 3. Montrer une tour de 3 multicubes ; montrer une deuxième tour de 3 multicubes. *Combien ai-je utilisé de multicubes ?* Recommencer la manipulation avec 3, 4 puis 5 tours et écrire au fur et à mesure les nombres de cubes trouvés en colonne. Ensuite, faire une pause pour écrire (face aux résultats trouvés) les multiplications correspondantes en disant : *J'ai pris une première fois 3 cubes* (montrer la première tour), *on écrit 1 × 3. J'ai pris 2 fois 3 cubes (montrer 2 tours), on écrit 2 × 3...* Continuer ainsi jusqu'à 5 puis faire constater que la table de 3, c'est compter de 3 en 3 ou ajouter 3 à chaque fois. Ainsi, construire le reste de la table de 3 au tableau et ajouter que ces résultats sont des multiples de 3. Mettre en avant que ces résultats se retrouvent moins rapidement que ceux de la table de 2 (déjà connus par cœur grâce aux doubles) et qu'il est donc important de les mémoriser pour calculer plus rapidement (comme pour les autres tables).

Dicter (faire référence à la manipulation si besoin) :
2 × 3 = ...   4 × 3 = ...   6 × 3 = ...   8 × 3 = ...   10 × 3 = ...

Dicter : 3 × 3 = ...   5 × 3 = ...   1 × 3 = ...   7 × 3 = ...   9 × 3 = ...

CE2 **Somme d'un nombre à 3 chiffres et de centaines, dizaines entières ou unités – Additions à trou**

Dans chaque tableau de 9 nombres, il faut entourer et relier les paires de nombres grâce à l'addition indiquée au-dessus du tableau. Attention : le sens de la flèche va du plus petit nombre vers le plus grand (addition à trou).

JOUR 2 CE2 Somme d'un nombre à 3 chiffres et de centaines, dizaines entières ou unités – Soustractions

- **Nombres utilisés :** de 1 à 1 200
- **Calcul type :** 725 – 7 = ..., 725 – 30 = ..., 1 125 – 200 = ...
- **Matériel :** Compteur

Montrer le nombre 876 et l'écrire au tableau. Indiquer qu'on le modifie pour retirer 600. Demander le résultat de 876 – 600 = ... Exposer les stratégies de calcul : décomptage de 100 en 100, soustraction des centaines (centaines / unités inchangées). Montrer que les deux stratégies se visualisent de la même manière sur le compteur : modification du chiffre des centaines. Faire la même démarche avec 876 – 40 = ... et 876 – 5 = ... Faire la synthèse : repérage du chiffre concerné et stratégie, et constater l'absence de passage de dizaine / centaine / millier. Proposer la même démarche en annonçant le piège du passage de dizaine / centaine / millier : 725 – 7 = ...   725 – 30 = ...   1 125 – 200 = ...

Dicter : 538 – 6 = ...   538 – 20 = ...   538 – 400 = ...   712 – 4 = ...   712 – 30 = ...   1 212 – 300 = ...

Dicter : 647 – 7 = ...   647 – 30 = ...   647 – 300 = ...   831 – 3 = ...   831 – 40 = ...

CE1 La table de × 2 – Révisions

Il faut compléter les 3 exercices : relier les résultats de la table de 2 dans l'ordre, écrire les résultats au-dessus de chaque tour et compléter les calculs.

JOUR 3 CE1 La table × 3

Rappel du jour 1 et calculs :

3 × 3 = ...   2 × 3 = ...   3 × 2 = ...   3 × 4 = ...
10 × 3 = ...   5 × 3 = ...   3 × 10 = ...   3 × 5 = ...

Problèmes à écrire au tableau et à lire :

- *Dans le congélateur, il y a 3 boites de 8 glaces. Combien de glaces y a-t-il dans le congélateur ?*
- *Bastien a acheté 3 bouteilles de 2 litres de jus. Combien de litres de jus a-t-il achetés ?*

Calculs et problèmes :

8 × 3 = ...   3 × 4 = ...   6 × 3 = ...

Lire le problème et écrire uniquement les quantités :

- *Le fleuriste a vendu* ***3 bouquets*** *de* ***6 tulipes****. Combien de tulipes a-t-il vendues ?*
- *La maitresse veut acheter* ***3 ballons*** *de foot. Un ballon coûte* ***7 euros****. Quelle somme va-t-elle payer ?*

CE2 JEUX Puissance 4 des additions à trous – Somme d'un nombre à 3 chiffres et de centaines, dizaines entières ou unités

- 2 joueurs (ou 3 si on ajoute un vérificateur)
- 1 plateau de jeu imprimé ou vierge à compléter, jetons de 2 couleurs différentes (ou bouchons, cubes...), calculatrice ou fiche réponses pour le vérificateur

À tour de rôle, résoudre une addition à trou. Si la réponse est validée, poser 1 jeton de sa couleur sur la case. Le premier joueur qui réalise une ligne, une colonne ou une diagonale de 4 jetons gagne la partie.

JOUR 4 CE2 Somme d'un nombre à 3 chiffres et de centaines, dizaines entières ou unités – Soustractions

Rappel du jour 1 et calculs :

442 – 5 = ...   442 – 50 = ...   1 242 – 400 = ...

Problèmes à écrire au tableau et à lire :

- *Sur les 465 kg de pommes récoltées, 60 kg ont dû être jetés car ils ont été abimés par un orage. Quelle masse de pommes reste-t-il ?* Expliciter le problème et faire le lien avec le calcul.
- *Cette année, Johan a roulé 876 km à vélo et son père a roulé 300 km de moins. Quelle distance son père a-t-il fait à vélo cette année ?*

Calculs et problèmes :

655 – 7 = ...   621 – 30 = ...   977 – 700 = ...

Lire le problème et écrire uniquement les quantités :

- *Une promotion de* ***30 €*** *est faite sur un trampoline à* ***319 €****. Quel est le prix du trampoline en promotion ?*
- *La distance pour aller au stade est de* ***1 025 m*** *par la route et* ***200 m*** *de moins par le chemin. Quelle est la distance par le chemin ?*

CE1 JEUX Les dés du × 2 – Révisions

- 2 à 4 joueurs + 1 vérificateur
- Des jetons (bouchons...), un dé classique, 1 dé à 10 faces (ou à défaut des cartes à piocher de 1 à 10), la table de Pythagore (ou les tables de multiplication sur la couverture du fichier CE2) pour le vérificateur

À tour de rôle, lancer le dé (ou tirer une carte) et calculer ... × 2. Si la réponse est exacte (confirmée par le vérificateur), on gagne alors 1 jeton. Si la réponse est fausse, on ne gagne pas de jeton et c'est au joueur suivant de jouer... Le gagnant est celui qui obtient 10 jetons en premier.

Jeu utilisable avec le plateau du jeu du chat et de la souris pour une version coopérative.

Semaine 26

JOUR 1

CE1 La table × 4

- **Nombres utilisés :** table × 4
- **Calcul type :** … × 4
- **Matériel :** multicubes

La manipulation est identique à celle de la semaine 24 avec des tours de 4 multicubes. Il s'agit de construire la table de × 4. Conclure en faisant constater que la table × 4, c'est compter de 4 en 4 / ajouter 4 à chaque fois (lien avec la table de × 2). Construire le reste de la table × 4 au tableau et ajouter que ces résultats sont des multiples de 4.

Dicter (faire référence à la manipulation si besoin) :
2 × 4 = … 4 × 4 = … 6 × 4 = … 8 × 4 = … 10 × 4 = …

Dicter : 3 × 4 = … 5 × 4 = … 1 × 4 = … 7 × 4 = … 9 × 4 = …

CE2 Somme d'un nombre à 3 chiffres et de centaines, dizaines entières ou unités – Soustractions

Il s'agit de tracer le chemin et de colorier les cases qui font les opérations : – 7 / – 30.

JOUR 2

CE2 Les doubles d'usage courant

- **Nombres utilisés :** de 1 à 20, 25, 30… 100, 150, 200… 500
- **Calcul type :** le double de 35 ?
- **Matériel :** base 10

Montrer 30 avec la base 10. Demander ce que signifie *le double de 30*. Montrer 30 et 30 en base 10 (le double de 30, c'est 30 et 30, 30 + 30 ou 2 fois 30). Demander le résultat puis les stratégies de calcul : recomptage de la totalité des dizaines (peu efficace sans le matériel), surcomptage de 10 en 10 à partir de 30 ou addition du nombre total de dizaines. Faire la même manipulation avec le double de 200 et constater que les stratégies sont les mêmes. Proposer le double de 35 et échanger sur les stratégies. La stratégie de surcomptage est moins efficace que le calcul différencié des dizaines et des unités. Systématiser le recours à *Le double de 5, c'est 10*. Faire la même manipulation avec le double de 150 et avoir systématique recours à *Le double de 50, c'est 100.*

Dicter : le double de 13 ? le double de 18 ? le double de 35 ? le double de 400 ? le double de 150 ?

Dicter : le double de 17 ? le double de 35 ? le double de 80 ? le double de 300 ? le double de 250 ?

CE1 La table de × 3 – Révisions

Il faut compléter les 3 exercices : relier les résultats de la table × 3 dans l'ordre, écrire les résultats au-dessus de chaque tour et compléter les calculs.

JOUR 3

CE1 La table × 4

Rappel du jour 1 et calculs :

3 × 4 = … 2 × 4 = … 3 × 4 = … 4 × 3 = …
10 × 4 = … 5 × 4 = … 4 × 10 = … 4 × 5 = …
6 × 4 = … 7 × 4 = … 4 × 6 = … 4 × 7 = …

Problèmes à écrire au tableau et à lire :

- *Ryana a fabriqué 4 bracelets de 8 perles chacun. Combien de perles a-t-elle utilisées en tout ?*
- *Pour son anniversaire, Florent a prévu 8 sachets de 4 ballons. Combien de ballons y aura-t-il pour son anniversaire ?*

Calculs et problèmes :

8 × 4 = … 4 × 4 = … 6 × 4 = …

Lire le problème et écrire uniquement les quantités :

- *Le maitre a préparé* ***4 paquets*** *de* ***8 feuilles****. Combien de feuilles a-t-il utilisées ?*
- *Hugo prend le bus* ***4 fois*** *par semaine. Il paye à chaque fois* ***2 €****. Combien paye-t-il chaque semaine ?*

CE2 JEUX Loto des soustractions – Somme d'un nombre à 3 chiffres et de centaines, dizaines entières ou unités

- 2 à 6 joueurs + 1 meneur de jeu
- Une ardoise et son feutre, la feuille questions/réponses pour le meneur de jeu

Chacun reproduit une grille de jeu sur son ardoise. Le meneur énonce un calcul de son choix (sans dire la réponse). Les joueurs qui pensent avoir la réponse barrent la case correspondante sur leur grille. Le joueur qui a barré toutes les cases de sa grille en premier lève la main. Le meneur de jeu vérifie si toutes les réponses barrées correspondent bien à des opérations données avant de déclarer si le joueur est gagnant ou non.

JOUR 4 CE2 Les doubles d'usage courant

Rappel du jour 1 et calculs : le double de 19 ? le double de 45 ? le double de 70 ? le double de 250 ?

Problèmes à écrire au tableau et à lire :

• *Abdou a 35 cartes et Francisca en a le double. Combien de cartes Francisca a-t-elle ?* Expliciter le problème et faire le lien avec le calcul.

• *Arthur a économisé 80 €, mais il a besoin du double pour payer son stage de dessin. De quelle somme d'argent a-t-il besoin pour son stage ?*

Calculs et problèmes : le double de 90 ? le double de 400 ? le double de 450 ?

Lire le problème et écrire uniquement les quantités :

• *M. Nobel a planté* ***45 fraisiers****, mais il doit en planter* ***le double*** *en tout. Combien de fraisiers aura-t-il plantés ?*

• *Robin a préparé* ***350 mL*** *de pâte à crêpe, mais sa maman lui conseille d'en préparer* ***le double****. Quelle quantité de pâte à crêpe doit-il préparer ?*

CE1 JEUX Les dés du × 3 – Révisions

• 2 à 4 joueurs + 1 vérificateur

• Des jetons (bouchons...), un dé classique, 1 dé à 10 faces (ou à défaut des cartes à piocher de 1 à 10), la table de Pythagore (ou les tables de multiplication sur la couverture du fichier CE2) pour le vérificateur

À tour de rôle, lancer le dé (ou tirer une carte) et calculer ... × 3. Si la réponse est exacte (confirmée par le vérificateur), on gagne alors 1 jeton. Si la réponse est fausse, on ne gagne pas de jeton et c'est au joueur suivant de jouer... Le gagnant est celui qui obtient 10 jetons en premier.

Jeu utilisable avec le plateau du jeu du chat et de la souris pour une version coopérative.

Semaine 27

JOUR 1 CE1 La table × 5

• **Nombres utilisés :** table × 5

• **Calcul type :** ... × 5

• **Matériel :** multicubes

La manipulation est identique à celle de la semaine 24 avec des tours de 5 multicubes. Il s'agit de construire la table de × 5.

Conclure en faisant constater que la table × 5, c'est compter de 5 en 5 ou ajouter 5 à chaque fois (lien avec la table de × 2). Construire le reste de la table × 5 au tableau et ajouter que ces résultats sont des multiples de 5.

Dicter (faire référence à la manipulation si besoin) :
2 × 5 = ... 4 × 5 = ... 6 × 5 = ... 8 × 5 = ... 10 × 5 = ...

Dicter : 3 × 5 = ... 5 × 5 = ... 1 × 5 = ... 7 × 5 = ... 9 × 5 = ...

CE2 Les doubles d'usage courant

Trois possibilités sont données pour le résultat de chaque double : une seule convient, il faut barrer les 2 nombres qui ne conviennent pas.

JOUR 2 CE2 Les moitiés d'usage courant

• **Nombres utilisés :** nombres pairs de 2 à 20, 30... 90

• **Calcul type :** la moitié de 50 ?

• **Matériel :** Base 10

Montrer 60 avec la base 10. Demander ce que signifie *La moitié de 60*. Partager 60 en 30 et 30 en base 10 (la moitié de 60, c'est 30 car 30 + 30 = 60 ou 2 fois 30 égale 60). Demander le résultat puis les stratégies de calcul : essais-erreurs de double (*On cherche le double de 20 → on trouve, ce n'est pas 60*), mémorisation du double (*Je sais que le double de 30, c'est 60, donc 30 est la moitié de 60*), partage de 6 (dizaines) en deux nombres égaux (*La moitié de 6, c'est 3, donc la moitié de 6 dizaines, c'est 3 dizaines*). Montrer 50 et proposer de trouver la moitié. Échanger sur les stratégies : mémorisation, partage de la 5e dizaine en deux fois 5 unités. Insister sur la moitié de 10 qui fait 5 et permet de solutionner le problème.

Dicter : la moitié de 14 ? la moitié de 18 ? la moitié de 30 ? la moitié de 80 ? la moitié de 90 ?

Dicter : la moitié de 12 ? la moitié de 16 ? la moitié de 40 ? la moitié de 50 ? la moitié de 70 ?

CE1 La table de × 4 – Révisions

Il faut compléter les 3 exercices : relier les résultats de la table de 4 dans l'ordre, écrire les résultats au-dessus de chaque tour et compléter les calculs.

JOUR 3 CE1 La table × 5

Rappel du jour 1 et calculs :

3 × 5 = …	2 × 5 = …	3 × 5 = …	5 × 3 = …
10 × 5 = …	5 × 4 = …	5 × 10 = …	4 × 5 = …
6 × 5 = …	7 × 5 = …	5 × 6 = …	5 × 7 = …

Problèmes à écrire au tableau et à lire :

- *La cantinière a acheté 6 kilos de fraises à 5 € le kilo. Combien a-t-elle payé ?*
- *Pour la course de VTT, un tour mesure 3 km. Sonia a fait 5 tours. Combien de kilomètres a-t-elle parcourus ?*

Calculs et problèmes :

8 × 5 = … 5 × 5 = … 6 × 5 = …

Lire le problème et écrire uniquement les quantités :

- *François change les **4 roues** de toutes ses voitures. Il possède **5 voitures**. De combien de roues a-t-il besoin ?*
- *Zélie a acheté **5 classeurs** à **6 €** chacun. Combien a-t-elle payé ?*

CE2 JEUX Mémory des doubles d'usage courant

- 2 à 4 joueurs
- Les cartes imprimées du mémory

Chacun son tour, retourner deux cartes. Si les nombres sont identiques, on gagne la paire constituée et on rejoue. Si les nombres sont différents, on les repose, faces cachées, là où elles étaient. C'est au joueur suivant de jouer. La partie est terminée lorsque toutes les cartes ont été assemblées par paires.

JOUR 4 CE2 Les moitiés d'usage courant

Rappel du jour 1 et calculs :

la moitié de 16 ? la moitié de 20 ? la moitié de 60 ?
la moitié de 70 ? la moitié de 80 ?

Problèmes à écrire au tableau et à lire :

- *Chacun des 2 joueurs de tennis a utilisé la moitié de 30 balles de tennis pour s'entrainer au service. Combien de balles chaque joueur a-t-il utilisées en tout ?* Expliciter le problème et faire le lien avec le calcul.
- *Paul et Samia paient chacun la moitié d'un abonnement à la piscine qui coûte 90 €. Combien chaque enfant paie-t-il ?*

Calculs et problèmes :

la moitié de 14 ? la moitié de 30 ? la moitié de 70 ?

Lire le problème et écrire uniquement les quantités :

- *Les animateurs du centre aéré partagent les **40 enfants** en **deux groupes** de tailles égales. Combien d'enfants y a-t-il dans chaque groupe ?*
- *Ava et Zoé ont récolté **90 €** au vide-grenier et chacune garde **la moitié** de la somme. Combien d'argent a gagné chaque fille ?*

CE1 JEUX Les dés du × 4 – Révisions

- 2 à 4 joueurs + 1 vérificateur
- Des jetons (bouchons…), un dé classique, 1 dé à 10 faces (ou à défaut des cartes à piocher de 1 à 10), la table de Pythagore (ou les tables de multiplication sur la couverture du fichier CE2) pour le vérificateur

À tour de rôle, lancer le dé (ou tirer une carte) et calculer … × 4. Si la réponse est exacte (confirmée par le vérificateur), on gagne alors 1 jeton. Si la réponse est fausse, on ne gagne pas de jeton et c'est au joueur suivant de jouer… Le gagnant est celui qui obtient 10 jetons en premier.

Jeu utilisable avec le plateau du jeu du chat et de la souris pour une version coopérative.

Semaine 28

JOUR 1

CE1 Les tables × 2, × 3, × 4, × 5 – Rebrassage

- **Nombres utilisés :** tables × 2, × 3, × 4, × 5
- **Calcul type :** … × …
- **Matériel :** multicubes

Il s'agit de rebrasser les tables × 2, × 3, × 4, × 5, asseoir leur mémorisation et mettre en évidence les résultats communs à ces tables. Sortir 6 multicubes et demander quelles tours on peut faire avec. Mettre les réponses en commun, vérifier avec les multicubes et faire le lien avec les tables de multiplication travaillées : 6 se trouve dans la table de 3 (*on peut faire 2 tours de 3 cubes : 2 × 3*) et dans la table de 2 (*on peut faire 3 tours de 2 cubes : 3 × 2*). Recommencer la manipulation avec 8 multicubes (4 × 2, 2 × 4), 12 multicubes et 20 multicubes.

Dicter : $2 \times 2 = \dots$ $3 \times 3 = \dots$ $4 \times 4 = \dots$ $5 \times 5 = \dots$ $6 \times 2 = \dots$ $7 \times 3 = \dots$ $8 \times 4 = \dots$ $9 \times 5 = \dots$ $10 \times 4 = \dots$

Dicter : $3 \times 6 = \dots$ $7 \times 4 = \dots$ $8 \times 6 = \dots$ $6 \times 5 = \dots$ $9 \times 2 = \dots$

CE2 Les moitiés d'usage courant

Trois possibilités sont données pour le résultat de moitiés : une seule convient, il faut barrer les 2 nombres qui ne conviennent pas.

JOUR 2

CE2 Les moitiés d'usage courant

- **Nombres utilisés :** nombres pairs 100, 150, 200… 1 000
- **Calcul type :** la moitié de 500
- **Matériel :** base 10

Montrer 400 avec la base 10. Rappeler la signification de *La moitié de 400*. Partager 400 en 200 et 200 en base 10. Demander le résultat, puis les stratégies de calcul : mémorisation du double (*je sais que le double de 200, c'est 400, donc 200 est la moitié de 400*), partage de 4 (centaines) en deux nombres égaux (*la moitié de 4, c'est 2, donc la moitié de 4 centaines, c'est 2 centaines*). Montrer une plaque de 100 et demander la moitié de 100. Échanger sur les stratégies de calcul : mémorisation, échange de 1 centaine <> 10 dizaines, donc 2 fois 5 dizaines. Insister sur la moitié de 100 qui fait 50 et permet de solutionner certains problèmes. Montrer 300 et expliciter la stratégie précédente (*300, c'est 200 et 100 : la moitié de 200, c'est 100 et la moitié de 100, c'est 50*).

Dicter : la moitié de 100 ? la moitié de 600 ? la moitié de 300 ? la moitié de 700 ? la moitié de 1 000 ?

Dicter : la moitié de 200 ? la moitié de 500 ? la moitié de 100 ? la moitié de 700 ? la moitié de 900 ?

CE1 La table de × 5 – Révisions

Il faut compléter les 3 exercices : relier les résultats de la table × 5 dans l'ordre, écrire les résultats au-dessus de chaque tour et compléter les calculs.

JOUR 3

CE1 Les tables × 2, × 3, × 4, × 5 – Rebrassage

Rappel du jour 1 et calculs :

$9 \times 3 = \dots$ $9 \times 4 = \dots$ $8 \times 5 = \dots$ $7 \times 4 = \dots$
$6 \times 3 = \dots$ $1 \times 8 = \dots$ $10 \times 6 = \dots$

Problèmes à écrire au tableau et à lire :

- *Le maitre a commandé 8 pochettes de 3 stylos. Combien de stylos a-t-il commandés ?*
- *Abdou fait 4 fois par semaine 9 kilomètres pour aller au travail. Combien de kilomètres fait-il par semaine ?*

Calculs et problèmes :

$7 \times 6 = \dots$ $8 \times 3 = \dots$ $5 \times 4 = \dots$

Lire le problème et écrire uniquement les quantités :

- *Les enfants de la garderie ont mangé **8 paquets** de biscuits. Dans chaque paquet, il y a **5 biscuits**. Combien de biscuits ont-ils mangés ?*
- *Kaori a **7 billets** de **5 €** dans sa tirelire. Quelle somme possède-t-elle ?*

CE2 JEUX Mémory des moitiés d'usage courant

- 2 à 4 joueurs
- Les cartes imprimées du mémory

Chacun son tour, retourner deux cartes. Si les nombres sont identiques, on gagne la paire constituée et on rejoue. Si les nombres sont différents, on les repose, faces cachées, là où elles étaient. C'est au joueur suivant de jouer. La partie est terminée lorsque toutes les cartes ont été assemblées par paires.

JOUR 4 CE2 Les moitiés d'usage courant

Rappel du jour 1 et calculs :

la moitié de 200 ? la moitié de 600 ?
la moitié de 400 ? la moitié de 1 000 ?
la moitié de 2 000 ?

Problèmes à écrire au tableau et à lire :

• *La moitié des 200 concurrents de la course sont déjà arrivés. Combien de concurrents ne sont pas arrivés ?*
Expliciter le problème et faire le lien avec le calcul.

• *Nous avons parcouru la moitié des 500 km du voyage en bus sous la pluie. Quelle distance a été parcourue sous la pluie ?*

Calculs et problèmes :

la moitié de 100 ? la moitié de 300 ?
la moitié de 900 ?

Lire le problème et écrire uniquement les quantités :

• *Nous avons préparé un gâteau de **500 g** : **la moitié** sera pour les CE1 et **l'autre moitié** pour les CE2. Quelle masse de gâteau est prévue pour chaque classe ?*

• *Le tour de la cour de l'école élémentaire fait **700 m** et le tour de la cour de l'école maternelle mesure **la moitié**. Combien mesure le tour de l'école maternelle ?*

CE1 JEUX Les dés du × 5 – Révisions

• 2 à 4 joueurs + 1 vérificateur

• Des jetons (bouchons...), un dé classique, 1 dé à 10 faces (ou à défaut des cartes à piocher de 1 à 10), la table de Pythagore (ou les tables de multiplication sur la couverture du fichier CE2) pour le vérificateur

À tour de rôle, lancer le dé (ou tirer une carte) et calculer ... × 2. Si la réponse est exacte (confirmée par le vérificateur), on gagne alors 1 jeton. Si la réponse est fausse, on ne gagne pas de jeton et c'est au joueur suivant de jouer... Le gagnant est celui qui obtient 10 jetons en premier.

Jeu utilisable avec le plateau du jeu du chat et de la souris pour une version coopérative.

PÉRIODE 5

Semaine 29

JOUR 1 CE1 Les compléments à 100

- **Nombres utilisés :** 0 à 100
- **Calcul type :** 63 + … = 100
- **Matériel :** base 10

Montrer 63 en base 10 et demander : *Quel nombre dois-je ajouter pour avoir 100 ?* Ou *Combien y a-t-il de 63 pour aller à 100 ?* Mettre en commun les réponses et les stratégies. La stratégie experte retenue est de compléter les unités jusqu'à la dizaine supérieure en mobilisant ses connaissances sur les compléments à 10, puis d'ajouter les dizaines pour compléter jusqu'à 100. Pour cela, superposer les 6 dizaines et les 3 unités de 63 sur une plaque de 100. Compléter les 3 unités avec les 7 qui manquent (3 + 7 = 10) puis ajouter les 3 dizaines pour compléter la plaque de 100. *Qu'avons-nous ajouté pour obtenir 100 ?* Écrire ensuite au tableau l'addition 63 + 37 = 100. Recommencer la manipulation avec 35 +… = 100.

Dicter : 55 pour aller à 100 31 + … = 100 75 pour aller à 100 67 + … = 100 98 pour aller à 100

Dicter : 15 + … = 100 28 pour aller à 100 47 + … = 100 56 pour aller à 100 89 + … = 100

CE2 Les doubles et moitiés d'usage courant

Dans chaque tableau de 9 nombres, il faut entourer les couples de nombres moitié-double. On peut les entourer : horizontalement, verticalement et en diagonale. À la fin, il faut colorier l'intrus dans chaque tableau.

JOUR 2 CE2 Compléments à 1 000

- **Nombres utilisés :** de 1 à 1 000
- **Calcul type :** 463 + … = 1 000
- **Matériel :** 2 droites graduées : l'une commençant et se terminant par une centaine entière (notées au début et à la fin …00), graduée de 10 en 10 (marquée …00, …10, …20, …90) et de 1 en 1 en graduation secondaire (*cf.* semaine 22) ; l'autre se terminant par 1 000, graduée de 100 en 100 (marquée 0, 100, 200… 1 000) et de 10 en 10 en graduation secondaire.

Écrire au tableau le calcul 463 + … = 1 000. Expliquer qu'on appelle ce calcul *le complément à 1 000*. Montrer la première droite graduée et placer collectivement le nombre 463, après avoir complété les graduations (400, 410… 500). Reprendre la stratégie experte de la semaine 22 (complément à la centaine supérieure). Montrer la seconde droite graduée et constater son intérêt : calculer le complément à 1 000 en ajoutant des centaines. Refaire l'ensemble de la démarche et ajouter unités, dizaines et centaines des 3 bonds pour trouver le résultat.

Reproduire cette manipulation collectivement pour 385.

Dicter : 734 + … = 1 000 818 + … = 1 000 306 + … = 1 000

Dicter : 885 + … = 1 000 726 + … = 1 000 333 + … = 1 000 197 pour aller à 1 000 576 pour aller à 1 000

CE1 Les tables de multiplication – Révisions

Chaque case de départ doit être reliée à une des deux cases d'arrivée par une multiplication : il faut tracer le seul chemin possible entre la case de départ et la case d'arrivée correcte.

JOUR 3 CE1 Les compléments à 100

Rappel du jour 1 et calculs :

19 + … = 100 24 pour aller à 100 85 + … = 100
74 pour aller à 100 39 + … = 100

Problèmes à écrire au tableau et à lire :

• *Dora a 65 euros en petites pièces. Elle voudrait les échanger contre un billet de 100 €. Combien lui manque-t-il ?* Expliciter le problème et faire le lien avec le calcul. Au besoin, proposer la manipulation avec la base 10.

• *Au championnat de basket, la première équipe à atteindre les 100 points gagne une récompense. Notre équipe a 78 points. Combien de points nous manque-t-il ?*

Calculs et problèmes :

27 + … = 100 72 + … = 100 94 + … = 100

Lire le problème et écrire uniquement les quantités :

• *Pour le spectacle de l'école, il faut installer **100 chaises**. **69 chaises** sont déjà en place. Combien de chaises reste-t-il à installer ?*

• *Le barman avait commandé **100 litres** de jus de fruits. Il en a vendu **87 litres**. Combien de litres de jus reste-t-il ?*

CE2 JEUX Mémory des moitiés d'usage courant

• 2 à 4 joueurs

• Les cartes imprimées du mémory

Chacun son tour, retourner deux cartes. Si les nombres sont identiques, on gagne la paire constituée et on rejoue. Si les nombres sont différents, on les repose, faces cachées, là où elles étaient. C'est au joueur suivant de jouer. La partie est terminée lorsque toutes les cartes ont été assemblées par paires.

JOUR 4 CE2 Compléments à 1 000

Rappel du jour 1 et calculs :

784 + … = 1 000 435 + … = 1 000 391 + … = 1 000

Problèmes à écrire au tableau et à lire :

• *L'agriculteur doit charger 1 000 courges pour faire partir son camion. Il en a chargé 855 pour l'instant. Combien de courges doit-il encore charger ?* Expliciter le problème et faire le lien avec le calcul.

• *Le cycle de natation coûte 1 000 € de transport à l'école. La commune donne une somme de 375 €. Combien l'école doit-elle encore payer pour le transport ?*

Calculs et problèmes :

800 + … = 1 000 200 +… = 1 000 600 + … = 1 000

Lire le problème et écrire uniquement les quantités :

• *Pour son expérience, le scientifique verse **300 mL** de vinaigre. Il doit compléter jusqu'à **1 000 mL** avec de l'eau. Quel volume d'eau doit-il ajouter ?*

• *À l'entrée du parking de **1 000 places**, le panneau indique **600 places** libres. Combien de voitures sont garées dans le parking ?*

CE1 JEUX La course au trésor

• 2 à 4 joueurs + 1 meneur

• Le plateau de jeu, 1 pion par joueur, 1 dé, les cartes questions (ou les tables de multiplication jusqu'à 5)

Jouer chacun son tour. Le meneur de jeu pose une question, le joueur répond. Si la réponse est validée par le meneur (qui a les réponses) alors le joueur lance le dé et avance en direction du trésor. Si elle est fausse, il lance le dé et recule du nombre de cases indiqué par le dé. (**Variante :** ne reculer que d'une case du nombre indiqué par le dé). Le gagnant est le premier à atteindre l'ile au trésor.

Semaine 30

JOUR 1

CE1 Somme d'un nombre à 3 chiffres avec un nombre de dizaines ou de centaines entières – Additions

• **Nombres utilisés :** de 0 à 999
• **Calcul type :** 435 + 30 = ..., 435 + 200 = ...
• **Matériel :** le compteur

Montrer le nombre 435. Demander le résultat de 453 + 30 sur le compteur. Exposer les stratégies de calcul : surcomptage de 10 en 10, addition des dizaines, centaines et unités inchangées. Montrer que les deux stratégies se visualisent de la même manière sur le compteur : modification du chiffre des dizaines. Faire la même démarche avec 435 + 200 et 435 + 300. Faire la synthèse : repérer le chiffre qui doit être modifié (dizaine ou centaine).

Dicter : 227 + 40 = ... 227 + 400 = ... 372 + 20 = ... 372 + 300 = ... 458 + 30 = ... 458 + 400 = ... (demander les résultats sur le compteur pour ceux qui en ont besoin)

Dicter : 514 + 60 = ... 514 + 300 = ... 664 + 30 = ... 664 + 200 = ... 749 + 40 = ...

CE2 Compléments à 1 000

Pour chaque nombre proposé, il faut tracer le chemin vers 1 000 en ajoutant d'abord les unités, puis les dizaines, ensuite les centaines.

JOUR 2

CE2 Ajouter 9, 90, 99, 900, 990, 999

• **Nombres utilisés :** de 0 à 1 000
• **Calcul type :** 377 + 90 = ...
• **Matériel :** compteur

Montrer 377 sur le compteur et écrire au tableau le calcul : 377 + 90 = ... Demander de chercher le résultat. Expliciter les stratégies de calcul possibles : surcomptage de 10 en 10, ajout des dizaines avec passage de la centaine, calculs successifs (*Comme 90, c'est 100 – 10, on ajoute d'abord 100 puis on soustrait 10*). Insister sur le fait que cette dernière stratégie sera privilégiée, la montrer en 2 phases distinctes avec le compteur en verbalisant bien le résultat intermédiaire (477). Utiliser la même stratégie pour 377 + 9, 377 + 99, 377 + 900, 377 + 990, 377 + 999.

Insister sur l'observation des nombres à ajouter pour bien les décomposer.

Dicter : 632 + 9 = ... 632 + 90 = ... 632 + 99 = ... 632 + 900 = ... 632 + 990 = ... 632 + 999 = ...

Dicter : 527 + 99 = ... 527 + 90 = ... 527 + 900 = ... 527 + 9 = ... 527 + 999 = ...

CE1 Les compléments à 100 – Révisions

Dans chaque tableau de 9 nombres, il faut entourer et relier les compléments à 100.

JOUR 3

CE1 Somme d'un nombre à 3 chiffres à un nombre de dizaines ou de centaines entières – Additions

Rappel du jour 1 et calculs :
219 + 70 = ... 436 + 50 = ... 825 + 60 = ...
345 + 500 = ... 724 + 200 = ... 266 + 400 = ...

Problèmes à écrire au tableau et à lire :

• *Papy avait 217 photos dans ses albums. Cette année, il en a ajouté 40. Combien de photos a-t-il maintenant ?*
Expliciter le problème et faire le lien avec le calcul.

• *Maria a utilisé 653 mètres de laine pour tricoter son écharpe. Elle utilise 200 mètres de plus pour ajouter des pompons. Combien de mètres de laine a-t-elle utilisés ?*

Calculs et problèmes :
822 + 50 = ... 473 + 300 = ... 569 + 20 = ...

Lire le problème et écrire uniquement les quantités :

• *Pour faire des galettes bretonnes, il faut **235 grammes** de farine de sarrasin et **50 grammes** de farine de blé. Quelle quantité de farine faut-il en tout ?*

• *L'an dernier, Julie a payé son billet d'avion **453 euros**. Cette année, elle l'a payé **200 euros** de plus. Combien lui a couté son billet d'avion cette année ?*

CE2 JEUX Le jeu des compléments à 1 000

• 2 à 4 joueurs + 1 vérificateur
• Un jeu de 54 cartes sans les figures, 20 à 40 jetons, 1 droite graduée ou calculatrice

Chacun son tour, former un nombre en piochant 1 carte pour les centaines, 1 carte pour les dizaines et 1 carte pour les unités. Puis calculer le complément pour aller 1 000. Le vérificateur valide sur une droite graduée (ou calculatrice), on gagne alors 1 jeton. Si la réponse est fausse, le jeton va à l'adversaire. Le premier joueur qui arrive à 10 jetons gagne la partie.

JOUR 4 CE2 Ajouter 9, 90, 99, 900, 990, 999

Rappel du jour 1 et calculs :

838 + 9 = …   838 + 90 = …   838 + 99 = …
838 + 900 = …   838 + 990 = …   838 + 999 = …

Problèmes à écrire au tableau et à lire :

• *Le billet de train pour Rome coûte 345 € et le billet d'avion coûte 99 € de plus. Combien coûte le billet d'avion ?* Expliciter le problème et faire le lien avec le calcul.

• *Pour le match de hockey, il y a dans la patinoire 750 supporters de l'équipe américaine et 990 supporters de l'équipe finlandaise. Combien de supporters y a-t-il en tout ?*

Calculs et problèmes :

519 + 90 = …   708 + 999 = …   647 + 99 = …

Lire le problème et écrire uniquement les quantités :

• *Pour son cocktail, Gustave utilise* ***670 mL*** *de jus de fruit et* ***90 mL*** *de sirop de pêche. Quelle quantité de boisson obtient-t-il ?*

• *La sortie scolaire a couté* ***755 €*** *pour les animations et* ***900 €*** *pour les transports. Combien a couté la sortie scolaire ?*

CE1 JEUX Le jeu des compléments à 100

• 2 à 4 joueurs + 1 vérificateur

• Un jeu de 54 cartes sans les 10 ni les figures (1 tas de cartes rouges / 1 tas de cartes noires), une calculatrice, des jetons (bouchons…)

Chacun son tour, former un nombre en piochant une carte rouge pour les dizaines et une noire pour les centaines, calculer ensuite le complément à 100. Si la réponse est juste (validée à la calculatrice par le vérificateur), on gagne un jeton. Si la réponse est fausse, on ne gagne rien (**variante :** on perd un jeton). Les cartes sont ensuite remises en jeu sous leur tas respectif. Le premier joueur qui arrive à 10 jetons gagne la partie. (**Variantes :** varier le nombre de jetons pour gagner ou imposer une limite de temps.)

Semaine 31

JOUR 1 CE1 Somme d'un nombre à 3 chiffres à un nombre de dizaines ou de centaines entières – Additions à trou

• **Nombres utilisés :** de 0 à 999

• **Calcul type :** 553 + … = 583, 553 + … = 753

• **Matériel :** le compteur

Montrer le nombre 553 sur le compteur et l'écrire au tableau. Modifier le compteur sans l'expliciter pour afficher 583. Demander ce qui a changé. Demander ensuite le résultat de 553 + … = 583 (avec l'appui du compteur pour ceux qui en ont besoin). Exposer les stratégies de calcul : surcomptage de 1 en 1 (peu probable et à rejeter), de 10 en 10, addition des dizaines (centaines / unités inchangées). Montrer que les deux stratégies se visualisent de la même manière sur le compteur : modification du chiffre des dizaines. Faire la même démarche avec 553 + … = 753. Faire la synthèse : repérer le chiffre qui doit être modifié (augmenté et de combien ?).

Dicter : 237 + … = 267   227 + … = 627   372 + … = 392   372 + … = 772   458 + … = 488   458 + … = 658 (demander les résultats sur le compteur pour ceux qui en ont besoin)

Dicter : 514 + … = 574   514 + … = 814   664 + … = 684   664 + … = 864   749 + … = 789

CE2 Ajouter 9, 90, 99, 900, 990, 999

Parmi les trois additions proposées, seules deux sont correctes et donnent le résultat grisé : il faut colorier ces deux additions.

JOUR 2 CE2 **Retirer 9, 90, 99**

- **Nombres utilisés :** de 1 à 1 000
- **Calcul type :** 526 – 90 = …
- **Matériel :** compteur

Montrer 526 sur le compteur et écrire au tableau le calcul : 526 – 9 = … . Demander de chercher le résultat. Expliciter les stratégies de calcul possibles : décomptage de 1 en 1, calculs successifs (*Comme 9, c'est 10 – 1, on soustrait d'abord 10 puis on ajoute 1*). Insister sur la similitude avec la stratégie de la semaine 30, mais avec les opérations inversées. Montrer les deux phases distinctes avec le compteur en verbalisant bien le résultat intermédiaire (516).

Utiliser la même stratégie pour 526 – 90 et 526 – 99.

Remarque : La soustraction étant plus difficile à considérer avec l'inversion des signes (*9, c'est 10 – 1 mais on fait – 10 + 1*), les calculs – 900, – 990, – 999 ne sont pas proposés comme pour l'addition.

Dicter : 342 – 9 = … 342 – 90 = … 342 – 99 = … 815 – 9 = … 815 – 99 = … 815 – 90 = …

Dicter : 753 – 9 = … 343 – 99 = … 920 – 90 = … 895 – 9 = … 204 – 99 = …

CE1 **Somme d'un nombre à 3 chiffres à un nombre de dizaines ou de centaines entières – Additions – Révisions**

Dans chacune des grilles de 25 calculs, il faut colorier uniquement les additions dont le résultat est 573 / 788.

JOUR 3 CE1 **Somme d'un nombre à 3 chiffres à un nombre de dizaines ou de centaines entières – Additions à trou**

Rappel du jour 1 et calculs :

218 + … = 268 436 + … = 486 825 + … = 875
345 + … = 845 624 + … = 824 266 + … = 666

Problèmes à écrire au tableau et à lire :

- *La semaine dernière, la boulangère a vendu **228 baguettes**. Cette semaine, elle en a vendu **268**. Combien de baguettes a-t-elle vendues en plus cette semaine ?* Expliciter le problème et faire le lien avec le calcul.
- *Il me faut **325 images** pour avoir un album complet. J'en ai déjà **125**. Combien d'images me manque-t-il ?*

Calculs et problèmes :

824 + … = 874 473 + … = 773 569 + … = 589

Lire le problème et écrire uniquement les quantités :

- *Le petit cinéma du village a compté **457 entrées** l'an dernier. Cette année, il a enregistré **487 entrées**. Combien d'entrées de plus y a-t-il eu cette année ?*
- *Le stage de voile coûte **278 euros** au printemps et **478 euros** en plein été. Combien le stage d'été coûte t-il de plus ?*

CE2 JEUX **Jeu de l'oie – Ajouter 9, 90, 99, 900, 990, 999**

- 2 à 3 joueurs + 1 vérificateur
- Le plateau du jeu de l'oie des + 9, + 90, + 99… (à photocopier ou à reproduire sur un plateau vierge), 1 pion par joueur, 1 dé (2 si on veut un jeu plus rapide)

Le but est de franchir en premier la ligne d'arrivée en répondant rapidement (3 secondes) aux questions posées sur les cases. Attention aux cases « stop » qui bloquent pendant 1 tour. La réponse est validée par le vérificateur qui possède la fiche réponse.

JOUR 4 CE2 Retirer 9, 90, 99

Rappel du jour 1 et calculs :
912 – 9 = ... 158 – 90 = ... 533 – 99 = ...
666 – 90 = ... 625 – 99 = ...

Problèmes à écrire au tableau et à lire :

• *Pour le test au stage d'athlétisme, il y avait 346 candidats et 99 ont été éliminés. Combien de candidats ont réussi le test ?* Expliciter le problème et faire le lien avec le calcul.

• *Les parents d'élèves avaient acheté 295 sucettes pour la fête de l'école et seulement 90 ont été vendues. Combien de sucettes reste-t-il ?*

Calculs et problèmes :
640 – 9 = ... 754 – 90 = ... 391 – 99 = ...
Lire le problème et écrire uniquement les quantités :

• *Une promotion de **99 €** est proposée sur un canapé dont le prix était de **449 €**. Quel est le prix du canapé en promotion ?*

• *Nous devons nager une distance totale de **450 m**. L'entraineur dit qu'il nous reste **90 m** à nager. Quelle distance avons-nous déjà nagée ?*

CE1 JEUX Loto

• 2 à 6 joueurs + 1 meneur

• Une ardoise et son feutre, la liste de calculs pour le meneur

Chaque joueur reproduit un carton différent sur son ardoise. Le meneur énonce un calcul de son choix (sans dire la réponse). Les joueurs qui pensent avoir la réponse barrent la case correspondante sur leur grille. Celui qui a barré toutes les cases de sa grille en premier lève la main. Le meneur de jeu vérifie si toutes les réponses barrées correspondent bien à des calculs donnés avant de déclarer si le joueur est le gagnant ou non.

Semaine 32

JOUR 1 CE1 Somme d'un nombre à 3 chiffres à un nombre de dizaines ou de centaines entières – Soustractions

• **Nombres utilisés :** de 0 à 999

• **Calcul type :** 671 – 40 = ... et 671 – 200 = ...

• **Matériel :** le compteur

Montrer le nombre 671 et l'écrire au tableau. Indiquer que l'on va modifier le compteur pour retirer 40. Demander le résultat de 671 – 40 = ... Exposer les stratégies de calcul : décomptage de 10 en 10, soustraction des dizaines (centaines / unités inchangées). Montrer que les deux stratégies se visualisent de la même manière sur le compteur : modification du chiffre des dizaines. Faire la même démarche avec 671 – 200 = ... Faire la synthèse : repérer le chiffre qui doit être modifié (diminué et de combien ?).

Dicter : 267 – 20 = ... 267 – 100 = ... 468 – 40 = ... 469 – 200 = ... 781 – 50 = ... 781 – 300 = ... (demander les résultats sur le compteur pour ceux qui en ont besoin)

Dicter : 574 – 60 = ... 574 – 200 = ... 764 – 30 = ... 764 – 400 = ... 963 – 40 = ...

CE2 Retirer 9, 90, 99

Il s'agit de tracer le chemin et de colorier les cases qui font les opérations : – 9 / – 90.

JOUR 2

CE2 Tables de multiplication à trou : × 2, × 3, × 4, × 5

• **Nombres utilisés :** tables × 2, × 3, × 4, × 5

• **Calcul type :** … × 2 = 14, 3 × … = 12, … × 4 = 20, 5 × … = 35

• **Matériel :** Tables de multiplication sur droites graduées (*cf.* fichier CE1 calcul page 122) et tables de multiplication classiques

Choisir la table × 2. Écrire le calcul : … × 2 = 14. Expliciter la position du nombre à chercher : *On ne cherche pas le résultat de la multiplication, mais le nombre de fois qu'il faut multiplier 2 pour arriver au résultat*. Sur la droite graduée, montrer les 7 bonds consécutifs et verbaliser les multiples successifs (2, 4, 6… 14). Utiliser les doigts pour indiquer le nombre de bonds et faire le lien avec les tables mémorisées. Proposer de la même manière : 3 × … = 12, … × 4 = 20, 5 × … = 35. Rappeler la règle fondamentale de la commutativité : *Si vous cherchez … × 4 = 20, vous pouvez chercher 4 × … = 20 et le résultat sera le même.*

Dicter : … × 3 = 21 5 × … = 20 … × 4 = 36 2 × … = 18 5 × … = 25

Dicter : … × 5 = 15 2 × … = 20 … × 3 = 24 4 × … = 28 … × 4 = 32

CE1 Somme d'un nombre à 3 chiffres à un nombre de dizaines ou de centaines entières – Additions à trou – Révisions

Dans la grille d'additions à trou, il y a deux chemins : un chemin qui relie les cases + 40 et un chemin qui relie les cases + 50. Il faut colorier ces cases et tracer le chemin en passant d'une case à une case voisine : horizontalement, verticalement ou en diagonale.

JOUR 3

CE1 Somme d'un nombre à 3 chiffres à un nombre de dizaines ou de centaines entières – Soustractions

Rappel du jour 1 et calculs :

268 – 50 = … 486 – 40 = … 875 – 50 = …
846 – 500 = … 624 – 300 = … 729 – 400 = …

Problèmes à écrire au tableau et à lire :

• *Le maraicher avait planté 485 salades. Malheureusement, 30 ont été mangées par les limaces. Combien de salades reste-t-il ?* Expliciter le problème et faire le lien avec le calcul.

• *La citerne de lait contient 365 litres de lait. Elle fuit et 40 litres de lait se sont écoulés. Combien de litres de lait reste-t-il dans la citerne ?*

Calculs et problèmes :

874 – 50 = … 773 – 30 = … 589 – 30 = …

Lire le problème et écrire uniquement les quantités :

• *Le berger avait **275 brebis** dans la montagne. Les loups en ont dévoré **20** cette année. Combien de brebis lui reste-t-il ?*

• *Une trottinette électrique neuve coûte **669 €**. D'occasion, elle est vendue **300 €** de moins. Combien coûte la trottinette d'occasion ?*

CE2 JEUX Jeu de l'oie : retirer 9, 90, 99

• 2 à 3 joueurs + 1 vérificateur

• Le plateau du jeu de l'oie des – 9, – 90, – 99… (à photocopier ou reproduire sur un plateau vierge), 1 pion par joueur, 1 dé (2 si on veut un jeu plus rapide)

Le but est de franchir en premier la ligne d'arrivée en répondant rapidement (3 secondes) aux questions posées sur les cases. Attention aux cases « stop » qui bloquent pendant 1 tour. La réponse est validée par le vérificateur qui possède la fiche réponse.

JOUR 4 CE2 **Tables de multiplication à trou : × 2, × 3, × 4, × 5**

Rappel du jour 1 et calculs : … × 2 = 16
3 × … = 24 … × 4 = 24 5 × … = 45 4 × … = 16

Problèmes à écrire au tableau et à lire :

• *Les nouveaux cahiers du jour sont emballés par paquets de 5. Il y a 30 cahiers en tout. Combien de paquets y a-t-il ?* Expliciter le problème et faire le lien avec le calcul.

• *Les 32 élèves de CE2 font 4 groupes pour une course de relais. Combien d'élèves y a-t-il dans chaque groupe ?*

Calculs et problèmes :
… × 5 = 25 4 × … = 28 3 × … = 21

Lire le problème et écrire uniquement les quantités :

• *Pour sa fête d'anniversaire, Samy dispose de* ***40 €*** *et veut acheter le même cadeau pour ses* ***5 invités****. Combien peut-il dépenser pour chaque invité ?*

• *La fleuriste a vendu* ***3 bouquets*** *identiques : en tout, elle a vendu* ***27 fleurs****. De combien de fleurs était composé chaque bouquet ?*

CE1 **JEUX** **Jeu de l'oie des additions à trou**

• 2 à 3 joueurs + 1 vérificateur

• Le plateau du jeu de l'oie (à photocopier ou à reproduire sur un plateau vierge), 1 pion par joueur, 1 dé (2 si on veut un jeu plus rapide)

Le but est de franchir en premier la ligne d'arrivée en répondant rapidement (3 secondes) aux questions posées sur les cases. Attention aux cases « stop » qui bloquent pendant 1 tour. La réponse est validée par le vérificateur qui possède la fiche réponse.

Semaine 33

JOUR 1 CE1 **Multiplication par 10 d'un nombre inférieur à 100**

• **Nombres utilisés :** 0 à 990

• **Calcul type :** 23 × 10 = …

• **Matériel :** base 10

Demander combien font 3 fois 10, puis dire : *3 fois 10, c'est prendre 3 fois une dizaine donc 30.*
Écrire cette multiplication au tableau 3 × 10 = 10 + 10 + 10 = 30. Maintenant, montrer 23 en base 10 et demander combien font 23 fois 10. Discuter des stratégies de calcul des élèves : décomptage de 10 en 10, décomposer en 20 × 10 et 3 × 10… puis illustrer le résultat avec la base 10. 23 × 10, c'est prendre 23 fois une dizaine. Dire ensuite qu'il n'y a pas assez de dizaines et montrer les échanges : 10 dizaines contre 1 centaine (à faire 2 fois donc). Écrire ces équivalences au tableau : 23 × 10, 23 dizaines, 230. Réitérer la manipulation avec 16 × 10 soit 16 dizaines… Faire la synthèse : multiplier par 10 c'est prendre X fois une dizaine. On peut rappeler ici ce qui aura été vu en numération mission 21 (les unités deviennent des dizaines, les dizaines deviennent des centaines et il y a 0 unité. Éventuellement remontrer l'exemple dans le tableau de numération).

Dicter : 12 × 10 = … 25 × 10 = … 31 × 10 = … 43 × 10 = … 28 × 10 = …
(fournir la base 10 pour ceux qui en ont besoin)

Dicter : 55 × 10 = … 34 × 10 = … 32 × 10 = … 29 × 10 = … 15 × 10 = …

CE2 **Tables de multiplication à trous : × 2, × 3, × 4, × 5**

Pour chaque table, il faut compléter les 3 exercices : entourer les tours avec le bon nombre de cubes, remplir la route des multiples et compléter les calculs.

JOUR 2

CE2 Tables de multiplication à trou : × 6, × 7, × 8, × 9

• **Nombres utilisés :** tables classiques × 6, × 7, × 8, × 9

• **Calcul type :** … × 6 = 42, 7 × … = 49, … × 8 = 48, 9 × … = 81

• **Matériel :** Tables de multiplication sur droites graduées (*cf.* fichier CE1 calcul page 122) et tables de multiplication classiques

Choisir la table de 6. Écrire le calcul : … × 6 = 42. Sur la droite graduée, montrer les 7 bonds consécutifs et verbaliser les multiples successifs. Utiliser les doigts pour indiquer le nombre de bonds et faire le lien avec les tables mémorisées. Proposer de la même manière : 3 × … = 12 et … × 4 = 20 puis 5 × … = 35. Insister sur la mémorisation des résultats non présents dans × 2, × 3, × 4, × 5, au besoin avec la table de Pythagore proportionnelle : 36, 42, 48, 49, 54, 56, 63, 64, 72, 81.

Dicter : … × 6 = 36 7 × … = 49 … × 8 = 64 9 × … = 81 7 × … = 56

Dicter : … × 6 = 54 7 × … = 63 … × 8 = 72 7 × … = 42 … × 8 = 56

CE1 Somme d'un nombre à 3 chiffres à un nombre de dizaines ou de centaines entières – Soustraction – Révisions

Pour chaque résultat, trois soustractions sont proposées mais seulement deux sont correctes. Il faut les colorier.

JOUR 3

CE1 Multiplication par 10 d'un nombre inférieur à 100

Rappel du jour 1 et calculs :

47 × 10 = … 65 × 10 = … 73 × 10 = …

86 × 10 = … 59 × 10 = …

Problèmes à écrire au tableau et à lire :

• *Pour un mariage, le fleuriste a préparé 18 bouquets de 10 fleurs. Combien de fleurs a-t-il utilisées ?*
Expliciter le problème et faire le lien avec le calcul.

• *Au Monopoly, Lucas compte ses billets de 10 €. Il en a 24. Quelle somme a-t-il avec ces billets ?*

Calculs et problèmes :

13 × 10 = … 38 × 10 = … 64 × 10 = …

Lire le problème et écrire uniquement les quantités :

• *À la cantine, le cuisinier a commandé **27 boites** de **10 poissons** panés. Combien de poissons panés a-t-il commandé ?*

• *La laverie de l'hôpital utilise **42 bidons** de lessive par an. Chaque bidon contient **10 litres** de lessive. Combien de litres de lessive la laverie utilise-t-elle par an ?*

CE2 JEUX La course au trésor : tables de multiplication à trou (× 2, × 3, × 4, × 5)

• 2 à 4 joueurs + 1 meneur

• Le plateau de jeu, 1 pion par joueur, 1 dé, les tables de multiplication (× 2 à × 5) pour le meneur

Jouer chacun son tour. Le meneur de jeu pose une question à trou (combien de fois 4 dans 28 ?), le joueur répond. Si la réponse est validée par le meneur (qui a les réponses), alors le joueur lance le dé et avance en direction du trésor, du nombre indiqué par le dé. Si la réponse est fausse, il lance le dé et recule, du nombre de cases indiqué par le dé. (**Variante :** il ne recule que d'une case.) Le gagnant est le premier à atteindre l'ile au trésor.

Fiche questions : À poser dans le désordre, au hasard. Ne pas dire la réponse. Cocher quand la question a été posée sauf si la réponse était fausse.
On peut poser plusieurs fois les questions si le jeu n'est pas terminé.

JOUR 4 CE2 **Tables de multiplication à trou : × 6, × 7, × 8, × 9**

Rappel du jour 1 et calculs :
... × 7 = 42   6 × ... = 48   ... × 8 = 72
9 × ... = 63   9 × ... = 54

Problèmes à écrire au tableau et à lire :

• *Les pastèques pèsent environ 7 kg chacune. Nous avons chargé dans la voiture 35 kg de pastèques. Combien de pastèques avons-nous achetées ?*
Expliciter le problème et faire le lien avec le calcul.

• *Les galettes des rois sont vendues 9 €. Le boulanger en a vendu pour 72 € ce matin. Combien de galettes a-t-il vendues ?*

Calculs et problèmes :
... × 7 = 49   9 × ... = 63   8 × ... = 64

Lire le problème et écrire uniquement les quantités :

• *Les rangées dans la salle de spectacle sont constituées de* ***8 sièges****.* ***72 élèves*** *arrivent. Sur combien de rangées seront-ils assis ?*

• *Le club de sport prévoit de préparer* ***54 litres*** *de pâte à crêpe pour la fête du club. La pâte est conservée dans des récipients de* ***6 litres*** *chacun. Combien de récipients faut-il prévoir ?*

CE1 **JEUX** **Puissance 4 des soustractions nombres à 3 chiffres**

• 2 joueurs + 1 vérificateur

• 1 plateau de jeu imprimé ou vierge complété, des jetons de 2 couleurs différentes (ou bouchons, cubes...), calculatrice (ou feuille du corrigé pour le vérificateur)

À tour de rôle, résoudre une addition. Si la réponse est validée (par l'adversaire ou le vérificateur), poser 1 jeton de sa couleur sur une case. Le premier joueur qui réalise une ligne, une colonne ou une diagonale de 4 jetons gagne la partie.

Semaine 34

JOUR 1 CE1 **Les moitiés de nombres pairs d'usage courant < 100**

• **Nombres utilisés :** de 2 à 100
• **Calcul type :** moitié de 60 ?
• **Matériel :** base 10

Rappel de la notion de moitié avec des exemples de la vie courante, préciser qu'on ne peut donner la moitié que des nombres pairs, qui se partagent en deux. Pour faire le lien avec les doubles simples et bien maitrisés, montrer 8 unités et demander : *Je veux partager ces cubes en 2 parts égales. Quelle est la moitié de 8 ?* Laisser les élèves répondre et préciser : *Le double de 4 c'est 8 et 8 = 4 + 4, on peut donc dire que 4 est la moitié de 8.* Le montrer avec les cubes unités. Faire de même avec les moitiés de 2, 4, 6, 10. Puis montrer 60 en base 10. *Quelle est la moitié de 60 ?* Laisser les élèves répondre et discuter des stratégies de calcul utilisées : essai-erreurs, distribution de dizaines (partage), moitié de 6... Montrer que 60, c'est 6 dizaines et qu'ils connaissent la moitié de 6, c'est 3 (faire le lien avec le double de 3) donc la moitié de 60, c'est 30 et illustrer avec le matériel.

Dicter : moitié de 4 ?   moitié de 6 ?   moitié de 10 ?   moitié de 12 ?   moitié de 16 ?

Dicter : moitié de 14 ?   moitié de 18 ?   moitié de 20 ?   moitié de 40 ?   moitié de 80 ?

CE2 **Tables de multiplication à trou : × 6, × 7, × 8, × 9**

Pour chaque table, il faut compléter les trois exercices : entourer les tours avec le bon nombre de cubes, remplir la route des multiples et compléter les calculs.

JOUR 2 CE2 Trouver le quotient et le reste d'une division simple

- **Nombres utilisés :** de 1 à 100
- **Calcul type :** 44 : 7 quotient : … reste : …
- **Matériel :** table de Pythagore

Montrer la table de Pythagore et revenir sur sa signification : *C'est l'ensemble des multiples des nombres de 1 à 10.* Pointer le nombre 42 dans le tableau et écrire le calcul suivant : 42 = … × 7. Faire le lien avec les chapitres 32 et 33 (multiplications à trou). Indiquer que deux phrases peuvent être utilisées de manière équivalente : *42 divisé par 7* ou *Dans 42, combien de fois 7 ?* Mettre en commun les stratégies : comptage de 7 en 7 jusqu'à 42, mémorisation du résultat de 6 × 7, repérage dans la table de Pythagore. Verbaliser et écrire la réponse : *Comme 6 × 7 = 42, alors dans 42 il y a 6 fois le 7.*

Pointer le nombre 44 dans le tableau et écrire le calcul suivant : 44 = … × 7 (ne pas effacer le résultat précédent). Constater que 44 n'est pas un multiple de 7 et valider l'impossibilité d'écrire une réponse. Compléter au tableau : 44 = … × 7 + … . Indiquer la stratégie : chercher le multiple le plus proche (il est écrit au tableau) et compléter : 44 = 6 × 7 + … . Valider collectivement le reste 2.

Faire le même raisonnement avec 49 = … × 5 + … .

Dicter : 23 = … × 4 + …   39 = … × 6 + …   41 = … × 5 + …   55 = … × 6 + …

Dicter (réponse sous la forme … / … sur le fichier) :
25 = … × 3 + …   31 = … × 4 + …   50 = … × 6 + …   62 = … × 8 + …

CE1 Multiplication par 10 d'un nombre inférieur à 100 – Révisions

Pour chaque multiplication, il y a deux propositions de réponses mais une seule est correcte : il faut la colorier.

JOUR 3 CE1 Les moitiés des nombres pairs d'usage courant < 100

Rappel du jour 1 et calculs :
moitié de 10 ?   moitié de 20 ?   moitié de 12 ?
moitié de 16 ?   moitié de 40 ?   moitié de 80 ?

Problèmes à écrire au tableau et à lire :

- *La maitresse partage ses 20 élèves en 2 groupes identiques. Combien d'élèves y aura-t-il dans chaque groupe ?* Expliciter le problème et faire le lien avec le calcul.
- *Deux amis se partagent un sachet de 20 bonbons. Combien de bonbons chacun aura-t-il ?*

Calculs et problèmes :
moitié de 18 ?   moitié de 14 ?   moitié de 60 ?

Lire le problème et écrire uniquement les quantités :

- *Alice a utilisé* ***la moitié*** *de la boite de* ***12 œufs*** *pour préparer un dessert. Combien d'œufs a-t-elle utilisés ?*
- *Au restaurant, Victor et Sasha payent chacun* ***la moitié*** *de l'addition. L'addition est de* ***80 €****. Combien chacun va-t-il payer ?*

CE2 JEUX La course au trésor : tables de multiplication à trou (× 6, × 7, × 8, × 9)

- 2 à 4 joueurs + 1 meneur
- Le plateau de jeu, 1 pion par joueur, 1 dé, les tables de multiplication (× 6 à × 9) pour le meneur

Jouer chacun son tour. Le meneur de jeu pose une question à trou, le joueur répond. Si la réponse est validée par le meneur (qui a les réponses), alors le joueur lance le dé et avance en direction du trésor, du nombre indiqué par le dé. Si la réponse est fausse, il lance le dé et recule, du nombre de cases indiqué par le dé. (**Variante :** il ne recule que d'une case.) Le gagnant est le premier à atteindre l'ile au trésor.

Fiche questions : À poser dans le désordre, au hasard. Ne pas dire la réponse. Cocher quand la question a été posée sauf si la réponse était fausse. On peut poser plusieurs fois les questions si le jeu n'est pas terminé.

JOUR 4 CE2 **Trouver le quotient et le reste d'une division simple**

Rappel du jour 1 et calculs :
38 = … × 5 + …   43 = … × 7 + …   49 = … × 8 + …
70 = … × 9 + …

Problèmes à écrire au tableau et à lire :

• *On range les classeurs des 29 élèves sur des étagères contenant chacune 6 classeurs. Combien d'étagères seront pleines ? Combien de classeurs y aura-t-il sur l'étagère non pleine ?* Expliciter le problème et faire le lien avec le calcul.

• *Pour charger les 50 kg de ciment dans sa camionnette, M. Pascal remplit des seaux de 8 kg. Combien de trajets fera-t-il avec des seaux pleins ? Combien pèsera le dernier seau ?*

Calculs et problèmes :
27 = … × 4 + …   45 = … × 6 + …   61 = … × 7 + …

Lire le problème et écrire uniquement les quantités :

• *La maman de Tom lui confie **40 €** pour acheter des pizzas à **7 €**. Combien de pizzas peut-il acheter ? Quelle somme restera-t-il ?*

• *Les **55 élèves** de maternelle visitent le musée en groupes de **9 élèves**. Combien de groupes complets y aura-t-il ? Combien d'élèves seront à ajouter à un groupe de 9 élèves ?*

CE1 **JEUX** **Le chat et les souris des multiplications par 10**

• 2 à 4 joueurs

• 1 pion pour les souris, la bande de 10 cases, les cartes calculs, le puzzle du chat (ou n'importe quelle image de prédateur découpée en 4)

Piocher un calcul et donner la réponse. Si la réponse est correcte, avancer le pion d'une case. Si la réponse est fausse, poser 1 pièce du puzzle du chat (réponse à écrire au dos des cartes ou ajouter 1 vérificateur avec une calculatrice). Le but est d'atteindre la case « arrivée » avant que le puzzle du chat ne soit complet.
Variante : jouer 1 contre 1 sans chat. Si on donne une réponse fausse, c'est l'adversaire qui avance son pion.

Semaine 35

JOUR 1 CE1 **Les tables de multiplication à trou**

• **Nombres utilisés :** de 0 à 50
• **Calcul type :** 5 × … = 35
• **Matériel :** multicubes

Montrer un tas de barres de 5 multicubes. *J'ai des barres de 5. Combien dois-je en prendre pour avoir 35 multicubes ?* Écrire 5 × … = 35. Laisser les élèves chercher et discuter des stratégies employées (compter les multicubes de 1 en 1, compter de 5 en 5…) et faire comprendre que ce calcul est plus rapide en mobilisant les connaissances des tables de multiplication. Écrire 5 × 7 = 35 et vérifier le résultat avec les barres de multicubes. Refaire la même manipulation avec 4 × … = 24 puis 3 × … = 27.

Dicter : 2 × … = 8   5 × … = 15   6 × … = 12   8 × … = 24   9 × … = 27   4 × … = 12   5 × … = 20

Dicter : 6 × … = 18   6 × … = 24   7 × … = 35   4 × … = 20   4 × … = 16

CE2 **Trouver le quotient et le reste d'une division simple**

Dans chacune des grilles de 30 calculs, il faut colorier uniquement les divisions dont le reste est 1 / 2.

JOUR 2 CE2 Trouver le quotient et le reste d'une division par 10, 100, 1 000

- **Nombres utilisés :** de 1 à 9 999
- **Calcul type :** 3 654 = … × 1 000 + …, 3 654 = … × 100 + …, 3 654 = … × 10 + …
- **Matériel :** glisse-nombre, papier ou numérique

Rappeler les principes fondamentaux de la multiplication par 10, 100 ou 1 000 : décalage du nombre de 1, 2 ou 3 colonnes vers la gauche.
Montrer 3 000 dans le glisse-nombre. Écrire le calcul : 3 000 = … × 1 000 et demander la réponse. Valider la seule réponse possible avec le glisse-nombre en faisant la manipulation 3 × 1 000 = 3 000. Écrire le calcul suivant : 3 654 = … × 1 000 (ne pas effacer le résultat précédent). Constater que 3 654 n'est pas un multiple de 1 000 et valider l'impossibilité d'écrire une réponse. Compléter au tableau : 3 654 = … × 1 000 + … . Indiquer la stratégie : chercher le multiple le plus proche (il est écrit au tableau) et compléter : 3 654 = 3 × 1 000 + … . Valider collectivement le reste 654.

Proposer la même approche pour 3 654 = … × 100 + … (écrire d'abord 3 600 puis 3 654) puis 3 654 = … × 10 + … (d'abord 3 650 puis 3 654).

Dicter : 428 = … × 100 + …   428 = … × 10 + …   2 962 = … × 1 000 + …   2 962 = … × 100 + …   2 962 = … × 10 + …

Dicter : 741 = … × 100 + …   658 = … × 10 + …   3 769 = … × 1 000 + …   5 418 = … × 100 + …   1 875 = … × 10 + …

CE1 Les moitiés de nombres pairs d'usage courant < 100 – Révisions

Dans chaque tableau de 9 chiffres, il faut entourer deux nombres voisins qui sont la moitié / le double l'un de l'autre, comme dans l'exemple. On peut les entourer : horizontalement, verticalement et en diagonale.

JOUR 3 CE1 Les tables de multiplication à trou

Rappel du jour 1 et calculs :

7 × … = 28   9 × … = 18   8 × … = 32   9 × … = 45
5 × … = 25   3 × … = 9   3 × … = 15

Problèmes à écrire au tableau et à lire :

- *Dans la salle de réunion, il y a 20 chaises organisées en 4 rangées. Combien de chaises y a-t-il dans chaque rangée ?* Expliciter le problème et faire le lien avec le calcul.
- *Gary a 30 € en billets de 5 €. Combien de billets a-t-il ?*

Calculs et problèmes :

6 × … = 30   7 × … = 14   9 × … = 36

Lire le problème et écrire uniquement les quantités :

- *Le maitre a séparé les **21 crayons** en **3 tas** identiques. Combien de crayons y a-t-il dans chaque tas ?*
- *La cuisinière achète des bidons de **5 litres** d'huile. Combien de bidons doit-elle acheter pour avoir **40 litres** d'huile ?*

CE2 JEUX Le loto des restes

- 2 à 6 joueurs + 1 meneur
- Une ardoise et son feutre, la feuille de questions/réponses pour le meneur

Chacun reproduit une grille de jeu différente sur son ardoise. Le meneur énonce un calcul de son choix (sans dire la réponse). Les joueurs qui pensent avoir la réponse (ici, uniquement le reste) barrent la case correspondante sur leur grille. Celui qui a barré toutes les cases de sa grille en premier lève la main. Le meneur de jeu vérifie si toutes les réponses barrées correspondent bien à des calculs donnés avant de déclarer si le joueur est le gagnant ou non.

JOUR 4 CE2 **Trouver le quotient et le reste d'une division par 10, 100, 1 000**

Rappel du jour 1 et calculs :
843 = … × 10 + …   2 358 = … × 1 000 + …
7 413 = … × 100 + …

Problèmes à écrire au tableau et à lire :

• *Le supermarché commande 245 paquets de pâtes, qui arriveront par cartons de 10. Combien de cartons arriveront plein ? Combien de paquets y aura-t-il dans le carton non plein ?* Expliciter le problème et faire le lien avec le calcul.

• *5 560 briques sont à emporter sur le chantier. On peut mettre 1 000 briques dans le camion par voyage. Combien de voyages pleins devra-t-on effectuer ? Combien de briques restera-t-il pour le dernier voyage ?*

Calculs et problèmes :
548 = … × 10 + …   1 650 = … × 100 + …   3 254 = … × 1 000 + …

Lire le problème et écrire uniquement les quantités :

• *Pour le marathon, les coureurs sont répartis par lignes de* ***100 coureurs****. Il y a* ***2 540 coureurs****. Combien de lignes de 100 coureurs y a-t-il ? Combien de coureurs y a-t-il sur la dernière ligne ?*

• *L'usine a produit* ***4 455 madeleines*** *aujourd'hui. Elles sont emballées dans des* ***paquets de 10****. Combien de paquets de madeleines ont été réalisés ? Combien de madeleines n'ont pas pu être emballées ?*

CE1 JEUX **Le mémory des moitiés**

• 2 à 6 joueurs
• Les cartes imprimées du mémory

Chacun son tour, retourner deux cartes. Si les nombres sont identiques, on gagne la paire constituée et on rejoue. Si les nombres sont différents, on les repose, faces cachées, là où elles étaient. C'est au joueur suivant de jouer. La partie est terminée lorsque toutes les cartes ont été assemblées par paires.

module

Utiliser les nombres connus

Sur votre espace numérique

Retrouvez sur l'espace numérique **tous les diaporamas** et les **ressources complémentaires** : leçons, évaluations, matériel, etc.

Compétences

- **Dénombrer**, constituer et comparer des collections en les organisant, notamment par des groupements par dizaines et centaines.
- **Comparer** des nombres entiers en utilisant les signes =, < et >.
- **Utiliser diverses représentations des nombres** (écritures en chiffres et en lettres, noms à l'oral, graduations sur une demi-droite, constellations sur des dés, doigts de la main…).
- Passer d'une représentation à une autre, en particulier associer les noms des nombres à leur écriture chiffrée.
- Utiliser des écritures en unités de numération (c, d, u).
- Itérer une suite de 1 en 1, de 10 en 10, de 100 en 100.

Lexique

- **Collection :** ensemble d'objets ou représentation d'un ensemble d'objets ou de symboles :
  - suffisamment proches par leur nature pour être regroupés ;
  - pouvant être dénombrés.
- **Nombre :** au cycle 2, désignation du cardinal d'une collection (d'objets, de représentations d'objets ou de symboles). Cette désignation peut être orale, symbolique ou chiffrée. Par extension, désignation d'une entité qui peut être représentée par une collection.
- **Chiffre :** élément graphique permettant une représentation écrite des nombres. Notre système utilise 10 chiffres (0, 1, 2, 3, 4, 5, 6, 7, 8 et 9) permettant d'écrire l'ensemble des nombres entiers.
- **Bande numérique :** représentation de la suite des nombres sous forme de cases accolées, commençant généralement par 1, et dans laquelle l'ensemble des nombres sont indiqués.
- **Unité de numération :** désignation d'éléments fondamentaux permettant de décomposer un nombre et de structurer son écriture. « Unité », « dizaine » et « centaine » sont des unités de numération de la numération décimale.
- **Groupement** et **échange :** actions consistant à rassembler et isoler un nombre défini d'items d'une collection pour les désigner dans deux unités de numération différentes, par exemple : 10 unités <> 1 dizaine. Ces actions sont le fondement de la numération décimale.
- **Comparaison :** relation d'ordre entre deux collections, basée sur le dénombrement de leur cardinal. Par extension, relation d'ordre quantitative entre deux nombres.
- **Tableau de numération :** outil de représentation des nombres, sous forme symbolique ou chiffrée, permettant de visualiser les unités de numération.

Apports didactiques

- Les bases de la numération sont rappelées et appliquées à des nombres déjà étudiés en classe.
- Le **dénombrement** est travaillé comme base de signification du nombre depuis les premiers apprentissages de maternelle. En CE1, et à plus forte raison en CE2, le groupement des items en base 10 (groupe de 10, groupe de 100) permet de :
  - sortir du dénombrement 1 par 1 ;
  - rappeler les bases fondamentales du comptage oral de 10 en 10 et de 100 en 100 ;
  - consolider la dénomination et l'écriture des nombres avec les unités de numération : unités, dizaines, centaines.
- Le **nommage** des nombres est fondamental pour faciliter le passage à l'écrit. Il doit être réalisé le plus souvent possible en ce début d'année et dans des configurations différentes :
  - nommage du dernier nombre obtenu lors d'un dénombrement ;
  - nommage des nombres à partir de leur écriture chiffrée ou en lettres ;
  - nommage des suites de nombres, « en avançant » ou « en reculant », à partir d'un nombre de départ.
- La **comparaison** des nombres utilise **une propriété fondamentale** de la numération décimale, qui est que deux collections peuvent être comparées en comparant, étape par étape, leur nombre de centaines, puis de dizaines, puis d'unités le cas échéant. Le passage des collections « visibles » aux écritures chiffrées permet de fixer cet algorithme de raisonnement, qui sera par ailleurs la base des autres compétences sur les relations entre les nombres : ranger, encadrer, intercaler.
- Enfin, la notion d'**échange** 10 <> 1 (10 unités <> 1 dizaine...) est abordée en fin de module, elle sera approfondie plus tard.

Difficultés rencontrées par les élèves

1 **Difficulté de discrimination visuelle** pour le dénombrement en groupes de 10 : entourer uniquement 10 items dans un ensemble non organisé.

2 **Difficulté à mémoriser la suite des nombres** et à la stabiliser en reculant, en particulier les passages de dizaines et de centaines.

3 **Difficulté à mémoriser oralement le comptage de 100 en 100**, de 10 en 10 et leur enchainement.

4 **Passage de la dizaine ou de la centaine** dans une situation autre que le comptage de 1 en 1 (« 95 et 10 »).

5 **Retranscription phonétique erronée des nombres** à l'écrit (« deux-cent-dix » → 20010) et **difficultés de mémorisation des mots-nombres** en lettres.

6 **Comparaison des nombres en ne suivant pas l'algorithme**.

7 **Difficultés de « retranscription » d'un échange** dans la nouvelle unité de numération.

Les MATHS en vie

CE1 CE2

DURÉE
30 min

MATÉRIEL
▸ Diaporama Maths en vie num 1

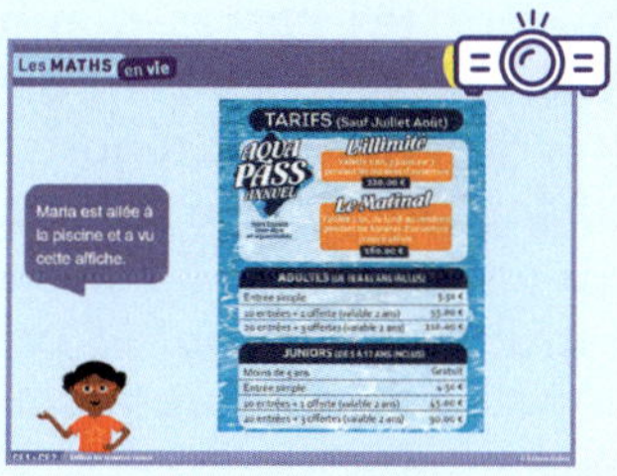

Il s'agit, dans cette situation, de basculer d'une situation de la vie quotidienne à une situation de mathématiques.

- **SITUATION 1 À la piscine**

À travers différents zooms issus d'une affiche à l'entrée d'un centre aquatique, les élèves sont amenés à donner du sens et un contexte aux nombres qu'ils repèrent sur les images : prix, nombres d'entrées, durées, horaires, âges. Un premier problème simple de comparaison permet de rattacher ces nombres aux choix qu'ils impliquent dans la vie quotidienne.

- **SITUATION 2 Au cinéma**

À travers différents zooms issus d'une affiche à l'entrée d'un cinéma, les élèves sont amenés à donner du sens et un contexte aux nombres qu'ils repèrent sur les images : prix, nombres de places, durées, horaires, âges. Un premier problème simple de comparaison permet de rattacher ces nombres aux choix qu'ils impliquent dans la vie quotidienne.

En pratique

L'enseignant·e choisit la situation 1 ou la situation 2 (deux situations sont proposées dans le cas où l'enseignant·e garde les mêmes élèves deux années de suite).

MISSION 1 Dénombrer une collection jusqu'à 99

CE1

MATÉRIEL
▸ **Par binôme :** une boite contenant 46 graines (haricot, maïs ou autre), 1 lot de cartes-nombres (matériel détachable du fichier), 1 fiche *Aquariums 1 et 2*
▸ **Collectif :** diaporama M1 • CE1

SÉANCE 1	Découverte des cartes-nombres	10 min	En binôme
	MISSION	20 min	En binôme
SÉANCE 2	MISSION (suite)	30 min	En binôme
SÉANCE 3	Entrainement fichier p. 6	30 min	Individuel, autonomie

PRINCIPE DE LA MISSION

- Il s'agit de **reposer les bases du dénombrement** vues au CP :
  - **manipuler une collection** d'objets mobiles pour apprendre à organiser son dénombrement ;
  - **passer par la dizaine** (faire des paquets de 10) et se rendre compte que cela permet de dénombrer plus rapidement et plus efficacement ;
  - **passer à une collection immobile** et y appliquer la même méthode.
- Les élèves découvrent le fonctionnement des cartes-nombres et représentent les quantités trouvées.

SÉANCE 1 30 min LA MISSION

- En binôme, les élèves découvrent **les cartes-nombres**. Après un court temps d'exploration et de manipulation libre, on s'interroge sur les utilisations possibles de ce matériel. On valorisera les différentes catégorisations ou rangements proposés. L'enseignant·e fait identifier chaque carte dans l'ordre (compter de 1 en 1 avec les cartes de 1 à 9, puis de 10 en 10). Enfin il·elle présente le principe de superposition des cartes pour construire un nombre et propose plusieurs exemples de nombres à constituer façon « dictée de nombres » : 9 ; 12 ; 18 ; 21 ; 34 ; 40 ; 47.
- L'enseignant·e présente la collection à dénombrer puis la consigne : **compter le plus rapidement possible le nombre d'objets reçus.** Il·Elle distribue la boite contenant 46 graines.
- Après un temps de recherche, c'est le moment de mise en commun des stratégies de dénombrement. L'enseignant·e valorise les organisations claires et met en avant la stratégie experte de constitution de dizaines organisées. Pour finir, il·elle demande à chaque binôme de représenter la quantité trouvée avec les cartes-nombres.

SÉANCE 2 30 min LA MISSION (suite)

- L'enseignant·e distribue la fiche *Aquariums 1 et 2*. Selon la même organisation que pour la séance 1, il s'agit de trouver le nombre de poissons et de donner la réponse avec les cartes-nombres.
- Les réponses sont comparées rapidement. On cherche ici à montrer les différentes étapes : barrer les poissons pour les entourer par 10 et n'en oublier aucun ; compter de 10 en 10 pour chaque « dizaine » puis de 1 en 1 pour chaque « unité ». Cette étape permet de **présenter les unités de numération** (dizaine et unité), de mettre en relation les cartes-nombres avec ces unités de numération au fur et à mesure du comptage et d'obtenir la réponse 56 par superposition des cartes.
- Un deuxième exemple d'aquarium est proposé sur le diaporama avec 65 poissons. Il permettra de renforcer le vocabulaire et les stratégies vues dans l'exemple précédent.
- **Bilan et Miniquiz**

SÉANCE 3 30 min ENTRAINEMENT ▸ fichier p. 6

OBSTACLES POSSIBLES

▸ **Ex. 1 :** l'élève peut avoir des difficultés à organiser ses groupes de 10 dans le troisième exemple, où la collection de graines est désorganisée.

▸ **Ex. 3 :** la dernière image représente des paquets de 10 biscuits fermés, l'élève ne pourra pas les recompter, il devra compter de 10 en 10.

▸ **Ex. 4 :** la lecture de l'énoncé peut être une difficulté pour certains élèves.

En pratique

Les corrigés des exercices sont vidéoprojetables à partir du bibliomanuel du fichier.

MISSION 1 Dénombrer et nommer une collection jusqu'à 999 — CE2

MATÉRIEL

- **Par élève :** 1 fiche *Théâtre 1*, 1 lot de cartes-nombres (matériel détachable du fichier)
- **Par élève :** crayons de couleur vert, rouge et bleu
- **Collectif :** diaporama M1 • CE2

SÉANCE 1	MISSION	30 min	En binôme
SÉANCE 2	Entrainement fichier p. 6	30 min	Individuel
SÉANCE 3	Entrainement fichier p. 7	30 min	En collectif, puis individuel

PRINCIPE DE LA MISSION

Les nombres étudiés en CE2, **supérieurs à 100**, se prêtent difficilement aux situations de dénombrement, en particulier les groupes de 100, peu évidents à distinguer. En début d'année de CE2, les **bases du dénombrement** sont importantes à rappeler et des situations adaptées sont proposées : places de théâtre, dont les rangées sont sur une base 5 ou 10. Le lien est ensuite fait avec, d'une part, les cartes-nombres et, d'autre part, les groupements de 100 et de 10 déjà constitués.

SÉANCE 1 — 30 min — LA MISSION

- Les élèves disposent de la fiche *Théâtre 1* représentant les gradins d'un théâtre partiellement remplis. L'objectif est de dénombrer le nombre de places occupées. Une première observation, guidée, permet de remarquer la disposition des rangées, par 5 ou par 10.
- Un premier groupement en centaines est proposé, selon deux possibilités : cent comme carré de 10 × 10 ou association de rangées de 10 et de paires de rangées de 5. Ce premier groupement, qui aboutit à 200, est mis en lien avec un comptage de 100 en 100 et la représentation en cartes-nombres.
- On fait ensuite le même **travail de groupement** pour les dizaines et les unités. Il aboutit à un comptage successif de 100 en 100, de 10 en 10, puis de 1 en 1. Le nombre ainsi obtenu est mis en relation avec les cartes-nombres. Les unités de numération « centaines », « dizaines » et « unités » sont ainsi présentées aux élèves comme fondamentales pour la suite de la numération.
- **Bilan et Miniquiz**

SÉANCE 2 — 30 min — ENTRAINEMENT ▸ fichier p. 6

OBSTACLES POSSIBLES

▸ **Ex. 1, 3 et 4 :** un des obstacles réside dans la capacité à énumérer successivement les centaines, les dizaines, puis les unités pour atteindre le nombre final : « 100, 200, 300, 310, 320, 321, 322... ». La répétition orale de ce type d'énumération est importante.

▸ **Ex. 2 :** les cartes-nombres peuvent encore être difficiles à appréhender pour certains élèves en début de CE2. Leur utilisation peut faire l'objet d'une explicitation le cas échéant : code couleur, superposition.

SÉANCE 3 — 30 min — ENTRAINEMENT ▸ fichier p. 7

Un premier temps peut être consacré à la correction des exercices réalisés en séance 2.
Puis il s'agit de prendre le temps de présenter l'exercice 5 :
- compréhension de l'exercice et de la tâche à réaliser ;
- explicitation de la manière dont le calcul et la phrase-réponse seront rédigés dans le cahier du jour de l'élève.

En pratique

Les corrigés des exercices sont vidéoprojetables à partir du bibliomanuel du fichier.

OBSTACLES POSSIBLES

▸ **Ex. 5 :** comme pour la séance 2, une difficulté peut résider dans l'énumération orale des suites des nombres de 100 en 100, puis de 10 de 10, puis de 1 en 1.

Le fait que cette séance se déroule en présence de l'enseignant·e permet également un entrainement collectif et/ou une remédiation individuelle ou en petit groupe sur cette compétence fondamentale.

Pour différencier

Fichier à photocopier : fiches * et **, *Dénombrer et nommer une collection jusqu'à 999.*

MISSION 2 Comparer deux nombres

CE1 CE2

MATÉRIEL

- **Par binôme :** CE1 1 fiche *Collections*
  CE2 1 fiche *Théâtre 2*
- **Par élève :**
  CE1 crayons de couleur rouge et bleu
  CE2 crayons de couleur vert, rouge et bleu
- **Collectif :** diaporama M2 • CE

SÉANCE 1	MISSION	30 min	En binôme
SÉANCE 2	Entrainement **fichier** p. 8	30 min	Individuel

PRINCIPE DE LA MISSION

Les supports de dénombrement utilisés pour introduire **la comparaison** sont les mêmes que pour la mission 1. Ainsi, **la stratégie de groupement par 10** (CE1) / **par 100 puis 10** (CE2) sera utilisée prioritairement par les élèves, ayant pour conséquence d'introduire l'algorithme de comparaison : comparer les unités de numération, des plus grandes aux plus petites : centaines > dizaines > unités.

CE1 CE2

SÉANCE 1 30 min LA MISSION

- Les élèves découvrent une fiche (*Collections*, *Théâtre 2*) sur laquelle sont représentées **deux ensembles de graines pour les CE1**, **des places de théâtre pour les CE2**. L'enseignant·e peut laisser les élèves échanger sur la différence avec la mission 1, et en particulier sur une opération mathématique presque « naturelle » quand deux collections ou nombres sont accolés : les comparer.
- L'enseignant·e introduit une distinction avec la procédure de la mission 1 : s'il est intéressant de connaitre la valeur de chaque collection, cela n'est pas toujours nécessaire pour les comparer. Ainsi, les élèves sont invités à compter, en parallèle, le nombre **de dizaines** ou **de centaines** de chaque collection, et conclure sur le résultat de la comparaison sans compter le reste de la collection.
- Ensuite, le cas des **dizaines** ou des **centaines** égales est abordé pour fixer l'algorithme de comparaison.
- Tout au long de la manipulation, il est important de faciliter la souplesse cognitive des élèves en utilisant les deux formulations, orales et mathématiques : « plus petit que » et « plus grand que ».
- **Bilan et Miniquiz**

CE1 — SÉANCE 2 30 min ENTRAINEMENT

▸ **fichier** p. 8

OBSTACLES POSSIBLES

- **Ex. 1 :** la difficulté est de faire des groupements par 10, puis de compter de 10 en 10 et de 1 en 1 pour pouvoir compter les graines.
- **Ex. 1 et 2 :** bien connaitre la notion de « plus grand ».
- **Ex. 3 et 4 :** l'aide des cartes-nombres disparait progressivement. Une difficulté classique est l'usage erroné de l'ordre de comparaison d > u, en particulier sur l'écriture chiffrée.
- **Ex. 5 :** il faut faire le lien entre dizaine et billet de 10 €.

CE2 — SÉANCE 2 30 min ENTRAINEMENT

▸ **fichier** p. 8

OBSTACLES POSSIBLES

- **Ex. 3, 5 et 7 :** une difficulté classique est l'usage erroné de l'ordre de comparaison c > d > u, en particulier sur l'écriture chiffrée.
- **Ex. 8 :** le nombre de billets ne correspond pas au nombre de dizaines pour Simon (billets de 20 €) : il faut donc d'abord calculer les deux sommes.

Pour différencier

Fichier à photocopier : fiches * et **, *Comparer deux nombres.*

Traces écrites

Leçon *Utiliser les nombres connus (1) CE1*

Leçon *Utiliser les nombres connus (1) CE2*

MISSION 3 Représenter une collection jusqu'à 99

CE1

MATÉRIEL

- **Par binôme :** 1 kit base 10 contenant au minimum 7 dizaines et 9 unités (matériel détachable ou matériel physique)
- **Collectif :** diaporama M3 • CE1

SÉANCE 1	MISSION	30 min	En binôme
SÉANCE 2	Entrainement fichier p. 10	30 min	Individuel, autonomie

PRINCIPE DE LA MISSION

Il s'agit de **reposer les bases de la numération décimale** : 10 objets d'une collection/10 unités/1 dizaine. L'objectif est de comprendre que l'on peut représenter une quantité ou un nombre en unités de numération. Cette mission permet également d'appréhender le matériel de base 10.

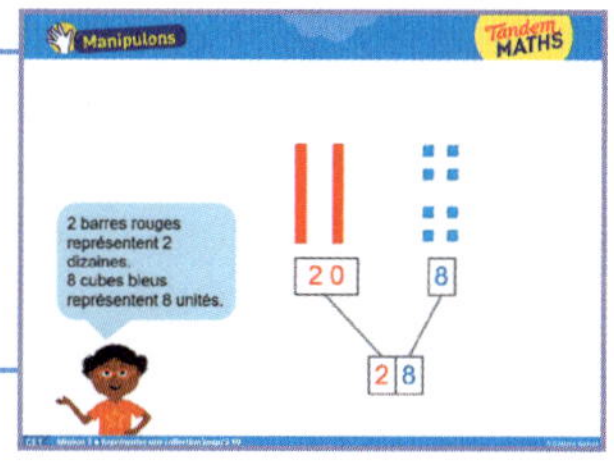

SÉANCE 1 — 30 min — LA MISSION

- En binôme, les élèves découvrent **le matériel de base 10**. Il faudra prévoir un court temps de manipulation si c'est une première rencontre avec ce type de matériel. Puis l'enseignant·e demande de représenter les places de cinéma que la maitresse a achetées pour ses 28 élèves.
- Lors de la mise en commun, l'enseignant·e valide les réponses et met en place la première règle d'utilisation du matériel : une barre rouge est appelée une dizaine, elle représente 10 unités, un cube bleu est une unité. On procèdera à l'identique pour les trois nombres suivants.
- Les élèves vont ensuite passer à une représentation dessinée des dizaines et unités. On cherche ici à mettre en place un « code » commun pour représenter rapidement et efficacement les dizaines et les unités (1 grand trait vertical pour la dizaine, un petit carré pour l'unité). **On cherchera à obtenir des collections et des dessins d'unités organisées en constellations pour une reconnaissance plus rapide des quantités.**
- **Bilan et Miniquiz**

SÉANCE 2 — 30 min — ENTRAINEMENT ▸ fichier p. 10

Les exercices proposent ici une utilisation des différentes représentations des nombres pour que l'élève construise des liens entre ces représentations jusqu'à la représentation dessinée.

En pratique

Les corrigés des exercices sont vidéoprojetables à partir du bibliomanuel du fichier.

OBSTACLES POSSIBLES

- **Ex. 1 :** l'élève peut avoir des difficultés à lire les nombres au-delà de 69.
- **Ex. 3 :** dans la dernière image, les paquets de 10 ne sont pas entourés, l'élève doit remarquer que les stylos sont rangés par 10.
- **Ex. 4 :** l'élève peut confondre les deux nombres dont les dizaines et les unités sont inversées.

Pour différencier

Fichier à photocopier : fiches * et **, *Représenter une collection jusqu'à 99.*

MISSION 3 Connaitre la suite des nombres jusqu'à 999

CE2

MATÉRIEL
- **Par élève :** le compteur (matériel détachable)
- **Collectif :** diaporama M3 • CE2

SÉANCE 1	MISSION	30 min	En binôme
SÉANCE 2	Entrainement fichier p. 10	30 min	Individuel

PRINCIPE DE LA **MISSION**

Cette mission vise à s'appuyer sur **l'aspect ordinal de la numération pour revoir la suite des nombres à trois chiffres** en s'appuyant sur l'oral (nommage) et l'écrit (lecture et écriture) de ces nombres. Les élèves utilisent leur compteur pour, à partir d'un nombre de départ (numéro d'une boite de chaussures montré en diaporama), avancer ou reculer dans la suite des nombres. Un focus particulier est mis sur le passage des dizaines et des centaines.

SÉANCE 1 30 min LA MISSION

- Un tapis montre une suite de boites de chaussures. Le sens d'avancée du tapis, de gauche à droite, fait que la suite des numéros des boites est bien dans le sens d'une file numérique.
- À partir de la connaissance d'un numéro, nombre de référence, les élèves doivent trouver le numéro correspondant à une boite, ou à l'inverse désigner une boite à partir de son numéro. Il s'agit donc de réaliser les actions fondamentales suivantes :
  - **pointer et nommer les numéros**, donc la suite des nombres, à partir d'un nombre de référence, en avançant ou en reculant ;
  - **lire et écrire les nombres à trois chiffres**.
- Pour surmonter les difficultés liées au passage de la centaine, il est proposé aux élèves l'utilisation du compteur, en particulier pour mettre l'accent sur le fait que la désignation orale dans cet exercice correspond toujours à un nombre à trois chiffres (par exemple, « six-cent-sept », dit oralement, peut être transcrit de manière erronée « 6007 » en écrivant sur l'ardoise, mais pas avec le compteur).
- **Bilan et Miniquiz**

SÉANCE 2 30 min ENTRAINEMENT ▸ fichier p. 10

OBSTACLES POSSIBLES

- **Ex. 1, 3 et 4 :** le décomptage (suite des nombres en reculant) est souvent problématique car plus couteux et moins automatisé par les élèves.
- **Ex. 2 :** la compréhension des problèmes de type ordinaux est souvent plus faible, car elle fait appel à une dénomination orale plus complexe : « trois centièmes »... De plus, la notion de « avant/après » nécessite un choix raisonné des élèves pour compter « en avançant » ou « en reculant ».

Pour différencier
Fichier à photocopier : fiches * et **, *Connaitre la suite des nombres jusqu'à 999.*

En pratique
Les corrigés des exercices sont vidéoprojetables à partir du bibliomanuel du fichier.

MISSION 4 Écrire des nombres en lettres

CE1 CE2

MATÉRIEL

▶ **Par binôme :**

CE1 1 fiche *Étiquettes-mots* à découper, une ardoise et son feutre

CE2 1 fiche *Étiquettes-mots* à découper, une ardoise et son feutre

▶ **Collectif :** diaporama M4 • CE

SÉANCE 1	MISSION	30 min	En binôme
SÉANCE 2	Entrainement fichier p. 12	30 min	Individuel

CE1 CE2

SÉANCE 1 30 min LA MISSION

- Les élèves sont guidés dans l'écriture des mots en lettres à partir de leur écriture chiffrée :
  - phase 1, cas le plus « intuitif » : le nombre de mots correspond au nombre de chiffres (**25 et 52 pour les CE1**, **63, 136 pour les CE2**) ;
  - phase 2 : cas plus difficiles et variés : les nombres de mots et de chiffres ne correspondent pas (**10, 60, 77, 81 pour les CE1**, **108, 321 pour les CE2**).
- Les élèves utilisent ensuite les étiquettes-mots pour écrire les nombres en lettres. Les étiquettes permettent de focaliser l'attention sur les mots utilisés plutôt que sur leur orthographe.

CE1

SÉANCE 2 30 min ENTRAINEMENT

▶ **fichier** p. 12

OBSTACLES POSSIBLES

▶ **Ex. 1 :** les mots auront été vus au CP, il faut réactiver cette connaissance orthographique. Un étayage des mots-nombres peut être apporté (affichage ou intérieur de la couverture du fichier), il sera utile pour la suite.

▶ **Ex. 3 et 6 :** l'élève peut être en difficulté sur la lecture/décodage des mots-nombres.

▶ **Ex. 7 :** les élèves doivent écrire seuls sans étiquettes-mots données (ils peuvent les retrouver ailleurs dans la page), sans le nombre de mots indiqué, ni les traits d'union.

CE2

SÉANCE 2 30 min ENTRAINEMENT

▶ **fichier** p. 12

OBSTACLES POSSIBLES

Deux difficultés potentiellement cumulées sont à prendre en compte :
- le choix des mots utilisés ;
- leur orthographe.

▶ **Ex. 1, 4 et 5 :** un étayage avec les mots-nombres en lettres peut être utile pour les élèves en difficulté orthographique.

Pour différencier Fichier à photocopier : fiches * et **, *Écrire des nombres en lettres.*

MISSION 5 Manipuler les dizaines et les unités

CE1

MATÉRIEL

- **Par binôme :** 1 matériel de base 10 contenant au minimum 9 dizaines et 9 unités (matériel détachable ou matériel physique)
- **Collectif :** diaporama M5 • CE1

SÉANCE 1	**MISSION**	30 min	En binôme
SÉANCE 2	Entrainement fichier p. 14	30 min	Individuel, autonomie

PRINCIPE DE LA MISSION

Cette mission vise à continuer à **construire le principe décimal de la numération**. Les élèves aident la cantinière à faire une commande. Ils utilisent le matériel de base 10 pour représenter une quantité à partir de différentes représentations et opérer des échanges 10 u <> 1 d quand ils en ont besoin.

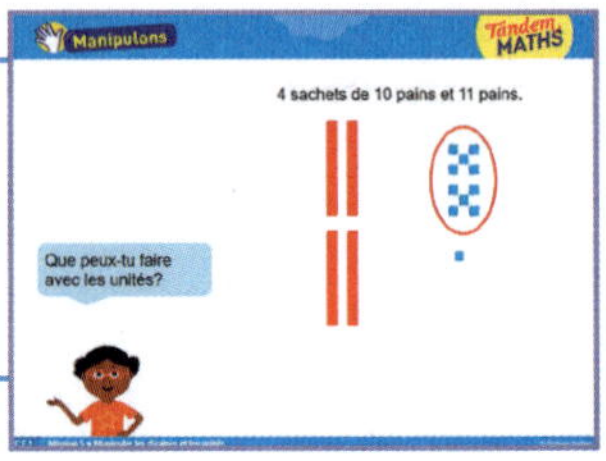

SÉANCE 1 30 min LA MISSION

- En binôme, les élèves doivent représenter les quantités de nourriture que la cantinière va commander, à l'aide du matériel de base 10.
- Les deux premières situations sont sans échanges pour **reposer le principe d'utilisation du matériel et réactiver les unités de numération dizaines et unités**. Les situations suivantes imposent un échange 10 u <> 1 d, puis des regroupements d'unités pour échanger.
- Il s'agit pour l'élève d'interpréter la commande et de la représenter avec le matériel (passer d'une représentation à une autre) pour en déduire les quantités commandées et passer à une écriture chiffrée. Il·Elle devra effectuer des échanges. L'organisation et la disposition des unités en constellation sera privilégiée afin de repérer rapidement les échanges à effectuer.
- **Bilan et Miniquiz**

SÉANCE 2 30 min ENTRAINEMENT ▸ fichier p. 14

OBSTACLES POSSIBLES

- **Ex. 2 :** il n'y a pas assez de dizaines pour représenter le nombre, l'élève doit comprendre qu'il faut aller chercher le complément dans les cubes unités. Cela lui demande une certaine plasticité pour passer de l'un à l'autre.
- **Ex. 3 :** l'élève doit comprendre qu'il y a deux étapes : dessiner la base 10 puis représenter la quantité représentée en cartes-nombres.
- **Ex. 4 et 5 :** la difficulté réside dans l'inversion possible des dizaines et des unités.

En pratique
Les corrigés des exercices sont vidéoprojetables à partir du bibliomanuel du fichier.

Pour différencier Fichier à photocopier : fiches * et **, *Manipuler les dizaines et les unités.*

Trace écrite Leçon *Utiliser les nombres connus (2) CE1*

Pour évaluer Évaluation *Numération 1 CE1*

MISSION 5 Représenter des nombres jusqu'à 999 CE2

MATÉRIEL
- **Par binôme :** 1 matériel de base 10 (matériel détachable ou matériel physique)
- **Par élève :** 1 fiche *Tableau de numération*
- **Collectif :** diaporama M5 • CE2

SÉANCE 1	MISSION	30 min	En binôme
SÉANCE 2	Entrainement fichier p. 14	30 min	Individuel

PRINCIPE DE LA MISSION

Cette mission utilise le matériel de base 10 en lien avec le tableau de numération pour fixer les principes fondamentaux de la numération : **le principe de position et le principe décimal**. L'objectif est de faire, à travers une situation fictive de livraison, le lien entre l'écriture chiffrée d'un nombre et son écriture décomposée en unités de numération (centaines, dizaines, unités). Pour éviter une lecture systématique c/d/u, les quantités proposées sont parfois supérieures à 10, obligeant à l'échange 10 <> 1 (10 u <> 1 d et/ou 10 d <> 1 c).

SÉANCE 1 30 min LA MISSION

- Les élèves doivent mettre en correspondance l'écriture chiffrée (commande) et les collections représentées en base 10 (livraison) pour savoir si ces deux représentations correspondent au même nombre. Puis cette commande est déclinée sous la forme d'une livraison en groupe de 100, de 10 et unités. Les élèves doivent représenter la commande avec le matériel de base 10, qu'ils doivent poser sur le tableau de numération.
- Quatre cas de difficulté progressive sont proposés :
  1. les unités de numération sont proposées dans l'ordre, chaque nombre est inférieur à 10 ;
  2. les unités de numération sont proposées dans le désordre, chaque nombre est inférieur à 10.
  Ces deux cas consolident le principe de position de la numération.
  3. et **4.** Les unités de numération sont proposées dans le désordre et proposent respectivement plus que de 10 unités et plus que de 10 dizaines.
- **Ces deux cas consolident le principe décimal sur la base d'un échange entre unités de numération.**
- Cette notion d'échange est présentée ici sous forme matérielle (base 10), l'objectif étant que les élèves transfèrent cette opération fondamentale de numération à partir de l'écriture chiffrée uniquement (12 d = 1 c 2 d).
- **Bilan et Miniquiz**

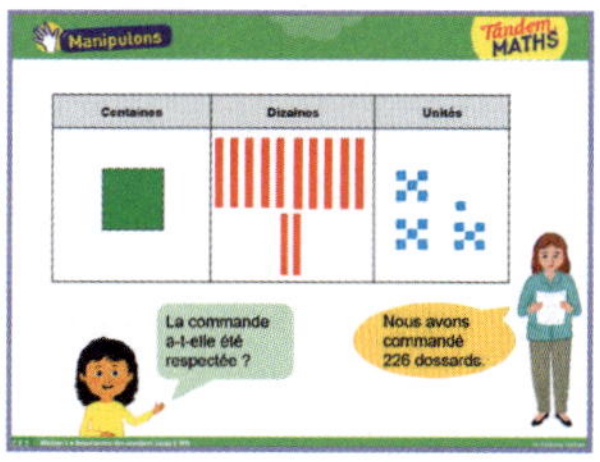

SÉANCE 2 30 min ENTRAINEMENT ▸ fichier p. 14

OBSTACLES POSSIBLES

- **Ex. 2 et 3 :** la lecture des nombres en lettres et leur transfert en écriture chiffrée peut poser problème.
- **Ex. 3 :** l'exercice a été conçu pour que les élèves raisonnent sur la position des chiffres constituant les nombres ; des confusions sont donc à attendre.

En pratique
Les corrigés des exercices sont vidéoprojetables à partir du bibliomanuel du fichier.

▶ **Ex. 4 :** un élément qui peut poser problème, dès l'exemple, est que les 10 unités entourées soient bien échangées contre 1 dizaine – et non 10 dizaines comme certains élèves pourraient le penser. Le lien entre la symbolisation dans le tableau de numération et l'écriture chiffrée au-dessous peut également faire obstacle pour certains élèves.

▶ **Ex. 5 :** la réalisation « mentale » de l'opération d'échange peut encore être prématurée pour certains élèves, qui pourront utiliser leur ardoise et/ou tableau de numération comme dans l'exercice 4 pour visualiser l'échange.

Pour différencier
Fichier à photocopier : fiches * et **, *Représenter des nombres jusqu'à 999.*

Pour évaluer Évaluation ***Numération 1 CE2***

Trace écrite Leçon ***Utiliser les nombres connus (2) CE2***

Jeux en Ateliers

CE1 CE2

1. La bataille des nombres

▶ **Objectif**

Comparer des nombres et s'appuyer sur une stratégie visant à différencier la valeur des dizaines et la valeur des unités.

▶ **Organisation**

2 élèves (3 si arbitre) 5 min

▶ **Matériel**

Diaporama **Jeu 1 num 1**

Cartes de jeu

Plateau de jeu niveau 1 et *Plateau de jeu niveau 2*

▶ **Qui gagne ?**

Celui qui a remporté toutes les cartes ou celui qui a le plus de cartes au bout d'un temps donné.

▶ **Règle du jeu**

Le jeu se joue comme une bataille classique : **chaque joueur va obtenir un nombre à 2 (ou 3) chiffres et le comparer avec celui de son adversaire**.
Pour obtenir ce nombre, on fait deux tirages successifs dans la pile :
- tirage 1 : poser la carte qui a été tirée sur la case de son choix (centaines, dizaines ou unités),
- tirage 2 : poser sur la case libre.

▶ **Variante**

La règle de base est de poser les cartes simultanément, mais il est possible de le faire l'un à la suite de l'autre (celui qui a gagné précédemment pose en premier).

▶ **Verbalisation et institutionnalisation**

En jouant à ce jeu, vous avez comparé des nombres, en faisant la différence entre dizaines et unités. En choisissant si un chiffre devenait dizaine ou unité, vous avez fait la différence entre la valeur des dizaines et la valeur des unités.

Jeux en Ateliers (suite)

2. Le ping pong des nombres

▶ Objectif

Stabiliser la suite des nombres autour de 100 en ajoutant ou en retirant des petites quantités.

▶ Organisation

2 joueurs (1 arbitre est possible pour vérifier les comparaisons) 5 min

▶ Matériel

Diaporama **Jeu 2 num 1**

- 2 dés, 1 pion, une ardoise, une bande vierge pour cacher la bande numérique
- *Bandes niveau 1* (centrées sur 70, 80, 90)
- *Bandes niveau 2* (centrées sur 200, 500, 900)

▶ Qui perd ?

Celui qui se trompe en annonçant un numéro d'arrivée erroné ou celui dont le pion ne passe pas le nombre central.

▶ Règle du jeu

La bande numérique est posée devant les deux joueurs·euses.
Il y a deux camps : la partie à gauche (inférieure) et la partie à droite (supérieure) au nombre central. Chaque joueur joue dans un camp.
La case de départ est la case grisée. Le joueur à gauche lance un dé. Son pion devra avancer d'autant de cases que la valeur du dé. Il doit écrire (sur ardoise) et annoncer (à l'oral) la case d'arrivée.
Le pion doit arriver au-delà du nombre central.
S'il pense qu'il n'a pas assez avec le premier dé, il peut lancer le deuxième dé (jokers). À son tour, le joueur de gauche joue et son pion doit reculer de l'autre côté du filet.

▶ Verbalisation et institutionnalisation

En jouant à ce jeu, vous vous êtes entrainés à ajouter ou à soustraire des « petites » quantités en passant une dizaine, en passant 100 ou en passant une centaine.

module

Découvrir les nombres jusqu'à 199/1 999

Sur votre espace numérique

Retrouvez sur l'espace numérique **tous les diaporamas** et les **ressources complémentaires** : leçons, évaluations, matériel, etc.

Compétences

- **Dénombrer**, **constituer** et **comparer des collections** en les organisant, notamment par des groupements par dizaines, centaines et milliers.
- **Repérer un rang** ou une position dans une file ou sur une piste.
- Faire le lien entre le rang dans une liste et le nombre d'éléments qui le précèdent : relation entre ordinaux et cardinaux.
- **Ranger et encadrer des nombres entiers** en utilisant les signes =, < et >.

- Utiliser **diverses représentations** des nombres (écritures en chiffres et en lettres, noms à l'oral, graduations sur une demi-droite).
- Passer d'une représentation à une autre, en particulier associer les noms des nombres à leurs écritures chiffrées.
- Interpréter les noms des nombres à l'aide des unités de numération et des écritures arithmétiques.
- Utiliser des écritures en unités de numération (c, d, u).
- Itérer une suite de 1 en 1, de 10 en 10, de 100 en 100.

Lexique

- **Dizaines entières/centaines entières :** terme utilisé dans la méthode pour définir un nombre se terminant par « 0 » et pouvant être atteint par un comptage de 10 en 10 pour le CE1, de 100 en 100 pour le CE2. Mathématiquement, il s'agit d'un multiple de 10 ou de 100, mais ce terme ne peut être utilisé pour les élèves à ce stade.
- **Encadrer :** pour un nombre donné, indiquer un nombre plus petit et un nombre plus grand constitue un encadrement (25 < **28** < 30). On recherche généralement des encadrements plus précis : entre les deux nombres qui le précèdent et qui le suivent, entre deux dizaines ou centaines entières.
- **Ranger :** pour une série de nombres donnés, ranger consiste à organiser ces nombres dans un ordre précis défini par leur valeur : du plus petit au plus grand nombre (ordre croissant), ou du plus grand au plus petit nombre (ordre décroissant).

Apports didactiques

Ce module voit l'introduction de plusieurs nouveautés.

- L'**élargissement de la gamme des nombres étudiés passe par un cap fondamental :** le passage de nombres à deux chiffres à des nombres à trois chiffres pour les CE1, de nombres à trois chiffres à des nombres à quatre chiffres pour les CE2. Le pivot de cette ouverture sur la suite des nombres est les nombres **100/1 000**, très probablement connus oralement et visuellement par les élèves, mais qui s'apparentent davantage à une lecture globale du nombre qu'à une compréhension fondamentale de sa structure :
  - premier nombre à 3 ou 4 chiffres ;
  - signification des chiffres « 1 » et « 0 » compte-tenu de leur position.
- Le parti pris pour ce module est de se baser sur le nombre 100 ou 1 000 pour étudier les **similarités avec les suites de nombres** révisées en module 1 : en fixant le nombre maximum à 199 (1 999 pour les CE2), le chiffre des centaines ou des milliers est le même tout au long de ce module et permet de ne pas introduire les difficultés multiples issues du passage à la centaine supérieure ou au millier supérieur.
- **La notion d'échange 10 <> 1** (10 unités <> 1 dizaine, 10 dizaines <> 1 centaine, 10 centaines <> 1 millier), caractéristique fondamentale de la numération, est également travaillée. Elle donne une grande flexibilité aux élèves pour concevoir les multiples écritures d'un nombre. Elle leur permet également de raisonner sur les nombres de manière dynamique en termes de « nombre de », en complément de la lecture statique (« chiffre des ») propre à l'aspect positionnel de la numération.
- Les compétences d'**encadrement et de rangement** des nombres, essentielles pour comprendre des relations entre les nombres, sont également travaillées.

Difficultés rencontrées par les élèves

1 **Difficulté à lire les nombres à 3 ou à 4 chiffres avec un « 0 » muet** : 106, 1 006, 1 012...

2 **Écriture des nouveaux nombres en chiffres sur une base orale**, comme la concaténation de 100 (ou 1 000) et d'un nombre connu : « 156 » écrit « 10056 », « 1230 » écrit « 1000230 ».

3 **Difficulté de passage de la dizaine** pour les CE1, de la centaine pour les CE2, dans la suite des nombres, en particulier à rebours : 132, 131, 130, ??? (1 302, 1 301, 1 300, ????).

4 Dans les situations d'encadrement et de rangement, **absence de prise en compte du nombre de chiffres** dans l'algorithme de base de comparaison des nombres 2 à 2 (87 > 120, 907 > 1 010).

5 **Utilisation erronée des signes < et >.**

Les MATHS en vie

CE1 CE2

DURÉE
30 min

MATÉRIEL
- **Par binôme :** 1 fichier *Tandem Maths* (CE1), 1 dictionnaire (CE2)
- **En collectif :** Diaporama Maths en vie num 2

Compte-tenu de la particularité de la situation et des supports utilisés, une seule situation est proposée aux élèves ; cependant, bien que menée en parallèle pour les CE1 et les CE2, elle est différenciée et permet qu'en CE2, les élèves ayant vécu la situation en CE1 la considèrent comme nouvelle.

- **SITUATION 1 Dans la classe**

Les élèves sont confrontés aux seuls objets qui, de par leur nature, affichent la suite des nombres de manière systématique et utile : les livres, à travers les numéros de pages. Compte-tenu des objectifs d'apprentissage du module (découverte des nombres à 3 chiffres pour les CE1, 4 chiffres pour les CE2), les supports proposés sont le plus proche possible du quotidien des élèves : le fichier de mathématiques pour les CE1, un dictionnaire pour les CE2.

- Dans cette situation, les élèves sont amenés à s'interroger sur la présence d'objets, dans leur environnement immédiat de classe, qui indiquent la suite des nombres sur une longue série. Les affichages de classe et outils usuels de mathématiques (bande numérique par exemple) pourront être proposés par les élèves, mais l'enseignant·e pointera la limite des suites proposées. Les élèves imaginent probablement une suite de type linéaire comme la bande, beaucoup moins le principe de superposition des pages d'un livre.
- Une fois le fichier ou le dictionnaire pris en main, l'enseignant·e proposera une série de courts questionnements sur la suite des nombres, en particulier :
  - la notion de numérotation propre au marquage des pages ;
  - le passage des nombres à 2 chiffres aux nombres à 3 chiffres ou de nombres à 3 chiffres aux nombres à 4 chiffres.

MISSION 6 Construire et représenter le nombre 100

CE1

MATÉRIEL
- **Par binôme ou groupe de 4 :** 1 plaque de 100 multicubes
- **Collectif :** diaporama M6 • CE1

SÉANCE 1	MISSION	30 min	En binôme ou groupe de 4
SÉANCE 2	Entrainement fichier p. 16	30 min	En collectif, puis individuel en autonomie
SÉANCE 3	Entrainement fichier p. 17	30 min	En collectif, puis individuel en autonomie

PRINCIPE DE LA **MISSION**

Il s'agit d'utiliser les bases revues dans le module précédent pour **construire le nombre 100** :
- **manipuler une collection d'objets** mobiles pour dénombrer une collection de 100 ;
- passer par la dizaine pour **décomposer** et **représenter** le nombre 100 ;
- **utiliser les unités de numération** et connaitre les relations entre unités et dizaines, dizaines et centaines, centaines et unités.

SÉANCE 1 30 min LA MISSION

- L'enseignant·e affiche la photo d'un tas de cubes et interroge les élèves sur la manière de les dénombrer. Il s'agit là de se remémorer les acquis de la mission 1 (organiser son dénombrement, constituer des dizaines).
- L'enseignant·e distribue une plaque de 100 cubes par groupe et demande : *Comment vérifier rapidement que la plaque contient bien 100 cubes ?* Après un court temps de recherche en groupe, les différentes propositions des élèves sont mises en commun. On valorisera les propositions consistant à détacher des dizaines. Chaque groupe effectue la manipulation, pour ensuite compter de 10 en 10, jusqu'à 100.
- L'enseignant·e affiche le nombre 100 et le tableau des nombres. Les élèves observent et constatent que 100 s'écrit avec trois chiffres et que le premier est dans la colonne des centaines.
- Les élèves sont ensuite invités à trouver l'écriture additive de la manipulation qu'ils viennent de faire. 100, c'est 10 + 10 + 10... Ils concluent que 100, c'est 10 dizaines. La carte mentale du 100 est complétée au fur et à mesure des différentes représentations ajoutées.
- L'enseignant·e présente la manipulation suivante : les élèves recomposent la plaque de cubes et en détachent une dizaine. Ils doivent ensuite trouver l'écriture additive correspondante (100 = 90 + 10) et ajouter une représentation de 100 à la carte mentale.
- On procèdera de même pour les deux manipulations suivantes (99 + 1 et 100 unités) en revenant chaque fois ajouter une représentation du nombre 100 à la carte mentale.
- **Bilan et Miniquiz** : les deux dernières questions du miniquiz peuvent être proposées à la suite ou décalées au début de la séance 2.

SÉANCE 2 30 min ENTRAINEMENT ▸ fichier p. 16

- L'enseignant·e réactive les apprentissages de la séance 1 à l'oral en reprenant le bilan du diaporama ou en proposant de recomposer la carte mentale du nombre 100 (terminer les deux dernières questions du miniquiz). Puis il·elle explicite les consignes et propose de réaliser les exercices 1 et 2 de la page 16 qui reprennent les représentations du miniquiz.

SÉANCE 3 30 min ENTRAINEMENT ▸ fichier p. 17

Cet entrainement pourra être précédé d'une réactivation des savoirs de CP sur la monnaie, notamment avant les exercices 3 et 6 p. 17 qui demandent de composer une somme de 100 €.

OBSTACLES POSSIBLES

- **Ex. 1 :** l'élève peut avoir des difficultés à respecter l'alternance des couleurs à chaque dizaine.
- **Ex. 2 :** l'élève peut ne voir que la 1re partie de la consigne et entourer tous les paquets de 10, sans se limiter à 100 étoiles.
- **Ex. 3 :** la difficulté réside dans le lien à faire entre les décompositions du 100 travaillées lors de la mission et la monnaie.
- **Ex. 6 :** la lecture de l'énoncé du problème peut être encore difficile pour les petits lecteurs.

Pour différencier

Fichier à photocopier : fiches * et **, *Construire et représenter le nombre 100.*

MISSION 6 Construire et représenter le nombre 1 000

CE2

MATÉRIEL

- **Par binôme :** 1 fiche *Carreaux de chocolat*, crayons de couleur vert, rouge et bleu
- **Collectif :** diaporama M6 • CE2

SÉANCE 1	MISSION	30 min	En binôme
SÉANCE 2	Entrainement fichier p. 16	30 min	Individuel, autonomie
SÉANCE 3	Fin de la mission et entrainement fichier p. 17	30 min	En collectif puis individuel

PRINCIPE DE LA MISSION

La découverte de l'écriture du nombre 1 000 ne doit pas être un apprentissage isolé. L'objectif de la mission est de décomposer une collection rangée de 1 000 pour proposer différentes écritures additives et multiplicatives (sans le signe « × ») de ce nombre. Cela permet d'introduire la nouvelle unité de numération, le « millier », et son rapport avec les centaines, dizaines et unités.

SÉANCE 1 — 30 min — LA MISSION

- Chaque binôme dispose d'une feuille avec 1 000 carrés de chocolat rangés sous forme d'un rectangle de 20 × 50. Le premier questionnement est relatif au comptage du nombre 1 000. Les élèves ont appris que le dénombrement 1 à 1 n'est pas efficace. Ils proposeront probablement un dénombrement par dizaines, ou mieux, par centaines.
- Cette première décomposition en centaines permet également :
  - de faire le lien avec le comptage de 100 et les cartes-nombres « centaines » ;
  - de proposer trois écritures du nombre 1 000 : 900 + 100, 10 fois cent, 10 centaines, rassemblées en carte mentale.
- La décomposition par les élèves de la « dernière » centaine en dizaines permet d'obtenir une nouvelle décomposition additive de 1 000 : 990 + 10. La décomposition multiplicative de 1 000 en dizaines *(1 000, c'est 100 dizaines ou 100 fois 10)* n'est pas demandée aux élèves : elle est projetée au tableau. On procède de la même manière pour les décompositions additives et multiplicatives en unités *(1 000, c'est 999 + 1, 1 000 fois 1 ou mille unités).*
- Tout au long de cette mission, le surcomptage oral de 100 en 100, de 10 en 10, de 1 en 1 doit être répété pour faciliter sa maitrise en autonomie par les élèves.
- La carte mentale est projetée en fin de séance 1 et sera le point d'appui des élèves pour la séance 2. Cette mission est longue et sera poursuivie en séance 3.

SÉANCE 2 30 min CARTE MENTALE ET ENTRAINEMENT ▸ fichier p. 16, ex. 1 à 7

- La carte mentale de la mission est projetée et rapidement rappelée collectivement, notamment en ce qui concerne les stratégies de comptage :
  - de 100 en 100 : « 100, 200, ..., 1 000 » ;
  - de 10 en 10 : « 900, 910, 920, ..., 1 000 » ;
  - de 1 en 1 : « 990, 991, 992, ..., 1 000 ».
- Les élèves travaillent ensuite sur les exercices 1 à 7 du fichier.

OBSTACLES POSSIBLES

▸ **Ex. 1 :** de la précision dans le dénombrement et de la minutie dans le tracé sont nécessaires.

▸ **Ex. 2 :** plusieurs écritures ne correspondent pas à 1 000. Il faudra une certaine souplesse cognitive aux élèves pour raisonner dans les différentes écritures. Une projection au tableau ou l'impression de la carte mentale comme étayage pourront être envisagées.

▸ **Ex. 3 à 6 :** ces exercices travaillent le surcomptage pour atteindre 1 000. Certains élèves n'auront peut-être pas encore systématisé ce surcomptage, travaillé notamment lors de la mission.

SÉANCE 3 30 min FIN DE LA MISSION ET ENTRAINEMENT ▸ fichier p. 17

- Le diaporama de la mission est repris à partir de la carte mentale. Les élèves n'ont plus besoin de leur matériel à ce stade. Le mot « millier » est introduit :
  - comme nouvelle unité de numération ;
  - comme équivalent d'une fois mille ;
  - comme nom donné au « premier » chiffre de 1 000 (1, c'est le chiffre des milliers).
- La couleur jaune est mise en correspondance avec le cube « mille » de la base 10.
- La norme d'écriture en chiffres du nombre 1 000 est établie avec l'espace séparant les classes de nombres.
- **Bilan et Miniquiz**
- Selon le temps disponible, l'enseignant·e peut corriger collectivement un ou plusieurs exercices réalisés lors de la séance 1.

OBSTACLES POSSIBLES

▸ **Ex. 8 :** l'énumération orale de 100 en 100, de 10 en 10 et de 1 en 1 est volontairement perturbée par la présence de billets de 50 et de 5. L'enseignant·e se rend disponible en étayage individuel ou de groupe pour aider les élèves les plus en difficulté sur ce point.

Pour différencier
Fichier à photocopier : fiches * et **, *Construire et représenter le nombre 1 000.*

MISSION 7 Encadrer un nombre

CE1 CE2

MATÉRIEL

▸ **Par binôme :**
- CE1 1 fiche 4 *droites graduées*
- CE2 1 fiche 6 *droites graduées*

▸ **Collectif :** diaporama M7 • CE

SÉANCE 1	MISSION	30 min	En binôme
SÉANCE 2	Entrainement fichier p. 18	30 min	Individuel, autonomie

PRINCIPE DE LA **MISSION**

La mission se base sur **une représentation visuelle de l'encadrement, sur la base de droites graduées de 1 en 1, de 10 en 10 et de 100 en 100 pour les CE2**. Repérer les nombres écrits avant et après le nombre à encadrer permet de mettre en évidence les caractéristiques des encadrements entre les deux entiers, les deux dizaines entières et les deux centaines entières qui précèdent et suivent. Le lien est fait avec la désignation orale « est compris entre ».

CE1 | CE2

SÉANCE 1 — 30 min — LA MISSION

- Le mot « encadrer » dans son acception mathématique est rappelé au départ, par opposition à l'encadrement graphique. Les élèves débutent par l'écriture sur ardoise de la phrase *« 85 est compris entre … et … »* pour les CE1, *« 674 est compris entre … et … »* pour les CE2 et de l'écriture mathématique « … < 85 < … » ou « … < 674 < … ». Chaque binôme possède la fiche sur laquelle sont imprimées les droites graduées qui vont permettre les encadrements successifs des deux nombres.
- Le premier encadrement, entre deux entiers successifs, ne demande que le repérage du nombre « cible » et des nombres l'encadrant. Il permet avant tout de fixer les deux écritures (littérale et mathématique) de l'encadrement. Le second encadrement, entre deux dizaines, nécessite au préalable de placer les nombres 85 ou 674 sur la droite. Il ne reste qu'à entourer sur la droite les dizaines entières précédant et suivant le nombre. Ce même raisonnement est utilisé pour l'encadrement entre deux centaines (pour les CE1, l'exercice reste oral et les bornes proposées sont 0, 100 et 200 uniquement).
- Une deuxième série de droites graduées vierges est proposée pour les enseignants souhaitant demander l'encadrement d'un deuxième nombre. Contrairement au rangement des nombres, il ne sera pas fait appel à l'algorithme de comparaison appris en module 1.
- **Bilan et Miniquiz**

CE1

SÉANCE 2 — 30 min — ENTRAINEMENT

▶ **fichier** p. 18

OBSTACLES POSSIBLES

- **Ex. 1, 2, 4 et 5 :** ce sont des exercices de lecture de droites graduées. Les cadres à compléter peuvent poser des difficultés aux petits lecteurs.
- **Ex. 3 et 6 :** les mêmes nombres sont proposés pour ces exercices avec des encadrements différents. L'élève peut alors avoir compris que ce sont trois nombres qui se suivent dans l'exercice 3 et faire de même dans l'exercice 6 avec des dizaines différentes. Revenir à la droite graduée et y placer le nombre pour l'aider.
- **Ex. 7 :** la difficulté réside dans la lecture de l'énoncé et du tableau à double-entrée.

CE2

SÉANCE 2 — 30 min — ENTRAINEMENT

▶ **fichier** p. 18

OBSTACLES POSSIBLES

- **Ex. 1, 3 et 5 :** il s'agit ici essentiellement de lecture sur la droite graduée. La compréhension de la consigne et l'observation du début de la graduation peuvent poser problème aux élèves les plus en difficulté.
- **Ex. 2, 4 et 6 :** les mêmes nombres sont proposés dans des encadrements successifs. Une erreur classique est que les élèves enlèvent/ajoutent 10 (ou 100) pour les encadrements entre deux dizaines (ou centaines) entières. Revenir à la droite graduée est essentiel dans ce cas.
- **Ex. 7 et 8 :** il s'agit de recontextualiser les compétences d'encadrement. La quantité d'écrits et la prise d'informations peuvent poser problème.

Pour différencier
Fichier à photocopier : fiches * et **, *Encadrer un nombre.*

Traces écrites
Leçon *Découvrir les nombres jusqu'à 199 (1) CE1*
Leçon *Découvrir les nombres jusqu'à 1 999 (1) CE2*

MISSION 8 Connaitre la suite des nombres jusqu'à 199

CE1

MATÉRIEL
- **Par élève :** 1 compteur (matériel détachable) monté
- **Collectif :** diaporama M8 • CE1

SÉANCE 1	MISSION	30 min	Individuel
SÉANCE 2	Entrainement cahier p. 20	30 min	Individuel, autonomie

PRINCIPE DE LA MISSION

Cette mission s'appuie sur le compteur pour avancer dans la suite des nombres et travailler le nommage et les difficultés spécifiques liées aux passages de la centaine et des dizaines. L'affichage des nombres trouvés sur la droite graduée permet d'appréhender son utilisation et de renforcer la connaissance de la suite des nombres.

SÉANCE 1 30 min LA MISSION

- L'enseignant·e présente le compteur.
- Les élèves l'observent et le manipulent un court instant avant d'établir ses règles d'utilisation : la roue des unités, des dizaines, des centaines, le passage à la dizaine supérieure et à la centaine.
- L'enseignant·e présente le contexte de la mission : il s'agit de trouver le numéro de dossard des coureurs d'une course de VTT. Les élèves doivent afficher le numéro de dossard du coureur sur leur compteur, puis mettre leur réponse en commun. Après régulation, on cherche en collectif où placer ce nombre sur la droite graduée. On cherche les repères (dizaines entières) et un·e élève vient montrer l'emplacement du nombre. Les élèves vérifient en énonçant la suite des nombres à voix haute.
- On procèdera de même pour les nombres suivants en veillant à ce que chacun·e comprenne le passage des dizaines et de la centaine. Les élèves en difficulté peuvent travailler en binôme avec un compteur pour deux.
- **Bilan et Miniquiz**

En pratique

Il conviendra de prévoir un temps d'assemblage du compteur en amont de la séance.

SÉANCE 2 30 min ENTRAINEMENT ▸ fichier p. 20

OBSTACLES POSSIBLES

- **Ex. 1 et 2 :** l'addition itérée ne doit pas poser de difficultés hormis le passage de la centaine. La soustraction itérée est moins instinctive. Il conviendra de proposer l'utilisation du compteur en étayage individuel.
- **Ex. 4 :** les étiquettes à compléter sont situées sur les dizaines entières. L'élève fragile passera par le comptage de 1 en 1 avant de comprendre les grandes graduations de 10 en 10.
- **Ex. 5 :** les bonds successifs de 10 en 10 et de 1 en 1 permettent de faire le lien avec le nombre représenté dans le tableau de numération. Le code couleur doit permettre aux élèves les plus fragiles de faire ces liens.
- **Ex. 6 et 7 :** les élèves en difficulté auront besoin de placer les nombres sur les grandes graduations pour se donner des repères avant de compléter les exercices.

Pour différencier

Fichier à photocopier : fiches * et **, *Connaitre la suite des nombres jusqu'à 199.*

MISSION 8 Connaitre la suite des nombres jusqu'à 1 999

CE2

MATÉRIEL
- **Par élève :** 1 compteur (matériel détachable) déjà monté
- **Par binôme :** 1 fiche *Droites graduées de 1 en 1, de 900 à 1 500*, 2 feutres de couleurs différentes
- **Collectif :** diaporama M8 • CE2

SÉANCE 1	MISSION	30 min	En binôme
SÉANCE 2	Entrainement fichier p. 20	30 min	Individuel, autonomie

PRINCIPE DE LA MISSION

Cette mission s'appuie sur le compteur pour avancer dans la suite des nombres, travailler le nommage et les difficultés spécifiques liées aux passages de dizaines et de centaines. Le contexte est l'évolution d'un score lors d'un concours de fléchettes. Le placement des scores obtenus sur la droite graduée permet diverses options de nommage des nombres : de 1 en 1, de 10 en 10, de 100 en 100.

SÉANCE 1 30 min LA MISSION

- Une cible de tir à l'arc permet de marquer les scores suivants : 1, 2, 3, 4, 10, 20, 30, 40, 100, 200, 300 et 400 points. Deux personnages jouent à tour de rôle. Le compteur, placé sur 900, et la droite graduée partant de 900 sont les points de départ de la notation des scores.
- À chaque nouvelle cible atteinte, les élèves voient évoluer le score sur leur compteur et, après validation collective de ce nombre, placent le score sur la droite graduée.
- Les scores proposés pour Tom sont : 100, 2, 30, 300, 20 et 3 (soit en score cumulé : 1 000, 1 002, 1 032, 1 332, 1 352 et 1 355). Les scores proposés pour Jerry sont : 40, 200, 1, 200, 40 et 20 (soit en score cumulé : 940, 1 140, 1 141, 1 341, 1 381 et 1 401).
- Ces différents scores permettent de travailler le nommage des nombres et plusieurs difficultés liées au passage du 1 000, aux passages de dizaines et de centaines, au nommage de nombres variés (dont ceux présentant un « 0 » muet). Une option conseillée est de faire écrire ces nombres dans un tableau de numération dessiné sur l'ardoise, pour entrainer l'écriture chiffrée des nombres à quatre chiffres.
- **Bilan et Miniquiz**

SÉANCE 2 30 min ENTRAINEMENT ▸ fichier p. 20

OBSTACLES POSSIBLES

- **Ex. 1 :** les additions itérées de 10 en 10 et de 100 en 100 peuvent poser problème : l'utilisation du compteur en étayage individuel est dans ce cas fortement conseillée.
- **Ex. 3 et 4 :** les bonds successifs de 100 en 100, de 10 en 10 et de 1 en 1 permettent de faire le lien avec le nombre représenté dans le tableau de numération. Le code couleur doit permettre aux élèves les plus fragiles de faire ces liens. Dans l'exercice 4, les droites ne sont plus représentées. Les difficultés principales proviennent de la prise en compte du « 0 » comme multiplicateur nul des unités, des dizaines ou des centaines.

Pour différencier

Fichier à photocopier : fiches * et **, *Connaitre la suite des nombres jusqu'à 1 999.*

MISSION 9

Ranger des nombres

CE1 CE2

MATÉRIEL

▸ **Par binôme :**

CE1 1 fiche *Étiquettes-nombres* à découper, 1 crayon à papier, 3 feutres vert, rouge et bleu

CE2 1 fiche *Étiquettes-nombres* à découper, 1 crayon à papier, 3 feutres vert, rouge et bleu

▸ **Collectif :** diaporama M9 • CE

SÉANCE 1	MISSION	30 min	En binôme
SÉANCE 2	Entrainement fichier p. 22	30 min	Individuel, autonomie

PRINCIPE DE LA MISSION

Le parti-pris pour cette mission est de procéder à un rangement de nombres. Celui-ci s'effectue verticalement, pour deux raisons :
– ne pas induire qu'un rangement est systématiquement dans l'ordre croissant ;
– mettre en évidence visuellement l'algorithme proposé.

CE1 CE2

SÉANCE 1 30 min LA MISSION

- Les élèves ont en leur possession 5 étiquettes-nombres à ranger.
- Les élèves doivent, successivement :
  – regrouper des nombres ayant le même nombre de chiffres ;
  – comparer des nombres à l'intérieur de chaque groupe selon l'algorithme de la mission 4.
- Pour s'aider dans cette dernière étape, les élèves encadrent en couleur les chiffres des m/c/d/u selon le code couleur de la base 10, afin de procéder à l'algorithme de comparaison de deux nombres ayant le même nombre de chiffres.
- Une fois le rangement vertical obtenu, les deux écritures (ordre croissant et ordre décroissant) sont proposées indistinctement par les élèves.

SÉANCE 2 30 min ENTRAINEMENT (CE1)

▸ **fichier** p. 22

OBSTACLES POSSIBLES

▸ **Ex. 2, 3, 6 et 7 :** il y a trois consignes successives à réaliser dans ces quatre exercices.

▸ **Ex. 4 et 8 :** deux difficultés sont à surmonter : les mots « ordre croissant » et « ordre décroissant » ne sont plus explicités, et la première étape de tri des étiquettes n'est plus donnée.

▸ **Ex. 5** : l'élève doit faire le lien entre les expressions « du plus léger au plus lourd » et celle dont il a plus l'habitude « du plus petit au plus grand ».

SÉANCE 2 30 min ENTRAINEMENT (CE2)

▸ **fichier** p. 22

OBSTACLES POSSIBLES

▸ **Ex. 2, 3, 6 et 7 :** ces exercices proposent trois consignes successives : regroupement, puis rangement dans l'ordre croissant/décroissant.

▸ **Ex. 4 et 8 :** deux difficultés sont à surmonter : les mots « ordre croissant » et « ordre décroissant » ne sont plus explicités, et la première étape de groupement ne l'est pas non plus : les élèves devront donc appliquer l'ensemble de l'algorithme de rangement.

Pour différencier

Fichier à photocopier : fiches * et **, *Ranger des nombres.*

Traces écrites

Leçon *Découvrir les nombres jusqu'à 199 (2) CE1*

Leçon *Découvrir les nombres jusqu'à 1 999 (2) CE2*

MISSION 10 Manipuler les nombres jusqu'à 199

CE1

MATÉRIEL

- **Par binôme :** le matériel de base 10 (matériel réel ou détachable), une ardoise sur laquelle on a tracé un tableau de numération à 3 colonnes (c, d, u)
- **Collectif :** diaporama M10 • CE1

SÉANCE 1	**MISSION**	30 min	En binôme
SÉANCE 2	**Entrainement fichier** p. 24	30 min	Individuel, autonomie

PRINCIPE DE LA MISSION

Cette mission vise à continuer à construire le principe décimal de la numération au-delà de 100. Les élèves doivent représenter des nombres (le score à réaliser) en unités de numération (boites du chamboule-tout à faire tomber) ; et trouver un nombre exprimé en unités de numération > à 9. Cette situation va imposer des échanges dizaines contre centaine, unités contre dizaine comme dans la mission 5.

SÉANCE 1 — 30 min — LA MISSION

- L'enseignant·e constitue les binômes, distribue le matériel de base 10, puis présente la mission à l'aide du diaporama : les élèves doivent déterminer quelles boites du chamboule-tout faire tomber pour gagner les ours en peluche et les représenter avec le matériel de base 10 à poser sur une ardoise commune.
- Une situation simple sans échange est d'abord proposée, pour bien comprendre le principe de la mission, puis deux situations avec un zéro « muet » pour travailler la place des chiffres dans le tableau de numération. Enfin, deux cas permettront de bien établir les règles d'échange : 10 unités <> 1 dizaine, puis 10 dizaines <> 1 centaine.
- **Bilan et Miniquiz**

SÉANCE 2 — 30 min — ENTRAINEMENT ▸ fichier p. 24

OBSTACLES POSSIBLES

- **Ex. 2 :** l'absence de certaines unités de numération doit bien être représentée par le chiffre « 0 » dans l'écriture du nombre et les unités de numération sont parfois proposées dans le désordre.
- **Ex. 3 et 6 :** les échanges sont matérialisés par un entourage et une flèche mais le « résultat » de l'échange n'est pas dessiné pour ne pas apparaitre deux fois. L'élève devra donc l'imaginer ou le dessiner si besoin.
- **Ex. 4 et 7 :** l'absence de représentation matérielle peut rendre les échanges difficiles. On peut étayer en donnant le matériel ou permettre aux élèves de dessiner dans le tableau de numération sur l'ardoise.
- **Ex. 9 :** trouver plusieurs écritures d'un même nombre est un exercice relativement difficile, notamment car il demande la logique inverse de celle proposée dans les exercices : passer du nombre à l'écriture en unités de numération.

Pour différencier

Fichier à photocopier : fiches * et **, *Manipuler les nombres jusqu'à 199.*

Pour évaluer

Évaluation *Numération 2 CE1*

MISSION 10 Échanger les milliers, les centaines, les dizaines et les unités

CE2

MATÉRIEL

- **Par binôme :** 1 fiche *Tableau de numération*, le matériel de base 10 (matériel réel ou détachable), les cartes-nombres (matériel détachable)
- **Collectif :** diaporama M10 • CE2

SÉANCE 1	**MISSION**	30 min	En binôme
SÉANCE 2	**Entrainement fichier** p. 24	30 min	Individuel, autonomie

PRINCIPE DE LA MISSION

L'objectif de la mission est de trouver l'écriture chiffrée d'un nombre défini en quantité d'unités de numération (m/c/d/u) qui peut être supérieure à 9. Cette situation impose un ou plusieurs échanges 10 < > 1 (10 centaines <> 1 millier, 10 dizaines <> 1 centaine, 10 unités <> 1 dizaine), comme dans la mission 5.

SÉANCE 1 30 min LA MISSION

- La situation met en scène une balance qui symbolise l'égalité. Il s'agit de constituer un nombre total de graines à partir de groupements de 1 000, 100, 10, graines seules, symbolisées par les éléments de base 10 placés dans le tableau de numération. La contrainte imposée est de ne pas utiliser certaines unités de numération.
- Pour constituer une collection de 1 215 graines, six cas de difficulté progressive sont proposés :

1. Toutes les unités de numération sont utilisées.

2. Il ne faut pas utiliser de dizaines, ce qui induit d'utiliser plus de 10 unités et de faire un échange.

3. Même situation avec les centaines.

4. Même situation avec les milliers.

5. Les dizaines et les milliers ne sont pas utilisés.

6. Cette situation plus complexe oblige à additionner les résultats des échanges pour vérifier qu'on obtient le nombre 1 215.

- **Bilan et Miniquiz**

SÉANCE 2 30 min ENTRAINEMENT ▸ fichier p. 24

OBSTACLES POSSIBLES

▸ **Ex. 2 :** l'absence de certaines unités de numération doit bien être représentée par le chiffre « 0 » dans l'écriture du nombre.

▸ **Ex. 3 et 6 :** par convention, dans les exemples, l'échange est matérialisé mais son résultat ne l'est pas, pour ne pas apparaitre deux fois. Les élèves doivent bien soustraire 10 unités de numération et ajouter 1 unité supérieure.

▸ **Ex. 4 et 7 :** l'absence de représentation peut rendre certains items difficiles. Il est possible d'utiliser un tableau de numération en étayage.

▸ **Ex. 9 :** trouver plusieurs écritures d'un même nombre est un exercice relativement difficile, notamment car il demande la logique inverse de celle proposée dans les exercices : passer du nombre à l'écriture en unités de numération.

Pour différencier

Fichier à photocopier : fiches * et **, *Échanger les milliers, les centaines, les dizaines et les unités.*

Pour évaluer

Évaluation *Numération 2 CE2*

JEUX en ATELIERS

CE1 CE2

1. La cible

▶ **Objectif**

Stabiliser la suite des nombres jusqu'à 199 ou 1 999 en faisant des additions et des soustractions et en reportant le résultat sur une droite graduée.

▶ **Organisation**

2 élèves (3 si arbitre pour vérifier les comparaisons) 10 min

▶ **Matériel**

Diaporama **Jeu 1 num 2**

Cible niveau 1 (dizaines-unités)

Cible niveau 2 (centaines-dizaines-unités)

Droite graduée niveau 1 (jusqu'à 199)

Droite graduée niveau 2 (jusqu'à 1 999)

Un fond cartonné à rebord (couvercle de ramette de papier) pour poser la cible.

Un dé : avec 4 faces « + » et 2 faces « – ».

▶ **Qui gagne ?**

Celui qui atteint le premier le nombre final.

▶ **Règle du jeu**

Comme dans un jeu de l'oie classique : on joue à tour de rôle. On lance le dé sur la cible (on peut le faire rebondir sur les bords). On avance si le dé montre un « + », on recule si le dé montre un « – » de la valeur de la cible sur laquelle le dé finit sa course. On reporte sa nouvelle position (et le nombre en chiffres) sur la droite graduée.

▶ **Variante**

Possibilité d'écrire la valeur de la nouvelle position sur l'ardoise avant de la positionner sur la droite graduée : l'avancée est validée si la valeur sur l'ardoise est correcte.

▶ **Verbalisation et institutionnalisation**

En jouant à ce jeu, vous vous êtes entrainés à faire des additions et des soustractions à partir de n'importe quel nombre en utilisant la droite graduée.

2. Le 199

▶ **Objectif**

Travailler la notion de « plus petit que » et « plus grand que » sur des nombres à 2, 3 ou 4 chiffres en faisant appel à la stratégie sur le choix des centaines et unités.

▶ **Organisation**

2 joueurs (1 arbitre est possible pour vérifier les combinaisons posées) 10 min

▶ **Matériel**

Diaporama **Jeu 2 num 2**

CE1 5 séries de cartes-nombres de 0 à 9

CE2 3 séries de cartes-nombres de 0 à 9 supplémentaires

1 série de 10 cartes-nombres « 1 » distinctes et reconnaissables (double face « 1 »)

Éventuellement, un porte-cartes ou une pince à linge.

▶ **Qui gagne ?**

Celui qui a posé toutes ses cartes en premier.

En pratique

Ces cartes peuvent être les mêmes que pour le jeu « La bataille des nombres » (module 1).

JEUX en ATELIERS (suite)

▶ Règle du jeu

Chacun reçoit 10 cartes (CE1) ou 14 cartes (CE2) qu'il prend en main sans les montrer. Les autres cartes sont mises en tas, faces cachées.
Pour se défausser de ses cartes, on forme un nombre inférieur à 199 avec ses cartes (par exemple « 32 » pour commencer, avec un « 3 » et un « 2 ») et on le pose sur la table. Le joueur doit poser un nombre plus grand (mais plus petit que 199). S'il ne peut pas, il pioche une carte et passe son tour.

▶ Variante

Sur le même principe, on peut jouer au 1 999.

▶ Verbalisation et institutionnalisation

En jouant à ce jeu, vous avez appris à former des nombres à deux ou trois chiffres avec la contrainte que le nombre formé soit à la fois plus petit qu'un nombre et plus grand qu'un autre nombre (ou à vérifier que vous ne pouvez pas former un nombre qui convienne).

module

Manipuler les nombres (1)

Sur votre espace numérique

Retrouvez sur l'espace numérique **tous les diaporamas** et les **ressources complémentaires** : leçons, évaluations, matériel, etc.

Compétences

- **Dénombrer, constituer et comparer** des collections en les organisant, notamment par des groupements par dizaines, centaines et milliers.
- **Désignation** du nombre d'éléments de diverses façons : écritures additives ou multiplicatives, écritures en unités de numération, écriture usuelle.
- Utilisation de ces diverses désignations pour comparer des collections.
- **Ranger et encadrer** des nombres entiers en utilisant les signes =, < et >.
- **Utiliser diverses représentations** des nombres (écritures en chiffres et en lettres, noms à l'oral, graduations sur une demi-droite).
- **Passer d'une représentation à une autre**, en particulier associer les noms des nombres à leurs écritures chiffrées.
- Utiliser des écritures en unités de numération (c, d, u).
- **Associer un nombre entier à une position** sur une demi-droite graduée, ainsi qu'à la distance de ce point à l'origine.

Lexique

- **Décomposition :** écriture ou représentation d'un nombre sous la forme :
  - **d'une somme :** addition de nombres 12 = 8 + 4 = 10 + 2 ; c'est la décomposition additive ;
  - **d'un produit :** multiplication de deux ou plusieurs nombres : 12 = 2 × 6 = 2 × 2 × 3 ; c'est la décomposition multiplicative ;
  - **d'une somme de produits :** 12 = 2 × 4 + 2 × 2.

  La décomposition additive, en CE1 et CE2, se réfère à la décomposition d'un nombre en milliers, centaines, dizaines et unités : 2 493 = 2 000 + 400 + 90 + 3.
- **Décomposition canonique :** décomposition d'un nombre en unités de numération : 2 493 = 2 × 1 000 + 4 × 100 + 9 × 10 + 3 × 1. Les programmes ne préconisent pas l'utilisation de parenthèses à ce stade de la scolarité.
- **Nombre pair :** nombre entier pouvant s'écrire comme l'addition de deux nombres identiques, c'est-à-dire pouvant se décomposer comme le produit de 2 et d'un autre nombre entier, appelé moitié. Tout nombre pair :
  - est un multiple de 2 ;
  - se termine par le chiffre 0, 2, 4, 6 ou 8.

Apports didactiques

- Ce module n'élargit pas la gamme des nombres étudiés : il l'approfondit.
- Le travail sur la **décomposition** (additive en mission 11, canonique en mission 12, bien que ce mot ne soit pas utilisé pour les élèves) permet de compléter le registre de représentation et d'écriture d'un nombre. Il s'agit d'une écriture plus complexe, dont les élèves ont du mal à percevoir l'intérêt. L'usage de la base 10 et des cartes-nombres permet de donner du sens à cette décomposition comme une écriture d'un nombre tel qu'il est représenté en base 10.
- La **décomposition canonique** fait appel au signe « × » de la multiplication, sans pour autant s'attarder sur le sens de cette multiplication. Ce « × » correspond strictement à la description du nombre en base 10 : « deux cubes de 1 000 » est écrit « 2 × 1 000 », etc. L'écriture de la décomposition canonique constitue la première écriture mathématique « longue » dans la scolarité des élèves, et si elle parait logique pour qui a intégré les fondements de la numération décimale, elle peut constituer un obstacle important pour les élèves les plus fragiles.
- Le choix a été fait de travailler une **décomposition alternative**, en base 1, 2, 5 (voir mission 14 : *Décomposer un nombre autrement*) afin de faire le lien avec deux systèmes de mesures couramment utilisés : la monnaie et les masses. Ce travail apporte aux élèves une souplesse cognitive dans l'écriture des nombres ainsi qu'une plus grande agilité dans la manipulation des sommes en base 1, 2, 5.
- **Remarque :** une décomposition est une écriture dans laquelle les termes de l'addition sont inversés :
  - addition : 10 + 7 = 17
  - décomposition : 17 = 10 + 7
- L'intérêt (et la difficulté) des décompositions réside dans le fait que, partant du nombre, il n'y a pas une, mais plusieurs solutions de décompositions possibles. À l'inverse, l'écriture d'une addition « fige » le résultat : il n'y a qu'une réponse possible. Ainsi, la décomposition ajoute, à la rigueur du calcul, la créativité, qui est une autre qualité en mathématiques.

Difficultés rencontrées par les élèves

1 Difficulté à trouver la décomposition additive, découlant d'une mauvaise compréhension de la structure même des nombres : par exemple, dans 253 et 125, « 2 » n'a pas la même signification ni la même valeur numérique.

2 Difficulté à interpréter le « 0 » à l'intérieur d'un nombre comme l'absence d'une unité de numération : 206 est décomposé de manière erronée comme 200 + 60 ou 2 × 100 + 6 × 10.

3 Confusion dans la signification et la place respective des signes « + » et « × » dans la décomposition canonique : la suite de termes a × 100 + b × 10 + c × 1 est abordée progressivement, mais elle demeure une nouveauté en termes d'écriture en CE1, en particulier le terme « × » qui doit être relié à sa désignation orale (« fois »).

4 Pour la mission 15 du CE2, **difficulté à appréhender les milliers** entiers autrement que par une addition itérée de 1 000 (5 000 = 4 000 + 1 000).

Les MATHS en vie

CE1 CE2

DURÉE
30 min

MATÉRIEL
▸ **En collectif :** Diaporama **Maths en vie num 3**

• **SITUATION 1 La monnaie**

L'usage de la monnaie est commun pour les élèves, mais le choix des pièces et billets utilisés (base 1, 2, 5) n'a surement jamais été questionné. **L'objectif de cette séance est de montrer que la base décimale (1, 10, 100…) permet de décomposer n'importe quel nombre, mais que la décomposition en base 1, 2, 5 est elle aussi aisée.**
Les élèves sont amenés à observer des pièces et billets en euros qu'ils connaissent au quotidien, bien que l'argent liquide soit de moins en moins utilisé. Au-delà des « objets » pièces et billets, l'enseignant·e oriente le questionnement sur leurs valeurs avec la mise en évidence de la base 1, 2, 5 que les élèves n'ont peut-être jamais formulée auparavant.
À travers deux exemples de décompositions de prix (respectivement en base 1, 10, 100 puis en base 1, 2, 5), l'enseignant·e peut orienter les élèves sur le fait que ces choix de pièces et billets sont l'objet d'une forme de compromis :
- tous les prix se décomposent avec 1, 10, 100, mais il faudrait beaucoup de pièces ou billets parfois ;
- tous les prix se décomposent avec la base 1, 2, 5 et cela permet de n'avoir qu'un choix limité de pièces et billets.

• **SITUATION 2 La balance**

L'usage de la balance Roberval est désormais une pratique pédagogique essentiellement cantonnée à l'école, mais qui garde son intérêt pour la découverte et la compréhension de la grandeur « masse ». Le diaporama vise ici, comme pour les pièces et billets, à questionner les élèves sur le choix de masses.

MISSION 11 Les différentes écritures d'un nombre

CE1

MATÉRIEL
▸ **À répartir en 4 ateliers tournants :** 1 compteur (matériel détachable), la base 10 (matériel réel ou détachable), 4 ardoises, des cartes-nombres (matériel détachable), 1 fiche *Droite graduée*, de la monnaie (sans les centimes) ou à défaut une ardoise pour les dessiner
▸ **Collectif :** diaporama **M11 • CE1**

SÉANCE 1	**MISSION**	30 min	Classe séparée en 4 groupes
SÉANCE 2	**Entrainement fichier** p. 26	30 min	Individuel, autonomie
SÉANCE 3	**Entrainement fichier** p. 27	30 min	Individuel, autonomie

PRINCIPE DE LA **MISSION**

- Il s'agit d'**approfondir le travail sur les différentes représentations des nombres jusqu'à 199**. Les élèves vont travailler en petits groupes sur plusieurs représentations.
- Huit représentations du nombre sont proposées en complément de l'écriture chiffrée :
  - écriture en lettres ;
  - écriture en chiffres et dessin de la base 10 dans le tableau de numération ;
  - placement sur la droite graduée ;
  - représentation en base 10 ;
  - cartes-nombres ;
  - compteur ;
  - décomposition additive ;
  - décomposition écrite sous forme c/d/u.
- Nous proposons de former **quatre groupes d'élèves pour quatre ateliers tournants**, de manière à ce que chaque groupe travaille sur chaque représentation.

SÉANCE 1 — 30 min — LA MISSION

- L'enseignant·e forme les groupes et attribue à chaque groupe une partie du matériel (selon le nombre de groupes formés). Les élèves sont amenés à trouver les représentations possibles de chaque nombre proposé avec le matériel distribué.
- Le premier nombre proposé est 143. Après la recherche, valider collectivement la réponse de chaque groupe, afin de repréciser les spécificités de chaque représentation. Lorsque les huit représentations ont été validées, l'enseignant·e propose une variation sur le nombre proposé : *Ajoutez une dizaine : quel nombre obtenez-vous ?*
- Puis l'enseignant·e fait tourner les ateliers trois fois successivement, avec les nombres : 106, 180, 195.
- **Bilan et Miniquiz** : les deux dernières questions du miniquiz peuvent être proposées à la suite ou décalées au début de la séance 2.

En pratique

L'enseignant·e est invité à prendre des photos des représentations trouvées par ses élèves (en vue de la séance 2).

SÉANCE 2 — 30 min — ENTRAINEMENT ▸ fichier p. 26

- L'enseignant·e réactive les apprentissages en reprenant les photos de la séance 1 (projetées ou imprimées). Les élèves sont invités·ées à regrouper les photos qui représentent le même nombre et à se remémorer ainsi les diverses représentations rencontrées. À l'issue de ce tri, il pourra être créé une affiche-mémoire pour la classe (sur le modèle du bilan de la mission).
- Ensuite, les élèves s'entrainent sur le fichier p. 26. Les exercices proposés reprennent les représentations de la mission.

OBSTACLES POSSIBLES

▸ **Ex. 2 :** la lecture des mots-nombres peut être encore difficile pour les petits lecteurs.

SÉANCE 3 — 30 min — ENTRAINEMENT ▸ fichier p. 27

OBSTACLES POSSIBLES

▸ **Ex. 4 :** la lecture de l'énoncé peut être encore difficile pour les petits lecteurs.

▸ **Ex. 5 :** la difficulté réside dans le fait de retrouver les règles d'écriture en lettres (accords, tirets). L'exemple du bilan peut être mis en avant pour rappeler ces règles.

▸ **Ex. 6 :** cet exercice regroupe trois représentations différentes de manière inhabituelle sous forme de tableau. L'élève peut avoir des difficultés à bien identifier chaque colonne.

Pour différencier

Fichier à photocopier : fiches * et **, *Les différentes écritures d'un nombre.*

MISSION

11 Représenter les nombres jusqu'à 1 999

CE2

MATÉRIEL

- **À répartir en 4 ateliers tournants :**
  1 compteur (matériel détachable),
  la base 10 (matériel réel ou détachable),
  des cartes-nombres (matériel détachable),
  1 fiche *Droites graduées*,
  1 fiche *Tableau de numération*
  sous pochette plastique
- **Collectif :** diaporama M11 • CE2

SÉANCE 1	MISSION	30 min	Par groupes
SÉANCE 2	Entrainement fichier p. 26, ex. 1 à 6	30 min	Individuel, autonomie
SÉANCE 3	Bilan et miniquiz	10 min	En collectif
	Entrainement fichier p. 27 ex. 7 et 8	20 min	En collectif, puis individuel

PRINCIPE DE LA MISSION

Cette mission est conçue comme une **synthèse des connaissances numériques** travaillées à ce stade de l'année. Elle vise à **considérer les différentes écritures et représentations du nombre**, de manière dynamique, à la fois sur la forme (ateliers tournants) et sur le fond (modifications apportées au nombre considéré, ajouts/retraits de centaines, dizaines ou unités).

- Huit représentations du nombre sont proposées en complément de l'écriture chiffrée :
  - écriture en lettres ;
  - écriture en chiffres et dessin de la base 10 dans le tableau de numération ;
  - placement sur la droite graduée ;
  - représentation en base 10 ;
  - cartes-nombres ;
  - compteur ;
  - décomposition additive ;
  - décomposition écrite sous forme m/c/d/u.
- Nous proposons de former **quatre groupes d'élèves pour quatre ateliers tournants**, de manière à ce que chaque groupe travaille sur chaque représentation.

SÉANCE 1 — 30 min — LA MISSION

- Le premier nombre proposé (1 435) fait l'objet d'une validation collective de la réponse de chaque groupe, afin de repréciser les spécificités de chaque représentation. Lorsque les huit représentations ont été validées, l'enseignant·e propose une variation sur le nombre proposé : *Ajoutez une dizaine : quel nombre obtenez-vous ?*
- Puis l'enseignant·e fait tourner les ateliers trois fois successivement, avec les nombres : 1 023, 1 207 et 1 398.
- **Bilan et Miniquiz**

SÉANCE 2 — 30 min — ENTRAINEMENT ▸ fichier p. 26

- La carte mentale des différentes écritures de 1 435 qui terminait la mission peut être projetée et rapidement rappelée collectivement.

OBSTACLES POSSIBLES

- **Ex. 2 :** les passages de l'écriture en lettres à l'écriture chiffrée ou au dessin nécessitent une prise de recul des élèves qui doivent « reconstituer » le nombre oralement pour ne pas l'écrire littéralement (mille-quatre-vingts : ne pas dessiner 1 millier, 4 unités et 2 dizaines).
- **Ex. 5 :** les trois nombres proposés ont un « 0 » sur l'une des unités de numération ; attention à une lecture trop rapide de la suite des nombres par certains élèves. L'exemple peut servir d'appui sur ce point.
- **Ex. 6 :** cet exercice fait la synthèse des différentes représentations du nombre et valide la capacité pour les élèves à passer avec agilité de l'une à l'autre.

- **Bilan et Miniquiz**

SÉANCE 3 — 30 min — ENTRAINEMENT ▸ fichier p. 27

- Le bilan du diaporama est repris, sans utiliser à nouveau le matériel de la mission. L'enseignant·e peut demander aux élèves, sur ardoise, de procéder à des modifications sur leurs représentations, en modifiant certaines unités de numération : *Ajoutez une centaine. Retirez les dizaines.*
- Les exercices 7 et 8 du fichier sont lus et explicités collectivement. La règle du « s » à « vingt(s) » et à « cent(s) » est explicitée et deux exemples sont écrits au tableau.

OBSTACLES POSSIBLES

- **Ex. 7 :** quelques élèves peuvent être amenés·ées à faire une opération posée, source d'erreurs pour certains avec plus de deux nombres : les engager sur la piste de l'échange 10 unités <> 1 dizaine qui permet une addition en ligne ou une écriture sous la forme 1 millier, 2 centaines…
- **Ex. 8 :** c'est un problème ouvert qui ne donne pas le nombre de réponses correctes. Les réponses du type quatre-mille ou huit-mille seront acceptées, l'enseignant·e pouvant aider pour l'écriture en chiffres – que beaucoup d'élèves trouveront intuitivement.

Pour différencier

Fichier à photocopier : fiches * et **, *Représenter les nombres jusqu'à 1 999.*

MISSION 12 Décomposer un nombre

CE1 CE2

MATÉRIEL

- **Par binôme :** le matériel de base 10 (matériel réel ou détachable)
- **Collectif :** diaporama M12 • CE

SÉANCE 1	MISSION	30 min	En binôme
SÉANCE 2	Entrainement fichier p. 28	30 min	Individuel, autonomie

PRINCIPE DE LA MISSION

La décomposition canonique est abordée par l'intermédiaire de la base 10. Pour cela, les élèves sont amenés à transformer une commande de billes en trois étapes :
- étape 1 : représenter le nombre en base 10 ;
- étape 2 : transcrire la base 10 sur un « clavier » de commande qui oblige à n'utiliser que les signes mathématiques ;
- étape 3 : écrire sur l'ardoise la « formule » ainsi obtenue, qui est la décomposition.

CE1 | CE2

SÉANCE 1 30 min LA MISSION

- Le cadre est posé par l'enseignant·e : **transcrire la commande d'un nombre de billes en une écriture particulière, appelée « décomposition »**. La série d'étapes est répétée pour une commande simple : **40 billes en CE1** / **200 billes en CE2** :
  - chaque binôme d'élèves représente ce nombre en base 10 sur sa table ;
  - des élèves viennent proposer leur transcription sur le « clavier » projeté au tableau en entourant les nombres et les signes utilisés. La validation est collective ;
  - chaque élève écrit sur son ardoise la « formule » saisie sur le clavier : **4 × 10** / **2 × 100**.
- **En CE1, l'usage du signe « × », découvert en calcul, est explicité en rapport avec la formulation orale « fois » : 4 dizaines <> 4 barres de 10 <> 4 fois 10 <> 4 × 10.**
- Ces étapes sont renouvelées pour des nombres plus complexes pour obtenir *in fine* la décomposition d'un nombre à **3 chiffres** / **4 chiffres**. L'usage du signe « + » est explicité comme la nécessité de transcrire le « et » : **3 centaines et 9 unités <> 3 × 100 + 9 × 1**.
- **Bilan et Miniquiz**

SÉANCE 2 30 min ENTRAINEMENT (CE1)

▸ **fichier** p. 28

OBSTACLES POSSIBLES

- **Ex. 2 et 3 :** il faut passer de l'écriture « … fois 10 » à la décomposition multiplicative 50 = … × 10.
- **Ex. 5 :** la difficulté est de faire le chemin inverse des exercices précédents, soit interpréter la décomposition en base 10. Le dessin à réaliser et les cartes-nombres sont là pour guider les réponses des élèves.
- **Ex. 6 et 7 :** il n'y a plus de représentation en base 10 pour guider. On pourra proposer de dessiner la base 10 sur ardoise si besoin.

SÉANCE 2 30 min ENTRAINEMENT (CE2)

▸ **fichier** p. 28

OBSTACLES POSSIBLES

- **Ex. 1 et 2 :** l'écriture décomposée, dans laquelle le nombre est écrit avant l'addition de décomposition, peut perturber certains élèves.
- **Ex. 2 et 5 :** même si les signes « × » et « + » sont écrits (ex. 2), il reste encore difficile d'attribuer à chacun sa fonction dans la décomposition.
- **Ex. 4 :** l'absence de certaines unités de numération doit être retranscrite par un « 0 » qui peut être oublié ou mal placé parfois.
- **Ex. 6 :** pour la première fois dans ce module, la décomposition est écrite dans le désordre.

Pour différencier : Fichier à photocopier : fiches * et **, *Décomposer un nombre.*

Traces écrites :
Leçon *Manipuler les nombres (1) CE1*
Leçon *Manipuler les nombres (1) CE2*

MISSION 13 Des nombres particuliers : les doubles — CE1

MATÉRIEL

- **Par binôme :** le matériel de base 10 chacun (réel ou détachable)
- **Collectif :** diaporama M13 • CE1

SÉANCE 1	MISSION	30 min	En binôme
SÉANCE 2	Entrainement fichier p. 30	30 min	Individuel, autonomie

PRINCIPE DE LA **MISSION**

- Cette mission s'attarde sur des nombres particuliers : les doubles. **Les élèves vont étoffer les différentes décompositions des nombres connus et apprendre à identifier la parité d'un nombre**.
- Il s'agit de **créer**, par binôme, **les doubles de nombres connus d'usage courant à l'aide du matériel de base 10 et d'en déduire l'écriture additive et multiplicative**. On s'attardera à l'oral sur le mot « fois » pour mettre en évidence que le double, c'est « deux fois la même chose ».

SÉANCE 1 30 min LA MISSION

- L'enseignant·e forme les binômes. Chaque élève dispose de son ardoise et du matériel de base 10. L'enseignant·e interroge les élèves sur ce qu'est un double.
- L'enseignant·e propose que chacun pose une dizaine sur son ardoise et fait constater que chaque binôme a posé deux fois la quantité 10. Puis les binômes réunissent leur matériel, comptent puis donnent le nombre représenté. On affiche alors les écritures de la manipulation 10 + 10 = 20 ; le double de 10, c'est 20.
- On procèdera de la même manière avec les nombres présentés (10, 20, 25, 34, 60) en veillant à faire des échanges quand c'est nécessaire lors de la réunion des deux quantités.
- En fin de mission, l'attention des élèves est attirée sur les doubles qu'ils ont obtenus (20, 40, 68, 120) et les doubles déjà connus (au CP) qui se terminent tous par 0, 2, 4, 6 ou 8 : on les appelle des « nombres pairs ».
- **Bilan et Miniquiz** : **Attention :** dans la première impression du fichier, une erreur est présente dans le bilan. Le bilan corrigé peut être téléchargé sur l'espace numérique du guide.

SÉANCE 2 30 min ENTRAINEMENT ▸ fichier p. 30

OBSTACLES POSSIBLES

- ▸ **Ex. 1 :** bien que l'exercice propose l'illustration de la manipulation (identique à la mission), les élèves doivent trouver l'écriture additive et multiplicative. La lecture du bilan aidera ici à se remémorer l'utilisation orale du signe ×.
- ▸ **Ex. 3 :** l'exercice propose une présentation différente sur droite graduée qui peut dérouter les élèves en difficulté.
- ▸ **Ex. 5 et 6 :** hormis les difficultés de lecture d'énoncé, ces deux problèmes demandent de réinvestir le vocabulaire « double de ».

Pour différencier

Fichier à photocopier : fiches * et **, *Des nombres particuliers : les doubles.*

MISSION 13 Décomposer autrement le nombre 100 CE2

MATÉRIEL

- ▸ **Par binôme :** 1 fiche *Carrés de 100 carreaux*
- ▸ **Collectif :** diaporama M13 • CE2

SÉANCE 1	MISSION	30 min	En binôme
SÉANCE 2	Entrainement fichier p. 30	30 min	Individuel, autonomie

PRINCIPE DE LA MISSION

Cette mission vise à **travailler la décomposition multiplicative de multiples de 100, mais aussi de 50 et 25**. Pour ce faire, l'entrée dans l'activité permet de mettre en évidence, à travers les propriétés des moitiés, l'équivalence entre 1 quadrillage de 100, 2 quadrillages de 50 et 4 quadrillages de 25. Cette manipulation permet ainsi de proposer des décompositions équivalentes et variées travaillant les multiples de 100, 50 et 25.

SÉANCE 1 – 30 min – LA MISSION

- La première manipulation est simple et vise à trouver la décomposition multiplicative de 200 (200 = 2 × 100). Cela permet d'introduire la problématique suivante : *Comment trouver la décomposition 200 = … × 50 avec les quadrillages de 100 ?* L'idée émerge collectivement (ou par l'enseignant·e) de transformer les quadrillages de 100 en quadrillages de 50. *Est-ce possible ? Comment ? Combien de quadrillages de 50 dans 100 ?* Ainsi, l'équivalence 100 = 2 × 50 permet de faciliter les décompositions de multiples de 50, par exemple 350.
- La même stratégie est utilisée pour trouver les décompositions à base de 25, sur la base de l'équivalence 50 = 2 × 25, dont découle la double-équivalence 100 = 2 × 50 = 4 × 25. Ces équivalences s'appuient sur la manipulation visuelle qui consiste à regrouper les quadrillages de 25 et de 50 en centaines. On trouve ainsi la décomposition 150 = … × 25.
- Enfin, la troisième étape consiste à additionner les décompositions de 100, 50 ou 25. À travers la même représentation visuelle, 250 est ainsi décomposé en 10 × 25, en 5 × 50 et en 2 × 100 + 1 × 50. Les élèves peuvent également trouver d'autres décompositions.
- **Bilan et Miniquiz**

SÉANCE 2 – 30 min – ENTRAINEMENT ▸ fichier p. 30

OBSTACLES POSSIBLES

▸ **Ex. 2 :** les élèves doivent au préalable reconnaitre les quadrillages de 25, 50 ou 100. Entourer les centaines peut faciliter le comptage du total.

▸ **Ex. 4 et 5 :** les quadrillages ne sont plus représentés. Les élèves n'ayant pas intégré les équivalences 100 = 2 × 50 = 4 × 25 pour les transférer dans ces décompositions peuvent utiliser les quadrillages comme étayage.

▸ **Ex. 6 :** il s'agit ici d'une décomposition complexe (addition de produits), similaire à la décomposition canonique de la mission précédente, mais à base de 100, 50 et 25. Le comptage des quadrillages représentés doit être encouragé pour les élèves essayant de résoudre le calcul seul.

Pour différencier

Fichier à photocopier : fiches * et **, *Décomposer autrement le nombre 100.*

MISSION 14 – CE1 / CE2
Décomposer un nombre autrement / Décomposer autrement les grands nombres

MATÉRIEL

▸ **Par binôme :**

CE1 1 fiche *Quadrillage de 100* et 1 fiche *Quadrillages à découper*

CE2 1 fiche *Quadrillage de 1 000* et 1 fiche *Quadrillages à découper*

▸ **Collectif :** diaporama M14 • CE

SÉANCE 1	MISSION	30 min	En binôme
SÉANCE 2	Entrainement fichier p. 32	30 min	Individuel, autonomie

PRINCIPE DE LA **MISSION**

La manipulation de quadrillage constitue la base de compréhension d'une **décomposition différente de la décomposition canonique de la mission 12** : une décomposition sur la base 1, 2, 5.
Pour les CE1, l'objectif est de trouver des décompositions variées du quadrillage de 100 carreaux, avec des quadrillages de 50, 20 et 10 carreaux.
Pour les CE2, l'objectif est de trouver des décompositions variées du quadrillage de 1 000 carreaux, avec des quadrillages de 200, 100 et 50 carreaux.

CE1 — CE2

SÉANCE 1 — 30 min — LA MISSION

- L'objectif de départ est présenté en termes de manipulation : **trouver plusieurs manières de remplir un grand quadrillage** (**100 carreaux pour les CE1** / **1 000 carreaux pour les CE2**), avec des quadrillages de tailles variées (**50, 20, 10** / **200, 100, 50** carreaux). L'enseignant·e questionne les élèves sur le choix de ces nombres et fait référence, par exemple, à leur utilisation dans la monnaie et les mesures de masses.
- La première manipulation conduit à un remplissage avec un seul et même type de quadrillage, qui permet de faire le lien avec la décomposition multiplicative (**100 = 2 × 50** / **1 000 = 5 × 200**). La manipulation suivante permet de consolider la démarche, en accentuant la difficulté pour les CE2 avec un remplissage à base de 2 quadrillages (**100 = 5 × 20** / **1 000 = 4 × 200 + 2 × 100**). Une validation de la décomposition peut être faite à travers le comptage des multiplications comme addition itérée (**20, 40, 60...** / **200, 400, 600...**).
- La troisième manipulation est inversée : le remplissage est affiché et les élèves doivent trouver le calcul correspondant. Ainsi, cette équivalence entre remplissage et décomposition étant établie, la dernière manipulation est ouverte : les élèves sont amenés·ées à trouver un remplissage de leur choix, accompagné du calcul correspondant. Une mise en commun collective peut permettre de valider ces résultats et de découvrir la variété des décompositions possibles.

CE1 — SÉANCE 2 — 30 min — ENTRAINEMENT

▶ **fichier** p. 32

OBSTACLES POSSIBLES

- ▶ **Ex. 2 :** les décompositions en 20 ou 50 sont moins habituelles mais ici la tâche consiste surtout en une lecture des pavages représentés comme dans la mission.
- ▶ **Ex. 3, 4 et 5 :** l'élève doit transposer la décomposition des pavages à la monnaie (représentation beaucoup plus abstraite).
- ▶ **Ex. 5 :** l'élève peut ne pas lire la consigne jusqu'au bout et ne pas voir les billets qu'il doit utiliser.
- ▶ **Ex. 6 :** la difficulté principale réside dans la lecture de l'énoncé : il peut être lu en commun avant l'entrainement ou par un·e élève bon lecteur. La monnaie peut être mise à disposition des élèves.

CE2 — SÉANCE 2 — 30 min — ENTRAINEMENT

▶ **fichier** p. 32

OBSTACLES POSSIBLES

- ▶ **Ex. 1 et 2 :** la résolution de ces exercices est essentiellement graphique. Une vérification des calculs avec la calculatrice peut être proposée.
- ▶ **Ex. 3 :** en l'absence de résolution graphique, le recours au calcul est recommandé.
- ▶ **Ex. 4 :** les quadrillages peuvent être utilisés en étayage, en pliant par exemple le quadrillage de 1 000 de manière symétrique.
- ▶ **Ex. 5 :** ce problème est complexe car il faut aller au-delà des indications 50 m et 200 m qui ne sont données que pour deux des quatre côtés du rectangle. Les calculs successifs 200 + 50 + 200 + ... peuvent également poser difficulté.

Pour différencier

Fichier à photocopier : fiches * et **,
Décomposer un nombre autrement / Décomposer autrement les grands nombres.

MISSION 15 Connaitre les centaines entières

CE1

MATÉRIEL

- **Par binôme :** 10 plaques de 100 du matériel de base 10 (réel ou détachable)
- **Collectif :** diaporama M15 • CE1

SÉANCE 1	MISSION	30 min	En binôme
SÉANCE 2	Entrainement fichier p. 34	30 min	Individuel, autonomie

PRINCIPE DE LA MISSION

Cette mission explore une nouvelle plage de nombres et travaille autour des centaines entières uniquement. Il s'agit d'aider un apiculteur à préparer ses commandes de cartons de 100 pots représentés par le matériel de base 10. Les élèves sont également amenés·ées à **écrire les décompositions additives et multiplicatives des nombres trouvés** et ainsi à enrichir leurs représentations des nombres.

SÉANCE 1 30 min LA MISSION

- L'enseignant·e forme les binômes, distribue le matériel, puis présente la mission : représenter des commandes avec le matériel de base 10. La première étape avant la manipulation permet d'établir qu'un carton équivaut à 100 pots de miel et que, pour représenter la quantité 100, on utilise la plaque verte de la base 10.
- L'enseignant·e demande de **représenter la commande de 300 pots en base 10**. La droite graduée du diaporama permet à l'élève de se situer dans la suite des nombres et d'accentuer l'apprentissage du comptage de 100 en 100. On demande ensuite aux binômes de trouver comment écrire ce qui est représenté sous forme d'addition : *300 c'est 3 plaques de 100, on peut écrire 300 = 100 + 100 + 100. C'est également 3 fois la même quantité : 3 fois 100 ; on peut écrire 300 = 3 × 100.*
- L'étape suivante de répartition de la commande dans les vélos de livraison permet de chercher les décompositions possibles du nombre proposé. Ici 300 = 100 + 200 ou 300 = 200 + 100. On viendra ensuite afficher la carte mentale du 300 complétée.
- On procèdera de la même manière pour les nombres 500 et 1 000. Le nombre 1 000 ne fera pas ici l'objet d'un apprentissage approfondi mais il est connu oralement des élèves et cette étape leur permet de le situer et d'envisager la suite du comptage oral.
- **Bilan et Miniquiz**

SÉANCE 2 30 min ENTRAINEMENT ▸ fichier p. 34

OBSTACLES POSSIBLES

- **Ex. 1 et 2 :** ces exercices reprennent de manière simple le comptage de 100 en 100 comme dans la mission.
- **Ex. 3 :** l'exercice ne propose plus d'illustration pour aider au comptage mais offre plusieurs représentations à traduire en base 10. Fournir le matériel de base 10 si besoin.
- **Ex. 4 et 5 :** ces deux exercices demandent de faire le lien entre la décomposition additive et la décomposition multiplicative. Il peut être utile de passer par la formulation orale : *J'ai écrit 2 fois le 100…*
- **Ex. 6 et 7 :** hormis les difficultés de lecture d'énoncé, ces deux problèmes demandent de réinvestir les décompositions ou le comptage de 100 en 100, tout en n'imposant pas une façon de faire. L'élève est donc moins guidé. On pourra préciser à l'oral la possibilité de dessiner ou imposer une réponse avec une décomposition.

Pour différencier

Fichier à photocopier : fiches * et **, *Connaitre les centaines entières.*

Pour évaluer

Évaluation *Numération 3 CE1*

Trace écrite

Leçon *Manipuler les nombres (2) CE1*

MISSION 15 Manipuler les milliers

CE2

MATÉRIEL
- **Par élève :** 1 fiche *Spirale des nombres* sous pochette plastique
- **Collectif :** diaporama M15 • CE2

SÉANCE 1	MISSION	30 min	En binôme
SÉANCE 2	Entrainement fichier p. 34	30 min	Individuel, autonomie

PRINCIPE DE LA **MISSION**

Cette mission propose aux élèves de **découvrir les nombres 2 000, 3 000… 9 000** grâce à un outil permettant de créer des relations entre les nombres connus : **la spirale des nombres**.
Cette spirale ne représente pas tous les nombres, mais uniquement les nombres particuliers. Ils sont obtenus :
– par addition d'unités, puis de dizaines, puis de centaines, puis de milliers ;
– par multiplications successives par 10.

Une fois la spirale prise en main, les élèves sont amenés à découvrir ces nouveaux nombres à quatre chiffres à partir de différents « chemins » additifs et multiplicatifs.

SÉANCE 1 30 min LA MISSION

- La spirale est d'abord découverte à partir de nombres inférieurs à 1 000 : 50, 400, 800. Un chemin sur la spirale, correspondant à un calcul simple (additif, soustractif ou multiplicatif), est d'abord montré : les élèves vérifient que le chemin et le calcul aboutissent au même nombre. Ils écrivent ce calcul sur l'ardoise et tracent le chemin correspondant sur la spirale.
- La spirale permet, par la même démarche, de **découvrir un à un les milliers entiers de 1 000 à 10 000** : ceux-ci ne sont initialement pas sur la spirale, les élèves les ajoutent donc au fur et à mesure de leur découverte. Dans un premier temps, les élèves suivent le chemin sur la spirale ; dans un deuxième temps, ils proposent une réponse sur l'ardoise avant de consulter la spirale.
- En activité finale, **les élèves proposent différents chemins (calculs additifs, soustractifs ou multiplicatifs) permettant d'aboutir à 4 000**. Ces calculs sont notés au tableau et permettent d'obtenir une carte mentale des différentes écritures. Ainsi, 4 000 n'est pas uniquement défini comme 3 000 + 1 000, mais par une variété de décompositions possibles.
- **Bilan et Miniquiz**

SÉANCE 2 30 min ENTRAINEMENT ▸ fichier p. 34

OBSTACLES POSSIBLES

▸ **Ex. 2 :** les chemins sur la spirale ont été conçus pour ne pas se croiser, cependant un certain soin est nécessaire dans les tracés pour les mettre en relation avec les calculs.

▸ **Ex. 3 et 4 :** ces exercices, mélangeant différents calculs, nécessitent une certaine agilité mentale ; la spirale peut être proposée en étayage individuel pour certains.

▸ **Ex. 5 et 6 :** ces exercices « ouverts », aux réponses multiples, sont parfois compris par les élèves comme permettant de trouver des écritures « originales » (5 000 = 5 003 – 3), correctes, mais peu en lien avec les apprentissages. À nouveau, le lien peut être faire avec la spirale et les réponses qui doivent utiliser essentiellement des chemins de cette spirale (8 000 = 2 × 4 000 est aussi attendu dans l'ex. 6).

Pour différencier
Fichier à photocopier : fiches * et **, *Manipuler les milliers.*

Pour évaluer
Évaluation *Numération 3 CE2*

Trace écrite
Leçon *Manipuler les nombres (2) CE2*

JEUX en ATELIERS

CE1 CE2

1. Représente le nombre

▶ Objectif

Proposer le plus d'écritures possibles d'un nombre.

▶ Organisation

2 élèves (3 si arbitre pour vérifier les différentes écritures du nombre) 10 min

▶ Matériel

Diaporama Jeu 1 num 3

1 fiche *Représente le nombre* à mettre sous pochette plastique
1 dé pour choisir le nombre cible
Matériel d'aide si besoin : la base 10, billets et pièces de monnaie, quadrillages carrés de 25, tableau de numération et droite graduée vierge sur une feuille A4
Matériel de l'arbitre : 1 calculatrice

▶ Qui gagne ?

Le binôme gagne s'il remplit la feuille.

▶ Règle du jeu

Un nombre est tiré au hasard avec un tirage successif de dés :
- trois tirages de dés pour obtenir un nombre à trois chiffres pour les CE1 ;
- quatre tirages de dés pour obtenir un nombre à quatre chiffres pour les CE2.

L'objectif est de remplir toutes les écritures du nombre. Les deux élèves coopèrent pour les trouver 1 à 1 et l'arbitre valide les représentations et calculs proposés, si besoin au moyen d'une calculatrice. Le jeu s'arrête à la première erreur.

▶ Variante

Le jeu peut se jouer à un contre un, à tour de rôle. Le joueur qui propose une représentation erronée a perdu.

▶ Verbalisation et institutionnalisation

En jouant à ce jeu, qu'avez-vous appris ? À représenter rapidement les nombres de différentes manières (différentes décompositions, base 10, monnaie...), mais aussi l'inverse : à reconnaitre un nombre d'après une de ses représentations surtout dans le rôle de l'arbitre.

2. Dizaines et unités

▶ Objectif

Trouver le plus rapidement possible le résultat d'opérations sur un tableau des nombres.

▶ Organisation

2 joueurs et 1 arbitre pour vérifier les réponses 10 min

▶ Matériel

Diaporama Jeu 2 num 3

1 fiche *Jeux de cartes de 1 à 9*

1 fiche *Support*

10 pions pour marquer les points sur le tableau

Niveau 1 : 1 fiche *Tableau de nombres de 1 à 99*

Niveau 2 : 1 fiche *Tableau de nombres de 1 à 199*

Niveau 3 : 1 fiche *Tableau de nombres de 1 à 249*

JEUX en ATELIERS (suite)

▶ Qui gagne ?

Celui qui a posé le plus de pions en fin de partie.

▶ Règle du jeu

L'arbitre tire deux cartes de 1 à 9 dans le tas, faces cachées (ce seront les nombres a et b). Il les pose sur la fiche *Support* sur le calcul désiré : $a \times 10 + b$, $a \times 10 - b$, $a + b \times 10$.
Exemple avec les cartes 9 et 2 :

	×	10	+	

9	×	10	–	2

	+		×	10

Le joueur qui pose le plus rapidement possible son pion sur le tableau des nombres a gagné la manche. Les cartes sont remises dans le tas et un nouveau tirage est proposé par l'arbitre. La partie est finie dès que 10 pions sont posés sur le tableau des nombres.

▶ Variante

Niveau 2 : opérations avec × 20, niveau 3 : opérations avec × 25

▶ Verbalisation et institutionnalisation

En faisant ce jeu, vous avez appris à associer rapidement un nombre à un nombre de dizaines (par exemple, tirer « 8 » et l'associer à « 8 dizaines = 80 »). Puis l'autre nombre vous a permis de faire rapidement des « petites » additions ou soustractions autour de ce nombre (par exemple tirer « 3 » et faire soit « 80 + 3 », soit « 80 – 3 »).
Cela vous permet également de vous habituer à l'écriture « $83 = 8 \times 10 + 3$ », et même à l'écriture « $77 = 8 \times 10 - 3$ ».

module

Découvrir les nombres jusqu'à 999/9 999

Sur votre espace numérique

Retrouvez sur l'espace numérique **tous les diaporamas** et les **ressources complémentaires** : leçons, évaluations, matériel, etc.

Compétences

- **Dénombrer, constituer et comparer des collections** en les organisant, notamment par des groupements par dizaines, centaines et milliers :
  - désignation du nombre d'éléments de diverses façons : écritures additives ou multiplicatives, écritures en unités de numération, écriture usuelle ;
  - utilisation de ces diverses désignations pour comparer des collections.
- **Ranger et encadrer des nombres entiers** en utilisant les signes =, < et >.
- **Utiliser diverses représentations des nombres** (écritures en chiffres et en lettres, noms à l'oral, graduations sur une demi-droite).
- **Passer d'une représentation à une autre**, en particulier associer les noms des nombres à leurs écritures chiffrées.

- **Utiliser des écritures en unités de numération** (c, d, u).
- **Associer un nombre entier à une position sur une demi-droite graduée**, ainsi qu'à la distance de ce point à l'origine.

Lexique

- **« Chiffre des » :** vocable utilisé pour désigner la valeur d'une unité de numération, indépendamment des autres valeurs : dans « 478 », le chiffre des dizaines est « 7 ».
- **« Nombre de » :** vocable utilisé pour désigner le nombre total d'éléments d'une unité de numération. Dans « 478 », le nombre de dizaines est « 47 » si on ne désigne pas de nombre de centaines : il y a alors « 47 » dizaines et 8 unités dans 478.

Apports didactiques

- La mission précédente a posé les jalons permettant aux élèves de se repérer pour la découverte, la connaissance et la **maitrise *in fine* de tous les nombres jusqu'à 999 ou 9 999**. Ces jalons posés, l'important réside dans la compréhension d'une régularité : entre deux centaines entières ou milliers entiers, la suite des nombres se construit comme de **100 à 199**, comme de **1 000 à 1 999**.
- Mettre en avant la **régularité** permet d'assurer aux élèves la connaissance et la manipulation aisée de la plupart des nombres à **3** ou **4** chiffres, et donc de pointer plus aisément les difficultés propres à ces nouveaux nombres : le passage d'une centaine / d'un millier, d'abord en mode furet (1 à 1, montant ou descendant), puis en ajoutant ou retirant des dizaines ou des centaines. Plus les élèves appréhendent des représentations et outils de numération différents (compteur, tableau de numération, base 10, droite graduée), plus leur compréhension pourra être complète.
- Les missions 17 et 19 apparaissent comme une synthèse des **compétences transversales** étudiées jusque-là :
  - compétences portant sur le nombre et ses représentations ;
  - compétences portant sur les relations entre les nombres.
- La notion de **placement sur une droite graduée** est fortement complexifiée lorsque la taille des nombres augmente. **En CE2**, la mission 20 est dédiée à un ensemble de compétences en lien avec la droite graduée qui seront remobilisées dès le CM1 avec les nombres décimaux :
  - comprendre qu'une droite graduée n'est qu'un segment de la suite infinie des nombres et donner les limites (bornes) de cette portion de droite ;
  - compléter la notion de graduation : savoir quand tous les nombres entiers sont indiqués ou certains seulement ;
  - estimer la position d'un nombre entre deux limites en l'absence de graduation.

Difficultés rencontrées par les élèves

1 **Difficulté du passage de la centaine ou du millier**, en situation de furet 1 à 1, en avançant et en particulier en reculant : **401, 400, ... / 3 001, 3 000, ...**

2 **Confusion liée à la lecture, l'écriture et la manipulation de nombres ayant un « 0 » :** 308, 720, 1 045, 1 708, 7 600...

3 En situation d'écriture en lettres, **difficulté à intégrer la règle du « s » avec « vingt » et « cent »**. Un affichage à base d'exemples peut être une référence utile pour raisonner en termes d'analogie et avant que l'élève puisse exprimer clairement la règle.

4 La **confusion entre « nombre de » et « chiffre des » est fréquente**. Une vision graphique du nombre dans le tableau de numération permet de les distinguer :
- lecture verticale de la colonne considérée pour « chiffre des » ;
- lecture horizontale du nombre à gauche de la colonne considérée pour « nombre de ».

5 **En CE2**, **difficulté à appréhender la notion de zoom sur la droite graduée**. Un élément préalable et essentiel à la compréhension de toute droite graduée est la verbalisation autour de ses caractéristiques : explicitation des bornes de cette droite (la droite représente les nombres de ... à ...), nature de la graduation (de 1 en 1, de 10 en 10..., existence ou non de nombres non gradués entre deux bornes).

Les MATHS en vie

CE1 CE2

DURÉE

30 min

MATÉRIEL

▸ Diaporama Maths en vie num 4

• **SITUATION 1** **Le catalogue de prix**

Les élèves sont régulièrement confrontés à des affichages de prix dans leur quotidien. Dans certains domaines en particulier (par exemple l'électroménager), les prix sont à 3 ou 4 chiffres. Dans cette situation, les élèves sont invités à s'interroger sur les nombres qui seront étudiés dans ce module. Certains pourront les lire par déduction quand d'autres ne le pourront pas à ce stade. La notion d'ordre de grandeur (plusieurs centaines, plusieurs milliers) sera mise en avant.

• **SITUATION 2** **Les distances routières**

Les élèves sont régulièrement confrontés à des panneaux de distances routières dans leur quotidien. Ils sont invités à s'interroger sur ces nombres affichés. Certains pourront les lire par déduction quand d'autres ne le pourront pas à ce stade. La notion d'ordre de grandeur (plusieurs centaines, plusieurs milliers) sera mise en avant : *Pourquoi ne voit-on jamais de panneaux avec des distances à 4 chiffres sur la route ou l'autoroute ?*

MISSION 16 Connaitre la suite des nombres jusqu'à 999

CE1

MATÉRIEL

▸ **Par binôme :** 1 fiche *Droites graduées*

▸ **Par élève :** une ardoise et son feutre

▸ **Collectif :** diaporama M16 • CE1

SÉANCE 1	MISSION	30 min	En binôme
SÉANCE 2	Entrainement fichier p. 36	30 min	Individuel, autonomie
SÉANCE 3	Entrainement fichier p. 37	30 min	Individuel, autonomie

PRINCIPE DE LA **MISSION**

Cette mission s'appuie sur l'utilisation de plusieurs droites graduées pour permettre d'avancer dans la suite des nombres jusqu'à 999, de **travailler le nommage** et les difficultés spécifiques liées aux **passages des centaines**. Le contexte de chasse aux œufs utilise l'évolution du nombre total d'œufs récoltés. Le placement des nombres obtenus sur la droite graduée permet diverses options de nommage des nombres : de 1 en 1, de 10 en 10, de 100 en 100.

SÉANCE 1 30 min LA MISSION

• L'enseignant·e distribue le matériel. Il·Elle présente le contexte : les élèves ont pour mission de trouver le nombre total d'œufs récoltés lors de la grande chasse aux œufs de la ville.

- Le nombre d'œufs va évoluer au fur et à mesure des apports des participants. **Les élèves doivent nommer et placer ces nombres sur l'une des droites et donc choisir la bonne droite**. Le placement est ensuite validé. Le score augmente et les élèves doivent compter sur la droite de 1 en 1, de 10 en 10 ou de 100 en 100. Le tracé des « bonds » permet d'insister sur le nommage des nombres à l'oral.
- Les différents nombres proposés (197, 205, 580, 604, 904, 970, 995) permettent de travailler plusieurs difficultés liées aux passages de dizaines et de centaines, au nommage de nombres variés (dont ceux présentant un « 0 muet »). Pour aider sur cette difficulté précise, on peut faire écrire les nombres dans un tableau de numération sur l'ardoise.
- **Bilan et Miniquiz**

En pratique

Les trois dernières questions du mini quizz peuvent être proposées à la suite ou décalées au début de la séance 2 en fonction du temps qu'il reste pour cette séance.

SÉANCE 2 30 min ENTRAINEMENT ▸ fichier p. 36

- Réactiver les apprentissages de la séance 1 en revenant à l'oral sur le bilan (diaporama) et sur les questions du miniquiz qui ont posé le plus de difficultés. Si le miniquiz est terminé, l'enseignant·e peut proposer des activités de comptage oral type « jeu du furet ». Les élèves énoncent la comptine numérique, chacun dit le nombre suivant de manière rapide en respectant une règle établie au départ (commencer par ex. à 875, compter de 10 en 10, de 100 en 100...) à l'endroit et à l'envers.
- Ensuite les élèves s'entrainent sur le fichier p. 36.

OBSTACLES POSSIBLES

▸ **Ex. 1 et 2 :** les passages des dizaines peuvent poser problème. L'utilisation du compteur peut être proposée.

SÉANCE 3 30 min ENTRAINEMENT ▸ fichier p. 37

OBSTACLES POSSIBLES

▸ **Ex. 3 :** cet exercice de décomposition canonique peut encore être difficile. Le code couleurs pour les flèches et le tableau de numération sont là pour rendre la décomposition plus visuelle.

▸ **Ex. 4 :** les passages des dizaines peuvent poser problème aux élèves en difficulté. L'utilisation du compteur peut leur être proposée.

▸ **Ex. 5 :** au-delà des difficultés de lecture inhérentes aux énoncés de problèmes, l'élève doit comprendre le contexte : le cumul des quantités dans la balance suit le chemin inverse de la décomposition.

Pour différencier

Fichier à photocopier : fiches * et **, *Connaitre la suite des nombres jusqu'à 999.*

MISSION 16 Connaitre la suite des nombres jusqu'à 9 999

CE2

MATÉRIEL

- **Par binôme :** 1 compteur (matériel détachable)
- **Collectif :** diaporama M16 • CE2

SÉANCE 1	MISSION	30 min	En binôme
SÉANCE 2	**Entrainement fichier** p. 36, ex. 1 à 5	30 min	Individuel, autonomie
SÉANCE 3	**Entrainement fichier** p. 37, ex. 6	30 min	Individuel, autonomie

PRINCIPE DE LA **MISSION**

Comme pour la mission 8, **l'objectif est de faire évoluer un nombre à quatre chiffres avec l'ajout successif d'unités, de dizaines et de centaines**. Ces modifications sont indiquées par le compteur que manipule chaque binôme et font l'objet d'une explicitation collective dans les cas complexes de passage de la centaine et du millier supérieur. Le nommage collectif des nombres et plus précisément de la suite des nombres (de 1 en 1, de 10 en 10, de 100 en 100) est fait simultanément à leur écriture. Leur placement sur la droite graduée est réalisé au tableau par des élèves volontaires ou par l'enseignant·e.

SÉANCE 1 30 min LA MISSION

- La situation de départ est présentée : une cagnotte en ligne est à 4 000 € (nombre déjà étudié en mission 15). Cette cagnotte peut évoluer par ajout de sommes sur une base de multiples de 1 €, 10 € ou 100 €.
- Demander aux élèves de dessiner un tableau de numération sur leur ardoise.
- Le premier ajout est de 5 €, qui permet de modéliser l'ensemble des actions :
  - **faire évoluer le compteur** par binôme ;
  - **valider collectivement à travers le nommage des nombres** successifs au tableau ;
  - **réécrire le nombre obtenu sur l'ardoise** dans un tableau de numération ;
  - **placer le nombre sur une droite graduée au tableau**.
- Cette même suite de manipulations est proposée plusieurs fois : + 400, + 70, + 500, + 30, + 56. L'enseignant·e explicite des éléments qu'il·elle juge pertinents, comme la signification des « 0 muets », le passage à la dizaine, à la centaine, au millier supérieur.
- Ce sont avant tout les régularités de la suite des nombres qui sont pointées par l'enseignant·e, afin de montrer que la découverte de « nouveaux nombres » s'appuie sur les mêmes règles que celles qui régissent les nombres déjà connus et de donner l'autonomie aux élèves pour lire et écrire tout nombre à 4 chiffres.
- **Bilan et Miniquiz**

En pratique

Les droites graduées proposées sont graduées de 1 en 1 avec les bornes adéquates ; il n'est pas encore question de graduer en zoomant de plus en plus proche du nombre.

SÉANCE 2 30 min ENTRAINEMENT ▸ fichier p. 36

OBSTACLES POSSIBLES

- **Ex. 1 et 3 :** si le principe du furet par écrit a déjà été étudié, chaque nouveau jeu du furet nécessite une réflexion préalable sur l'opération à exercer sur les nombres. L'usage du compteur permet de prendre ce temps de pause réflexive.
- **Ex. 4. :** la décomposition additive a déjà été étudiée. Il s'agit ici d'ajouter un terme, celui des milliers, que certains élèves peuvent ne pas avoir encore intégré.
- **Ex. 5. :** ce problème a une structure plus complexe que les autres problèmes. Il peut se résoudre par un calcul, puis une comparaison, mais aussi par l'usage du compteur, en faisant apparaitre une centaine de plus ou une centaine de moins à partir de 9 045 points. Sa correction collective est conseillée en séance 3.

SÉANCE 3 30 min ENTRAINEMENT ▸ fichier p. 37

- Proposer l'activité suivante avant de commencer : *Le compteur est à 5 061, combien manque-t-il pour atteindre 6 000 ?* Cela permet de fixer les étapes d'un calcul en avançant, en mettant en avant les jalons que sont les dizaines entières, les centaines entières et les milliers entiers.
- Puis l'exercice 6 est explicité avec des exemples concrets sur le compteur, avant passage sur le cahier du jour.

OBSTACLES POSSIBLES

- **Ex. 6 :** la principale difficulté vient de l'étape où il faut « abstraire », c'est-à-dire être capable de ne plus utiliser le compteur pour réaliser les calculs proposés.

Pour différencier

Fichier à photocopier : fiches * et **, *Connaitre la suite des nombres jusqu'à 9 999.*

MISSION 17 Nommer, lire et écrire les nombres jusqu'à 999/9 999

CE1 CE2

MATÉRIEL

▸ **Par binôme :**

CE1 le matériel de base 10, 1 fiche *Étiquettes-mots*

CE2 le matériel de base 10, 1 fiche *Étiquettes-mot*

▸ **Collectif :** diaporama M17 • CE

SÉANCE 1	MISSION	30 min	En binôme
SÉANCE 2	**Entrainement fichier** p. 38	30 min	Individuel, autonomie

PRINCIPE DE LA MISSION

Les deux ardoises de chaque binôme sont séparées en deux zones chacune, permettant de visualiser quatre représentations des nombres : en lettres, en chiffres, en décomposition additive, en décomposition canonique. Les supports de manipulation et de raisonnement sont simples : étiquettes-mot pour l'écriture en lettres (pour la stabilisation de la règle du « s » à la fin de « vingt » et « cent »), base 10 pour la décomposition.

CE1 CE2

SÉANCE 1 30 min LA MISSION

- Les élèves séparent leurs ardoises en deux. Un premier nombre est affiché en chiffres (224 / 1 224). Ils placent leurs étiquettes-mots pour reformer ce nombre en lettres et, après validation collective, l'écrire sur ardoise. Dans un 2e temps, les élèves représentent ce nombre en base 10, puis l'écrivent sous forme de décomposition additive et de décomposition canonique.
- Les manipulations suivantes amènent également à la formation des quatre écritures, mais sont proposées avec une contrainte « créative ». Chaque binôme représente un nombre de son choix, répondant à un critère simple : le nombre de mots formant le nombre (**en CE1 : 2, 3 puis 4 étiquettes** ; **en CE2 : 2, 5 puis 6 étiquettes**). Pour chaque manipulation, suite à une courte mise en commun des nombres choisis, l'enseignant·e affiche les réponses pour un nombre donné, qui aura l'avantage de mettre en avant les règles orthographiques visées : invariabilité du « mille », condition d'accord du « vingt » et du « cent ».
- **Bilan et Miniquiz**

CE1 — SÉANCE 2 30 min ENTRAINEMENT

▸ **fichier** p. 38

OBSTACLES POSSIBLES

▸ **Ex. 1 et 2 :** la discordance entre le nombre de chiffres et le nombre de mots peut encore poser problème.

▸ **Ex. 3, 6 et 8 :** difficultés liées à la lecture et à la différence entre le nombre de mots et le nombre de chiffres correspondants.

▸ **Ex. 5 :** il n'y a plus de représentation visuelle pour aider à la décomposition et le piège du « zéro » apparait. L'utilisation de la base 10 peut apporter un étayage individuel.

CE2 — SÉANCE 2 30 min ENTRAINEMENT

▸ **fichier** p. 38

OBSTACLES POSSIBLES

▸ **Ex. 2 :** les règles d'accord du « vingt » et du « cent » doivent être mises en application.

▸ **Ex. 4 :** une difficulté pour les élèves les plus fragiles est l'écriture concaténée : deux-mille > 21000. Proposer l'aide d'un tableau de numération.

▸ **Ex. 7 :** il s'agit davantage d'un jeu à vivre, afin de mieux comprendre la difficulté de la transcription d'une écriture à une autre et de repérer les erreurs potentielles.

Pour différencier Fichier à photocopier : fiches * et **,
Nommer, lire et écrire les nombres jusqu'à 999
Nommer, lire et écrire les nombres jusqu'à 9 999.

Trace écrite Leçon *Découvrir les nombres jusqu'à 9 999 (1)*

MISSION 18 Les nombres pairs et impairs

CE1

MATÉRIEL

- **Par binôme :** 1 fiche *Escalier 1*, 1 fiche *Escalier 2*
- **Collectif :** diaporama M18 • CE1

SÉANCE 1	MISSION	30 min	En binôme
SÉANCE 2	Entrainement fichier p. 40	30 min	Individuel, autonomie

PRINCIPE DE LA MISSION

Le contexte de la mission est une course ascensionnelle à la tour Eiffel où l'élève doit compter le nombre de marches grimpées par un concurrent qui les monte 2 par 2.
Pour information, la course d'escaliers (en anglais *tower running*) est une course à pied qui consiste à monter le plus vite possible les escaliers de constructions humaines. Si possible, permettre aux élèves de visualiser la tour Eiffel (photo, vidéo ou mieux lors d'une visite).

SÉANCE 1 30 min LA MISSION

- Chaque binôme dispose d'une ardoise et des fiches *Escalier 1* et *Escalier 2*. L'enseignant·e présente le contexte et la mission : les élèves doivent aider un concurrent de la course à compter le nombre de marches qu'il gravit. L'enseignant·e présente ensuite les dessins représentant les escaliers sur lesquels on va pouvoir écrire pour s'aider à compter.
- La première situation proposée permet de compter de 2 en 2 jusqu'à 10 (situation connue des élèves) pour comprendre l'avancée du coureur et faire le lien entre « grimper les marches 2 par 2 » et « compter de 2 en 2 ». Pour cela, les élèves tracent des « bonds » sur l'escalier. L'enseignant·e présente l'écriture mathématique de ce que viennent de faire les élèves : $5 \times 2 = 10$.
- On procède de la même manière avec les différentes avancées du coureur. Puis l'enseignant·e amène les élèves à observer les nombres de marches qu'ils ont trouvés, et fait constater qu'ils se terminent toujours par 0, 2, 4, 6, 8. La situation a déjà été vue lors de la mission 13 sur les doubles, les élèves peuvent donc en déduire que ce sont des nombres pairs.
- Les élèves vont ensuite compter les marches pour une athlète qui repart de la marche 103 (un nombre impair) et, de la même façon que précédemment, observer les nombres obtenus. Cela mettra en évidence les nombres impairs et permettra de constater que compter de 2 en 2 ne conduit pas forcément aux nombres pairs.
- **Bilan et Miniquiz**

SÉANCE 2 30 min ENTRAINEMENT ▸ fichier p. 40

OBSTACLES POSSIBLES

- **Ex. 1 :** le comptage de 2 en 2 est généralement maitrisé à partir de zéro mais il peut poser des difficultés pour les départs proposés, d'autant plus sur le dernier exemple impair. Le compteur peut être proposé aux élèves.
- **Ex. 2 :** l'exercice est bien connu des élèves, qui peuvent être tentés de relier tous les nombres dans l'ordre. Un premier repérage (entourage) des nombres pairs peut être proposé avant le tracé.
- **Ex. 5 :** la disposition sinueuse des nénuphars peut poser problème aux élèves présentant des difficultés de repérage dans l'espace. On peut leur proposer de tracer le chemin au crayon avant de commencer le comptage.

Trace écrite

Leçon *Découvrir les nombres jusqu'à 999 (1)*

MISSION 18 Distinguer « chiffre des » et « nombre de »

CE2

MATÉRIEL

- **Par binôme : 1 fiche *Tableau de numération*, cartes-nombre (matériel détachable)**
- **Collectif :** diaporama M18 • CE2

SÉANCE 1	MISSION	30 min	En binôme
SÉANCE 2	**Entrainement fichier** p. 40	30 min	Individuel, autonomie

PRINCIPE DE LA MISSION

- En manipulant, les cartes-nombre sur fond de tableau de numération, plusieurs décompositions du nombre 1 534 sont trouvées ; les élèves sont amenés à proposer trois écritures pour chaque décomposition :
  - décomposition additive ;
  - écriture en unités de numération ;
  - décomposition canonique.
- **Ces décompositions mettent en avant la différence entre « chiffre des », qui ne varie pas selon les décompositions, et « nombre de », qui dépend de la décomposition considérée.**

SÉANCE 1 30 min LA MISSION

- Dans un premier temps, les élèves forment le nombre 1 534 avec leurs cartes-nombre. Un fait connu est rappelé : le « chiffre des » unités, dizaines, centaines, milliers, avec une lecture « verticale » de chaque colonne. Les élèves proposent ensuite plusieurs décompositions en déplaçant simplement les cartes-nombre sur le tableau de numération. Ces décompositions sont validées oralement sans être détaillées.
- L'enseignant·e propose de travailler sur la décomposition 1 530 + 4. Les élèves sont amenés à proposer une écriture de cette décomposition à l'ardoise, puis au tableau pour validation. Trois formes d'écriture sont recherchées. L'écriture 153 dizaines et 3 unités permet de définir 153 comme le « nombre de » dizaines ; le lien est fait avec une lecture « horizontale » du nombre 1 534 pour retrouver ce « nombre de ».
- La manipulation équivalente est proposée pour 1 500 + 34, permettant de définir le « nombre de » centaines. Enfin, les « nombres de » milliers et d'unités sont définis et sont particuliers à leur manière :
  - le nombre de millier correspond au chiffre des milliers,
  - le nombre d'unités correspond au nombre lui-même, puisque c'est la définition même d'un nombre.
- **Bilan et Miniquiz**

SÉANCE 2 30 min ENTRAINEMENT ▸ fichier p. 40

OBSTACLES POSSIBLES

- **Ex. 3 et 4 :** « le nombre de » est une notion difficile, sujette à des confusions et nécessite un bon repérage dans le tableau de numération.
- **Ex. 6 :** les deux décompositions principales sont à trouver sans que les cartes-nombre indiquent ces décompositions.
- **Ex. 7 :** cet exercice est difficile car il fait la synthèse de plusieurs décompositions et écritures possibles.

Pour différencier

Fichier à photocopier : fiches * et **, *Distinguer « chiffre des » et « nombre de »*.

MISSION 19 CE1 CE2

Comparer, encadrer, ranger et intercaler des nombres

MATÉRIEL

- **Par binôme :**
  - CE1 1 fiche *Nombres et signes à découper*
  - CE2 1 fiche *Nombres et signes à découper*
- **Collectif :** diaporama M19 • CE

SÉANCE 1	MISSION	30 min	En binôme
SÉANCE 2	Entrainement fichier p. 42	30 min	Individuel, autonomie

PRINCIPE DE LA **MISSION**

À l'exception de la compétence « Intercaler », les élèves ont déjà étudié les trois compétences de relations entre les nombres, mais pas encore avec des nombres à **3 chiffres en CE1**, à **4 chiffres en CE2**. La mission leur laisse donc une certaine liberté d'avancement et de choix dans la mesure où c'est le hasard du tirage parmi les 7 nombres proposés qui déterminera leurs réponses. Une mise en commun au tableau permet de fixer les caractéristiques *(Qu'est-ce qui est connu ? Qu'est-ce qui est cherché ?)* de chacune des quatre compétences.

CE1 CE2

SÉANCE 1 30 min LA MISSION

- Pour chacune des quatre compétences, la démarche est la même :
  - parmi les trois tas (nombres, signe « < » et signe « > »), choix d'une ou plusieurs cartes, en fonction des indications de l'enseignant·e ;
  - définition de la compétence visée et choix d'étiquettes-nombre ou signes qui « résolvent » cette compétence ;
  - écriture sur ardoise et mise en commun au tableau.
- Des exemples sont rassemblés au fur et à mesure dans une carte mentale synthétique.
- **Tirage n° 1 :** tirage de deux nombres au hasard. *Vous allez comparer ces nombres entre eux.*
  → choix du signe adéquat.
- **Tirage n° 2 :** tirage d'un nombre et de deux signes « < ». *Vous allez encadrer ce nombre entre deux autres nombres.*
  → Choix de deux nombres adéquats.
- **Tirage n° 3 :** sélection de **trois** ou **quatre** signes identiques répartis sur la table. *Vous allez ranger des nombres dans l'ordre croissant ou décroissant.*
  → Choix de 4 ou 5 nombres à placer à l'emplacement adéquat.
- **Tirage n° 4 :** tirage de deux nombres et deux signes « < ». *Vous allez intercaler un nombre entre ces deux nombres.*
  → Choix d'un nombre adéquat.

SÉANCE 2 30 min ENTRAINEMENT
▶ fichier p. 42

OBSTACLES POSSIBLES

- **Ex. 1 :** proposer si besoin aux élèves de remplir d'abord les étiquettes de la droite graduée pour pouvoir plus facilement comparer les nombres.
- **Ex. 2 :** les nombres avec un zéro peuvent piéger les élèves car ils ne respectent pas l'algorithme de comparaison centaines, dizaines, unités. On peut leur proposer d'entourer les chiffres des centaines en vert, si elles sont identiques, d'entourer les dizaines en rouge… ou encore leur proposer d'écrire les nombres dans un tableau de numération.
- **Ex. 3 :** les droites ne proposent pas de petites graduations ce qui peut dérouter certains élèves.
- **Ex. 4 :** l'élève doit comprendre que le 1er encadrement est à l'unité, le 2e à la dizaine et le dernier à la centaine. Bien lire attentivement l'exemple présenté.
- **Ex. 6 :** Ici plusieurs réponses sont parfois possibles mais l'élève doit en choisir une seule.

SÉANCE 2 30 min ENTRAINEMENT
▶ fichier p. 42

OBSTACLES POSSIBLES

- **Ex. 2 :** la quantité de comparaisons à trouver peut être un obstacle pour les élèves les plus lents. Une différenciation sur la quantité peut être envisagée.
- **Ex. 3 :** l'exemple doit être bien observé pour appliquer trois comparaisons complémentaires pour chaque nombre.
- **Ex. 4 :** les catégories de dossards pour intercaler celui d'Abel ne sont pas dans un ordre de gauche à droite. La prise d'information doit être précise.
- **Ex. 5 :** le recours à des calculs simples est nécessaire avant le rangement des nombres.

Pour différencier Fichier à photocopier : fiches * et **,
Comparer, encadrer, ranger et intercaler des nombres jusqu'à 999
Comparer, encadrer, ranger et intercaler des nombres jusqu'à 9 999.

MISSION 20 Manipuler les centaines, dizaines et unités

CE1

MATÉRIEL

- **Par binôme : 1 ardoise sur laquelle est tracé un tableau de numération, le matériel de base 10**
- **Collectif :** diaporama **M20 • CE1**

SÉANCE 1	MISSION	30 min	En binôme
SÉANCE 2	Entrainement fichier p. 44	30 min	Individuel, autonomie

PRINCIPE DE LA **MISSION**

- **Pour cette mission, les élèves doivent représenter des scores en base 10 et en déduire l'écriture chiffrée.** Petit à petit, les scores ne sont plus représentés visuellement mais en unités de numération (c/d/u) qui peuvent être supérieures à 9 et imposer des échanges.
- Le contexte est un jeu de lancer qui peut faire l'objet d'une séance d'EPS avant la mission pour une meilleure compréhension ou, *a posteriori*, pour réinvestir les apprentissages dans une situation réelle.

SÉANCE 1 30 min LA MISSION

- L'enseignant·e forme les binômes, distribue le matériel, puis présente la mission avec le diaporama. Les élèves doivent représenter les scores obtenus par plusieurs lancers en base 10, puis écrire le nombre de points dans le tableau de numération.

- L'enseignant·e projette les illustrations des lancers et demande ensuite de dessiner sur l'ardoise la base 10 pour représenter les points de l'équipe et écrire le score en chiffres. Les réponses sont validées en commun. La première situation ne demande pas d'échange et permet de vérifier la bonne compréhension de la manipulation. Les situations suivantes vont imposer des échanges unités <> dizaines, dizaines <> centaines, puis dizaines <> centaines avec un chiffre des dizaines à zéro.
- On procèdera de la même manière pour la suite de la mission mais sans la représentation en base 10 pour aider. Les scores sont alors illustrés par les lancers puis exprimés uniquement en unités de numération. On veillera, sur cette dernière partie, à garder une étape de vérification concrète avec le matériel pour les élèves les plus en difficulté.
- **Bilan et Miniquiz**

SÉANCE 2 — 30 min — ENTRAINEMENT ▶ fichier p. 44

OBSTACLES POSSIBLES

- **Ex. 1 :** le risque est de traduire directement la quantité représentée dans chaque colonne sans faire les échanges. La présence du point de couleur doit permettre de rappeler qu'on ne doit écrire qu'un chiffre par colonne.
- **Ex. 2 et 3 :** l'élève peut avoir des difficultés à lire les nombres à 3 chiffres avec un « 0 muet ».
- **Ex. 4 :** il n'y a plus de représentation en base 10, ce qui rend les échanges plus difficiles. Proposer le matériel à manipuler pour certains élèves.
- **Ex. 5 et 6 :** ce sont des problèmes qui demandent de réinvestir les apprentissages dans des contextes différents. L'élève peut avoir des difficultés à transposer les échanges en boites de 10 beignets ou en euros.

Pour différencier
Fichier à photocopier : fiches * et **, *Manipuler les centaines, dizaines, unités.*

Pour évaluer Évaluation *Numération (4) CE1*

Trace écrite Leçon *Découvrir les nombres jusqu'à 999 (2)*

MISSION 20 Repérer précisément les nombres à 4 chiffres sur la droite graduée — CE2

MATÉRIEL
- **Par binôme :** 1 fiche *Droite graduée et zooms*
- **Collectif :** diaporama M20 • CE2

SÉANCE 1	MISSION	30 min	En binôme
SÉANCE 2	Entrainement fichier p. 44	30 min	Individuel, autonomie

PRINCIPE DE LA MISSION

- Une course de vélo de longue distance (4 500 km) est représentée sur une droite graduée de 100 en 100. **Le positionnement de deux concurrentes est indiqué sur la droite, mais ne peut pas toujours être lu directement : un zoom sur la droite est alors nécessaire.**
- La progression proposée est la suivante :
  - Jour 3 : il peut être lu car situé sur une graduation « centaine » ;
  - Jour 6 : il ne peut être lu car entre deux graduations : un zoom doit être réalisé pour avoir le positionnement de chacune, placé sur une graduation « dizaine » ;
  - Jour 12 : le positionnement d'une concurrente ne peut être lu qu'après 2 zooms successifs, car situé sur une graduation unité.

SÉANCE 1 30 min LA MISSION

- Le principe de la course et du positionnement sur droite graduée (ainsi que ses caractéristiques : limites et graduation) sont présentés aux élèves. Ceux-ci ont en leur possession cette droite avec les deux zooms déjà prépositionnés. Il leur est demandé de ne pas en tenir compte. Le premier positionnement des concurrentes (jour 3) est projeté : les élèves replacent les flèches sur leur droite. Une validation collective permet de fixer les distances à 1 000 km et 1 100 km.
- Le deuxième positionnement (jour 6) est ensuite reporté sur la droite. Une discussion collective amène à la conclusion que la position exacte ne peut être déterminée. L'enseignant·e introduit alors la notion de zoom, avec ses caractéristiques :
  - 2 limites issues de la droite graduée ;
  - une graduation plus précise que la droite initiale, ici de 10 en 10.
- Les élèves replacent ces limites puis le positionnement précis des deux flèches projeté au tableau. Une validation collective permet de fixer les distances à 1 930 km et 1 980 km.
- Le troisième positionnement (jour 12) est ensuite reporté sur la droite. Une discussion collective amène à valider la valeur 4 200 km et à utiliser un nouveau zoom pour la valeur entre 3 800 et 3 900 km. Le placement sur ce nouveau zoom conduit à la conclusion qu'un autre zoom est nécessaire, avec une graduation de 1 en 1. La flèche ne peut alors être placée que sur une graduation et la distance restante est validée collectivement à 3 865.
- **Bilan et Miniquiz**

SÉANCE 2 30 min ENTRAINEMENT ▸ fichier p. 44

OBSTACLES POSSIBLES

- **Ex. 1 :** il convient de bien observer les droites car leur graduation n'est pas identique.
- **Ex. 2 et 3 :** si la plupart des informations sont données (une des deux limites et la graduation du zoom), il demeure que certains élèves n'auront peut-être pas encore intégré la signification de celles-ci.
- **Ex. 4 :** cet exercice est complexe, car il lie la notion de zoom avec la notion de décomposition d'un nombre en milliers, centaines, dizaines et unités. Il demande une observation fine de la droite principale et des zooms pour colorier précisément les distances annoncées.

Pour différencier
Fichier à photocopier : fiches * et **, *Représenter précisément les nombres à quatre chiffres sur la droite graduée.*

Pour évaluer Évaluation *Numération (4) CE2*

Trace écrite Leçon *Découvrir les nombres jusqu'à 9 999 (2)*

JEUX en ATELIERS CE1 CE2

Dans ce module, les jeux proposés reprennent ceux du module précédent *(Représente le nombre, Dizaines et unités)*, avec des nombres plus grands.

module

Manipuler les nombres (2)

Les MATHS en vie

Sur votre espace numérique

Retrouvez sur l'espace numérique **tous les diaporamas** et les **ressources complémentaires** : leçons, évaluations, matériel, etc.

Compétences

- **Désignation du nombre d'éléments de diverses façons :** écritures additives ou multiplicatives, écritures en unités de numération, écriture usuelle.
- **Utiliser diverses représentations des nombres** (écritures en chiffres et en lettres, noms à l'oral, graduations sur une demi-droite).
- **Passer d'une représentation à une autre**, en particulier associer les noms des nombres à leurs écritures chiffrées.
- **Associer un nombre entier à une position sur une demi-droite graduée**, ainsi qu'à la distance de ce point à l'origine.

Lexique

- **« Multiple » :** caractéristique d'un nombre comme étant le résultat d'une multiplication. « Multiple » ne s'emploie pas seul, mais sous la forme « multiple de ». En dehors des carrés (résultats de la multiplication d'un nombre par lui-même, comme 9), les multiples sont donc multiples d'au moins deux nombres (42 est multiple de 6 et de 7). Tous les nombres entiers sont de fait multiples de 1 et d'eux-mêmes.

- **« Nombre premier » :** nombre entier qui n'est multiple d'aucun autre nombre que 1 ou lui-même. Les nombres premiers jusqu'à 100 sont : 2, 3, 5, 7, 11, 13, 17, 19, 23, 29, 31, 37, 41, 43, 47, 53, 59, 61, 67, 71, 73, 79, 83, 89, 97.

Apports didactiques

- La notion de multiple est complémentaire de l'étude des multiplications. De fait, raisonner en termes de multiples, c'est raisonner en termes de grands nombres qui peuvent se partager, donc proposer une décomposition multiplicative. La connaissance des nombres pairs constitue un premier pas dans l'étude des multiples, étant multiples de 2. Cette catégorisation des nombres est importante au quotidien : les enseignants raisonnent toujours en termes de multiples pour faire des groupes d'élèves. Ainsi, tous les nombres ne sont pas simplement équivalents au regard de la multiplication : il y a les nombres qui se partagent, et les autres qu'on partagera seulement avec la présence d'un reste.

- La connaissance des multiples peut se faire par deux voies principales :
  - la connaissance par cœur des résultats des tables de multiplication ;
  - la reconnaissante des règles de régularité pour certains multiples : multiples de 2, 10, 25, 50, 100…

Difficultés rencontrées par les élèves

1 En CE2, l'étude des multiples peut se faire avec l'aide de la table de Pythagore. Mais **la mémorisation des tables de multiplication est nécessaire pour que les élèves soient à l'aise avec les décompositions multiplicatives, avec ou sans reste.**

2 La notion de multiple est fortement liée à l'opération de **division, qui demeure probablement la moins maitrisée par les élèves**. C'est la seule opération dont le résultat se recherche, à ce stade de la scolarité, par une multiplication à trou (pour trouver le résultat de 150 : 50, il faut trouver le résultat de … × 50 = 150).

3 **L'écriture mathématique de type 31 = 6 × 5 + 1 demeure difficile**, en particulier lors de sa découverte en CE1, car elle n'a pas la même régularité que la décomposition canonique à laquelle elle peut être assimilée : 31 = 3 × 10 + 1.

Les MATHS en vie

CE1 CE2

DURÉE
30 min

MATÉRIEL
▸ Diaporama Maths en vie num 5

• **SITUATION 1 Les bâtons de ski**

Les bâtons de ski font partie de ces objets qui fonctionnent forcément par paire. Il s'agit ici de questionner des notions étudiées au cours du module, avec un focus particulier, commun aux deux niveaux, sur la notion de moitié. L'objectif n'est pas de calculer la moitié, cela n'est volontairement pas rendu possible par la photographie, mais de questionner les notions de nombres pairs/impairs (en lien avec le mot « paire »), et d'établir le lien avec le nombre qui constitue la moitié (ici, le nombre d'élèves).

• **SITUATION 2 La salle de motricité**

À l'école, il est de nombreuses situations où la notion de paire(s) et le calcul de doubles/moitiés sont utilisés de manières concrètes. Ici, des plots préparés à l'école maternelle pour une activité de motricité où les élèves auront besoin de deux plots permet de questionner les notions de pair/impair, et le lien avec le nombre qui constitue la moitié (ici également, le nombre d'élèves).

MISSION 21 Nombre de dizaines et multiplications par 10

CE1

MATÉRIEL
▸ **Par binôme :** 1 ardoise sur laquelle on aura dessiné 2 tableaux des nombres, 1 fiche *Tableau des équipes*
▸ **Collectif :** diaporama M21 • CE1

SÉANCE 1	MISSION	30 min	En binôme
SÉANCE 2	**Entrainement** fichier p. 46	30 min	Individuel, autonomie
SÉANCE 3	**Entrainement** fichier p. 47	30 min	Individuel, autonomie

PRINCIPE DE LA MISSION

Cette mission s'appuie sur l'utilisation du tableau des nombres pour multiplier par 10 et observer les nombres obtenus. Ainsi, le décalage des nombres dans le tableau des nombres est observé comme une conséquence de la multiplication par 10. Le contexte est une commande de récompenses pour un tournoi de foot avec 10 équipes participantes.

SÉANCE 1 30 min LA MISSION

- L'enseignant·e compose les binômes et distribue le matériel. Il·Elle fait tracer les tableaux de numération sur l'ardoise et présente le contexte. Les élèves ont pour mission d'aider l'entraineur à commander le bon nombre de récompenses pour le tournoi de foot.
- Les élèves vont dessiner sur la fiche les récompenses à commander pour les 10 équipes, puis dénombrer et enfin reporter ce nombre dans le tableau des nombres sur l'ardoise. On procèdera ainsi pour chaque récompense (2 ballons par équipe, 5 tee-shirts, 10 paires de chaussettes, un bon d'achat de 20 €).
- Après cette phase de recherche/dénombrement, toutes les ardoises sont affichées dans le diaporama : l'objectif est de mettre en avant le décalage d'une colonne : les unités deviennent des dizaines et les dizaines deviennent des centaines. Ainsi, la colonne des unités étant vide, on écrit un « zéro ».
- **Bilan et Miniquiz**

En pratique

Les trois dernières questions du miniquiz peuvent être proposées à la suite ou décalées au début de la séance 2 en fonction du temps qui reste pour cette séance.

SÉANCE 2 30 min ENTRAINEMENT ▸ fichier p. 46

Réactiver les apprentissages de la séance 1 en revenant à l'oral sur le bilan et sur les questions du miniquiz qui ont posé le plus de difficulté, ou de le terminer si ça n'a pas été fait en séance 1.

OBSTACLES POSSIBLES

- ▸ **Ex. 1 :** c'est un exercice de dénombrement des dizaines, il s'agit de compléter la phrase puis l'écriture mathématique. L'élève doit bien compter de 10 en 10.
- ▸ **Ex. 2 :** l'élève peut avoir des difficultés à bien placer les nombres exprimés en unités de numération dans le tableau car le nombre de dizaines est > à 9. Il faudra bien rappeler la règle : 1 seul chiffre par colonne.
- ▸ **Ex. 3 :** ici, il n'y a plus de matériel de base 10, mais des boites de 10 crayons/gommes. On pourra donner le tableau de numération pour les élèves qui ont besoin de garder cette étape.

SÉANCE 3 30 min ENTRAINEMENT ▸ fichier p. 47

OBSTACLES POSSIBLES

- ▸ **Ex. 4 et 8 :** les nombres choisis pour les problèmes ne permettent plus une résolution par le dessin. L'utilisation du tableau de numération peut aider les élèves en difficulté.
- ▸ **Ex. 7 :** le × 10 est placé indifféremment en 1er ou en 2e terme, ce qui peut dérouter les élèves. Il faudra bien rappeler la règle de la commutativité.

MISSION 21 Les multiples : des nombres qui se partagent

CE2

MATÉRIEL

- ▸ **Par binôme :** 1 fiche *Table de Pythagore et carrés à découper*, 2 règles
- ▸ **Collectif :** diaporama M21 • CE2

SÉANCE 1	MISSION	30 min	En binôme
SÉANCE 2	Entrainement fichier p. 46	30 min	Individuel, autonomie

PRINCIPE DE LA MISSION

La table de Pythagore est connue des élèves car elle rassemble les tables de multiplication qu'ils ont apprises. Mais la logique inverse n'est pas forcément explicite pour eux : *Pourquoi seuls certains nombres se trouvent dans la table de Pythagore ?* En revenant à la notion fondamentale de rectangle comme représentation visuelle d'une multiplication, la mission vise à clarifier le fait que les nombres présents dans la table de Pythagore sont des multiples et peuvent faire l'objet d'une ou plusieurs décompositions multiplicatives, à l'inverse de nombres qui ne s'y trouvent pas.

SÉANCE 1 — 30 min — LA MISSION

- La première étape est un questionnement, auquel seulement certains élèves auront peut-être une réponse : *Pourquoi certains nombres sont dans l'extrait de table de Pythagore (15 par exemple) et pas d'autres (19 par exemple) ?* L'apprentissage par cœur des tables de multiplication a tendance à réduire le nombre au résultat d'un calcul et le sens de ce que représente un produit (le résultat d'une multiplication) se perd parfois.
- Dans un 2e temps, les élèves sont invités à réfléchir sur le nombre 15 avec les manipulations suivantes :
  - 2 règles sont placées, verticalement et horizontalement, pour délimiter 15 → *La case 15 représente l'extrémité d'un rectangle de 3 sur 5 (ou 5 sur 3)* ;
  - un carré blanc de papier est posé sur chacune des 15 cases → *15 représente le nombre de cases de ce rectangle* ;
  - dans chaque colonne, les carrés blancs sont rassemblés et posés sur la règle au bas de leur colonne → *15, c'est 5 tas de 3 carrés* ;
  - après avoir replacés les 15 carrés dans les cases, ces carrés sont rassemblés et posés sur la règle de leur ligne → *15, c'est aussi 3 tas de 5 carrés*.
- On retrouve ainsi les différents sens de la multiplication grâce à cette représentation : la table de Pythagore n'est pas seulement un objet d'apprentissage des tables de multiplication. La même série de manipulations est faite pour 24.
- L'étape suivante consiste à essayer de replacer un nombre premier (19) de carrés blancs ; les élèves manipulent librement avant de constater qu'aucun rectangle complet ne peut être formé et que le nombre 19 n'est pas un multiple. En s'appuyant sur le nombre 18, multiple de 3 et de 6, les élèves remarquent, à l'aide d'une carte colorée mise de côté, que 19 peut faire l'objet d'une écriture alternative, par exemple : $19 = 3 \times 6 + 1$ ou $6 \times 3 + 1$. L'exemple 29 permet de confirmer cette possibilité, en fixant une règle pour les cartes qui restent (le reste) : celui-ci est plus petit que les deux multiplicateurs.
- La dernière étape consiste à transposer, collectivement, les compétences précédentes sur la table de Pythagore entière projetée au tableau.
- **Bilan et Miniquiz**

SÉANCE 2 — 30 min — ENTRAINEMENT ▸ fichier p. 46

OBSTACLES POSSIBLES

- ▸ **Ex. 1 :** la question est posée de deux manières différentes. Cela peut perturber certains élèves.
- ▸ **Ex. 2, 3, 5 et 6 :** la connaissance des tables de multiplication est nécessaire, bien que les résultats puissent se retrouver dans l'extrait de table de Pythagore des exercices 1 et 4.
- ▸ **Ex. 8 :** volontairement, le problème ne pose pas la question correspondant au calcul intermédiaire : Combien d'équipes y a-t-il ? Cette étape peut être explicitée pour certains élèves.

MISSION 22 — Des nombres particuliers : les moitiés / Décomposer pour trouver la moitié d'un nombre

CE1 CE2

MATÉRIEL
- **Par binôme :** 1 fiche *Quadrillages à colorier*
- **Collectif :** diaporama M22 • CE

SÉANCE 1	MISSION	30 min	En binôme
SÉANCE 2	Entrainement fichier p. 48	30 min	Individuel, autonomie

PRINCIPE DE LA MISSION

Cette mission aborde la notion de moitié, non pas de manière numérique et calculatoire, mais de manière graphique, afin de mettre en avant certaines propriétés des nombres pairs :
- représentés sous forme de rectangle, ils peuvent être partagés visuellement en deux parties égales (ici le coloriage est utilisé, non le pliage), à l'inverse des nombres impairs ;
- même si un chiffre autre que celui des unités est impair (92 par exemple), un nombre pair peut se partager en deux ;
- la moitié d'un nombre peut se trouver en décomposant judicieusement ce nombre (la moitié de 92, c'est la moitié de 80, la moitié de 10 et la moitié de 2).

CE1 CE2

SÉANCE 1 — 30 min — LA MISSION

- **Les élèves disposent de cinq quadrillages qu'ils vont tenter successivement de partager en 2**. Pour ce faire, ils doivent colorier le même nombre de carreaux de deux couleurs différentes. Le premier quadrillage, simple (24 carreaux en CE1 et 48 carreaux en CE2), permet de mettre de côté la stratégie coûteuse d'un coloriage alterné 1/1, et de mettre en avant une observation géométrique : on peut plier le quadrillage avant de le colorier. Un lien peut être fait avec la symétrie. Le second quadrillage met en avant les caractéristiques des nombres impairs (ici 25 et 49 carreaux) : pas de pliage et pas de partage équitable possible.
- Les trois quadrillages suivants (en CE1, 60, 90 et 98 carreaux, en CE2 210, 300 et 330 carreaux) visent une stratégie progressive qui tend vers la décomposition des nombres en centaines, dizaines et unités, mais aussi en la décomposition des nombres impairs de centaines et de dizaines (mais pas d'unités !) : 90, c'est 80 et 10 ; 300, c'est 200 et 100. Ainsi, la moitié de n'importe quel nombre pair (adapté au niveau des élèves bien sûr) peut être trouvée sur la base d'une décomposition pertinente.
- **Bilan et Miniquiz**

SÉANCE 2 — 30 min — ENTRAINEMENT (CE1)

▸ **fichier** p. 48

OBSTACLES POSSIBLES

- **Ex. 4 et 5 :** les quantités sont représentées en base 10 (et plus en quadrillage), ainsi on ne voit plus toutes les unités. L'élève doit comprendre qu'il peut « casser » une dizaine (ici entourer) pour trouver la moitié. Il est possible de proposer le matériel base 10 pour ceux qui en ont besoin.
- **Ex. 6 :** on peut expliquer rapidement le jeu du déménageur pour aider à contextualiser et permettre si besoin l'utilisation du matériel (base 10) avant la représentation écrite.
- **Ex. 7 :** c'est un exercice à étape. Il y a donc deux réponses à fournir (entourer et donner la somme).

SÉANCE 2 — 30 min — ENTRAINEMENT (CE2)

▸ **fichier** p. 48

OBSTACLES POSSIBLES

- **Ex. 2 et 5 :** la confusion demeure longtemps chez certains élèves entre double et moitié : le plus grand nombre est un double, mais il a une moitié qui est le plus petit nombre.
- **Ex. 4 :** les élèves doivent transférer les compétences travaillées sur le quadrillage à un contexte proche, mais symbolisé : la base 10. Les partages de 10 et de 100 en deux parties égales restent symboliques.
- **Ex. 6 :** un billet ne pouvant se partager physiquement, les élèves doivent proposer un échange pertinent du billet de 50 €.

MISSION 23 Des nombres particuliers : les multiples de 10

CE1

MATÉRIEL
- **Par binôme :** 1 fiche *Galettes*
- **Collectif :** diaporama M23 • CE1

SÉANCE 1	MISSION	30 min	En binôme
SÉANCE 2	Entrainement fichier p. 50	30 min	Individuel, autonomie

PRINCIPE DE LA MISSION

Cette mission prend appui sur les apprentissages de la mission 21 (la multiplication par 10). **Elle s'intéresse aux nombres que l'on peut partager par 10 : les multiples de 10.**
Les élèves vont découper des alignements de galettes pour en faire des paquets de 10, puis inscrire dans le double-tableau de numération (utilisé en mission 21), le résultat de leur manipulation et ainsi mettre en évidence le lien entre multiplication par 10 et partage en 10.

SÉANCE 1 30 min LA MISSION

- L'enseignant·e distribue le matériel, constitue les binômes et présente le contexte : une ligne de production de galettes doit emballer sa production en paquets de 10.
- Les élèves vont découper les alignements de galettes pour faire des paquets de 10, puis déduire le nombre de paquets obtenus. Ensuite, ils l'inscrivent dans le double-tableau de numération. Le tableau permettra, en multipliant par 10, de retrouver le nombre de galettes de départ, le partage étant l'opération inverse de la multiplication (manipulation à faire avec la ligne de 60, puis de 90 galettes).
- Pour les nombres suivants (120, puis 145), les élèves sont amenés à anticiper le résultat du découpage avant de le faire. Une phase collective orale permettra de mettre en avant les techniques des élèves pour anticiper le résultat de la manipulation (comptage de 10 en 10, visualisation dans le tableau de numération…). Ils pourront vérifier leur proposition en effectuant le découpage (ou pliage si l'élève n'est vraiment pas sûr de lui). Ils écrivent ensuite le nombre de paquets dans leur tableau de numération. Les élèves remarqueront que 145 se partage mais qu'il reste des galettes.
- L'observation des nombres proposés et obtenus permettra de constater que les nombres se terminant par « zéro » peuvent être partagés en 10 : on les appelle les multiples de 10.
- **Bilan et Miniquiz**

SÉANCE 2 30 min ENTRAINEMENT ▸ fichier p. 50

OBSTACLES POSSIBLES

- **Ex. 2 et 6 :** ces exercices permettent de passer du support visuel (ici, la droite graduée) à l'écriture de la décomposition qui peut malgré tout rester difficile pour certains élèves.
- **Ex. 3 :** l'exercice demande de faire le chemin inverse de la multiplication demandée en mission 21. Cela peut perturber certains élèves.
- **Ex. 4 et 7 :** l'écriture de la décomposition est difficile surtout sans le support du tableau de numération. Il pourra être proposé aux élèves qui en auront besoin.
- **Ex. 5 et 8 :** ces problèmes n'imposent pas d'écriture de décomposition et peuvent par conséquent être résolus par un comptage de 10 en 10 (avec reste pour l'ex. 8) ou par le dessin.

Trace écrite
Leçon *Manipuler les nombres (2) CE1*

Pour évaluer
Évaluation *Numération (5) CE1*

MISSION 23

Reconnaitre les multiples de 100, 50, 25

CE2

MATÉRIEL

- **Par binôme :** 1 fiche *Droites graduées*, le matériel de base 10
- **Collectif :** diaporama M23 • CE2

SÉANCE 1	MISSION	30 min	En binôme
SÉANCE 2	Entrainement fichier p. 50	30 min	Individuel, autonomie

PRINCIPE DE LA MISSION

En manipulant en parallèle une droite graduée de 10 en 10 et leur matériel de base 10, les élèves vont essayer d'obtenir successivement 400, puis 750. La stratégie de « bonds » sur la droite graduée permet de mettre en avant les régularités des multiples de 100, 50 et 25, et la manipulation du matériel de la base 10 utilise les propriétés mises en évidence dans la mission 13 (100 = 2 × 50 = 4 × 25).
Ces deux manipulations parallèles permettent d'établir une carte mentale dans laquelle les caractéristiques des multiples de 100, 50 et 25 sont explicitées, sur la base de deux derniers chiffres des multiples (se terminant par -00, par -00/-50 et par -00/-25/-50/-75).

SÉANCE 1 30 min LA MISSION

- Pour atteindre la cible 400, les élèves utilisent en parallèle :
  - la droite graduée en traçant des bonds successifs ;
  - la base 10 en utilisant la plaque 100 comme référence.
- Les élèves écrivent chaque décomposition sur leur ardoise. Ainsi, la triple décomposition de 400 est établie : 4 × 100, 8 × 50 et 16 × 25. Une première mise en commun permet de faire le lien avec la mission 13 et la connaissance des liens entre 100, 50 et 25.
- La même démarche est utilisée pour la décomposition de 750 qui aboutit à des observations complémentaires. D'abord, 750 n'est pas un multiple de 100 : il y a un reste. La règle de reconnaissance des multiples de 100, restée implicite pour certains jusqu'alors, est explicitée : les multiples de 100 se terminent par -00. Sur le même modèle, en utilisant en particulier les droites graduées, les multiples de 50 et 25 sont découverts et leur règle de reconnaissance explicitée.
- On établit une carte mentale qui synthétise les règles de reconnaissance des multiples :
  - par déduction pour 100, en utilisant la règle de décalage dans le tableau de numération ;
  - par induction pour 50 et 25, en poursuivant les séries observées et notées auparavant.
- **Bilan et Miniquiz**

SÉANCE 2 30 min ENTRAINEMENT ▸ fichier p. 50

OBSTACLES POSSIBLES

▸ **Ex. 1 et 4 :** la précision des tracés de bonds sur la droite graduée demande une certaine attention, en particulier pour × 25, dont la règle de placement entre deux graduations aura été explicitée pendant la mission.

▸ **Ex. 2 et 5 :** les décompositions successives demandent une certaine agilité afin d'intégrer deux compétences complémentaires :
- le comptage de 50 en 50, de 25 en 25 (si besoin en utilisant les doigts) ;
- les rapports de facteur 2 entre les multiplicateurs de 25, 50 et 100.

Trace écrite

Leçon *Manipuler les nombres (2) CE2*

▶ **Ex. 3 :** ce problème a plusieurs étapes : la recherche de deux nombres de rangées, puis l'addition de ces deux nombres. Les étapes pourront être explicitement écrites (au tableau par exemple) pour les élèves les plus fragiles en résolution de problèmes.

Pour évaluer
Évaluation
Numération (5) CE2

JEUX en ATELIERS

CE1 CE2

Jeu de l'oie « Je sais tout sur les nombres ! »

▶ **Objectif**

Réviser les différentes compétences développées sur les nombres au cours de l'année : lire et écrire des nombres, les ranger, les comparer, les encadrer, les intercaler et les décomposer.

▶ **Organisation**

2 à 4 joueurs 20 min

▶ **Matériel**

Diaporama **Jeu num 5**
Plateau de jeu de l'oie
Cartes *Questions*
Un pion par joueur et un dé
Une ardoise avec son feutre pour écrire la réponse si besoin

▶ **Qui gagne ?**

Le premier à tomber exactement sur la case « Arrivée » gagne la partie. Si, lorsque le joueur lance le dé, il n'arrive pas juste sur la case, il doit reculer.

▶ **Règle du jeu**

Chaque joueur pose son pion sur la case « Départ ». Le premier joueur lance le dé et avance sur la case correspondante. En fonction de la case sur laquelle il arrive, la consigne est différente :
- *Réponds à une question :* pour rester sur la case sur laquelle le joueur vient d'arriver, il doit répondre correctement à une question. S'il ne donne pas la bonne réponse, il retourne sur la case d'où il vient.
- *Réponds à deux questions :* pour rester sur la case sur laquelle le joueur vient d'arriver, il doit répondre correctement à deux questions. S'il ne donne pas les deux bonnes réponses, il retourne sur la case d'où il vient.
- *Passe ton tour* : le joueur donne le dé au joueur suivant, sans répondre à une question ;
- *Échelle* : le joueur doit aller directement à la case supérieure ou à la case inférieure ;
- *Prison* : le joueur va devoir attendre qu'un autre joueur vienne le libérer. Au bout de trois tours, il a le droit de sortir de prison.
- *Relance le dé* : le joueur peut relancer le dé pour avancer de quelques cases supplémentaires.

▶ **Variante**

Choisir les cartes « Questions », en fonction des besoins des élèves ou du domaine que l'on souhaite rebrasser.
Trois niveaux de cartes sont proposés, pour différencier :
- nombres jusqu'à 99 ;
- nombres jusqu'à 999 ;
- nombres jusqu'à 9 999.

▶ **Verbalisation et institutionnalisation**

Échanger sur la possibilité de trouver de l'aide dans les différents outils dont on dispose : les bilans des missions, les leçons.
Pour retrouver dans sa mémoire, commencer par essayer de retrouver à quoi se réfère la question, de repérer les mots-clés (« comparer », « ranger »…) et de voir à quelle compétence mathématique il renvoie.

module

Comparer des grandeurs et découvrir le principe d'unité

Sur votre espace numérique

Retrouvez sur l'espace numérique **tous les diaporamas** et les **ressources complémentaires** : leçons, évaluations, matériel, etc.

Compétences

- **Comparer, estimer, mesurer des longueurs, des masses, des contenances, des durées.**
- Dans des cas simples, mesurer des longueurs, des masses et des contenances en reportant une unité (bande de papier ou ficelle, poids, récipient).
- Dans des cas simples, **représenter une grandeur** par une longueur, notamment sur une demi-droite graduée.
- Utiliser le lexique, les unités, les instruments de mesures spécifiques de ces grandeurs.
- **Résoudre des problèmes impliquant des longueurs, des masses, des contenances, des durées, des prix.**
- Résoudre des problèmes, notamment de mesurage et de comparaison, en utilisant les quatre opérations sur les grandeurs ou leurs mesures.

Lexique

- **Grandeur :** caractéristique ou propriété d'un objet mathématique ou physique.
- **Contenu/Contenant :** le contenu est la matière que l'on peut verser dans un contenant.
- **Contenance :** grandeur qui correspond au contenu maximum d'un contenant.
- **Unité :** objet servant d'étalon au mesurage.
- **Graduer :** action de reporter une unité-étalon en marquant chaque occurrence.
- **Mesurage :** mesure d'un objet selon une grandeur en unité arbitraire.

Apports didactiques

- Dans ce premier module, les élèves travaillent tout d'abord les différentes grandeurs de manière à pouvoir **caractériser un objet par chacune des grandeurs, indépendamment de toute mesure en unité usuelle** et en utilisant **un vocabulaire précis**.
- Les **CE1** apprennent à comparer les objets par le prisme d'une grandeur (longueur, masse, contenance) de **façon directe** (excepté pour la comparaison de longueur qui pourra également s'effectuer de manière **indirecte**) :
  - par la **perception** (ex. : soupesage de deux objets pour comparer leur masse) ;
  - par **juxtaposition** de deux objets (ex. : deux bandes sont « superposées » pour comparer leur longueur) ;
  - par utilisation d'un **outil de comparaison visuel intermédiaire** (ex. : une balance Roberval ou balance « porte manteau ») ;
  - par le **mesurage/graduation** à l'aide d'une unité-étalon. Le mesurage permet de travailler les deux propriétés propres aux grandeurs mesurables : l'additivité et la multiplication par un nombre.

  L'ensemble de ces expérimentations/manipulations prépare à la notion d'unité et ouvre la porte à la construction d'instruments de mesure des grandeurs en unités non usuelles.
- La grandeur **contenance** fait ici l'objet d'une attention particulière au CE1 car c'est la seule qui n'a pas encore été formalisée en amont. Sa découverte se fait par l'expérimentation.
- Les **CE2** apprennent à comparer deux objets (et à en ranger plusieurs) par le prisme d'une grandeur (longueur, masse, contenance) de **façon indirecte afin de pouvoir les ranger** :
  - par utilisation d'un outil de comparaison intermédiaire ;
  - par utilisation d'un troisième objet intermédiaire (ex. : pour comparer la contenance de deux contenants, on en utilise un troisième).

  Ils découvrent également que la comparaison de mêmes objets peut être différente selon le prisme de la grandeur par laquelle ils comparent ces objets (ex. : la tasse est plus courte que la plume mais la tasse est plus lourde que la plume).
- La compétence « graduer » est également particulièrement travaillée tant elle est transversale dans sa maitrise à tous les domaines des mathématiques, et un préalable au module suivant.
- L'ensemble de ces découvertes est l'occasion de développer un **vocabulaire précis** permettant de s'exprimer : on ne dira plus « du plus petit au plus grand » car cette expression peut à la fois signifier « du plus long au plus court » ou bien « du plus léger au plus lourd », etc.

Difficultés rencontrées par les élèves

1 La première difficulté relève du vocabulaire utilisé. Les termes « plus petit », « plus grand » laissent la place à « plus court » lorsqu'il s'agit de la longueur ou bien « plus léger » lorsqu'il s'agit de la masse. Dans une première phase, l'enseignant·e veillera à utiliser lui·elle-même le bon vocabulaire et à reformuler les phrases des élèves.

2 La deuxième difficulté concerne l'apparition progressive de différentes méthodes de comparaison. L'élève aura donc à choisir la méthode la mieux adaptée au fur et à mesure que ce panel s'enrichit.

3 La dernière difficulté concerne la méthode de graduation. Cette méthode permet de reporter une unité. Elle nécessite une certaine coordination (par marquage du repère puis mise « bout à bout » en repartant de ce repère) et demande à l'élève de concevoir l'objet comme une unité. L'enseignant·e pourra, dans un premier temps, demander à l'élève le mesurage et s'appuyer dessus pour graduer.

Les MATHS en vie

CE1 CE2

DURÉE
30 min

MATÉRIEL
▶ Diaporama **Maths en vie grandeurs 1**

Il s'agit, dans cette situation, de basculer d'une situation de la vie quotidienne à une situation mathématique. Le but est que les élèves identifient et associent un objet à plusieurs grandeurs qui le caractérisent avant de les comparer entre eux.

- **SITUATION 1 Les colis de La Poste**

Pour les CE1 : cette situation a pour objectif de sonder le vocabulaire connu sur les grandeurs et d'insister sur l'ambigüité du terme « plus petit » qui ne permet pas de savoir à quelle grandeur il fait référence lorsqu'on caractérise un objet, ici un colis (longueurs d'un pavé droit, masse, contenance). On questionne également les méthodes pour pouvoir comparer les colis entre eux.
Pour les CE2 : la situation réactive le vocabulaire et introduit le fait que des objets peuvent être comparés différemment selon la grandeur choisie.

- **SITUATION 2 L'anniversaire de Rémadji**

Tout comme pour la première situation, il s'agit ici d'interpeler sur le vocabulaire spécifique à chaque grandeur et sur les méthodes pour comparer des objets, avec une attention spéciale sur la contenance.

En pratique
L'enseignant·e choisit la situation 1 ou la situation 2 (deux situations sont proposées dans le cas où l'enseignant·e garde les mêmes élèves deux années de suite).

MISSION 24 Comparer des longueurs

CE1 CE2

MATÉRIEL
▶ **Par binôme, quel que soit le niveau : 1 stylo, 1 gomme, 1 feutre, 1 cahier, 1 trousse, 3 bandes de la longueur d'une feuille A4, 1 crayon, des ciseaux**
CE1 Fiche *Segments 1*
CE2 Fiche *Chemins*
▶ **Collectif :** diaporama **M24 • CE**

SÉANCE 1	**MISSION**	30 min	**En binôme**
SÉANCE 2	**Entrainement fichier** p. 52	30 min	**Individuel**

PRINCIPE DE LA MISSION

La première partie de la mission réactive **la comparaison d'objets du quotidien** par **observation** puis **juxtaposition** afin de permettre de ranger « du plus court au plus long ». La seconde partie de la mission, s'appuyant sur l'objet mathématique *segment*, introduit en CE1 la comparaison indirecte de longueurs à l'aide d'une bande et élargit en CE2 cette même notion à la comparaison de chemins.

CE1 | CE2

SÉANCE 1 — 30 min — LA MISSION

- En binôme, les élèves préparent la gomme, le feutre, le cahier et la trousse. **L'enseignant·e leur explique qu'ils vont devoir les ranger du plus court au plus long.** Dans un premier temps, les élèves ne peuvent pas déplacer les objets : le premier rangement se fait par l'**observation**. Ils peuvent, dans un second temps, **manipuler les objets** et les placer côte à côte pour les comparer par **juxtaposition**. L'enseignant·e interpelle les élèves sur la nécessité de précision concernant l'alignement par rapport à une extrémité. Pour cela, la comparaison du feutre et du stylo, dont la seule observation n'a pas permis la comparaison, peut servir d'exemple.
- **Pour les CE2, la phase d'observation où les objets ne peuvent être déplacés peut les mener à introduire dès cette étape une bande pour la comparaison indirecte.** L'enseignant·e peut alors, s'il·si elle le souhaite, demander aux élèves de privilégier l'observation avant d'appliquer cette méthode.
- Individuellement, les élèves découvrent la fiche différenciée : **CE1 (*Segments*)** / **CE2 (*Chemins*)** ainsi que les bandes qui permettront la comparaison indirecte. Les premiers cas permettent aux CE1 et CE2 de réinvestir sur des objets mathématiques les méthodes (re)découvertes en première partie. Ces mêmes méthodes sont mises alors en « échec » afin d'**introduire la comparaison indirecte**. L'utilisation de la bande est alors nécessaire. Les élèves ont le choix de « marquer » les longueurs pour les comparer (en CE2 en particulier) ou bien de découper des bandes de même longueur que les segments avant de les juxtaposer. L'enseignant·e pourra proposer une utilisation de la bande en cas de difficulté.
- **Bilan et Miniquiz**

CE1 — SÉANCE 2 — 30 min — ENTRAINEMENT

▶ **fichier** p. 52

OBSTACLES POSSIBLES

- ▶ **Ex. 3 :** confusion entre « du plus court au plus long » et « du plus long au plus court ».
- ▶ **Ex. 4 :** difficulté à formuler des phrases de comparaison complètes.
- ▶ **Ex. 5 et 6 :** non utilisation de la bande qui permet une comparaison indirecte, malgré la bulle.
- ▶ **Ex. 7 :** difficulté à positionner la bande en prenant pour origine commune le « cochonnet ».

CE2 — SÉANCE 2 — 30 min — ENTRAINEMENT

▶ **fichier** p. 52

OBSTACLES POSSIBLES

- ▶ **Pour tous les exercices** : difficulté de manipulation de la bande pour reporter « bout à bout » les longueurs des différentes parties des chemins.
- ▶ **Ex. 3 :** difficulté à concevoir comme un chemin la longueur du tour des figures.

Pour différencier

Fichier à photocopier : fiches * et **, *Comparer des longueurs.*

Traces écrites

Leçon *Comparer des longueurs CE1*

Leçon *Comparer des longueurs CE2*

En pratique

Les corrigés des exercices sont vidéoprojetables à partir du bibliomanuel du fichier.

MISSION 25 Comparer des masses

CE1 CE2

MATÉRIEL

- **Par binôme ou par groupe :** 1 stylo, 1 gomme, 1 feutre, 1 cahier, 1 trousse, 1 balance Roberval
- **Collectif :** diaporama M25 • CE

SÉANCE 1	MISSION	30 min	En binôme
SÉANCE 2	Entrainement fichier p. 54	30 min	Individuel

PRINCIPE DE LA MISSION

La première partie de la mission est axée sur la **comparaison d'objets du quotidien par observation et soupesage**. La seconde partie s'appuie sur l'**utilisation des balances de type Roberval** (découverte en CE1) et son application à la comparaison de deux objets en CE1 ou au rangement de plusieurs objets en CE2.

CE1 CE2

SÉANCE 1 30 min LA MISSION

- Les élèves réutilisent les cinq objets de la mission précédente avec pour objectif cette fois d'en comparer la masse. L'enseignant·e leur explique qu'ils vont devoir **déterminer l'objet le plus lourd (en CE1)** et **ranger leurs objets du plus léger au plus lourd (en CE2)**.
- **Pour les CE1 :** dans un premier temps, les **élèves peuvent se saisir des objets pour déterminer lequel est le plus lourd** ; cette étape se fait naturellement, car les objets ont des masses assez éloignées. L'enseignant·e guidera les élèves vers la **manipulation dite de soupesage en leur demandant le cas échéant de prendre les deux objets** à comparer dans chaque main et de « sentir » les masses. L'enseignant·e propose aux élèves d'effectuer cette manipulation d'abord avec le cahier et le feutre, puis avec le feutre et le stylo. Il est important que chaque élève ait pu soupeser les objets.
- **Pour les CE2 :** les élèves effectueront un premier rangement selon la même méthode.
- Introduire alors les balances Roberval.
- **Pour les CE1 :** la première expérience permet aux élèves de **comprendre le mécanisme de cette balance en comparant de nouveau les masses du cahier et du feutre**. La seconde expérience permet d'utiliser l'instrument pour comparer les masses du feutre et du stylo. Les élèves doivent être attentifs·ves à la position de l'aiguille indiquant la comparaison mais aussi aux mouvements des plateaux.
- **Pour les CE2 :** la balance Roberval est utilisée pour le rangement des objets par comparaison deux à deux des masses. Certains groupes peuvent être confrontés à des difficultés car le rangement des objets combine une phase d'observation et une phase de comparaison ordonnée. L'enseignant·e pourra rappeler que, pour certaines comparaisons, la balance Roberval n'est pas utile puisque la méthode de soupesage a pu être signifiante. De même, il·elle pourra proposer à certains élèves de débuter par le rangement de seulement trois objets.
- **Bilan et Miniquiz**

SÉANCE 2 30 min ENTRAINEMENT (CE1)

▶ **fichier** p. 54

OBSTACLES POSSIBLES

- Pour **tous les exercices** : difficulté de lecture de la balance (la balance penche du côté du plus lourd).
- **Ex. 4 :** difficulté à formuler des phrases de comparaison complètes.
- **Ex. 5 :** difficulté de compréhension de la consigne.

SÉANCE 2 30 min ENTRAINEMENT (CE2)

▶ **fichier** p. 54

OBSTACLES POSSIBLES

- **Ex. 2, B. :** il n'est pas possible de dire quel sac est le plus lourd entre le jaune et le rouge, il manque une comparaison deux à deux.
- **Ex. 4, B. :** comme pour l'ex. 2, on ne peut pas savoir.
- **Ex. 5 :** le rangement concerne ici quatre objets.

Pour différencier : Fichier à photocopier : fiches * et **, *Comparer des masses.*

Traces écrites : Leçon *Comparer des masses CE1* ; Leçon *Comparer des masses CE2*

MISSION 26 Comparer des contenus et des contenances

CE1

MATÉRIEL

▸ **Par binôme :**

Mission A : 3 gobelets transparents, de l'eau, de la semoule, des coquillettes (ou du riz), 1 entonnoir

Mission B : 2 bouteilles identiques opaques, la boite à grandeurs

Mission C : 3 petites bouteilles, de l'eau, de la semoule, des coquillettes (ou du riz), 1 entonnoir, 2 bouteilles de contenances et de formes différentes

▸ **Collectif :** diaporama M26 • CE1

SÉANCE 1	MISSION 26 A	30 min	En binôme
SÉANCE 2	MISSION 26 B	30 min	En binôme
SÉANCE 3	MISSION 26 C	30 min	En binôme
SÉANCE 4	Entrainement fichier p. 56	30 min	Individuel

PRINCIPE DES MISSIONS

- Les objets travaillés jusqu'à présent l'ont été par le prisme de la longueur ou de la masse. On aborde une **nouvelle grandeur – la contenance –** en découvrant, dans un premier temps, les termes de **contenus** et **contenants** et en **comparant des contenus de manière intuitive**, puis de manière **réfléchie**.
- Il est temps ensuite d'aborder la grandeur « contenance » (séances 3 et 4), qui correspond au contenu maximum d'un contenant et ce, indépendamment du contenu choisi, puis de **comparer des contenances** en réinvestissant les méthodes utilisées pour comparer des contenus.

SÉANCE 1 30 min LA MISSION A

- Les élèves échangent tout d'abord sur la recherche d'un intrus parmi plusieurs objets, dont un seul ne peut rien « contenir » (un verre, un arrosoir, une cuillère, un pot de confiture, un caillou). Les objets ont été choisis car ils ne contiennent pas tous du liquide.
- Ensuite, les élèves découvrent le matériel de la mission (trois gobelets identiques et différents contenus possibles). Ils doivent remplir chacun des récipients avec l'un des contenus. Il est nécessaire qu'ils perçoivent qu'un même récipient peut contenir différents contenus afin de renforcer la dissociation entre contenants et contenus qui prépare également à la comparaison : on peut comparer des contenants ou bien des contenus (indépendamment du contenant).
- La dernière partie de la mission est consacrée à comparer les contenus de deux bouteilles transparentes et identiques. Comme pour les autres grandeurs, la première comparaison est visuelle et du domaine de l'observation. L'enseignant·e insistera sur les conditions qui permettent la comparaison des contenus, préalable à la deuxième séance.
- **Bilan et Miniquiz**

SÉANCE 2 30 min LA MISSION B

- Une fois le vocabulaire de « contenant » et « contenu » installé, les élèves ont une nouvelle fois à comparer les contenus de deux bouteilles opaques préalablement préparées par l'enseignant·e avec des contenus différents. Ils sont invités à se prononcer sur cette comparaison rendue impossible par l'opacité des récipients.
- Les élèves ont alors accès à l'ensemble du contenu de la boite à grandeurs afin de choisir le matériel nécessaire à cette comparaison. L'objectif visé ici est de contourner l'opacité en choisissant des récipients transparents et identiques qui permettront de comparer les deux contenus. L'enseignant·e veillera, lors de cette phase de recherche, à ne pas trop guider les élèves et à noter les différentes stratégies déployées. Ainsi, certains feront le lien avec la mission A en sélectionnant des récipients adaptés. L'enseignant·e pourra également proposer de réaliser l'expérience à l'aide des gobelets utilisés lors de la séance précédente.
- **Bilan et Miniquiz**

SÉANCE 3 30 min LA MISSION C

- Dans un premier temps, les élèves découvrent le matériel de la mission et la manipulation associée : ils doivent **remplir au maximum les trois petites bouteilles d'eau, de différents contenus, puis les comparer en les transvidant dans des saladiers**. On attend ici que les élèves constatent l'invariance du contenu maximum en fonction du contenu choisi : **quel que soit le contenu** (ici de l'eau, de la semoule, du riz, des pâtes perles…), **le contenu maximum de la bouteille est identique**. L'enseignant·e introduit alors la nouvelle grandeur qu'est la contenance. Il est possible qu'une légère différence de niveau apparaisse dans les saladiers, l'enseignant·e mènera les élèves à s'interroger sur les « espaces laissés libres », dans le cas des pâtes par exemple, qui peuvent expliquer ce phénomène.
- Dans un deuxième puis troisième temps, les élèves doivent réfléchir aux méthodes permettant de comparer la contenance de deux bouteilles. Dans les deux situations, le diaporama permet de découvrir les deux bouteilles dont la contenance est à comparer, et susciter le débat. Un binôme sera alors chargé de vérifier les hypothèses émises. On attend ici que les élèves transfèrent les méthodes de comparaison des contenus aux comparaisons de contenances, puis qu'ils proposent une troisième méthode propre aux contenances : transférer le contenu maximum de l'un des contenants dans l'autre pour constater ou non le débordement.
- **Bilan et Miniquiz** : le bilan est l'occasion de formaliser par des schémas les deux dernières méthodes.

En pratique

Pour les élèves qui auraient des difficultés à « être convaincus », des expériences de la boite à grandeur reprennent l'invariance de la contenance.

SÉANCE 4 30 min ENTRAINEMENT ▸ fichier p. 56

OBSTACLES POSSIBLES

- ▸ **Ex. 1 :** difficulté à nommer les différents contenus ou contenants.
- ▸ **Ex. 5 :** difficulté à comprendre que le contenu de chaque contenant a été transféré dans les saladiers.

Pour différencier

Fichier à photocopier : fiches * et **, *Comparer des contenus et des contenances.*

Trace écrite Leçon *Comparer des contenus et des contenances CE1*

MISSION 26 Comparer des contenus et des contenances

CE2

MATÉRIEL

- **Par binôme :** 2 bouteilles préparées par l'enseignant·e, 1 saladier, puis 2 boites de conservation, 1 saladier
- **Collectif :** diaporama M26 • CE2

SÉANCE 1	MISSION	30 min	En binôme
SÉANCE 2	Entrainement fichier p. 56	30 min	Individuel, autonomie

PRINCIPE DE LA MISSION

En CE1, les élèves ont découvert la grandeur « contenance », s'appuyant sur les notions de *contenant* et *contenu*. Ils ont appris à comparer contenus ou contenances à l'aide de méthodes de comparaison directes : observation, transvasement d'un récipient dans l'autre ou dans deux récipients permettant la comparaison. Ici, ils vont découvrir une méthode de **comparaison indirecte**, s'appuyant sur un seul récipient intermédiaire.

SÉANCE 1 30 min LA MISSION

- Collectivement, les élèves se remémorent le vocabulaire découvert en CE1 (contenant, contenu, contenance). Ensuite, les méthodes de comparaison de contenus reposant sur l'observation directe ou par l'intermédiaire de récipients identiques sont rappelées. Cette étape s'appuie, dans le diaporama, sur des photos de manipulations de l'année précédente.
- En binôme, les élèves découvrent alors la mission qui leur est confiée : **comparer des contenus en ne possédant pour cela qu'un seul outil de comparaison intermédiaire**. L'objectif ici est de faire apparaitre l'idée d'un **« marquage »**. L'enseignant·e pourra rappeler que cette difficulté a déjà été rencontrée en CE1 pour comparer des longueurs. On pourra évoquer également que la comparaison nécessite de laisser « une trace » sur le gobelet intermédiaire.
- Cette méthode de comparaison indirecte des contenus est utilisée pour comparer les contenances de deux boites de conservation. Cela permet éventuellement aux élèves de manipuler à nouveau et à ceux·celles qui n'auraient pas été en réussite de réinvestir la méthode.
- **Bilan et Miniquiz :** le bilan est l'occasion de formaliser cette nouvelle méthode mais également de rappeler que la démarche appliquée ici à la grandeur contenance est similaire à celle déployée pour la longueur.

SÉANCE 2 30 min ENTRAINEMENT ▸ fichier p. 56

OBSTACLES POSSIBLES

- **Pour tous les exercices :** difficulté à identifier la méthode qui permet la comparaison.
- **Ex. 1 :** difficulté à nommer les différents contenus ou contenants.
- **Ex. 4 et 5 :** difficulté à lier contenu du pot et marquage sur le récipient intermédiaire.
- **Ex. 6 :** difficulté à lier les trois comparaisons pour effectuer le rangement « global ».

Pour différencier

Fichier à photocopier : fiches * et **, *Comparer des contenus et des contenances.*

Trace écrite Leçon *Comparer des contenus et des contenances CE2*

MISSION 27 Mesurer des longueurs et des masses avec des unités arbitraires

CE1

MATÉRIEL

- **Par binôme :** des bandes-unités (ou des planchettes kaplas de 11,7 cm), la fiche *Segments 2*, 1 balance Roberval, des unités-pâtes, 4 feutres identiques
- **Collectif :** diaporama M27 • CE1

SÉANCE 1	MISSION	30 min	En binôme
SÉANCE 2	Entrainement fichier p. 58	30 min	Individuel

PRINCIPE DE LA MISSION

Les élèves ont jusqu'à présent pu comparer des objets, pour chacune des grandeurs physiques, sans avoir recours à aucune mesure. Cela leur a permis de mieux percevoir la grandeur même. Dans cette mission, il est toujours question de comparer des objets, mais on utilise cette fois des unités-étalon : des unités-kapla (ou bandes-unités de même longueur) pour la longueur et des unités-pâtes pour la masse. Ils apprennent ainsi **le mesurage et l'action de « mesurer ».**

SÉANCE 1 — 30 min — LA MISSION

- Collectivement, les élèves découvrent la fiche où sont représentés trois segments de différentes longueurs et les unités-kapla (ou unités-bande). Par binôme, il leur est demandé de **mettre bout à bout les unités afin d'obtenir une longueur égale à chaque segment**. La manipulation pour les segments A et B mène à 2 unités-kapla d'une part et 3 unités-kapla d'autre part. L'enseignant·e veillera :
  - à ce que l'alignement soit respecté ;
  - à ce qu'il n'y ait pas d'espace libre entre deux unités ;
  - à ce que les extrémités des segments et des unités coïncident.
- Il·Elle peut illustrer le cas échéant cette démarche et/ou proposer aux élèves de « poser » les kaplas sur les segments pour faciliter le travail. On introduit alors l'action de « mesurer ». Quant au segment C, le mesurage conduit à une mesure « entre 1 et 2 unités-kapla » : la seconde extrémité du segment ne coïncide pas avec celle d'une unité.
- Avant de passer à l'étape suivante, les élèves sont interpellé·es sur la linéarité de la longueur : ***Peut-on déterminer, sans manipulation, la mesure en unités-kapla de la réunion des deux segments rouge et bleu ?*** La réponse affirmative permet aux élèves de formaliser la propriété additive de la grandeur « longueur ».
- Les élèves abordent la 2nde partie de la mission qui reproduit et adapte à la masse les découvertes de la 1re partie. Le mesurage de la masse d'un feutre est alors en unité-pâte et la propriété concerne cette fois la multiplication de la mesure par un nombre : « la masse de 4 feutres identiques est bien 4 fois celle d'un feutre » (même si ici on l'aborde par addition réitérée).
- **Bilan et Miniquiz**

SÉANCE 2 — 30 min — ENTRAINEMENT ▸ fichier p. 58

OBSTACLES POSSIBLES

- **Ex. 1 :** difficulté à lier l'unité-brique de la bulle à celle des illustrations.
- **Ex. 2 :** difficulté à manipuler les bandes-unité fournies dans la méthode.
- **Ex. 4 et 5 :** difficulté à identifier les propriétés de linéarité.
- **Ex. 6 :** difficulté à expliciter à l'écrit la démarche utilisée pour comparer les masses.

Pour différencier

Fichier à photocopier : fiches * et **, *Mesurer des longueurs et des masses avec des unités arbitraires.*

MISSION 27 Comparer des objets selon plusieurs grandeurs

CE2

MATÉRIEL
- **Par binôme : 3 verres de différentes tailles, la boite à grandeurs**
- **Collectif :** diaporama M27 • CE2

SÉANCE 1	**MISSION**	30 min	En binôme
SÉANCE 2	**Entrainement fichier** p. 58	30 min	Individuel, autonomie

PRINCIPE DE LA **MISSION**

Les élèves identifient trois grandeurs pour un objet : la longueur, la masse et la contenance. Ils sont capables de comparer différents objets par le prisme de l'une de ces grandeurs, à l'aide de différentes méthodes, directes ou indirectes. Cette mission vient ponctuer leurs apprentissages sur ces comparaisons en formalisant ce qu'ils ont peu à peu découvert à l'aide d'exemples tout au long des missions : **selon la grandeur choisie, le rangement de plusieurs objets peut être différent.** Elle est aussi en quelque sorte un **bilan général sur la comparaison**.

SÉANCE 1 — 30 min — LA MISSION

- Collectivement, les élèves se remémorent les trois grandeurs physiques qu'ils ont abordées, le vocabulaire associé et les différentes méthodes de comparaison des objets selon la longueur, la masse et la contenance.
- En binôme, les élèves découvrent alors le matériel : 3 verres, l'un en plastique (type gobelet), l'autre en carton (type fastfood), le dernier en verre large. La classe est partagée en trois groupes et chaque groupe devra ranger ces trois verres selon la grandeur attribuée par l'enseignant·e. Le matériel est laissé au libre choix des élèves parmi celui de la boite à grandeurs, mais l'enseignant·e peut imposer à chaque binôme une méthode de son choix.
- Collectivement, il est alors proposé de débattre sur les trois rangements obtenus. Les élèves constatent que trois mêmes objets peuvent mener à trois rangements différents. L'enseignant·e soulignera qu'il est important, lorsqu'on range des objets, de préciser la grandeur qui a permis ce classement et d'utiliser le vocabulaire adapté à chaque grandeur.
- **Bilan et Miniquiz**

SÉANCE 2 — 30 min — ENTRAINEMENT ▸ fichier p. 58

OBSTACLES POSSIBLES

- **Ex. 1 :** difficulté à comprendre l'énoncé.
- **Ex. 3 :** difficulté pour l'item B à concevoir que le même rangement vaut pour les trois grandeurs.
- **Ex. 4 :** difficulté à identifier la grandeur associée au rangement car les objets ne sont pas manipulables.

Pour différencier

Fichier à photocopier : fiches * et **, *Comparer des objets selon plusieurs grandeurs.*

MISSION 28 Graduer des segments pour les comparer

CE1

MATÉRIEL

- **Par élève :** des bandes-unités de 11,7 cm (ou des kaplas de 11,7 cm), 1 carré de mosaïque de 1 cm^2 (ou 1 unité-mosaïque du matériel détachable), la fiche *Segments 2* de la mission 27 non remplie
- **Collectif :** diaporama M28 • CE1

SÉANCE 1	MISSION	30 min	Individuel
SÉANCE 2	Entrainement fichier p. 60	30 min	Individuel

PRINCIPE DE LA MISSION

Lors de la mission précédente, les élèves ont appris à mesurer des segments en mettant « bout à bout » des unités-étalons. Dans cette mission, les mêmes segments sont utilisés mais la difficulté augmente : une seule unité est mise à disposition des élèves qui ne peuvent plus alors les mettre bout à bout et devront apprendre à graduer pour conserver la trace de leur mesurage. Ils découvrent également qu'un mesurage peut être effectué avec différentes unités-étalons.

SÉANCE 1 — 30 min — LA MISSION

- Collectivement, les élèves découvrent le matériel de la mission : une unité-kapla (ou unité-bande), une unité-mosaïque et la fiche *Segments 2*. Un rappel est fait de la mission précédente permettant de se remémorer le terme « mesurer » ainsi que la méthode « bout à bout » utilisée alors.
- Individuellement, les élèves découvrent la mission qui leur est confiée : mesurer de nouveau les segments A et B à l'aide de l'unité-kapla, en utilisant cette fois une seule unité ! Ils peuvent s'appuyer sur le premier kapla pour étayer la méthode. L'enseignant·e demande : *Où aurais-tu positionné le second kapla ? Comment peux-tu faire pour indiquer cet emplacement ?* Ils peuvent également s'appuyer sur la méthode de comparaison indirecte des segments à l'aide de bandes pour résoudre les difficultés.
- Collectivement, un bilan méthodologique est verbalisé en appui sur les étapes du diaporama. La seconde partie de la mission invite les élèves à mesurer plus précisément le segment C, qui ne tombe pas juste : *Comment faire ?* La présence d'une autre unité (l'unité-mosaïque) permet aux élèves de réinvestir la méthode de graduation sur ce segment. L'enseignant·e veillera à ce que chaque élève réalise correctement la manipulation car cette compétence de « graduer » est commune à toutes sortes de domaines, en numération pour graduer une droite par exemple.
- **Bilan et Miniquiz** : le bilan est l'occasion de souligner que la mesure est dépendante de l'unité choisie. La définition de graduer est également abordée : Graduer, c'est reporter autant de fois que nécessaire une unité et marquer chaque report.

SÉANCE 2 — 30 min — ENTRAINEMENT ▸ fichier p. 60

OBSTACLES POSSIBLES

- **Ex. 2 et 3 :** difficulté à graduer en unités-mosaïques.
- **Ex. 4 :** difficulté à manipuler l'unité-pomme.

Pour différencier

Fichier à photocopier : fiches * et **, *Graduer des segments pour les comparer.*

Pour évaluer

Évaluation *Grandeurs et mesures 1 CE1*

MISSION 28

Mesurer des contenances avec des unités arbitraires

CE2

MATÉRIEL

- **Par binôme : 1 bouteille de forme irrégulière, des gobelets (en quantité suffisante pour effectuer le mesurage de la contenance de la bouteille avec cette unité-étalon), 1 contenu de la boite à grandeurs, 1 marqueur**
- **Collectif : diaporama M28 • CE2**

SÉANCE 1	MISSION	30 min	En binôme
SÉANCE 2	Entrainement **fichier** p. 60	30 min	Individuel

PRINCIPE DE LA MISSION

Sur le même principe que pour graduer un segment en unité-étalon, **les élèves mesurent la contenance d'une bouteille d'eau à l'aide d'une unité-gobelet, puis la graduent**. La mission se déroule donc en deux phases et a pour objectifs de réinvestir les méthodes de mesurage et graduation, et de constater que, dans le cas précis des contenances, la forme du récipient à graduer influe sur l'espacement des graduations.

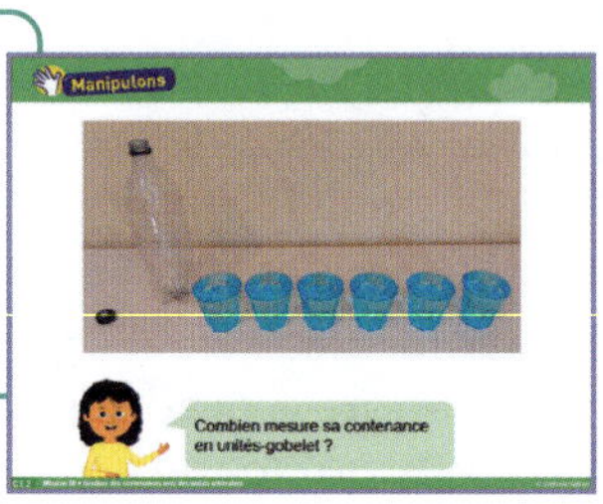

SÉANCE 1 30 min LA MISSION

- Collectivement, les élèves découvrent le matériel de la mission.
- **En binôme, les élèves doivent effectuer le mesurage de la contenance de la bouteille en unité-gobelet.** Pour cela, ils procèdent en remplissant la bouteille à l'aide d'un contenu choisi par l'enseignant·e : eau, semoule, riz... Chaque binôme peut disposer d'un contenu différent voire même d'une unité-gobelet différente. Ensuite, ils remplissent tour à tour les gobelets avec le contenu de la bouteille afin de « lire » le mesurage de la bouteille en unité-gobelet. L'échange qui suit est l'occasion de revenir sur les différentes méthodes utilisées par les binômes et de rappeler que les mesures s'expriment dans une unité-étalon.
- Ensuite, les élèves ne disposent plus que d'une seule unité-étalon. **La méthode utilisée nécessite de remplir le gobelet-unité (ou toute autre unité), puis de le transvider dans la bouteille en marquant d'un repère chaque niveau de remplissage : les élèves doivent graduer !** L'enseignant·e veillera à ce que les élèves ne reportent pas l'écart entre deux graduations « pour gagner » du temps en demandant le cas échéant aux élèves de vérifier leur hypothèse par la manipulation.
- **Bilan et Miniquiz** : le bilan est l'occasion de rappeler la définition de graduer, c'est-à-dire de reporter une unité-étalon autant que nécessaire et de constater que, dans le cas du récipient choisi, les graduations dépendent de l'unité choisie et que l'écart entre deux graduations n'est pas constant car la forme n'est pas régulière.

SÉANCE 2 30 min ENTRAINEMENT ▸ fichier p. 60

OBSTACLES POSSIBLES

- **Ex. 2 :** difficulté à identifier le contenant correctement gradué jusqu'au bout.
- **Ex. 3 :** pour deux récipients, les graduations ne sont pas régulières car ils sont évasés.
- **Ex. 4 :** même difficulté qu'à l'exercice précédent, ce qui complique la comparaison visuelle et justifie la comparaison par mesurage.
- **Ex. 5 et 6 :** les problèmes utilisent la linéarité multiplicative (ou d'additivité réitérée) de la contenance.

Pour différencier

Fichier à photocopier : fiches * et **, *Mesurer des contenances avec des unités arbitraires.*

Pour évaluer Évaluation *Grandeurs et mesures 1 CE2*

JEUX en ATELIERS

CE1 CE2

1. Le Bata-longueurs

▶ Objectif

Ce jeu a pour objectif de réinvestir les différentes méthodes de comparaison de longueurs. Il se décline en plusieurs niveaux de difficultés qui suivent la progressivité de ce module.
Ainsi les élèves auront tour à tour à comparer des objets, puis des segments, de manière directe, indirecte ou à l'aide du mesurage ou de la graduation. Le premier niveau permet en outre de commencer le travail sur les relations entre les objets du quotidien afin de fabriquer des images mentales.

▶ Organisation

2 à 4 élèves 10 min

▶ Matériel

Diaporama Jeu 1 grandeurs 1

Pour chaque niveau de difficulté, le matériel est composé de cartes :

Niveau 1 : *Cartes Bata-objets 1* sont illustrées d'objets de la vie quotidienne et chacun d'entre eux a sa longueur représentée par un segment de chaque côté de la carte. On travaille dans ce niveau la comparaison directe.

Niveau 2 : *Cartes Bata-objets 2* sont identiques au niveau 1 mais les objets ne sont plus représentés. On travaille ici également la comparaison directe.

Niveau 3 : *Cartes Bata-segments 1* sont illustrées de segments « en position aléatoire ». On travaille alors ici la comparaison indirecte.

Niveau 4 : *Cartes Bata-segments 2* sont illustrées de segments dont le mesurage est effectué en unités-briques. On travaille ici la comparaison de longueur à l'aide du mesurage.

Niveau 5 : *Cartes Bata-segments 3* sont illustrées de segments gradués (ce sont les mêmes qu'au niveau précédent mais le mesurage n'apparait plus).

▶ Qui gagne ?

Le joueur qui emporte toutes les cartes a gagné. On peut également décider d'un temps limité (par exemple à l'aide d'un sablier) et celui qui possède le plus de cartes gagne la partie.

▶ Règle du jeu

On sélectionne tout d'abord le jeu de cartes qui correspond à l'objectif visé, puis on répartit les cartes entre les différents joueurs (4 joueurs maximum). Chaque joueur retourne sa carte. Le principe est le même que celui de la bataille, les élèves comparent les longueurs et celui qui possède la plus longue emporte l'ensemble des cartes retournées.

▶ Variantes

- En CE2, on pourra tirer deux cartes à chaque tour et comparer la longueur des chemins formés par les deux segments (niveau 2 à 5).
- On peut varier également le nombre de joueurs. À un seul joueur, on peut tirer plusieurs cartes et les ranger par ordre croissant ou décroissant de longueurs.
- On peut, pour accentuer la difficulté, mixer les jeux de cartes des niveaux 2 et 3 en particulier et demander aux élèves de verbaliser la méthode utilisée pour comparer.

▶ Verbalisation et institutionnalisation

La verbalisation est l'occasion de revenir sur les différentes méthodes de comparaison et de la formaliser : *Pour comparer, j'ai aligné les extrémités.* On revient également sur le vocabulaire expert « plus court », « plus long ».

JEUX en ATELIERS (suite)

2. Qui est-ce ?

▶ Objectif

Ce jeu a pour objectif, tant pour les CE1 que les CE2 d'utiliser un vocabulaire précis sur les grandeurs à l'oral. En effet, il travaille l'ensemble des trois grandeurs simultanément. En CE1, l'objectif est de formuler des phrases mathématiques précises : *Est-ce que … a une longueur plus courte que … ?*
En CE2, les phrases, précises également, sont composées : *Est-ce que … a une longueur plus courte que … et une masse plus lourde que … ?* par exemple.

▶ Organisation

2 élèves 10 min

▶ Matériel

Diaporama **Jeu 2 grandeurs 1**

La grille *Qui est-ce ?* plastifiée et un feutre de tableau.

▶ Qui gagne ?

Le joueur qui devine en premier l'objet de l'autre gagne la partie.

▶ Règle du jeu

Il s'agit de celle d'un « Qui-est-ce ? » classique.
Les élèves disposent d'une grille de 16 objets caractérisés par leur longueur, leur masse et éventuellement leur contenance, mesurées en unités arbitraires. Chaque joueur choisit l'un des objets à faire deviner à l'autre. Tour à tour, ils posent des questions afin d'éliminer les objets restants. *Est-ce que l'objet possède une contenance ?, Est-ce que sa longueur est de 4 unités ?, Est-ce que sa masse est plus lourde que 3 unités ?…*

▶ Variantes

À un seul joueur, l'élève peut choisir un objet et écrire une série restreinte de phrases pour faire deviner l'objet qu'il a choisi. Cela peut se faire sous forme de défi : en moins de 5 phrases par exemple, mais attention il ne doit pas utiliser les mesurages exacts indiqués sur l'objet !

▶ Verbalisation et institutionnalisation

Le temps de verbalisation est particulièrement propice pour travailler à nouveau le vocabulaire précis. Ce jeu permet en outre de travailler l'ensemble du vocabulaire des trois grandeurs étudiées dans ce module.

module

Construire / Revoir les unités usuelles

Sur votre espace numérique

Retrouvez sur l'espace numérique **tous les diaporamas** et les **ressources complémentaires** : leçons, évaluations, matériel, etc.

Compétences

- **Comparer, estimer, mesurer des longueurs, des masses, des contenances, des durées.**
  - Estimer les ordres de grandeurs de quelques longueurs, masses et contenances en relation avec les unités métriques.
  - Vérifier avec un instrument dans les cas simples : ordres de grandeur des unités usuelles en les associant à quelques objets familiers.
  - Dans des cas simples, mesurer des longueurs, des masses et des contenances en utilisant un instrument adapté.
  - Encadrer une mesure de grandeur par deux nombres entiers d'unités.
  - Lire les graduations représentant des grandeurs.
- **Résoudre des problèmes impliquant des longueurs, des masses, des contenances, des durées, des prix.**
  - Résoudre des problèmes, notamment de mesurage et de comparaison, en utilisant les quatre opérations sur les grandeurs ou leurs mesures.
  - Résoudre des problèmes impliquant des conversions simples d'une unité usuelle à une autre : relations entre les unités usuelles, lien entre les unités de mesure décimales et les unités de numération.

Lexique

- **Unité arbitraire :** unité (souvent choisie dans les objets de la vie quotidienne) utilisée pour le mesurage d'une grandeur.
- **Unité usuelle :** unité utilisée dans le Système Métrique International.
- **Graduer :** action de reporter une unité-étalon en marquant chaque occurrence.
- **Mesurage :** mesure d'un objet selon une grandeur en unité arbitraire.
- **Mesurer :** attribuer, pour une grandeur, une mesure exprimée dans une unité donnée, arbitraire ou usuelle.
- **Estimer :** évaluer, sans mesurer, une mesure de grandeur.

Apports didactiques

- Ce module est consacré à la construction d'un **référentiel pour l'estimation** et **la mesure en unités usuelles**. Chaque référentiel est construit en deux temps :
  - le développement des représentations mentales des ordres de grandeur des différentes grandeurs et de leur rapport ;
  - la définition propre à chaque unité de mesure usuelle.
- Ainsi, l'élève pourra construire des équivalences, par exemple : *10 bouteilles de yaourt à boire correspondent à une bouteille de lait ; Il faut 10 grands pas pour parcourir la classe*, etc. On peut s'appuyer ici sur les objets identifiés lors d'une balade mathématique et dans une collecte dans la classe ou bien apporter des photos en supplément (cartes-objet de la boite à grandeurs). La construction d'un tel référentiel est nécessaire pour renforcer chez les élèves le lien entre les unités usuelles. **La dénomination des unités usuelles peut alors être introduite.**
- De la même manière, les conversions d'unités usuelles sont abordées consécutivement aux conversions d'unités arbitraires. Par exemple, *13 unités-mosaïque équivalent à 1 unité-colle + 3 unités-mosaïque* deviennent ensuite *13 cm = 1 dm + 3 cm*. D'autre part, comme en numération, nous nous appuyons sur les cartes-nombres pour donner du sens à la fois aux unités de mesure et aux unités de numération. Ainsi, autant que possible, le mesurage ou la mesure sera l'occasion de faire des liens avec la numération. Cela permettra aux élèves de donner du sens aux nombres en les associant à des représentations. Ainsi, le millier, difficilement perceptible, est travaillé par exemple lors de la découverte du kilogramme équivalent à 1 000 pâtes serpentinis ! De même, tout le travail mené autour de la graduation est efficient en numération également, par le travail sur l'unité et son report. Inversement, des notions abordées en numération pourront prendre sens par des exemples issus du domaine des grandeurs et mesures. Ce lien est particulièrement marqué par l'utilisation des préfixes associés aux codes couleur : le décimètre est associé à la couleur rouge car lié au mètre par un facteur 10.
- Notons que tout ce module est donc en lien étroit avec le travail effectué en numération, notamment par les nombreuses décompositions et recompositions nécessaires aux conversions.

Difficultés rencontrées par les élèves

1 Difficulté à percevoir les quantités qui sont en jeu lors de la construction du système de mesures, notamment celles de l'ordre de la centaine, puis du millier. La manipulation est une piste afin de mieux les percevoir.

2 Difficulté à convertir les unités arbitraires puis usuelles nécessitant de manipuler de manière semi-abstraite, puis abstraite, le système décimal. Ici encore, la manipulation des unités arbitraires peut être une aide, tout comme la manipulation simultanée avec le matériel de numération.

3 Difficulté pour les élèves de se représenter des objets « du quotidien ». Si les objets utilisés tout au long de ces missions ont été choisis de manière à être le plus universellement connus, il n'en demeure pas moins que certains élèves peuvent ne pas en fréquenter certains.

Les MATHS en vie

CE1 CE2

DURÉE

30 min

MATÉRIEL

- Diaporama Maths en vie grandeurs 2

• SITUATION 1 Sur la route

Le but de cette situation est de réactiver le terme de grandeur et d'en verbaliser le type : longueur, masse et contenance. Ensuite, on interpelle les élèves sur les unités qui apparaissent sur les panneaux de sécurité routière. **Certaines de ces unités sont connues des élèves de CE1, comme le mètre, même s'ils n'en connaissent pas forcément l'abréviation. Les élèves de CE2 peuvent dans ce cas compléter à l'aide des acquis de l'année précédente.** Un échange peut s'engager autour des compétences développées sur ces grandeurs (comparaison à l'aide du mesurage dans le module 1) ainsi que sur les unités qui permettent de les mesurer. On ne cherche pas ici l'exhaustivité mais à faire se questionner les élèves sur les représentations qu'ils possèdent de ces différentes unités. L'enseignant·e peut verbaliser le contenu du module à venir : *Nous allons apprendre à mesurer ces grandeurs à l'aide de différentes unités arbitraires et usuelles*, sans détailler davantage.

• SITUATION 2 En cuisine

Tout comme pour la première situation, il s'agit ici de réactiver les notions découvertes sur les grandeurs, puis d'élargir au contenu du module à venir sur les mesures usuelles, dans le contexte d'une recette de cuisine.

MISSION 29 Construire des relations entre unités de mesure de longueur

CE1

MATÉRIEL

- **Par binôme :** des carrés de mosaïques (de côté 1 cm), 1 tube de colle de longueur 10 cm, 1 bande (pour placoplâtre), un stylo quatre couleurs, des ciseaux
- **Collectif :** diaporama M29 • CE1

SÉANCE 1	MISSION	30 min	En binôme
SÉANCE 2	**Entrainement fichier** p. 62	30 min	Individuel, autonomie

• PRINCIPE DE LA MISSION

Sans aborder les unités de mesures usuelles, les élèves graduent ici une bande de 1 m en dm, puis en cm, en s'appuyant sur un mesurage en unité-bâton de colle, puis en unité-mosaïque. **Ils découvrent ainsi, sans les nommer, les trois unités usuelles et en construisent le rapport de base 10 qui les lie.** On élabore ainsi un outil de mesure et on travaille sur des représentations utiles à l'élaboration d'un référentiel mental.

SÉANCE 1 30 min LA MISSION

- Collectivement, les élèves découvrent le matériel à leur disposition : des unités-mosaïque, une unité-bâton de colle, un « bout » de bande, un stylo quatre couleurs. Un échange peut s'engager autour de l'unité-mosaïque qui a été utilisée dans la mission précédente pour graduer différents segments.
- Après une première estimation de la longueur de la table, on demande aux élèves de découper **la bande de mesure « 10 unités-bâton de colle », en la graduant en rouge**. Cette étape permet de réactiver la méthode de graduation en unité-étalon et de construire un rapport de base 10 entre l'unité-bâton de colle et ce qui constituera plus tard l'unité-bande.
- On travaille ensuite sur l'estimation de la mesure entre l'unité-bâton de colle et l'unité-mosaïque qui est ensuite vérifiée par la manipulation en reprenant le mesurage « bout à bout ». Ici encore, on construit la relation de base 10 entre ces 2 unités-étalon.
- **On réinvestit ensuite ces deux procédés – estimation et vérification en graduant la bande en unité-mosaïque.** Cette opération, qui peut apparaitre fastidieuse, est cependant porteuse de sens pour la construction du rapport de 100 entre les deux unités ainsi que dans le domaine de numération où la centaine peut sembler encore trop abstraite à certains élèves. L'enseignant·e peut néanmoins proposer aux élèves de terminer ce travail en autonomie selon les pratiques de classe. Cette étape peut également être exploitée afin de travailler sur le sens de la multiplication en base 10.
- On propose enfin aux élèves d'utiliser l'instrument de mesure créé pour mesurer la longueur de la table. La lecture de graduation est travaillée ici pour terminer cette mission.

- **Bilan et Miniquiz**

SÉANCE 2 30 min ENTRAINEMENT ▸ fichier p. 62

OBSTACLES POSSIBLES

- ▸ **Ex. 1 :** difficulté à se représenter les ordres de grandeur des éléments à estimer.
- ▸ **Ex. 2 et 3 :** difficulté de lecture des mesures.
- ▸ **Ex. 4 :** difficultés liées à la numération en base 10 : on pourra ici reprendre le matériel de la mission en termes de remédiation.
- ▸ **Ex. 5 :** difficulté à réinvestir les conversions de l'exercice précédent dans des conversions mélangeant les différentes unités arbitraires.
- ▸ **Ex. 6 :** difficulté à représenter et expliciter l'énoncé du problème. Un schéma en appui sur des segments représentant les longueurs peut être proposé.

Pour différencier

Fichier à photocopier : fiches * et **, *Construire des relations entre unités de mesure de longueur.*

MISSION 29 Revoir les unités de mesure de longueur

CE2

S'agissant d'une révision du CE1, aucune séance d'apprentissage n'est présente pour le CE2, mais nous avons fait le choix de proposer des exercices dans le fichier afin de réactiver certaines notions sur les unités usuelles de longueur, en appui sur le bilan.

SÉANCE 1	Entrainement fichier p. 62	30 min	Individuel, autonomie

SÉANCE 1 — 30 min — ENTRAINEMENT ▸ fichier p. 62

Série d'exercices reprenant les unités de mesure découvertes et utilisées au CE1 : le mètre, le décimètre et le centimètre.

OBSTACLES POSSIBLES

- **Ex. 1 :** difficulté à se remémorer les ordres de grandeur des éléments à estimer.
- **Ex. 2 :** difficultés liées à la base 10.
- **Ex. 3 :** difficulté à mesurer précisément les segments.
- **Ex. 4 :** difficulté à concevoir le chemin demandé comme une mesure unique. On pourra faire référence ici à l'exercice 3 de la mission 24.
- **Ex. 5 :** difficulté à rédiger la réponse sans guide.

Pour différencier

Fichier à photocopier : fiches * et **, *Revoir les unités de mesure de longueur.*

Traces écrites

Leçon ***Le mètre***
Leçon ***Le décimètre***
Leçon ***Le centimètre***

MISSION 30 — Estimer et mesurer en cm, en dm, en m

CE1

MATÉRIEL

- **Par binôme :** la bande graduée de la mission 29, 1 cahier, 1 craie
- **Collectif :** diaporama M30 • CE1

SÉANCE 1	MISSION	30 min	En binôme
SÉANCE 2	Entrainement cahier p. 64	30 min	Individuel, autonomie

PRINCIPE DE LA MISSION

Cette mission vient ponctuer la progressivité sur les longueurs. **Elle vient institutionnaliser l'utilisation des mesures usuelles, découvertes empiriquement dans la mission précédente.** Le lien avec la numération s'opère par un travail sur les préfixes de l'unité de référence des mesures de longueur : le mètre. La seconde partie de la mission est dédiée à formaliser la méthode de mesure de longueur à l'aide d'instruments.

SÉANCE 1 — 30 min — LA MISSION

- Collectivement, les élèves se remémorent la manière dont a été construite la bande graduée, en appui sur le diaporama. Ils sont ensuite invités à se questionner sur le matériel utilisé (tube de colle, mosaïque) : sa praticité et son « universalité ». L'enseignant·e pourra éventuellement proposer aux élèves de comparer avec d'autres tubes de colle ou mosaïques de longueurs différentes.
- L'enseignant·e introduit le fait que **ces unités n'ont pas été choisies au hasard, puis formalise le mètre, le décimètre et le centimètre**. Il·Elle insistera sur les préfixes utilisés et leur signification étymologique. Un tableau, présent également dans le fichier de l'élève, synthétise à la fois les dénominations des unités usuelles, les liens qui les unissent et l'objet de référence de chacune. Pour les unités usuelles, il y a une fiche d'identité prévue dans la boite à grandeurs mais on peut aussi afficher ce tableau.
- Ensuite, en binôme, **les élèves sont invités à mesurer un cahier à l'aide leur bande**. L'enseignant·e insiste sur l'alignement de l'extrémité de l'objet à mesurer avec l'origine des graduations. La seconde extrémité indique alors la mesure de la longueur de l'objet. L'enseignant·e insistera sur deux points : la lecture de la graduation *2 cm après 3 dm c'est-à-dire 32 cm* ainsi que sur le vocabulaire utilisé : la **mesure de la longueur** du cahier, qui fait le lien entre la longueur du domaine de la géométrie et la mesure qui relève du domaine de la numération.

- La dernière phase de cette mission permet d'interpeler les élèves sur **la praticité de la bande pour mesurer des longueurs plus courtes**. Différents instruments (mètre à ruban, de couturière, double ou triple décimètre, règle du tableau) leur sont proposés afin de mesurer une craie.
- **Bilan et Miniquiz**

SÉANCE 2 — 30 min — ENTRAINEMENT ▸ fichier p. 64

OBSTACLES POSSIBLES

- **Ex. 1 :** difficulté à se représenter les ordres de grandeur des éléments à estimer.
- **Ex. 2 :** difficulté de lecture des mesures, notamment pour le dernier item où la mesure en dm et cm est demandée.
- **Ex. 3 :** difficulté à aligner l'origine avec une extrémité du segment.
- **Ex. 4 :** difficulté à manipuler le double-décimètre pour tracer le segment. On pourra proposer des segments dont les origines sont déjà tracées.
- **Ex. 6 :** difficulté à réinvestir les conversions de l'exercice précédent dans des conversions mélangeant les différentes unités usuelles.
- **Ex. 7 :** difficulté à effectuer la conversion mêlant les trois unités usuelles.

Pour différencier

Fichier à photocopier : fiches * et **, *Estimer et mesurer en cm, en dm, en m.*

Traces écrites

Leçon ***Le centimètre***
Leçon ***Le décimètre***
Leçon ***Le mètre***

MISSION 30 Estimer et mesurer en mm, en km

CE2

MATÉRIEL

- **Par binôme :** 1 double-décimètre, 1 feutre, 1 brouillon
- **Collectif :** diaporama M30 • CE2

SÉANCE 1	MISSION	30 min	Individuel
SÉANCE 2	Entrainement fichier p. 64	30 min	Individuel, autonomie

PRINCIPE DE LA MISSION

Dans cette mission, on **découvre successivement le millimètre et le kilomètre en utilisant leur lien avec le système décimal** et plus particulièrement le facteur 1 000 déjà découvert en CE1 pour le kilogramme. On aborde également ici la mesure et le tracé de segments en millimètres. Parallèlement, l'élaboration d'un référentiel de représentation mentale est poursuivi pour ces deux unités usuelles.

SÉANCE 1 — 30 min — LA MISSION

- Collectivement, les élèves découvrent le matériel de la mission : un double-décimètre, un feutre et un brouillon. **L'enseignant·e travaille d'abord avec le double-décimètre pour repérer les graduations en cm.** Il·Elle attire l'attention sur l'unité usuelle dans laquelle sont exprimées les graduations repérées : le centimètre. Il·Elle peut alors questionner les élèves sur les graduations qui partagent chaque centimètre et plus particulièrement leur nombre. Un travail sur la numération avec les dizaines de centaines est nécessaire ici pour découvrir que chaque graduation représente un mètre partagé en 1 000. Cette phase se conclut par une institutionnalisation de cette nouvelle unité de mesure de longueur : le millimètre, dont le lien avec l'étymologie est ici aussi souligné.
- Individuellement, **les élèves sont invités à tracer un segment** pour, d'une part, acquérir grâce à l'épaisseur du trait un référentiel du millimètre et, d'autre part, réinvestir la méthode de mesure avec pour unité le millimètre.

- **Dans la seconde partie de la mission, on aborde le kilomètre.** Après s'être questionnés sur sa définition, les élèves travaillent tour à tour sur les deux équivalences de numération 1 000 = 10 × 100 correspondant à 10 longueurs de piste d'athlétisme et 1 000 = 100 × 10 correspondant à 100 longueurs de maison. La difficulté pour les élèves est de concevoir une unité de mesure de longueur non manipulable. L'enseignant·e pourra le cas échéant choisir parmi le quotidien des élèves de la classe, par exemple la distance entre l'école et un lieu de la ville.
- **Bilan et Miniquiz** : le bilan est l'occasion de formaliser les liens qui unissent ces deux nouvelles unités au mètre ainsi que les représentations associées.

SÉANCE 2 — 30 min — ENTRAINEMENT ▸ fichier p. 64

OBSTACLES POSSIBLES

- **Ex. 1 :** difficulté à se représenter les ordres de grandeur des éléments à estimer.
- **Ex. 2 :** difficulté pour effectuer les mesures, notamment pour le rose et le bleu où la mesure est exprimée en cm et mm, puis en mm.
- **Ex. 4 :** difficulté à manipuler le double-décimètre pour tracer les segments qui nécessitent des conversions d'unités.
- **Ex. 5 :** difficulté à réinvestir les conversions de l'exercice 3.
- **Ex. 7 :** difficulté à justifier un raisonnement qui nécessite de « mesurer » des chemins.

Pour différencier

Fichier à photocopier : fiches * et **, *Estimer et mesurer en mm, en km.*

Traces écrites

Leçon *Le millimètre*

Leçon *Le kilomètre*

MISSION 31 Utiliser les euros et les centimes d'euros

CE1

MATÉRIEL

- **Pour les élèves qui auraient besoin de manipuler :** de la monnaie
- **Collectif :** diaporama M31 • CE1

SÉANCE 1	MISSION et entrainement p. 66	30 min	Individuel

PRINCIPE DE LA MISSION

Le diaporama sert ici de support à l'élaboration du bilan qui se complète en parallèle dans le fichier p. 66. On y découvre les deux unités qui sont utilisées pour la monnaie ainsi que les liens de base 10 qui les unissent, avant d'apprendre à déterminer une somme.

SÉANCE 1 — 30 min — LA MISSION ET L'ENTRAINEMENT

- **Les élèves découvrent les pièces et les billets et sont invités à identifier les deux unités usuelles utilisées : l'euro et le centime d'euro.** L'accent est mis sur le parallèle entre valeur en euros et valeur en centimes d'euro (20 € et 20 c, par exemple). On attire particulièrement l'attention sur les pièces de 1 euro et de 1 centime d'euro avant de les nommer. Le lien qui existe entre ces deux unités usuelles est alors introduit, en appui sur l'étymologie. L'enseignant·e insistera sur le préfixe, afin de renforcer le parallèle entre les différentes grandeurs et leurs unités de mesure.
- Ensuite, **on travaille sur les différentes possibilités pour obtenir 1 euro**, équivalences qui seront nécessaires ultérieurement pour déterminer des sommes en euros et centimes d'euro. On aborde ici certaines décompositions multiplicatives de la centaine (1 × 100 ; 10 × 10 ; 5 × 20 ; 2 × 50) par les regroupements/

substitutions. Les séances ou ateliers dédiés à la boite à grandeur peuvent être l'occasion de manipuler pièces/billets et matériel de numération.

- Dans la dernière partie, **on apprend à déterminer ou à représenter une somme en euros et centimes d'euro**. L'enseignant·e pourra faire le parallèle entre l'utilisation du mot « somme » comme résultat d'une addition et celui de « somme » utilisé ici, afin d'en renforcer le sens. La méthode pour déterminer une somme s'appuie en grande partie sur des compétences de numération. En outre, la recherche des pièces et billets nécessaires à la représentation s'appuie, quant à elle, sur des décompositions additives inférieures à la centaine.
- Nous avons fait le choix de ne pas aborder des sommes qui nécessitent des conversions de centimes d'euro en euros afin de ne pas surcharger l'activité de l'élève. L'enseignant·e veillera à bien prononcer les sommes obtenues sous la forme « 50 euros **et 2 centimes d'euro** » et non « 50 euros 2 » car cela engendre plus tard chez les élèves une mauvaise conception de l'écriture décimale.

ENTRAINEMENT ▸ fichier p. 66

OBSTACLES POSSIBLES

- ▸ **Ex. 3 :** difficulté à déterminer la somme en prenant en compte les deux unités.
- ▸ **Ex. 4 et 5 :** difficulté, dès le premier essai, à utiliser les bonnes pièces et/ou billets pour obtenir la somme indiquée.
- ▸ **Ex. 5 :** la somme indiquée est la même dans les trois cas mais avec des pièces et des billets différents.
- ▸ **Ex. 6 :** difficulté à représenter par le « dessin » les pièces et billets nécessaires. La graphie ici n'est pas nécessaire tant que les pièces et billets existent.

Pour différencier

Fichier à photocopier : fiches * et **, *Utiliser les euros et les centimes d'euros.*

Trace écrite

Leçon ***La monnaie***

MISSION 31 Rendre la monnaie

CE2

MATÉRIEL

- ▸ **Pour les élèves qui auraient besoin de manipuler :** de la monnaie
- ▸ **Collectif :** diaporama M31 • CE2

SÉANCE 1	MISSION et entrainement p. 66	30 min	Individuel

PRINCIPE DE LA **MISSION**

Le diaporama sert de support à l'élaboration du bilan qui se complète en parallèle dans le fichier p. 66. Les deux unités usuelles de monnaie sont rappelées ainsi que les décompositions multiplicatives de l'euro en centimes d'euro abordées en CE1. On généralise, dans un premier temps, en déterminant le complément à 1 euro dans plusieurs cas de figures de difficulté graduelle. Ensuite, on cherche le complément d'une somme en euros et centimes d'euro.

SÉANCE 1 30 min LA MISSION ET L'ENTRAINEMENT

- Dans un premier temps, **les élèves se remémorent les pièces et les billets des deux unités usuelles de monnaie**. On rappelle également les décompositions multiplicatives de l'euro en centimes d'euro (1 € = 100 × 1 c = 2 × 50 c = 5 × 20 c = 10 × 10 c) dans le but de réinvestir des faits de numération sur la base 10 et de lier les deux unités.

- Ensuite, **on aborde, à l'aide de trois cas de difficulté croissante, le complément à 1 euro** :
  - 50 c pour aller à 1 € ;
  - 20 c pour aller à 1 € ;
  - 11 c pour aller à 1 €.

  Les deux premiers cas permettent de schématiser la recherche de compléments en appui sur le travail effectué en numération. Cette similitude permet aux élèves plus fragiles de pouvoir se référer à un modèle connu et mieux maitrisé en numération. Le troisième cas permet de travailler sur les bonds multiples (de 11 c à 20 c puis de 20 c à 1 €), en s'appuyant sur la schématisation. Une fois encore, l'enseignant·e peut favoriser la manipulation et alterner les phases collectives et individuelles.
- Dans la dernière partie, **on apprend à déterminer le complément à une somme exprimée en euros et centimes d'euro : 8 € et 70 c pour aller à 20 €**. La méthode des bonds est généralisée pour déterminer le complément à l'euro supérieur puis à la somme en euros demandée. Volontairement, on aborde ici uniquement des situations issues du « réel » où le complément demandé est équivalent à un billet existant. En outre, cet exercice prépare également le travail en CM sur les encadrements d'un nombre en écriture décimale. L'enseignant·e veillera à prononcer les sommes « 8 euros et 70 centimes d'euros » afin de ne pas entretenir plus tard de confusion sur la partie décimale d'un nombre.

ENTRAINEMENT ▸ fichier p. 66

OBSTACLES POSSIBLES

- **Ex. 1 et 2 :** difficulté à déterminer uniquement les pièces nécessaires.
- **Ex. 3 :** plusieurs solutions sont possibles.
- **Ex. 4 :** difficulté à représenter les pièces.
- **Ex. 6 :** difficulté à reproduire de manière autonome sur le cahier du jour le modèle de rédaction.

Pour différencier

Fichier à photocopier : fiches * et **, *Rendre la monnaie.*

Trace écrite

Leçon *La monnaie*

MISSION 32 Construire des relations entre unités de mesure de masse — CE1

MATÉRIEL

- **Pour la classe :** au moins 1 paquet de farine de 1 kg, 11 craies de 10 g, 11 savons de 100 g, 1 paquet de serpentinis de 1 g et 3 balances de type Roberval
- **Collectif :** diaporama M32 • CE1

SÉANCE 1	MISSION	30 min	En 3 groupes
SÉANCE 2	Entrainement fichier p. 68	30 min	Individuel, autonomie

PRINCIPE DE LA MISSION

Sans aborder les mesures usuelles de masse, **les élèves doivent estimer, puis mesurer la masse d'une trousse en unités arbitraires**. Répartis en groupes, ils découvrent, sans les nommer, plusieurs unités usuelles et en construisent le rapport de base 10 qui les lie. Ces unités arbitraires sont ensuite utilisées pour confirmer ou infirmer leur estimation.

SÉANCE 1 30 min LA MISSION

- Collectivement, les élèves découvrent le matériel et la consigne : **ils doivent ranger un paquet de farine, une craie, un savon et une pâte, du plus léger au plus lourd**. Ce rangement peut être uniquement réalisé par l'observation, mais l'enseignant·e pourra le faire confirmer par un ou plusieurs élèves par **la méthode de soupesage** en cas de désaccords. Cette étape permet aux élèves de construire un premier repère sur les unités utilisées pendant la mission.
- Ensuite, en groupe, les élèves doivent mesurer la masse de chacune des unités précédentes avec l'unité plus légère. Ainsi, on mesure l'unité-craie en unités-serpentini, etc. L'enseignant·e veillera à ce que chaque groupe dispose de suffisamment d'unités.
- Collectivement les élèves prennent connaissance des expériences des autres groupes. En s'appuyant sur le diaporama, les élèves construisent alors une synthèse des rapports entre unités arbitraires, toutes liées par un rapport de 10 à la précédente et à la suivante dans le rangement initial. L'enseignant·e questionne sur les rapports manquants, entre deux unités non consécutives. On peut également introduire le matériel de numération.
- On poursuit l'activité collective avec une estimation de la masse de la trousse en unités arbitraires. L'enseignant·e pourra garder une trace de ces estimations afin de revenir dessus en fin de mission. Collectivement, on termine cette mission en mesurant **la masse de la trousse en unités arbitraires**. Cette étape peut également se dérouler au sein de chaque groupe si plusieurs trousses ont été prévues par l'enseignant·e. La méthode pour mesurer **la masse d'un objet par estimation, puis contrôle à l'aide la balance de type Roberval, permet aux élèves de se construire un référentiel d'unités de masse.** La mission suivante introduira les unités usuelles de masse à l'aide des masses marquées dont il est plus difficile d'estimer la masse. Les élèves réalisent la mesure de la masse de la trousse de proche en proche, par essais-erreurs. L'additivité de la mesure de la masse est aussi abordée dans le diaporama afin de préparer la mesure de masse à l'aide des masses marquées.
- Dans les programmes du cycle 2 ne figurent pas les unités usuelles du dag et de l'hg. Nous avons fait le choix de ne pas les nommer dans la mission suivante mais de les conserver en unités arbitraires dans le bilan de cette mission. Il nous apparaissait en effet difficile de lier par un rapport de millier le g et le kg, cette quantité ne prenant pas pleinement sens pour les élèves de CE1. Il nous a paru plus pertinent de proposer une construction du kg basé sur les facteurs 10 en s'appuyant sur les unités intermédiaires.
- **Bilan et Miniquiz**

En pratique
En cas de difficulté, on pourra proposer aux élèves de vérifier les « calculs » lors de temps dédiés à la boite à grandeur.

En pratique
Les trousses témoins ainsi que les unités arbitraires seront de nouveau exploitées dans la prochaine mission, il est donc nécessaire de les conserver jusque-là.

SÉANCE 2 30 min ENTRAINEMENT ▸ fichier p. 68

OBSTACLES POSSIBLES

▸ **Ex. 1 :** difficulté à se représenter les ordres de grandeur des éléments à estimer.

▸ **Ex. 2 :** difficulté de lecture des mesures : oubli d'unités dans le dénombrement.

▸ **Ex. 3 :** difficultés liées à la numération en base 10 et à l'utilisation de plusieurs unités arbitraires.

▸ **Ex. 4 :** difficulté à convertir la mesure de la masse de la bouteille en utilisant les étapes précédentes.

▸ **Ex. 5 :** difficulté à identifier la nécessité de convertir en unités-pâtes les masses pour pouvoir les comparer.

▸ **Ex. 6 :** difficulté à identifier que la détermination de la masse repose sur un encadrement de cette masse en unités-craies.

Pour différencier
Fichier à photocopier : fiches * et **, *Construire des relations entre unités de mesure de masse.*

MISSION 32 Revoir les unités de mesures de masse

CE2

S'agissant de révision de CE1, aucune séance d'apprentissage n'est présente pour le CE2, mais nous avons fait le choix de proposer des exercices dans le fichier afin de réactiver certaines notions sur les unités usuelles de masse, en appui sur le bilan.

SÉANCE 1	Entrainement fichier p. 68	30 min	Individuel

SÉANCE 1 30 min ENTRAINEMENT ▸ fichier p. 68

Série d'exercices reprenant les unités de mesure découvertes et utilisées au CE1 : le gramme et le kilogramme.

OBSTACLES POSSIBLES

- **Ex. 1 et 2 :** difficulté à déterminer les ordres de grandeur des éléments à estimer.
- **Ex. 3 :** difficulté à obtenir la masse indiquée à l'aide des masses marquées, notamment le kg qui nécessite l'ensemble des masses de la boite.
- **Ex. 4 :** difficulté à identifier les masses mystères comme encadrement de deux masses, notamment pour l'item b. qui possède plusieurs réponses possibles.

Pour différencier

Fichier à photocopier : fiches * et **, *Réviser les unités de mesures de masse.*

Traces écrites

Leçon ***Le gramme***
Leçon ***Le kilogramme***

MISSION 33 Estimer et mesurer en g, en kg

CE1

MATÉRIEL

- **Par groupe :** les trousses et les masses marquées, une balance Roberval
- **Collectif :** diaporama M33 • CE1

SÉANCE 1	MISSION	30 min	En binôme
SÉANCE 2	Entrainement fichier p. 70	30 min	Individuel, autonomie

PRINCIPE DE LA MISSION

Cette mission vient ponctuer la progressivité sur les masses. Elle vient **institutionnaliser l'utilisation des mesures usuelles, découvertes empiriquement dans la mission 32**. Le lien avec la numération s'opère par un **travail sur le préfixe de l'unité de référence des mesures de masse** : le gramme. La seconde partie de la mission amène à formaliser la méthode de mesure de masse à l'aide d'une balance de type Roberval et des masses marquées, puis avec d'autres instruments.

SÉANCE 1 30 min LA MISSION

- Collectivement, **les élèves se remémorent les différentes unités arbitraires découvertes**. Ils sont ensuite invités à se questionner sur le matériel utilisé (serpentinis, savon, craie, paquet de farine) : sa praticité et son « universalité ». L'enseignant·e pourra éventuellement proposer aux élèves de comparer avec la masse d'autres pâtes.

- L'enseignant·e **introduit la découverte du g et du kg** : *Ces unités n'ont pas été choisies au hasard.* L'enseignant·e insistera sur le préfixe « kilo » utilisé et sa signification étymologique. Un tableau, présent également dans le fichier, synthétise à la fois les dénominations des unités usuelles, les liens qui les unissent et l'objet de référence de chacune.
- Ensuite, en groupe, **les élèves découvrent la balance et les masses marquées**. Ils sont invités à identifier, parmi celles-ci, celles qui correspondent aux unités arbitraires découvertes auparavant : unité-craie et unité-savon. L'enseignant·e peut, s'il·si elle le souhaite, laisser les élèves manipuler les masses marquées et les unités arbitraires, en soupesant ou en utilisant la balance. Cela peut être l'occasion de rappeler les rapports de 10 qui existent : une unité-craie équivaut à 10 unités-serpentini c'est-à-dire 10 g. On poursuit en mesurant la masse de la trousse utilisée dans la mission précédente à l'aide des masses marquées. L'enseignant·e insistera également sur le vocabulaire utilisé : la **mesure de la masse** de la trousse.
- La dernière phase propose aux élèves des **photos de différents instruments de mesure de masse** de la vie quotidienne.
- **Bilan et Miniquiz**

SÉANCE 2 — 30 min — ENTRAINEMENT ▸ fichier p. 70

OBSTACLES POSSIBLES

▶ **Ex. 1 et 2 :** difficulté à se représenter les ordres de grandeur des éléments à estimer.
▶ **Ex. 3 :** difficulté à lire les masses marquées. Difficulté à décomposer de façon additive les masses à représenter à l'aide des masses marquées (décompositions non canoniques).
▶ **Ex. 4 :** difficulté à additionner les masses marquées. Un brouillon ou une ardoise peut être nécessaire.
▶ **Ex. 5 :** difficulté à convertir des nombres de l'ordre de grandeur du millier.
▶ **Ex. 6 :** difficulté à concevoir que plusieurs réponses sont possibles.

Pour différencier

Fichier à photocopier : fiches * et **, *Estimer et mesurer en g, en kg.*

Traces écrites

Leçon *Le gramme*
Leçon *Le kilogramme*

MISSION 33 Estimer et mesurer en tonne

CE2

MATÉRIEL

▸ **Par binôme :** 1 serpentini, 1 paquet de farine
▸ **Collectif :** diaporama M33 • CE2

SÉANCE 1	MISSION	30 min	Individuel
SÉANCE 2	Entrainement fichier p. 70	30 min	Individuel, autonomie

PRINCIPE DE LA MISSION

En CE1, les élèves ont découvert deux unités usuelles de mesure de masse : le gramme et le kilogramme. **Dans cette mission, ils découvrent la tonne en utilisant le lien avec le système décimal et plus particulièrement le facteur 1 000 déjà découvert en CE1 pour lier gramme et kilogramme.** Parallèlement, le référentiel de représentation mentale est poursuivi pour cette unité usuelle.

SÉANCE 1 — 30 min — LA MISSION

- Collectivement, les élèves découvrent le matériel et sont invités à **soupeser les éléments seuls, puis à les comparer**. L'enseignant·e insistera sur les remarques de l'ordre de « très léger » ou « lourd », puis sur celles de comparaison « beaucoup plus léger » ou « beaucoup plus lourd » sur lesquelles la mission et l'introduction ensuite de la nouvelle unité usuelle repose. Le nom des unités usuelles est rappelé : le gramme pour le serpentini et le kilogramme pour le paquet de farine. L'enseignant·e rappelle également le facteur 1 000 qui les lie. La perception du rapport entre ces deux unités est la clé de cette mission.

- **Les élèves sont invités à imaginer un objet 1 000 fois plus lourd que le paquet de farine.** L'enseignant·e peut les autoriser à soupeser le paquet de farine dans une main pour « imaginer cet objet dans l'autre ». Une fois encore, on pourra repasser par la manipulation, par exemple pour débattre sur le réservoir d'eau en faisant soupeser une bouteille d'1 L et le paquet de farine : *Est-ce que 1 000 L sont 1 000 fois plus lourds que 1 000 paquets de farine ?* L'enseignant·e propose de « construire » la tonne comme la masse d'une petite voiture citadine ou d'un réservoir de 1 000 L puis comme 10 masses de panda ou 100 masses d'haltères. Si le temps le permet, des recherches sur les masses des objets cités par les élèves peuvent être également vecteurs afin de renforcer l'image mentale de la tonne par des comparaisons « plus lourd », « plus léger », « 10 fois moins lourd »…
- **Bilan et Miniquiz**

Comme pour le kilomètre, il est difficile pour les élèves de se créer une image mentale de ce que peuvent représenter 1 000 kg, d'une part car la quantité 1 000 n'est pas encore suffisamment abstraite et, d'autre part, car cette masse ne peut être manipulée concrètement.

SÉANCE 2 — 30 min — ENTRAINEMENT ▸ fichier p. 70

OBSTACLES POSSIBLES

- **Ex. 1 à 3 :** difficulté à se représenter les ordres de grandeur des éléments à estimer.
- **Ex. 5 :** difficulté à réinvestir les conversions de l'exercice 4, notamment par l'utilisation du nombre de milliers.
- **Ex. 6 :** difficulté à convertir en kg avant de comparer les masses.
- **Ex. 7 :** difficulté à justifier un raisonnement qui nécessite de convertir avant de résoudre un problème de comparaison.

Pour différencier

Fichier à photocopier : fiches * et **, *Estimer et mesurer en tonne.*

Trace écrite

Leçon *La tonne*

MISSION 34 Utiliser le litre — CE1

MATÉRIEL

- **Pour la classe :** 1 bouteille de yaourt à boire (10 cL), 1 bouteille de lait (1 L), 1 pot de confiture (250 mL), 1 saladier (plusieurs litres), 1 contenu au choix (semoule, eau, farine, riz…)
- **Collectif :** diaporama M34 • CE1

SÉANCE 1	MISSION	30 min	En 3 groupes
SÉANCE 2	Entrainement fichier p. 72	30 min	Individuel, autonomie

PRINCIPE DE LA MISSION

Cette mission vient ponctuer la progressivité sur les contenances. Elle vient **institutionnaliser l'utilisation de la seule mesure usuelle au programme de CE1 : le litre**. On aborde ici la comparaison au litre, puis avec quelques références de multiples ou sous-multiples du litre, tout en construisant son référentiel.

SÉANCE 1 — 30 min — LA MISSION

- Collectivement, les élèves commencent par observer différents contenants. L'enseignant·e les guide pour les ranger de la plus petite à la plus grande contenance. Cette étape est l'occasion de se remémorer le vocabulaire propre à la grandeur « contenance » et notamment les termes de « contenance » et « contenu ». Le rangement s'effectue par un débat en classe mais l'enseignant·e peut autoriser la manipulation si nécessaire, prétexte à rappeler que la contenance ne dépend pas du contenu. Ce rangement fait apparaitre une contenance très proche (identique *a priori*) de la bouteille d'huile, la brique de lait et la bouteille de jus de fruit. On introduit alors le lien entre la contenance de ces trois contenants et l'unité usuelle qui permet de la mesurer : le litre. Les élèves sont alors questionnés sur les contenants de leur quotidien de mesure 1 L.

- Ensuite, en groupe, les élèves prennent connaissance du matériel de la mission : une bouteille de yaourt à boire, un saladier, un pot de confiture, des bouteilles de lait. Ils doivent :
  - mesurer la contenance de la bouteille de lait en unité-bouteille de yaourt à boire et unité-pot de confiture ;
  - mesurer la contenance du saladier en unité-bouteille de lait.

On attend ici des différents groupes qu'ils déterminent les équivalences du type : *La contenance de la bouteille de lait mesure 4 unités-pot de confiture*. Cette étape permet de construire l'image mentale du litre. Ces équivalences sont partagées par l'ensemble des groupes lors de la mise en commun des résultats. On insistera alors sur les contenances inférieures au litre : *Il faut 4 contenances de pots de yaourt pour obtenir 1 litre* ou au contraire celles qui s'expriment en litres : *La contenance du saladier mesure … litres.*

- **Bilan et Miniquiz**

SÉANCE 2 — 30 min — ENTRAINEMENT ▸ fichier p. 72

OBSTACLES POSSIBLES

- ▸ **Ex. 1 :** difficulté à se représenter les ordres de grandeur des éléments à estimer.
- ▸ **Ex. 2 :** difficulté à concevoir le litre comme deux moitiés de litre à l'aide de contenants différents.
- ▸ **Ex. 3 :** difficulté à utiliser le sens de la multiplication adossé aux mesures en litres. L'addition réitérée est également fonctionnelle ici.
- ▸ **Ex. 4 :** difficulté à résoudre un problème de partie-tout.
- ▸ **Ex. 5 :** difficulté à sélectionner les informations utiles pour chaque calcul de contenance totale, au service d'un problème de comparaison.

Pour différencier

Fichier à photocopier : fiches * et **, *Utiliser le litre.*

Pour évaluer

Évaluation *Grandeurs et mesures 2 CE1*

MISSION 34 Estimer et mesurer en cL, en dL

CE2

MATÉRIEL

- ▸ **Pour la classe :** des bouteilles de yaourt à boire (10 cL), des petites cuillères (1 cL), 1 bouteille de lait (1 L), 1 ou plusieurs contenus au choix (semoule, eau, farine, riz…)
- ▸ **Collectif :** diaporama M34 • CE2

SÉANCE 1	MISSION	30 min	En 2 groupes
SÉANCE 2	Entrainement fichier p. 72	30 min	Individuel, autonomie

PRINCIPE DE LA MISSION

Cette mission vient conclure la progressivité sur la découverte et l'utilisation des unités usuelles de contenance : le décilitre et le centilitre.

SÉANCE 1 — 30 min — LA MISSION

- Collectivement, les élèves se remémorent la seule unité usuelle de contenance qui a été découverte en CE1 : le litre. En appui sur le diaporama, ils sont invités à **faire le lien entre les contenants proposés et le litre**, puis à proposer des contenants dont la contenance se mesure en litres. L'enseignant·e peut compléter cette liste à l'aide des réponses des élèves afin de renforcer leur appropriation des ordres de grandeur. On aborde ensuite les contenances inférieures au litre et une nouvelle fois les élèves sont sollicités pour énoncer des contenants qui satisfont cette condition. L'année de CE1 a permis d'en aborder certains que l'on retrouve sur le diaporama mais comme précédemment, il est pertinent de venir compléter cette liste avec les représentations correctes des élèves.
- Les élèves découvrent le matériel de la mission : les petites cuillères, les bouteilles de yaourt à boire, la bouteille de lait, les contenus proposés. La mission consiste à **mesurer la bouteille de lait en unités-bouteille de yaourt à boire et la bouteille de yaourt à boire en unité-petite cuillère**. Cette phase s'effectue en groupe en répartissant les élèves en deux moitiés (constituées ou pas de plusieurs groupes chacune avec des contenus différents ou pas). Les échanges qui suivent viennent **conclure les rapports de base 10 entre ces 3 unités arbitraires puis après institutionnalisation, aux unités usuelles correspondantes**.
- **Bilan et Miniquiz**

SÉANCE 2 — 30 min — ENTRAINEMENT ▸ fichier p. 72

OBSTACLES POSSIBLES

- **Ex. 1 à 3 :** difficulté à se représenter les ordres de grandeur des éléments à estimer.
- **Ex. 5 :** difficulté à décomposer et à recomposer à l'aide de la numération les contenances à convertir, notamment par l'utilisation du nombre de milliers.
- **Ex. 7 :** difficulté à justifier un raisonnement qui nécessite de convertir avant de résoudre un problème de comparaison.

Pour différencier

Fichier à photocopier : fiches * et **, *Estimer et mesurer en cL, en dL*.

Pour évaluer

Évaluation *Grandeurs et mesures 2 CE2*

Traces écrites

Leçon *Le litre*
Leçon *Le décilitre*
Leçon *Le centilitre*

JEUX en ATELIERS — CE1 CE2

1. Le Bata-longueurs

▸ Objectif

On retrouve ici le jeu du module précédent mais avec deux derniers niveaux de difficulté qui nécessitent, cette fois, l'utilisation de la mesure : en cm pour les CE1 ; en cm et mm pour les CE2.

▸ Organisation

2 élèves — 10 min

▸ Matériel

Diaporama **Jeu 1 grandeurs 2**

JEUX en ATELIERS (suite)

Pour chaque niveau de difficulté, le matériel est composé de cartes :
Niveau 6 : les cartes *Segments*. On travaille ici la mesure à l'aide du double-décimètre.
Niveau 7 : les cartes *Polygones* dont il faut mesurer la longueur du tour. On travaille ici une première approche du périmètre.

▶ Qui gagne ?
Le joueur qui emporte toutes les cartes a gagné. On peut également décider d'un temps limité et celui qui possède le plus de cartes gagne la partie.

▶ Règle du jeu
Chacun retourne sa carte. Le principe est le même que celui de la bataille, les élèves comparent les longueurs et celui qui possède la plus longue emporte l'ensemble des cartes retournées.

▶ Variantes
On peut varier le nombre de joueurs. À un seul joueur, on peut tirer plusieurs cartes et les ranger par ordre croissant ou décroissant de longueurs.

▶ Verbalisation et institutionnalisation
La verbalisation est l'occasion de revenir sur la nécessité de positionner correctement l'instrument de mesure.

2. Qui est-ce ?

▶ Objectif
On reprend ici également le jeu découvert dans le module précédent, mais les caractérisations des objets sont exprimées par leurs mesures en unités usuelles.

▶ Organisation
2 élèves 10 min

▶ Matériel pour chaque élève
Diaporama Jeu 2 grandeurs 2
La grille *Qui est-ce ?* plastifiée et un feutre de tableau.

▶ Qui gagne ?
Le joueur qui devine en premier l'objet de l'autre joueur gagne la partie.

▶ Règle du jeu
Il s'agit de celle d'un « Qui est-ce ? » classique.
Les élèves disposent d'une grille de 16 objets caractérisés par leur longueur, leur masse et éventuellement leur contenance, mesurées en unités usuelles. Chacun des deux joueurs choisit l'un des objets à faire deviner à l'autre.
Tour à tour, ils posent des questions afin d'éliminer les objets restants. *Est-ce que l'objet possède une contenance ? Est-ce que la mesure de sa longueur est plus courte que 4 cm ?*

▶ Variantes
À un seul joueur, l'élève peut choisir un objet et écrire une série restreinte de phrases pour faire deviner l'objet qu'il a choisi. Cela peut se faire sous forme de défi : en moins de cinq phrases par exemple, mais attention, il ne doit pas utiliser les mesurages exacts indiqués sur l'objet !

▶ Verbalisation et institutionnalisation
Le temps de verbalisation est particulièrement propice à travailler le vocabulaire précis ici encore et notamment les formulations « la mesure de la masse de … ». C'est aussi l'occasion de rappeler que lorsque l'on évoque un objet, il faut toujours préciser la grandeur que l'on utilise pour le caractériser ainsi que l'unité dans laquelle on exprime la mesure.

JEUX en ATELIERS (suite)

3. Le domino des unités

▶ Objectif

L'objectif de ce jeu est de travailler sur les conversions d'unités et de manipuler avec aisance les compositions et décompositions de ces unités. Il est constitué de plusieurs dominos différents qui reprennent les différentes grandeurs abordées dans ce module.

▶ Organisation

2 à 3 élèves 10 min

▶ Matériel pour 3 élèves maximum

Diaporama Jeu 3 grandeurs 2

Plusieurs jeux sont disponibles : les mesures de longueur, les mesures de masse, les mesures de contenance (en CE2) et les prix.

▶ Qui gagne ?

Le premier joueur qui n'a plus de dominos gagne la partie.

▶ Règle du jeu

Les dominos sont étalés sur la table, faces cachées. Chaque joueur choisit 5 dominos. Un domino est retourné au centre de la table. Les dominos restants constituent la pioche.
Chacun leur tour, les joueurs essaient de positionner l'un de leurs dominos à la suite de ceux au centre de la table, en faisant correspondre les mesures. Si un joueur ne peut pas jouer, il pioche un domino supplémentaire.

▶ Verbalisation et institutionnalisation

La verbalisation est l'occasion de revenir sur la nécessité de connaitre les relations qui existent entre les différentes unités usuelles d'une même grandeur.

module

Comprendre le temps

Sur votre espace numérique

Retrouvez sur l'espace numérique **tous les diaporamas** et les **ressources complémentaires** : leçons, évaluations, matériel, etc.

Compétences

- **Comparer**, **estimer**, **mesurer des longueurs, des masses, des contenances, des durées.**
- **Encadrer** une mesure de grandeur par deux nombres entiers d'unités.
- **Lire les graduations** représentant des grandeurs : cadran d'une balance, thermomètre, frise chronologique, axes d'un graphique gradué en unités.
- **Lire l'heure** sur une horloge ou une montre à aiguilles.
- **Comparer, estimer, mesurer des durées :**
  - unités de mesure usuelles de durées : j, semaine, h, min, s, mois, année, siècle, millénaire ;
  - relations entre ces unités.

Lexique

- **Instant/durée :** on peut définir l'instant comme l'équivalent du point en géométrie et la durée comme le segment. Ainsi, un évènement possède un instant de début, un instant de fin et une durée que l'on peut mesurer.
- **Flèche du temps :** outil de représentation des instants et durées utilisé pour résoudre des problèmes.

Apports didactiques

- L'objectif général du module est d'**identifier et de différencier les caractéristiques d'un instant et d'une durée**.
- Dans ce cadre, les élèves travailleront la **lecture de l'heure**, apprendront à **différencier instant et durée**, et à **mesurer des durées** en appui sur des horaires.
- Nous avons souhaité ici un module à part entière concernant les **deux grandeurs** « temps », **l'instant** et la **durée**, afin d'évoquer (sans la nommer) la différence de manipulation et de raisonnement entre le temps, repérable, et la durée, mesurable. Par l'expérimentation, les élèves vont apprendre à caractériser et à représenter le temps selon les deux grandeurs (instant et durée) en appui notamment sur la flèche du temps.
- La **première partie** de ce module est consacrée à **la grandeur « Durée »**. En tant que grandeur mesurable, la durée est construite en suivant la même progressivité que les autres grandeurs : la **perception** de la durée, puis la **comparaison directe** (en CE1) et **indirecte** (en CE2). On aborde ensuite les **unités usuelles** de durée, minutes, heures, et jour (en CE1), puis seconde (en CE2). Cette approche permet de renforcer le lien qui existe, dans sa construction, entre la durée et les grandeurs physiques construites auparavant dans l'année. Notons que le mesurage de durées en unités arbitraires, à défaut d'être intégré lors d'une mission à part entière, est proposé lors d'une expérience de la boite à grandeurs.
- La seconde partie du module est consacrée au **repérage dans le temps**, tout d'abord par la poursuite de l'apprentissage de la lecture de l'heure et ensuite, sur l'année, par le repérage sur un calendrier en CE1 et sur la frise chronologique en CE2. Cette dernière permet ainsi de découvrir, par la représentation (et non par la perception), des durées « longues » comme le siècle et le millénaire.
- **Enfin**, on applique l'ensemble des acquis de ce module à la **résolution de problèmes de durées et de recherche d'instant**, en appui :
  - sur une représentation instinctive en CE1 ;
  - sur une représentation plus formalisée (flèche du temps) en CE2.
- Dans ce module, il est nécessaire de bien distinguer les deux grandeurs liées au temps, tant dans la verbalisation que dans les outils utilisés. Nous avons fait le choix de représenter les durées par un sablier tandis que les heures le sont par une horloge. Un travail sur les instruments pourra être mené sur des temps consacrés à la boite à grandeur afin de différencier, par exemple, les instruments qui mesurent les durées (sablier, chronomètre, clepsydre) de ceux qui repèrent le temps (horloge, gnomon, cadran solaire). Dans un souci de clarification, nous exprimons la durée de la manière suivante « 3 heures et 15 minutes », tandis que l'heure le sera par « 3 heures 15 ».

Difficultés rencontrées par les élèves

- La première des difficultés pour les élèves est de **savoir différencier instant et durée, et notamment de ne pas associer la notion d'instant à une très courte durée**. Une fiche de différenciation est consacrée à cela.
- La seconde difficulté réside dans la **représentation des durées**, qui reste **subjective** et souvent compliquée pour les **longues durées** car leur perception n'est pas possible.

Les MATHS en vie

CE1 CE2

DURÉE
30 min

MATÉRIEL
▸ Diaporama Maths en vie grandeurs 3

• **SITUATION 1 Le temps d'une BD**

Le but de cette situation est, dans un premier temps, de **pointer les différentes informations liées au temps sur les trois vignettes de BD**, ainsi que les différents supports utilisés. On y repère aisément la nécessité de « savoir lire l'heure » sur une horloge. L'enseignant·e questionnera les élèves sur la deuxième vignette : *Comment savoir si Théo pouvait être à l'heure ?* Il·Elle engage le débat sur les différents statuts des informations : repérage dans le temps pour la lecture de l'horloge et indication de durée « 30 minutes pour me préparer ». On aborde ainsi la **différence entre instant et durée** et éventuellement la manière de représenter ce type de problème. L'enseignant·e peut verbaliser le contenu du module à venir : *Nous allons apprendre à comparer et mesurer des durées, et à se repérer dans le temps.*

• **SITUATION 1 Au centre aéré**

Tout comme pour la situation 1, il s'agit ici de prélever les informations liées au temps. On interroge particulièrement les élèves sur la durée « journée ».

MISSION Découverte Construire la notion de durée

CE1

MATÉRIEL
▸ **Collectif :** diaporama M DEC • CE1

SÉANCE 1	MISSION	30 min	En collectif

• PRINCIPE DE LA MISSION

On aborde ici la **distinction entre les deux grandeurs « temps » (l'instant et la durée)** au travers de deux expériences : allumer la lumière et faire couler l'eau du robinet. Outre cette distinction, on introduit également un symbole qui permet de les distinguer dans le fichier (le sablier et l'horloge) et on schématise les expériences.

SÉANCE 1 30 min LA MISSION

- Collectivement, les élèves découvrent qu'ils vont assister à une expérience réalisée par l'enseignant·e, à laquelle il faudra être attentifs. L'enseignant·e allume alors la lumière pendant une durée quelconque, puis l'éteint. Un débat s'engage sur les actions qui ont été réalisées afin de verbaliser l'action de début et de fin.
- Ensuite, on recommence l'expérience en se questionnant cette fois sur « ce qu'il s'est passé entre les deux actions ». Plusieurs répétitions peuvent être nécessaires, avec des durées différentes afin de mieux ressentir la notion de durée et pour parvenir à une verbalisation satisfaisante de ces deux étapes : *Quand ai-je éteint la lumière ? Combien de temps la lumière est-elle restée éteinte ?* Un

schéma permet de représenter la situation. Il sera utilisé dans une mission ultérieure pour la résolution de problèmes. On formalisera ces notions à l'aide de deux symboles ⧗ pour la durée de l'évènement et ⊙ pour indiquer les instants de début et de fin.

- La seconde partie de la mission consiste en un réinvestissement avec une nouvelle expérience : allumer et éteindre le robinet (ou toute autre situation, à l'appréciation de l'enseignant·e).
- **Bilan et Miniquiz**

Pour différencier

Fichier à photocopier : fiches * et **, *Construire la notion de durée.*

MISSION

Découverte

La flèche du temps

CE2

MATÉRIEL

- **En groupe de 3 élèves minimum :** 1 montre, 1 chronomètre, 1 jeu de tangram, 1 fiche *Flèche du temps*
- **Collectif :** diaporama M DEC • CE2

SÉANCE 1	MISSION	30 min	En collectif

PRINCIPE DE LA MISSION

Dans cette mission, on fait évoluer le schéma de représentation vers la « flèche du temps » et **les élèves découvrent que, pour déterminer une durée, on peut la mesurer à l'aide d'un instrument ou bien la calculer en connaissant les instants de début et de fin**.

SÉANCE 1 — 30 min — LA MISSION

- Collectivement, les élèves découvrent ou redécouvrent le schéma utilisé en CE1 dans la méthode pour représenter des « expériences ». Ici, l'expérience consistera à reproduire un modèle de tangram. Dans un premier temps, les élèves doivent se souvenir des informations qu'on attend sur ce type de schéma : l'instant de début, de fin et la durée de l'évènement. On se rappelle également les symboles utilisés pour les différencier ⊙ et ⧗.
- Lorsque le schéma est finalisé, l'enseignant·e introduit alors **une nouvelle représentation : la flèche du temps, qui représente le temps qui s'écoule**. Les instants sont représentés par des points sur cette droite orientée. La durée de l'évènement correspond au segment d'extrémités des instants de début et de fin. Cette nouvelle représentation permet aux élèves de progresser dans la différenciation de ces notions aux statuts différents : **les points repèrent des horaires tandis que les durées possèdent une « longueur » et donc toutes les propriétés liées à cette grandeur**. L'enseignant·e peut également préciser que cela permet d'alléger la représentation et d'indiquer les informations essentielles.
- Une fois le schéma découvert, les élèves doivent, en groupe, réaliser un modèle de tangram. L'un des élèves devra noter l'horaire de début, puis de fin, tandis qu'un autre élève mesurera la durée de l'évènement à l'aide d'un chronomètre. Ces informations sont reportées sur la fiche *Flèche du temps*. À l'issue de cette expérience, les élèves sont invités à se questionner sur les deux méthodes pour déterminer la durée de l'expérience : lire sur le chronomètre ou bien « calculer » la durée comprise entre les deux horaires relevés. L'enseignant·e précisera alors que, dans ce module, les élèves travailleront sur ces deux méthodes.
- **Bilan et Miniquiz**

MISSION 35 CE1 CE2

Utiliser les unités de durée

MATÉRIEL

Pour la mission 35 A

- **Par groupe de 3 élèves minimum :** 2 jeux de tangram, 1 sablier (pour les CE2 uniquement)
- **Collectif :** diaporama M35 A • CE

Pour la mission 35 B

- **En collectif :** 3 sabliers (dont l'un de 1 minute), diaporama M35 B • CE

SÉANCE 2	MISSION 35 A	30 min	Groupe de trois
SÉANCE 3	MISSION 35 B	30 min	Collective
SÉANCE 4	Entrainement fichier p. 74	30 min	Individuel, autonomie

PRINCIPE DES MISSIONS

- Dans la **mission 35 A, on travaille sur la perception et la comparaison de durées**. Les élèves de CE1 découvrent que, pour comparer des durées, il est nécessaire de « débuter au même instant » tandis qu'en CE2, les élèves apprennent la comparaison indirecte de durées à l'aide d'un sablier.
- **Dans la mission 35 B, on découvre les unités « seconde », « minute », « heure » et « jour ».** On travaille plus particulièrement le lien entre la seconde et la minute en s'appuyant sur les battements d'un métronome, puis en utilisant un sablier.

En pratique

Vous trouverez des tangrams en faisant une recherche sur Internet.

CE1 CE2

SÉANCE 2 — 30 min — LA MISSION A

- Collectivement, les élèves découvrent le matériel de la mission : les deux jeux de tangram pour chaque groupe et le sablier pour les groupes de CE2. L'enseignant·e explique l'expérience qui va être menée : **deux élèves de chaque groupe vont devoir reproduire tour à tour un modèle de tangram. Le troisième élève devra jouer le rôle d'arbitre.** À l'issue de l'expérience, les arbitres devront indiquer lequel des deux élèves a été le plus rapide.
- **Mise en commun pour les élèves de CE1 :** l'enseignant·e insistera sur les deux possibilités de comparaison qui apparaissent : l'écart de durée est suffisamment marqué pour départager les deux élèves ou bien, ce n'est pas le cas, il·elle interroge les élèves sur une autre procédure pour réaliser l'expérience. Il est nécessaire ici de faire le parallèle avec les comparaisons des autres grandeurs et les méthodes découvertes tout au long de l'année : observation et comparaison directe en alignant les extrémités par exemple pour les longueurs. Ce parallèle permet aux élèves de verbaliser : *Il faudrait que les deux élèves débutent au même instant.*
- **Mise en commun pour les élèves de CE2 :** la problématique est similaire et, dans le cas où les deux élèves ont des durées trop proches, le parallèle avec les autres grandeurs permet de faire apparaitre le repérage de la « hauteur du sablier » en indiquant un repère.
- Toujours en groupe, on reproduit l'expérience :
  - en CE1, en faisant débuter les deux joueurs au même instant ;
  - en CE2, en marquant un repère sur le sablier lorsque le premier joueur a fini de reproduire son modèle.

À l'issue de l'expérience, un court échange vient valider les constatations : pour comparer des durées, on possède plusieurs méthodes : l'observation si les durées sont nettement distinctes, la comparaison en débutant au même instant (en CE1) ou en utilisant un sablier et un repère (en CE2).

- **Bilan et Miniquiz**

CE1 | CE2

SÉANCE 3 30 min **LA MISSION B**

- Collectivement, les élèves vont écouter plusieurs musiques étranges. L'enseignant·e passe tour à tour ces trois musiques constituées de battements de métronomes à différents tempos, dont celui de la seconde. Les élèves doivent alors décrire ces trois morceaux à l'aide des mots de leur vocabulaire : « lent », « rapide »… On déclenche ensuite un autre morceau, en entier cette fois, et les élèves sont invités à dénombrer les bips. À l'issue du morceau, l'enseignant·e introduit les durées de secondes et de minute et la relation qui lie ces deux unités : la durée de ce morceau est de 1 minute et chaque intervalle entre deux bips représente 1 seconde. On réécoute pour bien ressentir la durée de la minute.
- Dans une seconde phase, l'enseignant·e retourne plusieurs sabliers et **les élèves sont invités à identifier celui dont la durée est de 1 minute**.
- À la fin de la mission, on introduit l'heure comme une durée de 60 minutes et on prévient les élèves que l'enseignant·e leur indiquera lorsque la durée de 1 heure sera écoulée. On fait de même avec le jour.

CE1

SÉANCE 4 30 min **ENTRAINEMENT**

▸ **fichier** p. 74

OBSTACLES POSSIBLES

▸ **Ex. 1 à 3 :** difficulté à se représenter la durée des évènements choisis. L'enseignant·e pourra éventuellement expliciter certains d'entre eux.

▸ **Ex. 5 :** difficulté à identifier dans leur quotidien des évènements de la durée indiquée.

CE2

SÉANCE 4 30 min **ENTRAINEMENT**

▸ **fichier** p. 74

OBSTACLES POSSIBLES

▸ **Ex. 1 à 4 :** difficulté à se représenter la durée des évènements choisis. L'enseignant·e pourra éventuellement expliciter certains d'entre eux.

▸ **Ex. 6 :** difficulté à manipuler la moitié, le double, le triple.

▸ **Ex. 7 :** difficulté à identifier dans leur quotidien des évènements de la durée indiquée.

Pour différencier

Fichier à photocopier : fiches * et **, *Utiliser les unités de durée.*

Traces écrites

Leçon *Mesurer des durées CE1*

Leçon *Mesurer des durées CE2*

MISSION 36 Lire l'heure

CE1 CE2

MATÉRIEL

▸ **Par élève :** l'horloge montée (matériel détachable), les étiquettes *Évènements*

▸ **Collectif :** diaporama M36 • CE

SÉANCE 1	**MISSION**	30 min	Individuel ou en binôme
SÉANCE 2	Entrainement fichier p. 76	30 min	Individuel, autonomie

PRINCIPE DE LA MISSION

Dans cette mission, les élèves de CE1 apprennent à lire **les heures entières et les demi-heures** tandis que ceux du CE2 poursuivent la lecture de l'heure avec **les quarts et les intervalles de 5 minutes**. Pour cela, on s'appuie sur les routines quotidiennes des élèves et l'observation, puis sur la manipulation des horloges.

CE1 | CE2

SÉANCE 1 30 min LA MISSION

- Collectivement, les élèves découvrent le matériel de la mission : des étiquettes représentant des horloges, des réveils et des évènements (l'horloge de la méthode sera utilisée plus tard). **Ils doivent replacer ces évènements dans l'ordre chronologique et associer, pour chacun d'entre eux, une horloge et un réveil.** Après validation, un débat s'engage pour verbaliser les méthodes utilisées par les élèves afin d'identifier les bonnes horloges, ce qui est l'occasion d'introduire (ou de réviser) la fonction de chaque aiguille et ses positions (notamment lorsqu'elle se situe entre deux heures consécutives).
- L'enseignant·e demande ensuite aux élèves de placer les aiguilles sur leur horloge montée de façon à indiquer **9 h en CE1** et **7 h 05 en CE2**. La position des aiguilles pour les CE2 est plus particulièrement observée, en revenant si nécessaire sur les commentaires verbalisés auparavant. Un second horaire est ensuite demandé : **8 h 30 en CE1** et **7 h 50 en CE2**. Outre les positions des aiguilles, l'enseignant·e introduit alors le vocabulaire spécifique à ces horaires : « et demie », « moins 10 » et évoque également le terme « et quart » pour les CE2.
- L'enseignant·e interpelle les élèves sur la particularité de l'horloge qui ne précise pas si les heures sont « le matin » ou « l'après-midi ».
- Dans toute la mission, l'enseignant·e sera particulièrement attentif·ive à ce que chaque élève positionne correctement les aiguilles, notamment celle des heures, et à ce que le vocabulaire utilisé soit précis.
- **Bilan et Miniquiz**

CE1

SÉANCE 2 30 min ENTRAINEMENT

▶ **fichier** p. 76

OBSTACLES POSSIBLES

- ▶ **Ex. 1 :** difficulté à comprendre qu'une horloge peut correspondre à plusieurs réveils et qu'une horloge est intruse.
- ▶ **Ex. 2 :** difficulté à écrire les heures en lettres.
- ▶ **Ex. 5 et 6 :** difficulté à être précis dans le positionnement de l'aiguille des heures.

CE2

SÉANCE 2 30 min ENTRAINEMENT

▶ **fichier** p. 76

OBSTACLES POSSIBLES

- ▶ **Ex. 1 :** difficulté à comprendre qu'une horloge peut correspondre à plusieurs horaires et qu'un horaire est intrus.
- ▶ **Ex. 2 :** difficulté à écrire les heures en lettres à l'aide du vocabulaire précis.
- ▶ **Ex. 4 et 5 :** difficulté à être précis dans le positionnement de l'aiguille des heures.

Pour différencier — Fichier à photocopier : fiches * et **, *Lire l'heure.*

MISSION 37 Le calendrier — CE1

MATÉRIEL

▶ **Collectif :** diaporama M37 • CE1

SÉANCE 1	MISSION et entrainement fichier p. 78	30 min	Collectif, puis individuel

PRINCIPE DE LA MISSION

Dans cette mission, **le diaporama sert de support à l'élaboration du bilan qui se complète en parallèle dans le fichier p. 78**. On y découvre l'organisation du **calendrier annuel** et on travaille sur les différents durées et repères de ce calendrier : l'**année**, le **mois**, la **semaine**.

SÉANCE 1 30 min LA MISSION ET L'ENTRAINEMENT ▸ fichier p. 78

- Les élèves découvrent le calendrier dans le diaporama et sur leur fichier. Ils sont invités à observer les colonnes et à repérer les mois de l'année, au nombre de 12. On attire leur attention sur l'irrégularité du nombre de jours de chaque mois. On pourra aborder une des méthodes connues pour retenir le nombre de jours que dure chacun des mois de l'année (cette répartition est reprise en détail dans l'exercice 1 p. 78). On complète alors le bilan.
- Ensuite, les élèves repèrent sur le calendrier le découpage en semaines. Ils doivent observer qu'elles sont toutes constituées de 7 jours et dénombrer les 52 semaines de l'année (+ 1 ou 2 jours selon les années). L'enseignant·e peut alors demander aux élèves de vérifier ou de calculer le nombre total de jours afin de faire le lien avec le sens de la multiplication. Le bilan est alors finalisé.
- Notons également que, dans les exercices du cahier, on aborde les saisons ainsi que certains jours fériés.

ENTRAINEMENT ▸ fichier p. 78

OBSTACLES POSSIBLES

- **Ex. 2 :** difficulté à effectuer les calculs, notamment multiplicatifs.
- **Ex. 3 :** difficulté à visualiser la saison hiver « découpée en 2 parties » sur le calendrier.

Trace écrite
Leçon *Se repérer dans le temps*

MISSION 37 La frise chronologique

CE2

MATÉRIEL

▸ **Collectif :** diaporama M37 • CE2

SÉANCE 1	**MISSION** et entrainement fichier p. 78	30 min	Collectif, puis individuel

PRINCIPE DE LA MISSION

Dans cette mission, **le diaporama sert de support à l'élaboration du bilan qui se complète en parallèle dans le fichier p. 78**. On y aborde le fonctionnement de la frise chronologique et on la représente sous la forme d'une **flèche du temps** avant de découvrir les durées à cette échelle : le **millénaire** et le **siècle**. Cette mission est transversale avec le domaine « Découvrir le monde » car on y mène un travail sur les périodes de l'Histoire.

SÉANCE 1 30 min LA MISSION ET L'ENTRAINEMENT ▸ fichier p. 78

- Dans un premier temps, les élèves visualisent une frise chronologique et identifient les informations qu'elle contient : les périodes de l'Histoire, les dates des évènements qui les débutent et terminent. On remarque également que toutes les périodes de l'Histoire n'ont pas une représentation « égale », ce qui signifie des durées différentes. Une fois l'ensemble des informations prélevées, l'enseignant·e introduit une autre manière de la représenter sous la forme d'une flèche du temps. Les dates sont alors représentées avec des points et les périodes sont des segments de droite. Cette représentation intègre l'origine 0, aussi l'enseignant·e précisera bien que ceci correspond à une date (la naissance supposée de J.-C. à partir de laquelle on débute notre calendrier) et non à une année 0 qui n'existe pas.

- Ensuite, on zoome sur la période du Moyen Âge. Les élèves sont invités à évaluer un ordre de grandeur de sa durée, en s'appuyant sur les dates de début et de fin. On attend ici une durée de 1 000 ans environ que l'enseignant·e appellera ensuite « millénaire » si aucun élève n'apporte spontanément ce vocabulaire. L'Antiquité, période à laquelle on s'intéresse ensuite, est l'occasion de réinvestir ce vocabulaire en évaluant sa durée à environ quatre millénaires.
- Dans la dernière partie, on aborde cette fois la durée du siècle en mettant en parallèle les périodes des Temps modernes et de l'Époque contemporaine qui sont proportionnellement 3 à 4 fois plus courtes. Il y a donc nécessité à définir une durée plus courte que le millénaire, 10 fois plus courte, c'est-à-dire 100 ans. Ce partage reprend la représentation de la droite graduée afin d'accentuer le lien avec la numération et la compréhension des grandeurs en jeu ici.
- Notons que, dans ce focus, les durées abordées sont très abstraites et que seule la représentation en lien avec la numération permet de leur donner du sens. Ainsi, l'enseignant·e pourra utiliser une unité-étalon quelconque (kapla, mosaïque…) équivalente à 10 ans, pour que les élèves puissent visualiser ces durées.

ENTRAINEMENT ▸ fichier p. 78

OBSTACLES POSSIBLES

- **Ex. 1 :** cet exercice aborde le « décalage » consécutif à la non-existence de l'année 0. Les difficultés résident donc dans cette particularité.
- **Ex. 2 :** difficulté à repérer des dates de l'ordre du millier, en lien avec les difficultés rencontrées en numération.
- **Ex. 4 :** difficulté à associer le calcul de durée à une soustraction et à l'effectuer.
- **Ex. 5 :** difficultés liées au système de numération.

Trace écrite
Leçon *Se repérer dans le temps*

MISSION 38 Résoudre des problèmes de durée

CE1

MATÉRIEL

▸ **Collectif :** diaporama M38 • CE1

SÉANCE 1	MISSION et entrainement fichier p. 80	30 min	Collectif, puis individuel

PRINCIPE DE LA MISSION

Dans cette mission, le diaporama sert de support à l'élaboration du bilan qui se complète en parallèle dans le fichier p. 80. **On y découvre la méthode des bonds, utilisée pour déterminer la durée comprise entre deux horaires, en heures entières, puis en heures et demies.**

SÉANCE 1 30 min LA MISSION ET L'ENTRAINEMENT ▸ fichier p. 80

- Les élèves commencent par se rappeler le schéma utilisé pour représenter une « expérience » indiquant les instants de début, de fin, ainsi que la durée. Un problème est alors proposé et les élèves sont sollicités pour y prélever les informations et compléter le schéma. Il s'agit ici de **déterminer la durée comprise entre deux horaires**. Ce problème est volontairement simple pour qu'il ne mette pas les élèves en difficulté et que l'enseignant·e puisse s'attacher à introduire la méthode. L'étape suivante consiste à proposer une méthode pour déterminer cette durée en appui sur le schéma qui figure dans le bilan du cahier.

- La seconde partie de la mission reproduit le même cheminement mais en faisant apparaitre une durée d'une demi-heure (entre 9 h 30 et 10 h). L'enseignant·e peut également autoriser les élèves en difficulté à effectuer des bonds multiples, d'heure en heure, si la durée à déterminer le permet. Les étapes nécessaires à la détermination des horaires intermédiaires et des différentes durées sont détaillées pas-à-pas dans le diaporama afin de bien formaliser le travail de **résolution** de problèmes.

ENTRAINEMENT ▸ fichier p. 80

OBSTACLES POSSIBLES

▸ **Pour tous les exercices :** difficulté à prélever les informations et à les positionner sur les schémas ainsi qu'à déterminer les horaires et les durées intermédiaires.

Pour différencier
Fichier à photocopier : fiches * et **, *Résoudre des problèmes de durée.*

MISSION 38 Résoudre des problèmes de durée

CE2

MATÉRIEL
▸ **Collectif :** diaporama M38 • CE2

SÉANCE 1			
	MISSION	30 min	Individuel
	Entrainement fichier p. 80	30 min	Individuel, dirigé

PRINCIPE DE LA MISSION

Dans cette mission, le diaporama sert de support à l'élaboration du bilan qui se complète en parallèle dans le fichier p. 80. **On retrouve la méthode des bonds pour déterminer une durée, découverte en CE1, et on la complète avec la recherche d'un horaire, en appui sur la flèche du temps.**

SÉANCE 1 30 min LA MISSION ▸ fichier p. 80

- Les élèves commencent par se rappeler la flèche du temps utilisée pour représenter une « expérience » indiquant les instants de début, de fin ainsi que la durée. Un problème est proposé et les élèves sont sollicités pour y prélever les informations et compléter le schéma. **Il s'agit ici de déterminer la durée comprise entre deux horaires**. Ce problème permet aux élèves de se remémorer la méthode des bonds découverte en CE1. Il nécessite de convertir en heures et minutes la somme obtenue. Cette particularité leur permettra d'anticiper la méthode de résolution du second problème.
- La mission reproduit ensuite le même cheminement mais les élèves doivent cette fois déterminer l'horaire de fin. Les bonds nécessaires s'appuient sur la décomposition de la durée du problème en heures et minutes pour la recherche de l'horaire intermédiaire et de l'horaire de fin. L'enseignant·e s'appuie dans cette recherche sur le bilan à compléter dans le fichier p. 80 en parallèle du diaporama.

ENTRAINEMENT ▸ fichier p. 80

OBSTACLES POSSIBLES

▸ **Pour tous les exercices :** difficulté à prélever les informations et à les positionner sur les schémas ainsi qu'à déterminer les horaires et les durées intermédiaires.

Pour différencier
Fichier à photocopier : fiches * et **, *Résoudre des problèmes de durée.*

Pour évaluer
Évaluation *Grandeurs et mesures 3 CE1*
Évaluation *Grandeurs et mesures 3 CE2*

JEUX en AteliERS CE1 CE2

1. Le Dobble des heures

▶ **Objectif**

L'objectif de ce jeu est de travailler la lecture de l'heure, sous ses différents formats (numérique, à aiguille et écrite) et sur différents supports (horloge, réveil, montre).

▶ **Organisation**

2 ou 3 joueurs 15 min

▶ **Matériel**

Diaporama Jeu 1 grandeurs 3

Dobble CE1 *Dobble CE2*

▶ **Qui gagne ?**

Lorsque l'ensemble des cartes de la pioche ont été gagnées par les joueurs, celui qui en possède le plus gagne la partie.

▶ **Règle du jeu**

C'est la version « Tour infernale » du jeu classique de Dobble dont il est question ici. Le jeu est constitué de 21 cartes où sont représentés 5 horaires différents.
On distribue une carte, face visible, à chaque joueur. Les autres cartes constituent la pioche. À chaque tour, on retourne une carte de la pioche. Le joueur le plus rapide à identifier un horaire commun entre sa carte et la carte de la pioche doit le prononcer à haute voix. Il prend alors la carte centrale et la place sur sa pile.

▶ **Variante**

À 2 ou 4 joueurs, toutes les cartes, sauf une, sont réparties entre les joueurs et disposées en piles, une pile pour chaque joueur. Le joueur qui identifie le plus rapidement une correspondance entre la carte au sommet de sa pile et la carte centrale visible place sa propre carte sur le dessus de la pile centrale. Le premier joueur à ne plus posséder de cartes remporte la partie.

▶ **Verbalisation et institutionnalisation**

La verbalisation est l'occasion de revenir sur les méthodes les plus efficaces pour déterminer la correspondance. La verbalisation de l'heure au moment de prendre la carte permet de travailler la lecture rapide de l'heure.

2. Le domino des durées

▶ **Objectif**

L'objectif de ce jeu est de travailler sur les conversions de durées et de manipuler avec aisance les compositions et décompositions de ces unités. Il est constitué de plusieurs dominos différents qui reprennent les différentes unités de durées abordées dans ce module.

▶ **Organisation**

3 joueurs maximum 15 min

▶ **Matériel**

Diaporama Jeu 2 grandeurs 3

Dominos CE1 *Dominos CE2*

▶ **Qui gagne ?**

Le premier joueur qui n'a plus de dominos gagne la partie.

Jeux en Ateliers (suite)

▶ **Règle du jeu**

Les dominos sont étalés sur la table, faces cachées. Chaque joueur choisit 5 dominos. Un domino est retourné au centre de la table. Les dominos restants constituent la pioche.
Chacun leur tour, les joueurs essaient de positionner l'un de leurs dominos à la suite de ceux au centre de la table en faisant correspondre les mesures. Si un joueur ne peut pas jouer, il pioche un domino supplémentaire.

▶ **Verbalisation et institutionnalisation**

La verbalisation est l'occasion de revenir sur la nécessité de connaitre les relations qui existent entre les différentes unités usuelles de durée, ainsi que sur les conversions utilisées.

module

Repérage et déplacements

Sur votre espace numérique

Retrouvez sur l'espace numérique **tous les diaporamas** et les **ressources complémentaires** : leçons, évaluations, matériel, etc.

Compétences

- **(Se) repérer** et **(se) déplacer** en utilisant des repères et des représentations.
- Se repérer dans son environnement proche.
- **Situer** des objets ou des personnes les uns par rapport aux autres ou par rapport à d'autres repères :
  - vocabulaire permettant de définir des positions (gauche, droite, au-dessus, en dessous, sur, sous, devant, derrière, près, loin, premier plan, second plan, nord, sud, est, ouest, etc.) ;
  - vocabulaire permettant de définir des déplacements (avancer, reculer, tourner à droite / à gauche, monter, descendre, etc.).
- **Produire des représentations** des espaces familiers (l'école, les espaces proches de l'école, le village, le quartier) et moins familiers (vécus lors de sorties) :
  - quelques modes de représentation de l'espace (maquettes, plans, photos).
- **S'orienter** et **se déplacer** en utilisant des repères.
- **Réaliser des déplacements** dans l'espace et les coder pour qu'un autre élève puisse les reproduire.
- **Produire des représentations** d'un espace restreint et s'en servir pour communiquer des positions.
- **Programmer les déplacements** d'un robot ou ceux d'un personnage sur un écran :
  - repères spatiaux ;
  - relations entre l'espace dans lequel on se déplace et ses représentations.

Lexique

- **Repérage absolu :** repérage toujours valable quel que soit l'orientation du personnage.
- **Repérage relatif :** repérage en fonction de l'orientation du personnage ; il est fluctuant.
- **Instruction :** phrase composée d'un verbe d'action à l'infinitif souvent associé à un complément d'information.
- **Séquence d'instructions :** suite ordonnée d'instructions.

Apports didactiques

- L'orientation et le repérage spatial sont travaillés depuis la maternelle en passant par le corps. **L'enfant de cycle 2 termine son processus de latéralisation, mais tous n'en sont pas au même point[1].** Le travail sur le repérage va permettre à l'élève de confirmer ses acquisitions.
- Progressivement, l'élève représente son espace proche. L'oral a une place dominante quant à la description de l'espace et des déplacements. Peu à peu, il acquiert un vocabulaire spatial commun à tous. Il comprend la nécessité de parler le même langage pour se faire comprendre, qu'il soit verbal ou codé.
- On multipliera les différents procédés de repérages :
  1. par le codage d'une position ;
  2. par celui des déplacements en repérage absolu d'un espace (haut / bas / droite / gauche, nord / est / sur / ouest) ;
  3. par le codage des déplacements en repérage relatif qui obligera l'élève à se décentrer, à se mettre mentalement à la place de l'objet orienté qui se déplace (avancer, reculer, tourner vers la droite ou la gauche).
- Les élèves réinvestiront leur découverte des différents déplacements en faisant bouger un personnage à travers l'application Tuxbot. Libre de droits, elle permet le travail de ces deux types de déplacement. En CE2, nous réservons les apprentissages au déplacement relatif à travers cette application.

Difficultés rencontrées par les élèves

1 Latéralité non-fixée : avoir des difficultés à reconnaitre la gauche de la droite, ne pas avoir de main plus habile... Utiliser des aides cognitives ou matérielles[1].

2 Difficulté à passer du réel au plan. On peut travailler le plan vu de dessus dans le domaine « Questionner le monde » (vitre sur le carton de la maquette de classe).

3 Difficulté à se décentrer pour se mettre à la place du personnage ou du robot. Dans ce cas, il est important de faire vivre la situation aux élèves pour pouvoir ensuite s'orienter mentalement.

4 Impossibilité de tourner le support lors de l'utilisation du logiciel de déplacement.

1. Pour plus d'informations sur la latéralité et les aides matérielles à proposer aux élèves, vous pouvez consulter le site : latéralité, distinction droite gauche et orientation spatiale (psychomotricien-liberal.com).

Les MATHS en vie

CE1 CE2

DURÉE

30 min

MATÉRIEL

- **Par élève :** une feuille, une règle, un crayon
- **Collectif :** Diaporama **Maths en vie geom 1**

Le but est que les élèves associent la notion mathématique de repérage à des jeux vécus (le jeu vidéo ou le robot).

- **SITUATION 1 Le jeu vidéo**

Il s'agit d'une situation souvent vécue par les élèves à la maison. On cherche ici à faire un **état des lieux des connaissances du point de vue du vocabulaire topologique**, de leur **capacité à anticiper les déplacements d'un personnage**, mais aussi de leur **capacité à se décentrer**. En effet, il est difficile de s'orienter comme le personnage de l'écran (fixe).

- **SITUATION 2 Le robot**

Il s'agit d'une situation pouvant être vécue par les élèves, tant à la maison qu'en EPS (jeu du robot), ainsi que dans le domaine « Questionner le monde ». La version vécue est plus simple, car elle permet de s'orienter dans l'espace comme le robot.

MISSION 39 Se repérer dans l'espace

CE1

MATÉRIEL

- **Par binôme récepteur :** 1 fiche *Repérage* plastifiée avec les sept croix en couleur et le cercle comme point de départ *(elle sera réutilisée dans les missions 40 et 41)*, 1 feutre, 7 cubes de la même couleur que les croix (gris, bleu, jaune, vert, rouge, noir, orange)
- **Pour l'élève locuteur :** le même matériel et 1 figurine (type Playmobil)
- **Collectif :** diaporama **M39 • CE1**

SÉANCE 1	**MISSION**	30 min	En binôme
SÉANCE 2	**Entrainement cahier** p. 4	30 min	Individuel, autonomie

PRINCIPE DE LA MISSION

Les élèves ont acquis le vocabulaire de topologie depuis la maternelle, mais l'employer pour un personnage externe est plus compliqué car cela les oblige à se décentrer. **Dans cette mission, les élèves comprennent la nécessité d'avoir un vocabulaire précis, par le travail entre un locuteur et un récepteur qui se traduira en un déplacement.**

L'enseignant·e mettra en évidence les difficultés de compréhension par l'observation des différentes productions et analysera les erreurs d'oralisation ou de représentation du chemin.

Le même matériel sera réutilisé en missions 40 et 41. En mission 40, les élèves construiront un quadrillage pour trouver d'autres façons de se repérer. En mission 41, ils se déplaceront sur ce quadrillage.

SÉANCE 1 — 30 min — LA MISSION

- Constituer la classe avec 1 élève locuteur (non visible des autres, appelé le meneur) et des binômes récepteurs. Tous posent un cube de la couleur correspondante sur chaque croix. Le fait d'avoir des objets réels plutôt que les croix permet de ne pas être tenté de passer sur les croix et de s'imaginer se promener dans un mini-monde (en rapport à des jeux d'imitation). Le locuteur a la figurine en main, les récepteurs ont un feutre.
- Tous se placent sur le cercle de départ avec leur figurine ou leur feutre. **Le locuteur commence à expliquer son chemin pour atteindre l'arrivée (le cube orange).** En même temps, les récepteurs doivent suivre le même chemin (ils ne connaissent pas le point d'arrivée). L'enseignant·e **écrit pour mémoire** les indications de déplacement du locuteur pour pouvoir y revenir ensuite.
- L'enseignant·e affiche les productions afin de les **comparer**. Les élèves remarqueront les différences. L'enseignant·e pourra les aider en répétant ce que le locuteur a dit. C'est l'occasion de **faire remarquer que le locuteur doit être précis pour se faire comprendre**.
- **Bilan et Miniquiz** : lors du bilan, l'enseignant·e insiste sur les éléments nécessaires pour bien décrire un déplacement : utiliser un vocabulaire et des descriptions précises, bien se mettre à la place du personnage.
- Une liste du vocabulaire peut être affichée pour mémoire : à droite, à gauche, devant, derrière, avancer, tourner, etc. Elle peut être complétée par d'autres mots de topologie : sur, sous…

En pratique
On pourra utiliser un visualiseur pour projeter les différentes productions des élèves.

En pratique
Il faudra garder les productions car elles seront réutilisées dans les missions suivantes.

SÉANCE 2 — 30 min — ENTRAINEMENT ▸ cahier de géométrie p. 4

OBSTACLES POSSIBLES

▸ **Ex. 1 et 2 :** difficulté à se mettre à la place de l'observateur.

▸ **Ex. 4 a. :** difficulté à se mettre à la place de la maitresse. Confusion entre la droite et la gauche sur le plan (deux côtés presque identiques pour cette classe à double niveau).

▸ **Ex. 4 b. :** difficulté à se mettre à la place de la maitresse devant les trois tables (et non pas en tant qu'élève).

Pour différencier
Fichier à photocopier : fiches * et **, *Se repérer dans l'espace.*

MISSION 39 Se repérer sur un plan — CE2

MATÉRIEL
- ▸ **Par binôme :** 1 fiche *Plan*, des ciseaux, de la colle
- ▸ **Collectif :** diaporama M39 • CE2

SÉANCE 1	MISSION	30 min	Individuel
SÉANCE 2	Entrainement cahier p. 4	30 min	Individuel, autonomie

PRINCIPE DE LA MISSION

À travers cette mission, les élèves apprendront à **prendre des repères sur une photo pour situer des éléments sur un plan**.
Ils réinvestiront le repérage des cases, vu en CE1, pour situer les éléments, puis amorceront la découverte d'un autre mode d'écriture de déplacement, par rapport à un repère fixe, la **rose des vents** (repérage absolu extérieur).

SÉANCE 1 — 30 min — LA MISSION

- L'enseignant·e fait observer une photo aérienne d'un parc sportif. Les élèves cherchent les différents équipements sportifs présents (1 piste d'athlétisme, 1 piscine, 1 piste de BMX, 6 terrains de foot, 8 terrains de tennis).
- L'enseignant·e montre ensuite un plan du même lieu et invite les élèves à chercher, sur leur propre fiche, les points communs (mare, gymnases, routes, bâtiments...) et l'absence des équipements sportifs autres que les gymnases.
- Les élèves découpent les équipements et les placent sur leur plan en s'aidant de la photo projetée. L'enseignant·e fait un point d'arrêt sur une partie de l'image pour faire verbaliser la méthode par les élèves. Il est attendu qu'ils expliquent les repères extérieurs qu'ils ont pris sur la photo et le plan. Les élèves finissent le placement des différents équipements sportifs.
- L'enseignant·e propose **le même plan avec un quadrillage et la rose des vents**. Il·Elle invite les élèves à remarquer les différences. Le lien entre la rose des vents et les quatre points cardinaux sera fait. Ils servent à nous repérer dans la réalité.

- **Bilan et Miniquiz**

SÉANCE 2 — 30 min — ENTRAINEMENT ▶ cahier de géométrie p. 4

OBSTACLES POSSIBLES

Pour les exercices, il faut comprendre que les cases pointillées peuvent ne pas toutes être utilisées.

- ▶ **Ex. 1 :** difficulté à se repérer parmi toutes les informations du plan.
- ▶ **Ex. 4 a. :** donner le Nord pour pouvoir compléter correctement la rose des vents.
- ▶ **Ex. 4 b., c. :** en cas de mauvaise rose des vents en **a.**, risque de se tromper.
- ▶ **Ex. 5 :** c'est le premier exercice sur le cahier du jour. Il s'agira de le présenter correctement.

Pour différencier

Fichier à photocopier : fiche **, *Se repérer sur un plan.*

MISSION 40 — Coder un emplacement — CE1

MATÉRIEL

- ▶ **Pour l'enseignant·e :** 1 fiche *Repérage* (plastifiée) de la mission 39, 1 figurine, 7 cubes de la même couleur que les croix (gris, bleu, jaune, vert, rouge, noir, orange), 2 couleurs de ruban adhésif type *masking tape*
- ▶ **Par binôme :** 1 feuille A4 (plastifiée) de la mission 39 avec les croix en couleur, 2 feutres de 2 couleurs différentes, 1 figurine, 12 morceaux de Post-it de 2 couleurs différentes
- ▶ **Collectif :** diaporama M40 • CE1

SÉANCE 1	MISSION	30 min	En binôme
SÉANCE 2	Entrainement cahier p. 6	30 min	Individuel, autonome

PRINCIPE DE LA MISSION

Lors de la mission, on cherchera à trouver un code commun pour repérer une case afin de communiquer un emplacement.

Les élèves acquièrent un mode de repérage sur le quadrillage par le nom de la colonne et celui de la ligne. L'enseignant·e veillera à utiliser la typologie conventionnelle de repérage : lettre-colonne/nombre-ligne, noté (A;1). Lors de la mission 41, l'élève se déplacera sur ce quadrillage à l'aide de repères fixes. Le même matériel y sera d'ailleurs réutilisé.

SÉANCE 1 · 30 min · LA MISSION

- En collectif, l'enseignant·e réalise devant les élèves le quadrillage à l'aide du ruban adhésif. Il·Elle commence par marquer les lignes horizontales d'une couleur, puis les lignes verticales d'une autre couleur. Cette partie pourrait être faite par les élèves, mais le maniement du ruban adhésif chez des élèves de CE1 n'est pas facile et serait chronophage.
- Les binômes de la mission 39 sont reconstitués. Tous ont devant eux la fiche *Repérage* avec les croix de couleur. Ils reproduisent, avec leurs deux feutres, ce qui a été fait avec le ruban adhésif en traçant les horizontales et les verticales.
- L'enseignant·e fait remarquer que des cases sont maintenant visibles. Dans certaines, on retrouve une croix de couleur ou un cercle. L'enseignant·e pose sa figurine dans la 2e colonne sur la 1re ligne et demande aux élèves d'écrire son emplacement. Il·Elle écrira les différentes propositions des élèves et montrera la nécessité d'avoir un discours s'appuyant sur des mots et des repères précis pour que tout le monde puisse comprendre.
- L'enseignant·e distribue les 6 Post-it de chaque couleur et demande aux élèves ce qu'ils pourraient en faire. On attend comme réponse leur positionnement sur le quadrillage : une couleur pour les lignes et une autre pour les colonnes.
- Les élèves doivent trouver une façon de repérer la position de la figurine. On attend un nom pour les lignes : 1, 2, 3... L'enseignant·e fait émerger le fait qu'il ne faut pas le même nom pour les lignes et pour les colonnes. L'analogie sera faite avec d'autres signes que les chiffres qu'ils savent écrire : les lettres.
- L'enseignant·e demande le nom de la case où se trouve la figurine, en précisant la typologie du repérage : en premier, la lettre pour la colonne, puis le nombre pour la ligne. La case sera codée (B;1).
- L'enseignant·e veillera à la compréhension en demandant de placer la figurine en (B;4). Les élèves devront remarquer que la figurine se trouve sur le cercle. L'enseignant·e peut aussi demander le code des croix de couleur pour les entrainer ou, inversement, demander la couleur de certaines cases avec des croix.
- **Bilan et Miniquiz**

En pratique

On pourra utiliser un visualiseur pour coller les rubans.

SÉANCE 2 · 30 min · ENTRAINEMENT ▸ cahier de géométrie p. 6

OBSTACLES POSSIBLES

▸ **Ex. 1, 2, 3 et 5 :** risque de ne pas respecter l'ordre conventionnel (d'abord la lettre puis le nombre).

▸ **Ex. 5 :** risque de ne pas prendre le chemin le plus court (6 cases).

Pour différencier

Fichier à photocopier : fiche **, *Coder un déplacement.*

MISSION 40 Programmer un déplacement

CE2

MATÉRIEL

▸ **Par binôme :** les deux parties de la fiche *Quadrillage* plastifiée, 1 figurine orientée, 1 crayon Velléda

▸ **Collectif :** diaporama M40 • CE2

SÉANCE 1	MISSION	30 min	En binôme
SÉANCE 2	Entrainement cahier p. 6	30 min	Individuel, autonomie

PRINCIPE DE LA MISSION

À travers cette mission, les élèves utiliseront la **figurine orientée pour comprendre la notion de déplacement relatif** (le personnage a un sens, il est orienté selon son regard). Ils devront alors trouver des instructions et un code simple pour permettre, en plus des déplacements, de changer d'orientation.
Pour cette mission, les élèves devront se mettre à la place de ce personnage, mais auront encore la possibilité de se mettre dans la même orientation que celui-ci. Cette possibilité ne sera plus possible lors de la mission 41, où le personnage sera sur un écran, donc fixe.
Il serait intéressant de faire vivre la mission en réel sur une marelle alphabet dans la cour ou dans une matrice de cerceaux.
Cette séance peut également être mise en œuvre avec le robot programmable Beebot.

SÉANCE 1 30 min LA MISSION

- Par binôme : l'élève n° 1 a devant lui le quadrillage avec les lettres et une figurine, l'élève n° 2 a la fiche message avec un feutre.
- L'enseignant·e montre la case de départ de la figurine sur le quadrillage (en bas, dans la même orientation que l'élève). L'élève n° 1 place sa figurine dessus. L'élève n° 2 note sur sa partie la lettre de départ et la lettre secrète de destination qu'il souhaite. L'enseignant·e impose une contrainte : le **personnage doit toujours regarder devant lui**. L'élève n° 2 dicte à son camarade les déplacements et les note, afin d'arriver à destination. Les deux élèves prennent conscience qu'il faut des instructions complètes.
- Suite au constat des incompréhensions, l'enseignant·e fait un point sur les instructions qui sont nécessaires pour se faire comprendre et fait remarquer la difficulté d'orientation. Il·Elle instaure un langage commun à tous (avancer, reculer, pivoter à droite, pivoter à gauche) et leur symbolisation ↑↓↷↶.
- L'enseignant·e propose un nouveau départ sur la gauche du quadrillage avec un message imposé afin de montrer la difficulté de se mettre à la place du personnage, dans son orientation.
- L'enseignant·e propose ensuite un départ sur le haut du quadrillage avec un message imposé afin de montrer la difficulté de se mettre à la place du personnage, car il est en face.
- L'enseignant·e veillera à échanger les rôles entre les deux élèves.
- **Bilan et Miniquiz**

SÉANCE 2 30 min ENTRAINEMENT ▸ cahier de géométrie p. 6

OBSTACLES POSSIBLES

Les élèves doivent garder en tête que les instructions de changement de direction ne sont pas des changements de cases et faire attention à l'orientation des personnages.

- ▸ **Ex. 3 :** difficulté d'association d'un nombre multiplicatif et d'une instruction.
- ▸ **Ex. 4 :** difficulté de compréhension entre fleur et fond pour le coloriage.
- ▸ **Ex. 5 a. :** difficulté de faire une phrase réponse sur le cahier. « Le robot arrive sur la case (…;…) . Il a ramassé … épis de maïs. »
- ▸ **Ex. 5 b. :** oubli de retour à la case départ à la fin. Proposer de tracer le trajet sur le cahier.

Pour différencier

Fichier à photocopier : fiches * et **, *Programmer un déplacement.*

MISSION 41 Coder un déplacement

CE1

MATÉRIEL
- **Par binôme :** la fiche *Quadrillage* (plastifiée) de la mission 40, 1 feutre d'ardoise, 1 objet non orienté, 24 flèches et le support de message (les plastifier pour réutilisation)
- **Collectif :** diaporama M41 • CE1

SÉANCE 1	MISSION	30 min	En binôme
SÉANCE 2	Entrainement cahier p. 8	30 min	Individuel, autonomie

PRINCIPE DE LA MISSION

La mission consiste à trouver un **code commun pour décrire un déplacement afin de le communiquer**.
Les élèves mettent en œuvre un mode de codage de déplacement en repérage absolu.
L'enseignant·e veillera à être exigeant·e sur le positionnement des flèches sur le support, à l'instar de l'écriture sur la ligne.
En CE2, les élèves réutiliseront ce codage, légèrement complexifié, pour aborder la programmation d'un déplacement sur un écran en repérage relatif.

SÉANCE 1 30 min LA MISSION

- L'enseignant·e reconstitue les binômes de la mission 40 et distribue de nouveau la fiche *Quadrillage*. Les élèves disposent également des flèches orientées et du support de message pour les poser.
- L'enseignant·e montre au tableau le déplacement le plus court de la figurine vers le cube rouge. Les élèves le suivent à l'aide de leur doigt sur leur feuille pour se l'approprier.
- L'enseignant·e demande **d'écrire ce déplacement à l'aide des flèches**, comme s'ils commandaient un robot. Ils posent les flèches sur le support prévu.
- L'enseignant·e observe les différentes propositions et sélectionne quelques messages pertinents quant aux erreurs produites afin d'en discuter en collectif.
- **L'enseignant·e fait lire les messages sélectionnés et les fait réaliser au tableau en collectif.** La validation ou l'explicitation des erreurs se fait en direct. Les erreurs sont analysées et les points d'attention verbalisés (erreurs possibles : instruction manquante ou supplémentaire, mauvaise orientation des flèches, erreur dans l'ordre des flèches et dans le sens de lecture, difficulté à comprendre qu'une flèche correspond à un changement de case…).
- L'enseignant·e fait **verbaliser les points de vigilance pour avoir un message codé compréhensible par tous**.
- **Bilan et Miniquiz**

SÉANCE 2 30 min ENTRAINEMENT ▸ cahier de géométrie p. 8

OBSTACLES POSSIBLES

Les élèves doivent garder en tête que les cases pointillées peuvent ne pas toutes être utilisées.

- **Ex. 1 b. :** plusieurs réponses sont possibles.
- **Ex. 2 :** difficulté à comprendre que le ballon revient au départ à chaque fois.
- **Ex. 5 :** ne pas démarrer à l'emplacement du crayon.

Pour différencier
Fichier à photocopier : fiches * et **, *Coder un déplacement*.

Trace écrite Leçon *Repérage et déplacements CE1*

Pour évaluer Évaluation *Repérage et déplacement CE1*

MISSION 41 Utiliser un logiciel de déplacement

CE2

MATÉRIEL

- **Par binôme :** accès au site Tux Bot ou en téléchargement sur ordinateur ou Android pour travailler hors-ligne. Si vous travaillez sur IOS, un autre logiciel est accessible sur le site de la classe de Florent : ecole.nathan.fr.tandem_m41
- **Collectif :** diaporama M41 • CE2

SÉANCE 1	MISSION	30 min	En binôme
SÉANCE 2	Entrainement cahier p. 8	30 min	Individuel, autonomie

PRINCIPE DE LA MISSION

Dans cette mission, **les élèves utiliseront un personnage orienté, le manchot, pour comprendre la notion de déplacement relatif** (le personnage regarde dans un sens). Ils utiliseront les instructions codées simples pour permettre son déplacement sur l'écran.
Cette mission est construite comme un pas-à-pas de prise en main rapide du logiciel. Le déplacement s'effectuera avec visualisation directe au début, puis on demandera aux élèves d'anticiper celui-ci.
L'enseignant·e aura la possibilité de projeter directement le logiciel grâce à un vidéoprojecteur ou d'utiliser le diaporama pour garder en mémoire les étapes. La difficulté sera de se mettre à la place de ce personnage car le support écran est fixe.

Ce logiciel est utilisable en ligne directement, sans installation sur le site de l'académie de Nantes : ecole.nathan.fr.tuxbot ou téléchargeable pour travailler hors connexion. Il a l'avantage d'être paramétrable pour aller plus loin, mais aussi l'avantage d'être directement utilisable. De plus, le site propose un carnet de programmation personnel, pour avancer à son rythme.

SÉANCE 1 30 min LA MISSION

- Constituer des binômes pour favoriser l'entraide et l'argumentation des choix. Les élèves sont devant l'écran avec la page d'accueil de Tux Bot.
- L'enseignant·e aide à la prise en main du logiciel. Pour cela, les élèves basculent en mode entrainement, qui permet une vision immédiate de l'action. Ils exécutent de manière guidée les deux premiers parcours.
- L'enseignant·e attire l'attention sur l'importance de se mettre à la place du manchot, puis fait basculer les élèves vers le mode classique (pour cela, décocher le mode entrainement). Ce mode classique permet l'anticipation du déplacement avec correction différée. Il est plus difficile pour les élèves, mais permet une différenciation.
- Les élèves exécutent de manière guidée le premier parcours. Puis, pour les plus rapides, les parcours suivants.
- L'enseignant·e veillera à ce que les deux élèves puissent programmer un déplacement.
- **Bilan et Miniquiz**

SÉANCE 2 30 min ENTRAINEMENT ▸ cahier de géométrie p. 8

OBSTACLES POSSIBLES

Les élèves doivent garder en tête que les instructions de changements de direction ne sont pas des changements de cases et faire attention à l'orientation des personnages.

- **Ex. 3 :** difficulté de compréhension des deux images : celle de la situation initiale et celle de la situation finale.
- **Ex. 4 :** difficulté de suivre un chemin semi-imposé.
- **Ex. 5 :** difficulté de compréhension d'un carré autour du poisson. Il s'agit de faire un carré de 3 cases de côté. 4 cases de côté est possible aussi, mais il n'y aura pas assez de cases dessinées.

Pour différencier

Fichier à photocopier : fiche **, *Utiliser un logiciel de déplacement.*

Trace écrite

Leçon *Repérage et déplacements CE2*

Pour évaluer

Évaluation *Repérage et déplacements CE2*

JEUX en ATELIERS

CE1 CE2

1. Repérons-nous en Martinique

▶ **Objectif :** Se repérer sur un quadrillage.

▶ **Organisation :** 2 à 4 joueurs, parties de 10 minutes

▶ **Matériel :** Diaporama **Jeu 1 geom 1**

Le plateau de jeu, 1 dé classique à 6 faces, 1 dé avec les lettres ABCDEF sur les faces (dé vierge sur lequel on inscrit les lettres ou à fabriquer en papier épais ou avec une imprimante 3D), 5 jetons de couleur par joueur

▶ **Qui gagne ?**

Le premier à avoir placé ses cinq jetons sur le quadrillage.

▶ **Règle du jeu**

Le premier joueur lance les deux dés et place un de ses jetons sur la case correspondante. Puis c'est au joueur suivant de lancer les dés. Si la case est déjà occupée, il passe son tour.

▶ **Variante**

On peut augmenter ou diminuer le nombre de jetons de chaque joueur.
On peut également utiliser un quadrillage plus complexe (deuxième fond de carte fourni), basé sur les nœuds du quadrillage et non les cases, et des dés à 10 faces.

▶ **Verbalisation et institutionnalisation**

Faire expliciter les stratégies pour réussir à trouver la bonne case : repérer la ligne et la colonne, trouver le point d'intersection, utiliser par exemple ses doigts, une règle, pour être sûr de ne pas dévier de colonne ou de ligne.

2. Déplaçons-nous en Martinique

▶ **Objectif :** Se repérer et se déplacer sur un quadrillage.

▶ **Organisation :** 2 joueurs, parties de 10 minutes

▶ **Matériel :** Diaporama **Jeu 2 geom 1**

Le plateau du jeu *Repérons-nous en Martinique*, les cartes *Consignes*

▶ **Qui gagne ?**

Le premier à avoir gagné cinq cartes.

▶ **Règle du jeu**

Le premier joueur pioche une carte *Consigne* et fait ce qui lui est demandé :
- trouver où se trouve un élément de la carte (nommer la case) ;
- trouver un élément visible dans une case donnée (nommer l'élément) ;
- trouver où va arriver un élément de la carte (nommer la case ou un élément visible dans cette case) ;
- écrire un itinéraire pour aller d'un lieu à un autre, avec des flèches, sur son ardoise.

S'il réussit, il garde la carte et c'est au suivant.
S'il perd, il repose la carte.

▶ **Variante :**

- On peut augmenter ou diminuer le nombre de cartes, supprimer les cartes les plus difficiles, sélectionner un seul ou deux types de cartes seulement.
- On peut aussi utiliser un quadrillage plus complexe, basé sur les nœuds du quadrillage (deuxième fond de carte proposé également pour le jeu 1).

▶ **Verbalisation et institutionnalisation**

Faire expliciter les stratégies pour réussir à trouver la bonne case ou le bon itinéraire.

module

Symétrie, alignement et milieu

Sur votre espace numérique

Retrouvez sur l'espace numérique **tous les diaporamas** et les **ressources complémentaires** : leçons, évaluations, matériel, etc.

Compétences

- **Reconnaitre et utiliser les notions d'alignement**, d'angle droit, **d'égalité de longueurs, de milieu, de symétrie**.
- Reconnaitre si une figure présente un axe de symétrie (à trouver), visuellement et/ou en utilisant du papier calque, des découpages, des pliages.
- Reconnaitre dans son environnement des situations modélisables par la symétrie (papillons, bâtiments, etc.).
- **Compléter une figure** pour qu'elle soit symétrique par rapport à un axe donné :
  - symétrie axiale ;
  - une figure décalquée puis retournée qui coïncide avec la figure initiale est symétrique ;
  - elle a un axe de symétrie (à trouver) ;
  - une figure symétrique pliée sur son axe de symétrie, se partage en deux parties qui coïncident exactement.
- **Repérer ou trouver le milieu d'un segment**, en utilisant une bande de papier avec un bord droit ou la règle graduée :
  - alignement de points et de segments ;
  - égalité de longueurs ;
  - milieu d'un segment.
- Utiliser la règle (non graduée) pour repérer et produire des alignements.
- **Reporter une longueur** sur une droite déjà tracée, en utilisant une bande de papier avec un bord droit ou la règle graduée ou le compas (en fin de cycle).

Lexique

- **Symétrie axiale :** transformation d'une figure par rapport à un axe (par pliage ou miroir).
- **Translation :** reproduction d'une figure par glissement.
- **Équidistant :** qui est à la même distance.
- **Point :** plus petit élément géométrique.
- **Droite :** ensemble infini de points alignés.
- **Segment :** portion de droite délimitée par deux points, les extrémités.
- **Alignement :** installation d'objets sur une même droite.
- **Points alignés :** points se trouvant sur la même droite.
- **Milieu :** point équidistant des deux extrémités d'un segment.

Apports didactiques

SYMÉTRIE

- À l'école primaire, seule la symétrie axiale est étudiée. La symétrie axiale est présente dans la nature, l'art et dans le patrimoine architectural mondial. Sa perception est nécessaire pour appréhender les compétences de ce domaine. Pour cela, **nous proposons de travailler la perception de l'élève tant au niveau de l'empan visuel que de manière précise, du global vers le précis**. Cela demande de la rigueur d'observation. Les élèves ne sont pas tous égaux quant à leurs aptitudes de vision globale et leur intuition.
- Dès les premières séances, on commencera à introduire le vocabulaire mathématique adéquat.
- **Pour tracer le symétrique en CE, on s'aidera d'un quadrillage ou de papier pointé, afin de garantir la perpendicularité et de faciliter l'équidistance.**
On utilisera les apports du chapitre précédent (le repérage et le déplacement relatif) pour remédier quant à la construction d'un symétrique sur quadrillage.

ALIGNEMENT ET MILIEU

- Il a été choisi, ici, d'aborder ces propriétés en lien avec la symétrie où elles ont été mises en évidence et de les travailler plus précisément.
- La construction du concept d'« alignement » se fera sans l'utilisation d'outil dans un premier temps : les objets sont alignés si celui de devant cache tous les autres.
- Le travail sur les alignements permettra d'aborder le concept de droite infinie.
- Le travail sur les milieux partira des segments (portions limitées de droite). On utilisera le pliage en deux pour construire la notion de « milieu ». On privilégiera le passage par des outils non conventionnels (bande de papier, compas) pour le construire. L'usage de la mesure de longueur ne se fera que lorsque les concepts d'équidistance et de report de longueur seront compris.

Difficultés rencontrées par les élèves

SYMÉTRIE

1 Difficulté à **visualiser d'un coup d'œil** une symétrie.

2 **Manque de précision** dans l'observation de différences.

3 **Confusion entre symétrie et translation**. Ne pas comprendre le retournement (pliage) de la symétrie.

4 Pour la construction, **difficulté à prendre des repères autres que l'axe de symétrie** (bords de la feuille, du quadrillage).

5 **Difficulté de comptage et de repérage** sur le quadrillage (faire du lien avec le module repérage précédent).

ALIGNEMENT ET MILIEU

1 **Difficulté à voir le point représenté par une croix** ou une extrémité de segment.

2 **Confusion entre le point et son nom** (lettre).

3 **Manque de précision** dans les tracés ou dans le positionnement de la règle.

4 **Difficulté d'utilisation des instruments** géométriques : règle, compas.

5 Difficulté pour percevoir l'alignement d'un point éloigné de la portion de droite représentée.

6 Difficulté de repérage d'alignement de portions de droite.

Les MATHS en vie

CE1 CE2

DURÉE
30 min

MATÉRIEL
- **Par élève :** 1 feuille, 1 règle, 1 crayon
- **Collectif :** Diaporama Maths en vie geom 2

Il s'agit de basculer d'une situation de la vie quotidienne à une situation mathématique. Le but est que les élèves associent la notion mathématique de « symétrie » à une image mentale forte (la peinture ou le miroir).

Diaporama

L'enseignant·e choisit la situation 1 ou la situation 2.
Les situations peuvent être vécues avant en classe, dans d'autres disciplines.

En pratique
Deux situations sont proposées dans le cas où l'enseignant·e **garde les mêmes élèves deux années de suite.**

- **SITUATION 1 La peinture de Rémadji**

Il s'agit d'une situation souvent vécue par les élèves en arts plastiques. On cherche ici à faire un état des lieux des connaissances du point de vue du vocabulaire (identique, en inversé), en s'interrogeant sur la façon d'obtenir cette peinture (symétrique). Par une observation guidée, on mettra le focus sur les propriétés de la symétrie (équidistance et alignement).

- **SITUATION 2 Le miroir de Sophia**

Il s'agit d'une situation pouvant être vécue par les élèves en « Questionner le monde » avec l'étude des miroirs. On ajoutera au vocabulaire la notion de « reflet ». Par une observation guidée, on dirigera l'observation vers les propriétés de la symétrie (équidistance et alignement).

MISSION 42 Identifier la symétrie

CE1

MATÉRIEL
- **Par binôme :** *Dessins à découper*
- **Par élève :** des ciseaux, une règle, un crayon rouge
- **Collectif :** diaporama M42 • CE1

SÉANCE 1	MISSION	30 min	En binôme
SÉANCE 2	Entrainement cahier p. 10	30 min	Individuel, autonomie

PRINCIPE DE LA MISSION

Les élèves découpent depuis la maternelle. Les figures obtenues ont parfois des propriétés quand elles sont réalisées sur un papier plié. C'est le concept de « symétrie » qui est mis en exergue.
L'enseignant·e introduit ainsi la notion d'« axe de symétrie » d'une figure qui sera matérialisé par une ligne rouge. En CE2, on verra qu'il peut exister plusieurs axes de symétrie.
Lors de la mission 43, l'élève construira (et complètera) une symétrie sur un quadrillage.

SÉANCE 1 · 30 min · LA MISSION

- Individuellement, les élèves découvrent le matériel (les papiers pliés). Ils vont devoir découper les papiers en suivant les traits et anticiper ce qu'ils pourront observer avant de déplier. En émettant des hypothèses : *cela va faire un trou, on obtiendra un papillon*, ou autres…, les élèves évitent la manipulation passive, ce qui favorise la dévolution du problème et donc l'apprentissage.
- Une fois les formes découpées et dépliées, on attend des élèves qu'ils nomment les formes obtenues : le verre, la fourchette, l'assiette, le bonbon, les deux papillons.
- Une fois le pli marqué en rouge, vous pourrez faire verbaliser la similitude des deux côtés, éventuellement avec le terme « en inversé », « à l'envers » ou « en reflet ». L'enseignant·e apporte le vocabulaire avec le terme « symétrie », le pli étant l'axe de symétrie.
- Plier autrement le bonbon et le disque permet de prendre conscience qu'il peut y avoir plusieurs axes de symétrie dans une même figure.
- **Bilan et Miniquiz**

SÉANCE 2 · 30 min · ENTRAINEMENT ▸ cahier de géométrie p. 10

OBSTACLES POSSIBLES

- ▶ **Ex. 2 :** risque d'oublier de regarder la couleur de la peinture, de regarder précisément les objets (trombone, ciseaux, compas).
- ▶ **Ex. 3 et 4 :** présence d'axes non-verticaux.
- ▶ **Ex. 5 :** images plus petites, précision du trait de l'axe. Il faudra s'aider du quadrillage des émoticônes.

Pour différencier

Fichier à photocopier : fiches * et **, *Identifier la symétrie.*

MISSION 42 Identifier la symétrie

CE2

MATÉRIEL

- ▸ **Par binôme :** *Dessins à découper*
- ▸ **Par élève :** des ciseaux, une règle, un crayon rouge
- ▸ **Collectif :** diaporama M42 • CE2

SÉANCE 1	**MISSION**	30 min	Individuel
SÉANCE 2	**Entrainement cahier** p. 10	30 min	Individuel, autonomie

PRINCIPE DE LA MISSION

À l'inverse de la mission en CE1, nous partons de **trois figures similaires au niveau du contour et nous allons rechercher si elles sont symétriques par pliage**, c'est-à-dire si elles ont au moins un axe de symétrie. On cherche ici à aller au-delà de la similitude de contour et de l'intuition.
Par essais successifs, on montrera qu'une figure peut avoir plusieurs axes de symétrie.
L'enseignant·e introduit ainsi la notion d'axes de symétrie multiples d'une figure. Ils seront matérialisés par des lignes rouges.
En mission 43, l'élève construira (et complètera) une symétrie sur un quadrillage.

SÉANCE 1 — 30 min — LA MISSION

- Individuellement, les élèves découvrent le matériel pour la classe : une planche de 4 bandes avec 3 formes aux contours identiques. L'enseignant·e leur demande d'observer les similitudes sur chaque bande mais aussi de voir les différences. Les élèves émettent des hypothèses : *c'est le même contour sur chaque bande, ce n'est pas tout à fait pareil, il y a un cercle, un carré en plus*, ou autres... Par ce questionnement anticipatif, les élèves évitent l'observation générale, ils vont comprendre que les différences seront de cet ordre.
- Une fois les formes découpées et pliées, l'enseignant·e demande si le pli est un axe de symétrie. Cela permet de faire verbaliser la similitude ou la différence entre les deux côtés (cela peut se faire par transparence). En cas de similitude complète, soit une symétrie, ils doivent marquer le pli d'un trait rouge.
- Plier autrement le carré et le disque permet de prendre conscience qu'il peut y avoir plusieurs axes de symétrie dans une même figure, ce que l'enseignant·e fera remarquer.
- L'enseignant·e veillera à l'emploi d'un vocabulaire précis, avec le terme « symétrie », le pli étant l'« axe de symétrie ».
- **Bilan et Miniquiz**

SÉANCE 2 — 30 min — ENTRAINEMENT ▸ cahier de géométrie p. 10

OBSTACLES POSSIBLES

- **Ex. 2 :** difficulté pour la figure bleue où l'axe est en diagonal.
- **Ex. 3 :** difficulté à voir les deux axes de symétrie sur le losange et le nœud papillon, et un seul axe sur le triangle (il est seulement isocèle).
- **Ex. 4 :** difficulté d'utilisation du papier pointé.
- **Ex. 5 :** difficulté de reconnaissance d'une symétrie axiale (car il y a aussi des symétries centrales). Faire tracer l'axe (ici 1, 3, 8, 0). Sur le 1, 8 et 0, il y a plusieurs axes de symétrie.
- **Ex. 7 :** risque d'erreur de comptage (mesure d'équidistance).

Pour différencier

Fichier à photocopier : fiches * et **, *Identifier la symétrie.*

MISSION 43 Compléter une figure par symétrie — CE1

MATÉRIEL

- **Par binôme :** 1 fiche *Quadrillages avec axe de symétrie*, 4 paires de jetons de couleurs différentes
- **Collectif :** diaporama M43 • CE1

SÉANCE 1	MISSION	30 min	En binôme
SÉANCE 2	Entrainement cahier p. 12	30 min	Individuel, autonomie

PRINCIPE DE LA MISSION

Après l'avoir découverte par pliage dans la mission 42, il s'agit ici de **construire la symétrie avec un support fixe**. L'aide du quadrillage permet d'imposer le processus de construction sous-jacent de la symétrie. L'enseignant·e introduit ainsi la **notion d'« égalité de distances »** de part et d'autre de l'axe de symétrie et la **perpendicularité** par rapport à l'axe.
En CE1, on utilisera les propriétés du quadrillage pour la perpendicularité et la mesure de longueur en unité carreau.

SÉANCE 1 — 30 min — LA MISSION

- En binôme, les élèves découvrent le matériel : la feuille quadrillée et les jetons. Ils remarquent l'axe de symétrie sur le quadrillage, mais aussi les jetons qui vont par paires de même couleur.
- L'enseignant·e explique la règle du jeu du miroir. Le·La premier·ère élève pose un jeton de couleur de son côté du trait rouge, symbolisant le miroir. Le second joueur (en face) pose un jeton de la même couleur en symétrie, comme si on le voyait dans un miroir. C'est alors à son tour de commencer.
- Après la pose des deux premiers jetons symétriques, l'enseignant·e arrête le jeu pour expliciter les procédures utilisées par les élèves. *Comment poser le 2e jeton ?* En verbalisant (*en restant sur la même ligne, en comptant les cases...*), les élèves évitent la manipulation passive, ce qui permet l'apprentissage par le jeu.
- Les élèves terminent la partie. Si le temps le permet, d'autres parties peuvent être proposées.
- À la fin du jeu, les élèves verbalisent sur la similitude des deux côtés, éventuellement avec les termes « en inversé », « à l'envers » ou « en reflet », « à la même distance », « avec le même nombre de cases », « sur la même ligne ». L'enseignant·e apporte le vocabulaire avec le terme « **distance** », c'est-à-dire le même nombre de cases.
- **Bilan et Miniquiz**

En pratique

Si vous n'imprimez pas le quadrillage en couleur, il faudra prévoir de repasser l'axe en rouge.

SÉANCE 2 — 30 min — ENTRAINEMENT ▸ cahier de géométrie p. 12

OBSTACLES POSSIBLES

▸ **Ex. 2 :** l'aide par la couleur n'est plus possible. Le quadrillage n'est pas toujours symétrique par rapport à l'axe : il y aura obligation de se référer réellement à l'axe de symétrie et non aux bords du quadrillage.

▸ **Ex. 3 :** l'absence de quadrillage peut poser des difficultés.

▸ **Ex. 5 :** les carreaux sont plus petits avec deux nuances de gris et du noir.

▸ **Ex. 8 :** risque de faire une translation sur cette frise grecque. Proposer un cache de la taille de deux motifs (14 carreaux) pour faire « module par module ».

Pour différencier

Fichier à photocopier : fiches * et **, *Compléter une figure par symétrie.*

Trace écrite

Leçon *Symétrie CE1*

MISSION 43 Compléter une figure par symétrie — CE2

MATÉRIEL

- **Par binôme :** 1 géoplan et ses paires d'élastiques bleus, verts et rouges
- **Collectif :** diaporama M43 • CE2

SÉANCE 1	MISSION	30 min	Individuel
SÉANCE 2	**Entrainement** **cahier** p. 12	30 min	Individuel, autonomie

PRINCIPE DE LA MISSION

En CE1, la construction du symétrique s'effectuait en utilisant les cases du quadrillage. En CE2, elle s'effectue à partir des nœuds du quadrillage car ils permettent de travailler le symétrique de segments obliques. Les élèves commencent par travailler sur géoplan (planche à clous facilement réalisable) sur lequel les nœuds sont représentés par les clous. Ils utilisent les points particuliers des figures pour construire leur symétrique. Le travail se poursuit sur papier pointé.
L'enseignant·e insistera sur **la notion d'« égalité de distance » à l'axe de symétrie et sur l'importance de repérer les points particuliers d'une figure (les sommets)**.

SÉANCE 1 — 30 min — LA MISSION

- En binôme, les élèves découvrent le matériel pour la classe : le géoplan avec l'élastique rouge, les deux formes en élastiques (triangle et trapèze) déjà positionnées et leurs deux élastiques de la même couleur que ceux des formes.
- L'enseignant·e explique aux élèves que l'élastique rouge est l'axe de symétrie et qu'ils vont devoir construire le symétrique des formes bleue et verte à l'aide des autres élastiques. L'enseignant·e questionne les élèves : *Où allez-vous accrocher les élastiques ?* Par ce questionnement anticipatif, les élèves évitent le tâtonnement aléatoire, pour se diriger vers des essais réfléchis.
- À la fin, l'enseignant·e fait verbaliser sur la symétrie des deux parties du géoplan, éventuellement avec les termes « en inversé », « à l'envers » ou « en reflet », « à la même distance », « sur la même ligne » et fait remarquer les clous importants (points particuliers) qui servent à fabriquer la forme symétrique. Ce sont les sommets de la figure.
- L'enseignant·e veillera à l'emploi d'un vocabulaire précis, avec les termes « symétrie », « sommets » (les clous) et « distance » (du clou à l'axe de symétrie).
- **Bilan et Miniquiz**

SÉANCE 2 — 30 min — ENTRAINEMENT ▸ cahier de géométrie p. 12

OBSTACLES POSSIBLES

- **Ex. 2 :** difficulté éventuelle pour trouver les obliques.
- **Ex. 3 :** difficulté à repérer les sommets.
- **Ex. 4 :** difficulté de repérage des éléments de part et d'autre de l'axe de symétrie.

Pour différencier Fichier à photocopier : fiches * et **, *Compléter une figure par symétrie.*

Trace écrite Leçon *Symétrie CE2*

MISSION 44 — Reconnaitre un alignement de points

CE1 CE2

MATÉRIEL

- CE1 **Par élève :** au moins 5 bouchons de feutres
- CE2 **Par élève :** 1 feuille A5, une règle 20 cm, un crayon à papier
- **Collectif :** diaporama M44 • CE

SÉANCE 1	MISSION	30 min	En binôme
SÉANCE 2	Entrainement cahier p. 14	30 min	Individuel, autonomie

PRINCIPE DE LA MISSION

En plaçant les bouchons sur une ligne virtuelle, on demande aux élèves d'utiliser leur perception. Cependant, on les amènera à **vérifier cette perception à l'aide d'un outil de géométrie : la règle**. Ce sera aussi l'occasion de parler de « **droite infinie** » au lieu de « ligne ». Peu à peu, le vocabulaire des éléments géométriques et des propriétés s'installe.
En mission 45, l'élève s'intéressera à d'autres points alignés : les extrémités d'un segment et son milieu.

CE1 | CE2

SÉANCE 1 — 30 min — LA MISSION

- Individuellement, les élèves découvrent le matériel : 5 bouchons de feutres pour les CE1, un crayon à papier et une feuille blanche pour les CE2. L'enseignant·e demande de poser les bouchons en ligne ou de tracer 5 points en ligne sur la feuille sans suivre le bord de la feuille (en semi-diagonale).
- Une vérification est alors demandée en questionnant la manière de faire. Pour comprendre le concept d'« alignement », il faut en revenir à la base : les objets sont alignés si celui de devant cache tous les autres. **En CE1, les élèves peuvent se baisser pour mettre leurs yeux au niveau de la table et le vérifier. Ils remarquent ensuite que la règle permet aussi de faire la vérification. Pour les CE2, les objets ne sont pas en volume, les élèves basculent directement sur l'outil règle.**
  Ils vérifient tous l'alignement avec leur moyen respectif.
- Puis l'enseignant·e demande aux élèves de verbaliser que, lorsque des objets ou points sont sur la même droite, on dit qu'ils sont alignés.
- L'enseignant·e demande si on peut placer un nouvel élément aligné avec les autres, au-delà de la règle posée ou de la droite tracée. Cela permettra de comprendre la notion d'infini de la droite au-delà des limites tracées.
- L'enseignant·e veillera à l'emploi d'un vocabulaire précis, avec les termes « alignement », « points alignés », « droite » à la place de « ligne ».
- **Bilan et Miniquiz**

CE1 — SÉANCE 2 — 30 min — ENTRAINEMENT

▸ **cahier de géométrie** p. 14

OBSTACLES POSSIBLES

- **Ex. 1** : difficulté à repérer le centre des parasols.
- **Ex. 2 :** difficulté organisationnelle : commencer par remplir le 1er tableau, puis tracer la droite rouge et remplir le 2e tableau.
- **Ex. 7 :** difficulté à repérer les alignements de segments.

CE2 — SÉANCE 2 — 30 min — ENTRAINEMENT

▸ **cahier de géométrie** p. 14

OBSTACLES POSSIBLES

- **Ex. 1 :** difficulté à repérer le centre des plots.
- **Ex. 2 :** difficulté à prendre l'intersection sur le point marqué en forme de croix.
- **Ex. 5 :** difficulté à repérer les alignements de segments.
- **Ex. 6 :** difficulté dans la reproduction de figures.

Pour différencier — Fichier à photocopier : fiche **, *Reconnaitre un alignement de points.*

MISSION 45 Repérer le milieu d'un segment

CE1 CE2

MATÉRIEL

- CE1 **Par élève :** 1 fiche *Mini-livre quadrillé*, un feutre, un crayon à papier
- CE2 **Par élève :** 1 feuille blanche découpée pour obtenir un format de 20 cm × 28 cm, un double-décimètre, un feutre, un crayon
- **Pour l'enseignant :** le mini-livre construit
- **Collectif :** diaporama M45 • CE

SÉANCE 1	MISSION	30 min	En binôme
SÉANCE 2	Entrainement cahier p. 16	30 min	Individuel, autonomie

PRINCIPE DE LA **MISSION**

En construisant un mini-livre par pliages successifs en deux, les élèves prendront conscience que le pli correspond au milieu du côté. Progressivement, le pliage en deux montrera l'égalité des distances de chaque côté du pli (comme en symétrie). On amènera les élèves à vérifier cette perception à l'aide des cases en CE1 ou de la règle en CE2. Ce sera alors l'occasion d'associer le côté de la feuille à un segment possédant une longueur finie, des extrémités et un milieu.

CE1 | CE2

SÉANCE 1 — 30 min — LA MISSION

- L'enseignant·e montre le mini-livre déjà construit, pour ajouter une motivation. Individuellement, les élèves découvrent le matériel : un feutre, un crayon à papier, **une feuille quadrillée pour les CE1**, **une feuille unie et une règle graduée pour les CE2**. L'enseignant·e demande de plier en deux précisément, dans le sens de la longueur, la feuille qu'ils ont entre les mains, en superposant bien les coins de la feuille. Ils marquent le pli en appuyant. Ils mettent en valeur le côté qui a été plié en deux (la longueur), en le surlignant à l'aide du feutre. L'enseignant·e appelle ce tracé un **segment**. Ils marquent ensuite le pli par un petit trait au crayon de papier sur le segment ; il est appelé le **milieu**. L'enseignant·e demande d'observer ce point et de remarquer qu'il y a :
  - **le même nombre de cases de chaque côté pour les CE1 ;**
  - **la même longueur à l'aide de la règle pour les CE2.**
- Cette opération est réitérée de la même manière avec la largeur.
- La suite de la fabrication du livre continue par un autre pliage et un découpage fait par l'enseignant·e.

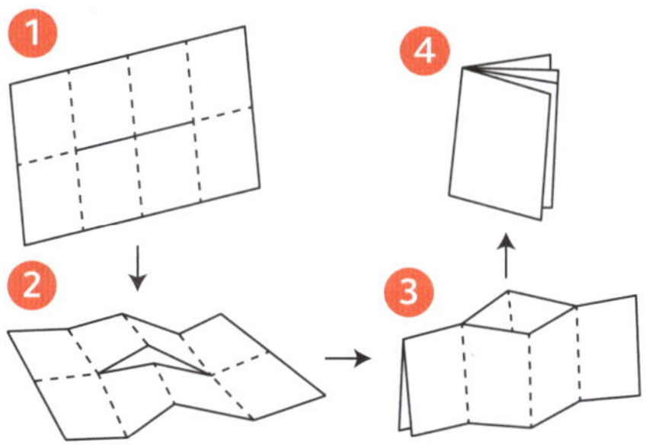

En pratique

Pour visionner la vidéo de pliage, générer des mini-livres et en savoir plus : ecole.nathan.fr.classetice

- Ce mini-livre pourra être utilisé pour y écrire des tables ou compléments.
- L'enseignant·e veillera à l'emploi d'un vocabulaire précis, avec les termes « extrémité », « point », « milieu », « segment ».
- **Bilan et Miniquiz**

CE1 — SÉANCE 2 — 30 min — ENTRAINEMENT

▸ **cahier de géométrie** p. 16

OBSTACLES POSSIBLES

- **Ex. 2 et 4 :** difficulté à placer les milieux sur les segments obliques.
- **Ex. 3 :** difficulté à utiliser une bande pour vérifier.
- **Ex. 5 :** difficulté à lire le programme de construction.

CE2 — SÉANCE 2 — 30 min — ENTRAINEMENT

▸ **cahier de géométrie** p. 16

OBSTACLES POSSIBLES

- **Ex. 1 :** difficulté à repérer les extrémités du segment.
- **Ex. 2 et 3 :** difficulté à placer sa règle graduée.
- **Ex. 4 :** difficulté à placer les milieux sur les segments obliques.
- **Ex. 5 :** difficulté dans la compréhension du langage mathématique.

Pour différencier : Fichier à photocopier : fiches * et **, *Repérer le milieu d'un segment.*

Pour évaluer : Évaluation *Géométrie 2 CE1* ; Évaluation *Géométrie 2 CE2*

Traces écrites : Leçon *Alignement et milieu CE1* ; Leçon *Alignement et milieu CE2*

JEUX en AtelierS — CE1 CE2

1. Briques symétriques

▶ Objectif :

Il s'agit de reproduire une figure par symétrie.
Ce jeu permet aux élèves ayant des difficultés à réaliser des tracés de s'affranchir de cela. Il permet aussi de procéder par tâtonnement, essai/erreur, puisque les pièces sont déplaçables, ce qui n'est pas le cas lorsqu'on colorie une case.
Pour les élèves en difficulté visio-spatiale, on peut permettre l'utilisation d'un cache, afin de ne laisser visible que la ligne sur laquelle est placée la pièce (cela est faisable aussi sur papier quadrillé).
Le fait d'avoir des pièces de différentes couleurs peut aider au repérage ; c'est plus difficile lorsque toutes les pièces placées sont de la même couleur.
Il peut également être utile de faire verbaliser les différentes étapes qui permettent de réussir la tâche (c'est utile pour celui·celle qui verbalise, mais aussi pour celui qui écoute), par exemple : *Je repère et je prends la pièce que je veux placer. Je compte les picots en partant de l'axe de symétrie, jusqu'à ce que je rencontre la pièce déjà placée. Je fais attention de ne pas changer de ligne en cours de route. Ensuite, je repars de l'axe de symétrie et je compte le même nombre de picots dans l'autre sens. Je place ma pièce. Je peux vérifier en recomptant, pour voir si le nombre de picots vides est bien le même de chaque côté.*
L'utilisation d'une plaque de lego® et de briques permet d'introduire la production de figures symétriques sur quadrillage. Pour introduire la production sur papier pointé, on pourra utiliser le géoplan.

▶ Organisation

2 élèves (3 si arbitre) 10 min

▶ Matériel

Diaporama **Jeu 1 geom 2**

Des briques en double exemplaire, une plaque sur laquelle l'axe de symétrie est matérialisé avec du ruban adhésif de couleur, ou par un trait de marqueur.

▶ Qui gagne ?

Le gagnant est le premier à ne plus avoir de briques à placer.

▶ Règle du jeu

Les élèves se répartissent des briques identiques.
Le premier joueur place une brique, l'autre doit placer la sienne au bon endroit par symétrie. Si elle est bien placée, c'est à lui de placer une nouvelle brique et au premier joueur de mettre la sienne par symétrie. Sinon, il reprend sa brique et c'est au premier joueur de rejouer.

▶ Variantes

On peut remplacer les briques de lego® par une feuille quadrillée et des jetons de couleur ou des réglettes en bois.
Pour une utilisation individuelle : on peut proposer ce jeu à un élève seul, en préparant une figure d'un côté de l'axe, avec les briques et en lui demandant de produire son symétrique.

▶ Verbalisation et institutionnalisation

On fera le lien avec le travail équivalent sur papier quadrillé (ou pointé) que les élèves sont amenés à utiliser, en mettant en avant les points communs concernant les stratégies développées.
Un temps d'institutionnalisation permettra de conclure le jeu : *Grâce à ce jeu, nous avons compris que..., nous avons appris... Pour placer correctement une brique en fonction de l'axe de symétrie, il faut...*

JEUX en AteliERS (suite)

2. Le memory de la symétrie

▶ **Objectif**

Il s'agit de repérer et d'associer deux parties d'un même objet symétrique.
Ce jeu va permettre aux élèves d'aller plus loin dans leurs connaissances sur la symétrie ; de voir qu'autour d'eux·elles, dans leur quotidien, beaucoup d'objets, d'éléments sont « symétriques ».
Les élèves sont amenés à découvrir la symétrie dans des éléments naturels de leur quotidien, mais aussi dans des monuments connus, de façon à relier la notion mathématique découverte au monde réel.
Si toutes les cartes sont utilisées en même temps, cela va nécessiter une observation relativement précise ; le jeu contient par exemple trois vues de la tour Eiffel.

▶ **Organisation**

2 élèves (3 si arbitre) 10 min

▶ **Matériel**

Diaporama Jeu 2 geom 2

Pour chaque groupe : *Cartes memory de la symétrie*, découpées et plastifiées. Il faut imprimer sur un papier suffisamment épais pour qu'il n'y ait pas de transparence.

▶ **Qui gagne ?**

Le gagnant est celui qui reconstitue le plus de paires.

▶ **Règle du jeu**

Il s'agit de celle d'un memory classique. Les élèves observent des images, des photos et doivent retrouver les deux parties symétriques qui vont ensemble. Chacun son tour, un élève retourne deux cartes. Si elles vont ensemble, il les conserve et il rejoue, sinon c'est à un autre joueur.

▶ **Variantes**

Pour les élèves en difficulté, on pourra diminuer le nombre de cartes et ne garder que des éléments très contrastés.
Positionner les cartes en désordre ou de façon organisée, comme dans un tableau.

▶ **Verbalisation et institutionnalisation**

Le temps de verbalisation pourra, si besoin, être axé sur les stratégies propres au jeu de memory, afin d'éviter de jouer en comptant seulement sur le hasard :
- ne pas commencer par retourner une carte que l'on a déjà mémorisée, mais commencer par une autre que l'on ne connait pas ;
- se créer des repères pour mémoriser la position d'une carte (« dans un coin », « vers le haut », « à côté de »...) ;
- utiliser sa mémoire photographique ou en se « racontant » intérieurement la position de la carte (comprendre comment fonctionne sa mémoire).

La verbalisation pourra porter également sur la notion de « symétrie », telle qu'elle est utilisée dans ce jeu, dans le but d'amener les élèves à prendre conscience de la présence de la symétrie dans notre environnement, dans la nature et dans des constructions humaines.

module

Solides

Sur votre espace numérique

Retrouvez sur l'espace numérique **tous les diaporamas** et les **ressources complémentaires** : leçons, évaluations, matériel, etc.

Compétences

- **Reconnaitre, nommer, décrire, reproduire quelques solides :**
  - Reconnaitre et trier les solides usuels parmi des solides variés.
  - Reconnaitre des solides simples dans son environnement proche.
  - Décrire et comparer des solides en utilisant le vocabulaire approprié.
  - Réaliser et reproduire des assemblages de cubes et pavés droits et associer de tels assemblages à divers types de représentations (photos, vues, etc.) ;
- **Fabriquer un cube à partir d'un patron fourni :**
  - vocabulaire approprié pour :
    - nommer des solides (cube, pavé droit, boule, cylindre, cône, pyramide) ;
    - décrire des polyèdres (face, sommet, arête) ;
  - les faces d'un cube sont des carrés
  - les faces d'un pavé droit sont des rectangles (qui peuvent être des carrés).

Lexique

- **Solide :** forme ayant un volume fini, palpable. On peut sentir ses trois dimensions au toucher.
- **Polyèdre :** solide dont toutes les faces sont des polygones (pas de surfaces courbes). Le cube, le pavé droit, les prismes et les pyramides sont des polyèdres.
- **Pavé droit :** polyèdre dont les six faces sont des rectangles.
- **Cube :** pavé droit dont les six faces sont des carrés.
- **Pyramide :** polyèdre composé d'une face polygonale et, pour toutes les autres, de faces triangulaires.
- **Prisme :** polyèdre composé de deux mêmes faces opposées polygonales reliées par des faces rectangulaires.
- **Face :** on parle de face lorsque c'est une **face plane** (à distinguer d'une surface courbe). Elle sera assimilée plus tard à une figure plane.
- **Arête :** dans un solide, intersection de deux faces planes. C'est un segment.
- **Sommet :** dans un solide, intersection d'arêtes. Le cône, bien qu'il n'ait pas d'arête, a cependant un « sommet » appelé normalement « **apex** ».
- **Patron :** ensemble plat qui, par pliages successifs, permet de recouvrir entièrement le solide sans superposition. C'est un assemblage de figures planes. Plusieurs patrons sont possibles pour un même solide.

Apports didactiques

- Dès l'école maternelle, les élèves manipulent des « formes » qui sont en réalité des solides, car manipulables. Ils créent des assemblages. Le travail de composition/décomposition, de préhension et de toucher permet de dégager leurs caractéristiques afin de pouvoir les reconnaitre et les discriminer.
- On continuera ce travail de perception par le toucher en utilisant un **langage précis et adapté** et on veillera à introduire le vocabulaire approprié au cours des manipulations et des situations d'utilisation (jeux de construction, d'empreinte, etc.) où il prendra sens pour les élèves.
- Par le travail de caractérisation, **des classements seront effectués** afin de permettre le développement de la connaissance des solides, en se détachant progressivement du perceptif. Le travail sur les propriétés sera effectif au cycle 3.
- **La construction du patron d'un cube sera abordée progressivement**, d'abord par les faces en CE1, car plus facilement perceptibles. Le cube sera modélisé avec ses arêtes en CE2.
- On utilisera les empreintes de ces solides pour basculer vers les figures planes dans le module suivant.

Difficultés rencontrées par les élèves

1 Difficulté d'appréhension des notions de face plane, d'arête ou de sommet lors de la manipulation. Difficulté sensorielle.

2 Difficulté de repérage lors du comptage des différents éléments caractéristiques. Certains élèves peuvent compter plusieurs fois la même face.

3 Difficulté du passage à la représentation des solides dans le plan. Incapacité à voir ce qui est caché. Difficulté à décomposer les assemblages de solides.

4 Difficulté langagière entre le mot « figure » et le mot « solide » : parler de « carré » au lieu de « cube ».

5 Confusion entre « face » (et la perception d'une surface courbe, non plane) et ce qui en découle, l'« arête » (alors que les intersections de surfaces sont des courbes).

6 Difficulté à plier « mentalement » un patron pour obtenir un cube ou un pavé.

Les MATHS en vie

CE1 CE2

DURÉE

30 min

MATÉRIEL

- **Collectif :** quelques solides
- Diaporama Maths en vie geom 3

Le but est que les élèves associent la notion mathématique de solides à une image mentale d'objets géométriques palpables.

- **SITUATION 1 La salle de gymnastique**

Il s'agit d'une situation souvent vécue en motricité par les élèves lors de leur scolarisation en maternelle et pouvant être reprise en élémentaire, en EPS. On cherche ici à faire un **état des lieux des connaissances** du point de vue du vocabulaire (boule, pavé, cube, cylindre, pyramide), en s'interrogeant sur la composition de ce parcours de motricité. Par un questionnement guidé, on amorce un début de classement possible entre deux catégories de solides (ceux qui roulent comme une roue de voiture et ceux qui ne roulent pas : les polyèdres).

- **SITUATION 2 L'équilibriste**

Il s'agit d'une situation pouvant être vécue par les élèves lors d'une sortie cirque ou lors d'un cycle cirque avec la planche d'équilibre, en EPS. On cherche aussi ici à faire un **état des lieux des connaissances** du point de vue vocabulaire (boule, pavé, cube, cylindre, pyramide), en s'interrogeant sur la composition de cet assemblage instable de solides. Par un questionnement guidé, on amorcera un début de classement possible entre deux catégories de solides (ceux qui roulent comme une roue de voiture et ceux qui ne roulent pas : les polyèdres).

MISSION 46 Reconnaitre un solide

CE1

MATÉRIEL

- **Collectif :** 6 cerceaux de couleurs différentes, des solides (matériel d'EPS, emballages, matériel scolaire...), 1 fiche *Représentations de solides*, 1 fiche *Photos de solides*
- **Collectif :** diaporama M46 • CE1

SÉANCE 1	**MISSION**	30 min	En binôme
SÉANCE 2	**Entrainement** cahier p. 18	30 min	Individuel, autonomie

PRINCIPE DE LA MISSION

Les élèves connaissent déjà quelques noms de solides. En cycle 2, ils nommeront les six solides (cube, pavé, pyramide, boule, cône et cylindre) en les associant à des critères de classement, début de la caractérisation de chacun de ces solides.
L'enseignant·e introduit le classement en ayant collecté avec ou sans les élèves de nombreux solides de la vie courante. Par exemple, dans le matériel de sport, on trouve des pavés, des cônes, des pyramides, des cylindres, des cubes et des boules. On retrouve tous ces solides dans des emballages de la maison : boites de thé, boites de chocolats de différentes formes, boites apéritives, etc. On veillera à prendre des boites fermées pour bien faire comprendre que le solide est « plein ».
L'enseignant·e ajoutera les solides de son matériel pédagogique. Il est intéressant de prendre des solides de différentes proportions (pour le cylindre : une boite de chips et une boite de fromage ronde, par exemple).
Après un classement par critères, les élèves associeront différentes représentations de ces six mêmes solides.

SÉANCE 1 — 30 min — LA MISSION

- Dans un premier temps, les élèves découvrent le matériel collecté. L'enseignant·e leur demande de classer tous les solides collectés dans les cerceaux, en mettant ensemble ceux qui ont la même forme. Les élèves vont devoir associer un solide à un autre, les mettre dans les cerceaux et énoncer pourquoi les solides appartiennent à la même famille. En énonçant les critères, ils amorcent un début de caractérisation de ces solides avec leurs mots. L'enseignant·e apporte le vocabulaire géométrique en reformulant les propos des élèves (face, arête, sommet…). La validation s'effectue par les autres élèves et l'enseignant·e.
- Dans un deuxième temps, les élèves réitèrent le classement avec des cartes de la fiche *Photos de solides* qu'ils associent aux solides dans les cerceaux, toujours en justifiant leur choix. La validation s'effectue par les autres élèves et l'enseignant·e.
- Dans un troisième temps, les élèves continuent avec les cartes de la fiche *Représentations de solides* (avec de la transparence ou sans). La validation s'effectue par les autres élèves et l'enseignant·e.
- Ces trois étapes de classement permettent d'associer les solides et leurs représentations. Les élèves et l'enseignant·e nomment alors chacun des six ensembles dans les cerceaux par leur nom de solide.
- **Bilan et Miniquiz**

SÉANCE 2 — 30 min — ENTRAINEMENT ▸ cahier de géométrie p. 18

OBSTACLES POSSIBLES

- ▶ **Ex. 2 :** les représentations proposent des solides différemment orientés.
- ▶ **Ex. 3 :** en cas de difficulté de lecture d'image, on peut reconstituer l'assemblage avec le matériel scolaire.
- ▶ **Ex. 4 :** difficulté pour dénombrer les cubes. Les assemblages sont reconstituables avec le matériel scolaire pour une remédiation.

Pour différencier

Fichier à photocopier : fiche **, *Reconnaitre un solide.*

MISSION 46 Décrire un polyèdre

CE2

MATÉRIEL
- **Par groupe : 1 paravent en carton, 1 série de solides polyèdres (cubes, pavés droits et diverses pyramides), 1 fiche *Représentations de solides***
- **Collectif :** diaporama M46 • CE2

SÉANCE 1	MISSION	30 min	En groupe ou collectif
SÉANCE 2	Entrainement cahier de géométrie p. 18	30 min	Individuel, autonomie

PRINCIPE DE LA MISSION

En CE1, les élèves ont trié les solides en deux grandes catégories : les polyèdres et les non-polyèdres. **En CE2, ils réinvestissent ce qui a été appris en CE1, mais de manière inversée : en associant les caractéristiques du solide au nom du polyèdre**. Ils systématisent leurs questionnements par un jeu de « Qui est-ce ? » et apprennent à raisonner à partir des représentations, tout en maintenant la possibilité de manipuler. Ils décrivent aussi des polyèdres dont ils ne connaissent pas le nom, comme les prismes. En mission 47, ce sera la même démarche avec des non-polyèdres.

SÉANCE 1 30 min LA MISSION

- En groupe, les élèves découvrent les polyèdres (3 minimum) et les cartes de la fiche *Représentations de solides* posées, faces visibles sur la table. L'enseignant·e fera un rappel du CE1 sur ce qu'est un polyèdre.
- L'enseignant·e explique la règle du « Qui est-ce ? ». Dans chaque groupe, un élève répond aux questions des autres, mais uniquement par **oui** ou par **non**. Il est caché par un paravent et choisit un polyèdre. Les autres élèves sont les enquêteurs. Ils posent des questions précises à tour de rôle pour trouver le polyèdre choisi.
- L'enseignant·e fait un bilan des questions utiles que l'on peut poser (celles qui ont trait aux caractéristiques du solide : le nombre de sommets, le nombre et la forme des faces, etc.) et de la méthodologie qui peut être utilisée pour trouver : retourner les cartes selon les réponses. Ex. : *Est-ce que c'est un polyèdre oui/non ? Oui.* Ils retournent tous les non-polyèdres. *Est-ce que j'ai 4 faces ? Non.* Ils retournent les pyramides à base triangulaire.
- Après avoir éliminé les solides qui ne correspondent pas, les élèves sont en capacité de nommer le solide restant. La validation se fait en comparant la carte et le solide.
- L'enseignant·e veille à ce que les élèves changent de rôle.
- **Bilan et Miniquiz** : lors du bilan, on définira les solides par leurs caractéristiques et leurs propriétés : **polyèdre** ou **non-polyèdre**, nombre de **faces**, d'**arêtes**, de **sommets** voire **formes des faces**.

SÉANCE 2 30 min ENTRAINEMENT ▸ cahier de géométrie p. 18

OBSTACLES POSSIBLES

- **Ex. 3 :** difficulté à voir les faces et sommets cachés.
- **Ex. 4 :** difficulté de conception de deux pyramides différentes.
- **Ex. 5 :** à l'affirmation « J'ai au moins une face carrée », plusieurs réponses sont possibles selon la perception que l'on a de la perspective : il peut y avoir la pyramide à base carrée ou le pavé droit et le cube.

Pour différencier

Fichier à photocopier : fiche **, *Décrire un polyèdre.*

MISSION 47 Décrire un solide

CE1

MATÉRIEL

- **Par groupe :** 1 boite en carton (type carton de ramettes de papier avec couvercle) avec deux trous sur les côtés pour y passer les mains, 2 séries de six solides (cube, pavé droit, pyramide, boule, cône, cylindre) ou 1 série de solides et 1 fiche *Représentations de solides*
- **Collectif :** diaporama M47 • CE1

SÉANCE 1	MISSION	30 min	En groupe de 4 à 6 ou en collectif
SÉANCE 2	Entrainement cahier de géométrie p. 20	30 min	Individuel, autonomie

PRINCIPE DE LA **MISSION**

Après avoir manipulé les solides et les avoir associés à une représentation plane, **il s'agit ici de verbaliser leurs caractéristiques en isolant un sens de perception : la vue est occultée et laisse place au toucher.** L'enseignant·e impose une contrainte de verbalisation, nécessaire pour aborder l'abstraction. Ainsi, les notions de face, sommet, arête prennent sens pour l'élève.
Un élève émetteur décrit ce qu'il ressent au toucher (solide dans sa boite fermée, qu'il ne connait pas) ; les récepteurs doivent alors, comme dans un « Qui est-ce ? », trouver de quel solide il s'agit. Ils ont aussi la possibilité de manipuler les six solides pour faire les analogies avec le discours entendu. Pour plus d'abstraction, ils peuvent aussi trouver la représentation des solides correspondants.

SÉANCE 1 30 min LA MISSION

- En groupe, les élèves découvrent les six solides. L'enseignant·e cache un solide (commencer par un polyèdre) dans la boite mystère. Un élève du groupe est l'émetteur. Les autres élèves sont les récepteurs.
- L'enseignant·e explique la règle de la boite mystère : on doit décrire ce que l'on ressent au toucher du solide mystère (sans essayer de regarder), sans dire le nom du solide, pour faire deviner aux autres duquel il s'agit. L'enseignant·e cherche en premier lieu à faire le lien avec ce qui avait été découvert lors de la situation *Maths en vie* (roule, ne roule pas). Les autres élèves ont la possibilité de toucher les solides-réponses.
- Après avoir éliminé les solides qui ne correspondent pas, l'enseignant·e amène les émetteurs à affiner leur perception : essayer de compter le nombre de faces planes avec la paume de leur main, tenter de percevoir la forme des faces.
- Après avoir éliminé les nouveaux solides qui ne correspondent pas, l'enseignant·e cherche à ce que les émetteurs affinent encore leur perception en essayant de compter le nombre de sommets avec leur index.
- Il est encore possible d'aller plus loin en comparant les longueurs des arêtes (petites/grandes) avec l'utilisation de la pince (pouce-index). Cela pourra être utile par exemple pour différencier un pavé d'un cube.
- Après cette découverte de la boite mystère, l'enseignant·e marque un point d'arrêt sur la méthodologie, puis demande si l'on posera les mêmes questions pour un autre solide (non polyèdre). Il fait anticiper les questions à poser.
- Les élèves changent de rôle et l'enseignant·e met des solides différents dans la boite mystère.
- **Bilan et Miniquiz** : dans le bilan, on insistera sur la chronologie des questions : en premier lieu avec un classement de solides qui « roulent » et de solides qui « ne roulent pas » avec le vocabulaire **polyèdre** ou **non-polyèdre**, pour ensuite

affiner par le nombre de **faces**, d'**arêtes**, de **sommets** voire les **formes des faces**. Lors du miniquiz, parallèlement au diaporama, il serait intéressant de montrer le solide réel.

SÉANCE 2 30 min ENTRAINEMENT ▶ cahier de géométrie p. 20

OBSTACLES POSSIBLES

Pour tous les exercices, on peut remédier en mettant à disposition les solides pour manipuler.

- **Ex. 1 :** problème pour orthographier le nom des solides (se référer à la double-page précédente).
- **Ex. 3 :** difficulté à imaginer le solide.
- **Ex. 4 :** piège du disque qui correspond à l'empreinte du cône, mais pas à celle de la boule. On peut remédier à cette difficulté en la trempant dans la peinture ou sur un tampon encreur. La boule ne fera qu'un point.

En pratique
Pour ne pas abimer le matériel pédagogique avec de l'encre ou de la peinture, entourer les objets avec du film plastique alimentaire.

Pour différencier Fichier à photocopier : fiche **, *Décrire un solide.*

MISSION 47 Décrire les autres solides

CE2

MATÉRIEL

- **Par groupe : 1 paravent en carton, 1 série de solides non-polyèdres (cônes, boules, cylindres), 1 fiche *Représentations de solides***
- **Collectif :** diaporama M47 • CE2

SÉANCE 1	**MISSION**	30 min	En groupe
SÉANCE 2	**Entrainement cahier de géométrie** p. 20	30 min	Individuel, autonomie

PRINCIPE DE LA MISSION

Dans cette mission, **les élèves s'intéressent aux non-polyèdres.** Ils réinvestissent toujours ce qui a été appris en CE1 de manière inversée : en associant les caractéristiques du solide à son nom. Ils systématisent leurs questionnements par un jeu de « Qui est-ce ? » et apprennent à raisonner à partir des représentations, tout en maintenant la possibilité de manipuler. Ils décrivent aussi des non-polyèdres dont ils ne connaissent pas le nom, comme les troncs de cône.

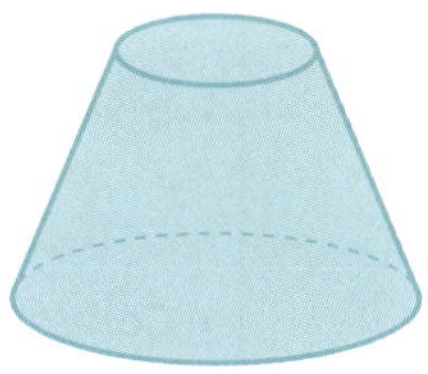

SÉANCE 1 30 min LA MISSION

- En groupe, les élèves découvrent les non-polyèdres (cône, cylindre, boule) et les cartes de la fiche *Représentations de solides* posées, faces visibles sur la table.
- L'enseignant·e fait rappeler aux élèves la règle du « Qui est-ce ? », jeu déjà vu dans la mission 46. Dans chaque groupe, un élève répond aux questions des autres par **oui** ou par **non**. Il est caché par un paravent et choisit un non-polyèdre. Les autres élèves sont les enquêteurs. Ils doivent poser des questions précises tour à tour pour trouver le solide choisi.
- L'enseignant·e fait un tour des questions utiles que l'on peut poser et de la méthodologie qui peut être utilisée pour trouver : retourner les cartes en fonction des réponses. *Ex. : Est-ce que c'est un polyèdre ? Non.* Ils retournent tous les polyèdres. *Est-ce que j'ai un sommet ? Non.* Ils retournent les cônes. Les questions

portent sur le nombre et les formes des faces planes, s'il y en a, et le nombre de sommets.

- Après avoir éliminé les solides qui ne correspondent pas, ils sont en capacité de nommer le solide. La vérification se fait en comparant la carte avec le solide.
- L'enseignant·e veille à ce que les élèves changent de rôle.
- **Bilan et Miniquiz** : lors du bilan, on définira les non-polyèdres par leurs caractéristiques et leurs propriétés : le nombre et la forme des **faces** et le nombre de **sommets**.

SÉANCE 2 — 30 min — ENTRAINEMENT ▸ cahier de géométrie p. 20

OBSTACLES POSSIBLES

▸ **Ex. 3 :** difficulté à répondre avec la quantité zéro pour le nombre de sommets. Difficulté de vocabulaire : l'adjectif suivant le mot « forme » (on acceptera circulaire, disque, ronde, cercle).

▸ **Ex. 4 :** difficulté à voir des cercles en perspective (ellipse).

▸ **Ex. 5 :** difficulté pour l'empreinte triangulaire, qui ne peut être faite que par les pyramides et pas par le cône. On peut le vérifier en trempant un cône dans de la peinture ou sur un tampon encreur. Son empreinte ne sera qu'un segment.

Pour différencier

Fichier à photocopier : fiche **, *Décrire les autres solides.*

En pratique

Pour ne pas abimer le matériel pédagogique avec de l'encre ou de la peinture, entourer les objets avec du film plastique alimentaire.

MISSION 48 Construire un cube

CE1 CE2

MATÉRIEL

- ▸ CE1 **Par groupe :** 8 carrés de la même taille découpés dans du polypropylène ou dans une feuille cartonnée, 8 autres d'une taille différente, du ruban adhésif (type masking tape)
- ▸ CE2 **Par groupe :** 16 allumettes, 16 pics en bois, des boules de pâte à fixer, un emballage cartonné cubique
- ▸ **Collectif :** diaporama M48 • CE

SÉANCE 1	**MISSION**	30 min	**En groupe**
SÉANCE 2	**Entrainement cahier de géométrie** p. 22	30 min	**Individuel, autonomie**

PRINCIPE DE LA MISSION

Par l'offre de matériels différents, on demande aux élèves de faire des choix pour construire un cube. L'objectif est double :
- relier le vocabulaire des solides à des éléments physiques ;
- consolider les propriétés du cube : en CE1, 6 faces carrées de même taille, en CE2 12 arêtes de même longueur.

Les CE1 construisent un cube à l'aide des faces, les CE2 construisent la structure d'un cube à l'aide des arêtes.

L'amorce de la notion de patron sera faite dès le CE1, par la déconstruction du cube en enlevant peu à peu l'adhésif. Le dépliage manuel permettra de mieux le mentaliser par la suite. Cela sera repris avec les CE2 à partir d'un emballage cartonné cubique.

En cycle 3, ils aborderont les différents patrons du cube et d'autres solides.

En pratique

Le polypropylène permet de voir les arêtes cachées, comme sur les représentations. Il se trouve facilement dans le matériel scolaire (pochette plastique ou couvertures de cahier).

CE1 | CE2

SÉANCE 1 — 30 min — LA MISSION

- En groupe, les élèves découvrent le matériel. L'enseignant·e énonce l'objectif : **reconstituer un cube à partir du matériel donné**.
- L'enseignant·e interroge les élèves en amont sur les différentes façons de procéder :
  - **en CE1, les élèves peuvent utiliser le ruban adhésif pour associer les faces ;**
  - **en CE2, la pâte à fixer permet de relier les arêtes.**
- Les élèves construisent en groupe afin de pouvoir s'entraider, argumenter et justifier leurs choix.
- Enfin, les élèves verbalisent lorsque les cubes sont terminés : pour la validation du résultat, de la procédure employée et du matériel précis (type et nombre). L'enseignant·e fait le lien avec les observations du cube des précédentes missions (nombre de faces, d'arêtes et de sommets).
- Dans un second temps, **les CE1 ôtent un à un quelques rubans adhésifs pour construire le patron : mettre le cube « à plat » avec pour contrainte que les faces restent attachées**. **Les CE2 partent d'un cube cartonné existant (emballage préalablement scotché). Ils marquent de manière visible (feutre épais) les 12 arêtes avec 12 couleurs différentes, puis découpent une à une sur les arêtes pour construire le patron en mettant en évidence les correspondances des arêtes une fois le patron déplié. Ils ont la même consigne : mettre le cube « à plat » avec pour contrainte que les faces restent attachées. On peut obtenir plusieurs patrons différents selon les arêtes « ouvertes ».**
- L'enseignant·e veille tout au long de la séance à employer un vocabulaire précis, avec les termes **face**, **arête** et **sommet**.
- **Bilan et Miniquiz**

CE1 — SÉANCE 2 — 30 min — ENTRAINEMENT

▸ **cahier de géométrie** p. 22

OBSTACLES POSSIBLES

- **Ex. 1 :** difficulté à dénombrer.
- **Ex. 2 :** risque de confusion entre la face vue en perspective et le parallélogramme.
- **Ex. 5 et 6 :** difficulté à mentaliser la fin des pliages.
- **Ex. 7 :** difficulté pour associer le patron du cube à plat avec le cube en perspective.

CE2 — SÉANCE 2 — 30 min — ENTRAINEMENT

▸ **cahier de géométrie** p. 22

OBSTACLES POSSIBLES

- **Ex. 1 et 2 :** difficulté à compter le nombre d'arrêtes identiques ou à voir la différence de longueur des arêtes.
- **Ex. 5 :** difficulté pour associer le patron du cube à plat avec le cube en perspective.

Pour différencier — Fichier à photocopier : fiche **, *Construire un cube.*

Pour évaluer — Évaluation ***Géométrie 3 CE1*** ; Évaluation ***Géométrie 3 CE2***

Traces écrites — Leçon ***Solides CE1*** ; Leçon ***Solides CE2***

Jeux en Ateliers

CE1 CE2

1. Le loto des solides

▶ Objectif

Il s'agit d'associer un solide à ses caractéristiques.

▶ Organisation

3 à 5 joueurs (un meneur de jeu qui pioche les cartes et entre 2 et 4 joueurs qui disposent des planches de loto) 10 min

▶ Matériel

Diaporama **Jeu 1 geom 3**

Planches *Jeu de loto*, *Cartes loto* (pioche), des jetons à poser sur les planches

▶ Qui gagne ?

Le premier joueur à avoir mis un jeton sur chaque solide de sa planche gagne la partie.

▶ Règle du jeu

Le meneur de jeu dispose de la pioche, faces des cartes non visibles devant lui, et les autres joueurs disposent d'une planche de jeu et de quatre jetons. On change de meneur à chaque partie. Le meneur pioche et lit (ou montre) une carte, les joueurs doivent trouver sur leur planche un solide qui a les caractéristiques demandées. Le premier à trouver dit « bingo » et peut placer un jeton sur sa planche si la réponse est juste.

▶ Variante

On peut choisir une ou plusieurs catégories de cartes pour simplifier ou complexifier le jeu. On peut également donner plusieurs planches à chaque joueur.

▶ Verbalisation et institutionnalisation

Revenir aux caractéristiques des solides, au vocabulaire spécifique utilisé (face, sommet, arrête). Faire prendre conscience que des solides différents peuvent avoir des points communs (cube et pavé droit ont 6 faces, mais sont de formes différentes par exemple). Expliciter l'intérêt, avant que la partie commence, de réfléchir aux caractéristiques des solides qui sont sur la planche.

2. Le solide mystère

▶ Objectif

Il s'agit d'identifier un solide à partir de ses caractéristiques.

▶ Organisation

2 joueurs (possibilité de 4 joueurs) 10 min

▶ Matériel

Diaporama **Jeu 2 geom 3**

Cartes *Solide mystère*, des serre-têtes fabriqués en papier cartonné ou des bandeaux d'EPS en tissu. Éventuellement, une ardoise ou un cahier de brouillon pour noter les indices au fur et à mesure.

▶ Qui gagne ?

Le premier joueur à avoir deviné le nom du solide figurant sur sa carte gagne la partie.

▶ Règle du jeu

Chaque joueur pioche une carte et, sans la regarder, la fixe sur son serre-tête, de façon à ce que son adversaire la voie.
Le premier joueur pose une question à laquelle son adversaire va répondre par oui ou par non. Il ne peut poser qu'une question à la fois, avec une seule information.

Jeux en Ateliers (suite)

S'il pense avoir deviné le nom du solide sur sa tête, il peut faire une proposition en donnant son nom. Si la proposition n'est pas correcte, l'adversaire peut poser deux questions au lieu d'une au tour suivant. C'est ensuite à son camarade de poser une question.

▶ Variante

On peut ajouter ou éliminer des cartes pour complexifier ou simplifier le jeu. Pour aider les élèves en difficulté et leur permettre de formuler des questions, on peut leur fournir des modèles de solides, une fiche descriptive de chaque solide ou encore une liste de questions possibles.

▶ Verbalisation et institutionnalisation

Faire expliciter les caractéristiques des différents solides, faire formuler des questions et discuter de leur pertinence.

module

Figures planes et angle droit

Sur votre espace numérique

Retrouvez sur l'espace numérique **tous les diaporamas** et les **ressources complémentaires** : leçons, évaluations, matériel, etc.

Compétences

- **Reconnaitre, nommer, décrire, reproduire, construire quelques figures géométriques.**
- Reconnaitre et utiliser les notions d'**angle droit**, d'**égalité de longueur et de milieu**.
- Décrire, reproduire sur papier quadrillé ou uni des figures ou des **assemblages de figures planes**.
- Utiliser la **règle**, le **compas** ou l'**équerre** comme instrument de tracé.
- Reconnaitre, nommer les **figures usuelles** : carré, rectangle, triangle, triangle rectangle, polygone, cercle, disque.
- Décrire à partir des côtés et des angles droits, un carré, un rectangle, un triangle rectangle.
- Les construire sur un support uni connaissant la longueur des côtés.
- **Construire un cercle** connaissant son centre et un point, ou son centre et son rayon.
- Vocabulaire approprié pour décrire les figures planes usuelles : carré, rectangle, triangle, triangle rectangle, polygone, côté, sommet, angle droit ; cercle, disque, rayon, centre ; segment, milieu d'un segment, droite.
- **Propriété des angles** et égalités de longueur des côtés pour les carrés et les rectangles ;
- **Lien entre propriétés géométriques et instruments de tracé :**
  - utiliser la règle (non graduée) pour repérer et produire des alignements ;
  - repérer et produire des angles droits à l'aide d'un gabarit, d'une équerre ;
  - reporter une longueur sur une droite déjà tracée ;
  - repérer ou trouver le milieu d'un segment.

Lexique

- **Figure plane :** ensemble de points organisés. Elle n'a pas d'épaisseur, ni de surface.
- **Cercle :** ensemble de points situés à la même distance du centre.
- **Polygone :** figure fermée composée de segments successifs.
- **Triangle :** polygone à trois côtés.
- **Triangle rectangle :** triangle avec un angle droit.
- **Quadrilatère :** polygone à quatre côtés.
- **Rectangle :** quadrilatère avec quatre angles droits.
- **Carré :** quadrilatère à quatre côtés de même longueur et quatre angles droits.
- **Angle droit :** angle d'un carré ou d'un rectangle ; angle entre deux droites perpendiculaires.
- **Disque :** ensemble de tous les points contenus à l'intérieur d'un cercle.

Apports didactiques

FIGURES PLANES

- « Les notions de géométrie plane et les connaissances sur les figures usuelles s'acquièrent à partir de manipulations et de résolutions de problèmes [...]. La reproduction de figures diverses, simples et composées est une source importante de problèmes de géométrie dont on peut faire varier la difficulté en fonction des figures à reproduire et des instruments disponibles. Les concepts généraux de géométrie (droites, points, segments, angles droits) sont présentés à partir de tels problèmes. »[1]
- « Les faces des solides rencontrés précédemment leur permettent de nommer quelques figures planes (carré, rectangle, triangle, disque) qu'ils apprennent ensuite à reproduire. Au cycle 2 [...] les figures planes, qui sont reconnues de façon globale en début de cycle sont progressivement décomposées en éléments simples : des points (sommets, centre, point d'intersection de deux droites), des segments (côtés, rayons, diamètres) et des angles droits permettant de les décrire, de les construire avec précision et d'établir, lors des temps d'institutionnalisation, des énoncés pour les définir ou rendre compte de certaines de leurs propriétés. »[2]
- La reconnaissance et la construction de figures planes sont sciemment démarrées avant l'institutionnalisation de l'angle droit. Le carré est un support parfait pour aborder l'angle droit car il est reconnaissable entre tous. On se servira dans un premier temps d'un gabarit de carré, et plus précisément de son angle, comme gabarit d'angle droit, mais aussi du quadrillage pour construire les figures planes à angle droit. Ceci évitera le recours trop rapide à l'équerre (outil) sur laquelle l'élève, souvent, n'identifie pas l'angle droit.
- Pour les constructions de figures, la progressivité passe également par le support utilisé : papier quadrillé, papier pointé, puis papier uni.
- Pour la construction du cercle, on utilisera divers procédés qui permettent de tracer des points à une même distance d'un point-centre : une ficelle, un gabarit de longueur... Le compas ne sera introduit qu'en fin de progression, comme outil permettant de conserver une distance. L'enseignant veillera à bien différencier le cercle du disque (ou face circulaire).
- Lors de la reproduction d'assemblages de figures, il s'agira de rebrasser tout ce qui a été vu sur les figures planes, mais aussi sur les alignements et les milieux de segments. L'assemblage doit à la fois être analysé en globalité et en particulier. Les figures particulières sont organisées et non juxtaposées.

Difficultés rencontrées par les élèves

FIGURES PLANES

1 **Difficulté de repérage** sur le papier quadrillé ou pointé.

2 Difficulté à observer les égalités de longueur.

3 **Difficulté à décomposer une figure complexe** comme un assemblage de figures simples.

4 Difficulté de **repérage dans l'organisation spatiale des figures** simples entre elles dans un assemblage.

5 **Difficulté à manipuler des outils de géométrie** : savoir maintenir une règle à l'aide du pouce et l'index, savoir utiliser le compas et le faire rouler entre son pouce et l'ensemble majeur-index.

6 **Manque de précision dans les alignements** avec la règle ou l'équerre pour tracer ou prolonger un trait.

7 **Manque de précision dans le réglage de l'écartement du compas**, dans le pointage du centre.

8 **Difficulté dans les mesures :** mettre la règle graduée sur le 0.

ANGLE DROIT

9 **Difficulté à utiliser le gabarit** ou l'équerre.

10 **Difficulté d'alignement** des bords du gabarit ou de l'équerre avec les tracés.

11 **Difficulté à vérifier** les alignements sur les angles aigus avec l'équerre : avoir recours aux deux gabarits (le convexe et le concave).

1. BOEN n° 31 du 30 juillet 2020
2. Ressources Eduscol Géométrie au cycle 3.

Les MATHS en vie

CE1 CE2

DURÉE

30 min

MATÉRIEL

- **Collectif, facultatif :** quelques solides et un bac à sable ou farine (situation 1), des figurines de jeu de construction avec des pieds de différentes formes et de la peinture ou un tampon encreur (situation 2)
- Diaporama Maths en vie geom 4

Le but est que les élèves associent la notion mathématique de figures planes à une image mentale de traces d'objets (passer de 3 dimensions à 2 dimensions).

- **SITUATION 1 Les ruines du château**

Il s'agit d'une situation pouvant être vécue lors d'une sortie ou dans un bac à sable. On cherche ici à faire un **état des lieux des connaissances** du point de vue du vocabulaire (cercle, carré, rectangle, triangle...), en s'interrogeant sur les traces des éléments solides du château dans le sable. Par un questionnement guidé, on amorce un début de tri possible entre deux catégories de traces : celles que l'on peut reproduire à la règle (les polygones) et les autres.

- **SITUATION 2 Des pas dans la peinture**

Il s'agit d'une situation pouvant être vécue par les élèves pour l'illustration d'une histoire, comme dans l'album *Devine qui fait quoi, une promenade invisible*[3]. On cherche ici à faire un **état des lieux des connaissances** du point de vue du vocabulaire (cercle, carré, rectangle, triangle...), en s'interrogeant sur les traces des pas dans la peinture. Par un questionnement guidé, on amorce un début de tri possible entre deux catégories de traces : celles que l'on peut reproduire à la règle (les polygones) et les autres.

MISSION 49 Tracer un cercle

CE1

MATÉRIEL

- **Pour la moitié des binômes :** 1 punaise, 1 fil de laine
- **Pour l'autre moitié des binômes :** 1 punaise, 1 bande cartonnée
- **Par élève :** 2 objets ayant un contour circulaire (gobelet, rouleau, cône, cylindre...), une feuille, un crayon à papier, un compas
- **Collectif :** diaporama M49 • CE1

SÉANCE 1	**MISSION**	30 min	En binôme
SÉANCE 2	Entrainement cahier de géométrie p. 24	30 min	Individuel, autonomie

3. Gerda Muller, École des loisirs.

PRINCIPE DE LA **MISSION**

Pour commencer, les élèves reprennent comme en maternelle le tracé de cercles avec un gabarit : un des solides qui roulent (non-polyèdres) étudiés dans le module précédent. **À partir du disque obtenu, ils vont chercher à dégager ses caractéristiques et à reproduire le cercle limitant ce disque.** L'enseignant·e propose alors du matériel : une punaise et un fil ou une bande cartonnée.
Après un temps de recherche, les élèves associent les notions de centre à la punaise et la longueur de fil ou de la bande cartonnée au rayon. L'enseignant·e propose dans un deuxième temps l'outil conventionnel de géométrie : le compas. Il·Elle veille à la bonne utilisation de celui-ci.

SÉANCE 1 — 30 min — LA MISSION

- Dans un premier temps, les élèves découvrent le matériel (les objets circulaires). L'enseignant·e leur demande de tracer les contours et leur demande la forme qu'ils vont obtenir. Ils doivent répondre « le cercle » et l'enseignant·e corrige si le mot « rond » est employé.
- **Les élèves vont devoir extraire les caractéristiques du cercle obtenu afin de le reproduire.** Après avoir découpé le cercle le plus grand (pour que ce soit plus facile à plier), ils vont en chercher le centre. L'enseignant·e étaye en faisant le lien avec la symétrie. Ils plient donc le disque obtenu deux fois pour obtenir deux axes de symétrie : leur intersection est le centre, le segment qui va du centre vers le bord du cercle est le rayon.
- Dans un deuxième temps, l'enseignant·e propose le matériel pour tracer ce même cercle. Un groupe cherche en binôme avec la punaise, le fil et un crayon à papier. Un autre groupe cherche avec une punaise, une bande cartonnée et un crayon. L'enseignant·e aide au réglage de la longueur du rayon pour les deux groupes, en mettant la punaise du centre à la bonne distance ou en aidant à fixer le crayon avec la ficelle.
- Lors d'une première mise en commun, on interroge les élèves sur la difficulté de tracer un cercle avec le matériel proposé et sur leur connaissance d'un outil plus pratique pour tracer des cercles. Les élèves et l'enseignant·e énoncent les précautions d'utilisation du compas.
- **Bilan et Miniquiz**

En pratique

La manipulation du compas prend du temps et demande de l'entrainement. Elle pourra être reprise en arts visuels (Kandinsky, Delaunay).

SÉANCE 2 — 30 min — ENTRAINEMENT ▸ cahier de géométrie p. 24

OBSTACLES POSSIBLES

▸ **Ex. 3 :** difficulté à tracer un cercle complet sans reprise. Le rayon n'est pas imposé, seul le geste de rotation compte.
▸ **Ex. 4 :** on trace des arcs, c'est la précision du rayon qui est importante.
▸ **Ex. 5 :** on cumule les deux exigences du cercle : un rayon précis et une rotation complète.

Pour différencier

Fichier à photocopier : fiches * et **, *Tracer un cercle.*

MISSION 49 Décrire et tracer un cercle

CE2

MATÉRIEL

- **Par élève : une** feuille, des objets circulaires, un crayon à papier, une règle graduée, un compas
- **Collectif :** diaporama M49 • CE2

SÉANCE 1	MISSION	30 min	En individuel
SÉANCE 2	Entrainement cahier de géométrie p. 24	30 min	Individuel, autonomie

PRINCIPE DE LA **MISSION**

En CE1, les élèves ont reconnu et tracé des cercles à partir d'un centre et d'un rayon. **En CE2, ils systématisent leurs tracés tout en abordant le diamètre.** Ils font le lien entre la mesure du rayon et celle du diamètre en réinvestissant la mission 45 sur le milieu. Ils apprennent à nommer le point désignant le centre et le segment désignant le rayon et le diamètre.

SÉANCE 1 30 min LA MISSION

- Dans un premier temps, les élèves partent à la recherche, dans la classe, de deux objets permettant de tracer des cercles (gabarit). L'enseignant·e leur demande de tracer leur contour afin d'obtenir deux cercles de différentes tailles. Ils les découpent soigneusement afin d'obtenir deux disques.
- L'enseignant·e indique qu'ils viennent d'obtenir deux disques et précise que le cercle est la ligne qui les délimite. **Les élèves doivent ensuite reproduire ces cercles avec leur compas**. Une question se pose : *Comment peut-on retrouver le centre et le rayon des cercles ?* Les élèves vont devoir extraire les caractéristiques du cercle obtenu afin de le reproduire. Ils vont chercher le centre du cercle. L'enseignant·e étayera en faisant le lien avec la symétrie et les observations faites sur la figure du cercle dont les axes de symétrie se croisaient au centre.
- Ils plient le disque obtenu en deux pour obtenir le diamètre, qu'ils marquent en vert, puis une deuxième fois pour obtenir le centre. Ils marquent le rayon en repassant en rouge le segment (pli) entre le centre et le bord du disque. Ils refont cette opération sur le deuxième disque.
- Dans un deuxième temps, les élèves mesurent le rayon et le diamètre sur les deux cercles. Ils en déduisent un lien entre les deux mesures : double du rayon ou moitié du diamètre. L'enseignant·e précise que le centre est au milieu du diamètre. Il interroge : *Y a-t-il une autre façon de trouver le centre, quand on ne connait que le diamètre (après le premier pli) ?* Il faut « calculer » la moitié de la mesure du diamètre pour obtenir la mesure du rayon. Les élèves tracent alors un cercle de 8 cm de diamètre. Les élèves et l'enseignant·e précisent les précautions d'utilisation du compas.
- **Bilan et Miniquiz**

En pratique

La manipulation du compas prend du temps et demande de l'entrainement. Elle pourra être reprise en arts visuels (Kandinsky, Delaunay).

SÉANCE 2 30 min ENTRAINEMENT ▸ cahier de géométrie p. 24

OBSTACLES POSSIBLES

- **Ex. 3 :** difficulté pour se repérer dans la multitude de points. Mettre deux lettres pour nommer un segment.
- **Ex. 4 :** risque de confusion entre rayon et diamètre.
- **Ex. 5 :** on aborde trois formulations différentes pour tracer un cercle : par le rayon, par le diamètre, et « passant par » (sous-entendu l'extrémité d'un rayon), ce qui peut être complexe.
- **Ex. 6 :** la figure à construire n'est pas de la même dimension que le modèle.

Pour différencier

Fichier à photocopier : fiches * et **, *Décrire et tracer un cercle.*

MISSION 50 Reconnaitre des polygones simples

CE1

MATÉRIEL

- **Par groupe :** 1 fiche *Polygones*
- **Collectif :** diaporama M50 • CE1

SÉANCE 1	MISSION	30 min	En groupe
SÉANCE 2	Entrainement cahier de géométrie p. 26	30 min	Individuel, autonomie

PRINCIPE DE LA MISSION

Après avoir abordé la différence entre les polygones et les autres figures planes dans la situation « Maths en vie », on s'intéresse ici à la reconnaissance des polygones simples : triangle, carré, rectangle. Dans cette mission, **les élèves classent les polygones selon le critère du nombre de côtés afin de séparer les triangles et les quadrilatères des autres polygones**.
Une contrainte supplémentaire de tri des quadrilatères sera imposée pour discriminer ceux qui ont quatre angles droits (sans pour autant le nommer) : on parlera de quadrilatères « droits » à l'inverse des quadrilatères « tordus ». À partir de ce deuxième tri, un dernier tri s'effectue selon les égalités de longueurs des côtés.
Les figures triangle, carré, rectangle sont alors définies parmi les polygones.

SÉANCE 1 30 min LA MISSION

- En groupe, les élèves découvrent les polygones (polygones découpés pour permettre la manipulation ou cartes les représentant).
- L'enseignant·e fait rappeler aux élèves ce qu'est un polygone : une figure plane fermée constituée de segments. Il demande ensuite de compter ces segments, puis de les classer selon leur nombre de côtés. On obtient des ensembles de polygones à 3, 4 et 5 côtés et plus.
- L'enseignant·e demande ensuite si le classement aurait été identique si l'on avait considéré le nombre de sommets de chaque polygone.
- Le questionnement porte alors sur le nom des polygones :
  - *quel est le nom des polygones à trois côtés ?* Les élèves répondent « **triangle** » car c'est une figure connue depuis la maternelle. L'enseignant fait remarquer la construction du mot : TR-iangles avec TR comme TR-ois pour trois angles.
  - *quel est le nom des polygones à quatre côtés ?* L'enseignant·e les nomme **quadrilatères** et fait remarquer la construction du mot : QUA-drilatère (quatre côtés), cela commence comme QUA-tre.
- Un nouveau tri est alors demandé aux élèves : ceux qui sont « droits » et ceux qui sont un peu « tordus ». Le langage n'est pas très académique mais la racine RECT signifie « droit » (rectus), auquel on peut opposer le terme « tordu ». Ils vont donc mettre en évidence la famille des « rect-angles ».
- L'enseignant·e demande un dernier classement selon les égalités de côtés, afin d'extraire les **carrés**. Les autres étant des **rectangles**.
- L'enseignant·e fait une synthèse des critères mathématiques de reconnaissance des trois polygones particuliers.
- **Bilan et Miniquiz**

SÉANCE 2 30 min ENTRAINEMENT ▸ cahier de géométrie p. 26

OBSTACLES POSSIBLES

- **Ex. 1 :** les fenêtres rectangles en perspective peuvent gêner la reconnaissance.
- **Ex. 2 à 4 :** attention aux figures ouvertes tronquées et aux figures dans une orientation non conventionnelle (carré en biais).

- **Ex. 5 :** il faut penser à compter les carrés cachés : il y en a 4. Pour remédier, passer en couleur chaque carré trouvé.
- **Ex. 6 :** il faut penser à compter les triangles cachés. Il y en a 6 : 3 visibles et 3 cachés (le croisement des deux grands carrés). Pour remédier, passer en couleur chaque triangle trouvé.
- **Ex. 7 :** la difficulté est de compter les formes cachées en faisant abstraction des aplats de couleur. Ici, 6 triangles, 8 carrés, 14 rectangles (différents des carrés).
- **Ex. 8 :** devant la quantité trouvable, on s'attardera à vérifier ce qui est reconnu.

Pour différencier

Fichier à photocopier : fiches * et **, *Reconnaitre des polygones simples.*

MISSION 50 Reconnaitre et tracer des triangles rectangles

CE2

MATÉRIEL

- **Par élève : un** crayon à papier, une règle, des ciseaux, un gabarit d'angle droit (matériel détachable), 1 fiche *Triangles rectangles*
- **Collectif :** diaporama M50 • CE2

SÉANCE 1	MISSION	30 min	En individuel
SÉANCE 2	Entrainement cahier de géométrie p. 26	30 min	Individuel, autonomie

PRINCIPE DE LA MISSION

Dans cette mission, les élèves apprennent à reconnaitre le triangle rectangle comme un rectangle coupé dans sa diagonale. Ils font le lien avec l'angle droit du rectangle et peuvent ainsi décrire le triangle rectangle comme un triangle avec un angle droit. Ils le reconnaitront en utilisant un gabarit d'angle droit.

SÉANCE 1 30 min LA MISSION

- L'enseignant·e distribue la fiche et demande aux élèves de coder les angles droits du rectangle par un carré rouge. *Un défi est lancé : tracer un segment dans ce rectangle pour obtenir deux triangles.* On obtient deux triangles avec un angle droit. Il·Elle réitère ce défi sur un autre rectangle et sur un carré. C'est la même conclusion. L'enseignant·e nomme ces triangles des triangles rectangles (moyen mnémotechnique : issu de « rectangle »).
- L'enseignant·e peut choisir de faire découper un des triangles obtenus afin d'avoir un gabarit d'angle droit, ou d'utiliser le gabarit du matériel détachable. Les élèves cherchent les triangles rectangles parmi des triangles dans leur fiche. L'enseignant·e rappelle la nécessité d'aligner les bords du gabarit avec les côtés du triangle.
- Après avoir reconnu les triangles rectangles, les élèves apprennent à en construire un sans passer par la phase de construction d'un rectangle coupé en deux. Grâce aux manipulations précédentes, la nécessité de commencer par tracer l'angle droit s'impose.
- L'enseignant·e introduit alors une dénomination plus mathématique : *On a tracé le triangle BCD rectangle en C.*
- **Bilan et Miniquiz**

SÉANCE 2 30 min ENTRAINEMENT ▸ cahier de géométrie p. 26

OBSTACLES POSSIBLES

- **Ex. 2 :** il existe des triangles rectangles cachés, cela peut être difficile de les trouver (5 triangles rectangles « visibles » et 2 « cachés » pour le tangram ; 3 « visibles » et 1 « caché » pour le tangram œuf). Risque sur le tangram œuf d'entourer des formes qui ne sont pas des polygones.

Pour différencier

Fichier à photocopier : fiches * et **, *Reconnaitre et tracer des triangles rectangles.*

MISSION 51 Construire un polygone simple

CE1

MATÉRIEL
- **Par élève :** 1 crayon de papier, 1 règle non graduée, 1 fiche *Amorces de figures*
- **Collectif :** diaporama M51 • CE1

SÉANCE 1	MISSION	30 min	En individuel
SÉANCE 2	Entrainement cahier de géométrie p. 28	30 min	Individuel, autonomie

PRINCIPE DE LA MISSION

Il s'agit de compléter des amorces de figures planes sur papier quadrillé, en reprenant les caractéristiques des polygones dégagées dans la mission précédente : trois côtés pour le triangle, deux côtés de même longueur deux à deux pour le rectangle, quatre côtés égaux pour le carré, mais aussi une figure « droite ». On utilisera la propriété de perpendicularité du quadrillage pour tracer les angles droits. Cette mission pourrait être précédée d'une manipulation de tiges (baguettes de bois, piques en bois, spaghettis) de différentes longueurs symbolisant les segments à poser sur la face quadrillée de son ardoise (repère quadrillé).

SÉANCE 1 30 min LA MISSION

- Individuellement, les élèves découvrent leur fiche. Ils remarquent trois amorces de figures. Ce ne sont pas des polygones car ils ne sont pas fermés. Il faut les compléter afin d'obtenir un triangle, un rectangle et un carré.
- L'enseignant·e fait rappeler les caractéristiques du triangle puis questionne les élèves sur la procédure de tracé : *On utilise la règle et le crayon pour relier les deux extrémités libres.* Pour aller plus loin, les élèves tracent les deux côtés manquants à partir du segment.
- L'enseignant·e fait rappeler les caractéristiques du rectangle (figure fermée « droite », c'est-à-dire qui suit le quadrillage, à quatre côtés, avec deux côtés de même mesure et deux autres de même mesure), puis questionne les élèves sur la procédure de tracé. *On utilise la règle et le crayon pour construire les côtés de même mesure (on peut compter les carreaux).*
- L'enseignant·e fait rappeler les caractéristiques du carré (figure fermée « droite », c'est-à-dire qui suit le quadrillage, 4 côtés de même longueur) et questionne les élèves sur la procédure de tracé. *On utilise la règle et le crayon pour construire les côtés de même mesure* (on peut compter les carreaux).
- L'enseignant·e questionne sur l'utilité du quadrillage pour tracer les carrés et les rectangles. Il s'agit de faire ressortir le côté droit de ce type de quadrillage qui permet également de mesurer en comptant les carreaux.
- **Bilan et Miniquiz**

SÉANCE 2 30 min ENTRAINEMENT ▸ cahier de géométrie p. 28

OBSTACLES POSSIBLES

- ▶ **Ex. 3 et 4 :** certains carrés ou rectangles sont obliques sur le quadrillage.
- ▶ **Ex. 5 à 7 :** difficulté à suivre un programme de construction (plusieurs instructions).
- ▶ **Ex. 8 :** difficulté de repérage sur du papier pointé et pour repérer les différents polygones. Marquer en couleur les triangles, les carrés et les rectangles.

Pour différencier Fichier à photocopier : fiches * et **, *Construire un polygone simple.*

Trace écrite Leçon *Figures planes CE1*

MISSION 51 Construire un polygone simple

CE2

MATÉRIEL

- **Par groupe :** 1 géoplan, 3 élastiques de couleur (faisable en ligne avec geoboard https://apps.mathlearningcenter.org/geoboard/)
- **Par élève :** 1 feuille, 1 règle, 1 compas, 1 gabarit d'angle droit (matériel détachable)
- **Collectif :** diaporama M51 • CE2

SÉANCE 1	MISSION	30 min	En individuel ou en binôme
SÉANCE 2	Entrainement cahier de géométrie p. 28	30 min	Individuel, autonomie

PRINCIPE DE LA **MISSION**

Les élèves vont rebrasser leurs apprentissages sur les polygones simples avec les géoplans pour retrouver les caractéristiques de chacune des figures. Ils apprennent ensuite à tracer, par allers-retours entre la manipulation et le travail sur feuille. Cela permet aux élèves en difficultés motrices d'être en réussite, même partielle.

SÉANCE 1 30 min LA MISSION

- En individuel ou en binôme, les élèves fabriquent des triangles sur leur géoplan. L'enseignant·e fait ensuite verbaliser la procédure de tracé d'un triangle : *On trace deux segments qui sont reliés, puis on rejoint les extrémités pour fermer la figure et faire le troisième côté*. Les élèves le réalisent sur leur feuille.
- L'enseignant·e propose alors une situation sur le géoplan, qu'ils doivent reproduire. Ils remarquent que ce sont des triangles rectangles (vus en mission 50). Il·Elle demande aux élèves de construire des rectangles à partir de ces triangles rectangles. La présence de deux côtés du rectangle est explicitée.
- L'enseignant·e demande ensuite de chercher la procédure de tracé d'un rectangle à partir de deux segments et d'un angle droit avec une contrainte : n'utiliser que la règle non graduée, le gabarit et le compas. On cherche ici à utiliser le compas comme outil de report de longueur. Les élèves le réalisent sur leur feuille en réitérant le tracé de l'angle droit avec le gabarit, puis le report de longueur au compas. L'enseignant·e fait remarquer que l'on aurait pu passer par la mesure si notre règle avait été graduée.
- La même situation sur le géoplan est proposée pour construire des carrés. L'enseignant·e fait verbaliser la nécessité d'avoir quatre côtés égaux.
- Pour terminer, l'enseignant·e demande de chercher la procédure de tracé d'un carré à partir d'un côté avec une contrainte : n'utiliser que la règle non graduée, le gabarit d'angle droit et le compas. On attend des élèves qu'ils réinvestissent la procédure de construction du rectangle avec report de longueur.
- **Bilan et Miniquiz**

SÉANCE 2 30 min ENTRAINEMENT ▸ cahier de géométrie p. 28

OBSTACLES POSSIBLES

Préférer l'utilisation du **gabarit d'angle droit** (comme dans la mission) dans ces exercices. L'équerre mérite d'être utilisée après une séance spécifique.

▸ **Ex. 4 :** difficulté à voir les longueurs imposées sous forme de segment dans l'énoncé.

Pour différencier Fichier à photocopier : fiches * et **, *Construire un polygone simple.*

Trace écrite Leçon *Figures planes CE2*

MISSION 52

Reconnaitre et construire un angle droit / Utiliser l'équerre

CE1 CE2

MATÉRIEL

- **Par élève :**
  - CE1 1 fiche *Forme à vérifier*, un carré à découper, des ciseaux, un crayon à papier, un morceau de papier épais ou cartonné ovoïde
  - CE2 1 fiche *Forme à vérifier*, une équerre, des ciseaux, un crayon à papier, un morceau de papier épais ou cartonné ovoïde
- **Collectif :** diaporama M52 • CE

SÉANCE 1	MISSION	30 min	En individuel
SÉANCE 2	Entrainement cahier de géométrie p. 30	30 min	Individuel, autonomie

PRINCIPE DE LA MISSION

Suite au classement de polygones en CE1, les élèves ont la notion de rectitude. Il s'agit ici de transformer cette notion perceptible en une notion plus géométrique, celle d'angle droit. D'un carré, on extrait un « coin » qui deviendra notre gabarit d'angle droit.

Pour les élèves de CE2 ayant déjà compris cette notion d'angle droit, on associe le triangle rectangle découvert dans les missions précédentes à l'équerre. L'équerre arrive tardivement dans la progression afin que le concept d'angle droit soit bien maitrisé et que les élèves associent le bon angle de l'équerre à l'angle droit.

Durant cette mission, les élèves apprennent à fabriquer facilement un double-gabarit d'angle droit (un « entrant » et un « sortant » pour pallier le manque de visibilité des côtés de l'angle) et à l'utiliser. Les élèves de CE2 se focaliseront sur l'usage de l'équerre.

CE1 CE2

SÉANCE 1 30 min LA MISSION

- En collectif, les élèves observent un carré et un rectangle. L'enseignant·e leur demande le point commun entre ces deux figures. **La réponse attendue pour les CE1 est : *Ce sont des formes « droites »*. La réponse attendue pour les CE2 est : *Elles ont 4 angles droits*.**
- **En CE1,** l'enseignant apprend aux élèves que le coin de ces figures s'appelle un angle droit, et que ce « coin » peut servir de gabarit pour vérifier ou construire un angle droit.
- **En CE2,** il·elle fait le lien avec la séance sur les triangles rectangles pour montrer l'angle droit qu'ils connaissent déjà. Il·Elle fait l'analogie avec un nouvel outil de géométrie, l'équerre, qui est un triangle rectangle. Il·Elle insiste pour que les élèves repèrent bien sur l'équerre la place de l'angle droit.
- Les élèves s'entrainent à l'utilisation de leurs outils sur leur fiche, puis ils verbalisent l'utilisation adéquate de ces deux outils.
- Ensuite, l'enseignant·e propose à tous de construire un double gabarit d'angle droit (qui peut être utile quand on a perdu ou oublié son gabarit ou son équerre). À partir d'un papier épais de type Canson ou une chemise cartonnée, de forme non-polygonale, les élèves doivent trouver dans leur casier un objet de forme carrée ou rectangle (fichier, cahier, livre). Ils posent cet objet sur leur papier et marquent le contour d'un des angles. Ils y tracent ensuite l'angle droit ainsi obtenu et le découpent soigneusement. Ils marquent les deux morceaux obtenus : 1, le gabarit avec l'angle droit codé visible, et 2, le gabarit avec l'angle droit invisible.
- L'enseignant·e demande aux élèves d'émettre des hypothèses sur la manière d'utiliser chacune des parties de ce double gabarit : le 1 à l'intérieur des angles, le 2 à l'extérieur. Il·Elle leur montre le même matériel disponible sur la planche prédécoupée.

- Pour finir la mission, une chasse aux angles droits peut être organisée dans la classe. Il est possible aussi de coller du masking-tape sur les tables ou au sol pour créer des droites qui se croisent afin de chercher les angles droits et de les marquer avec un crayon woody effaçable.

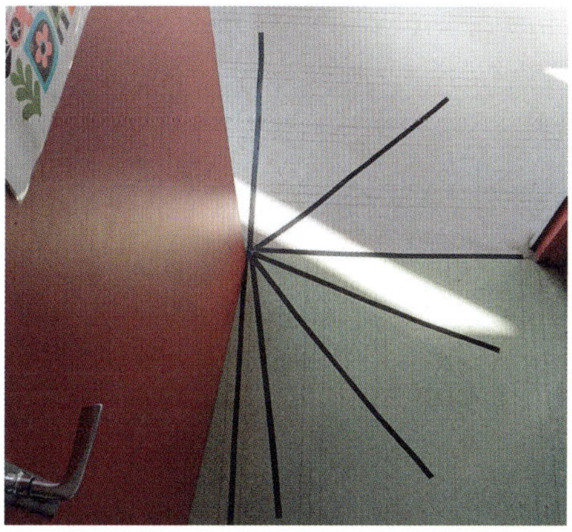

- **Bilan et Miniquiz**

SÉANCE 2 30 min **ENTRAINEMENT**
▸ **cahier de géométrie** p. 30

OBSTACLES POSSIBLES

- **Ex. 1 :** difficulté pour la tranche du classeur.
- **Ex. 5 :** risque d'oubli pour la forme flèche car elle est proche de la forme vue lors de la mission qui n'en n'avait que 2, or ici il y en a 3.
- **Ex. 6 :** difficulté à tracer le long du gabarit tout en se positionnant sur le point.
- **Ex. 7 :** nécessité de tâtonner avec son gabarit pour trouver les 3 points qui formeront un angle droit.

SÉANCE 2 30 min **ENTRAINEMENT**
▸ **cahier de géométrie** p. 30

OBSTACLES POSSIBLES

- **Ex. 1 :** difficulté à voir les côtés de l'équerre car elle est transparente.
- **Ex. 4 :** difficulté à tracer le long de l'équerre tout en positionnant chacun des points.
- **Ex. 5 :** difficulté à repérer les 4 angles droits lorsqu'il y a 2 droites perpendiculaires.
- **Ex. 6 :** certains commenceront peut-être à tracer les diagonales sans utiliser l'équerre et ne l'utiliseront que pour former le carré ; ce qui montre une bonne vision des alignements.
- **Ex. 7 :** utiliser son ardoise pour faire des essais à main levée. Ne pas voir le piège du C.

Pour différencier
Fichier à photocopier : fiches * et **,
Reconnaitre et construire un angle droit / Utiliser l'équerre.

MISSION 53 Construire un carré et un rectangle à partir de mesures

CE1 CE2

MATÉRIEL

▸ **Par binôme :**
CE1 une allumette, une petite pique en bois, le gabarit d'angle droit, un crayon à papier, une feuille
CE2 une allumette, une petite pique en bois, une équerre, un crayon à papier, une feuille

▸ **Collectif :** diaporama M53 • CE

SÉANCE 1	MISSION	30 min	En binôme
SÉANCE 2	Entrainement cahier de géométrie p. 32	30 min	Individuel, autonomie

PRINCIPE DE LA MISSION

Dans cette mission, les élèves tracent le carré et le rectangle à partir de longueurs données, celle des objets allumette et pique en bois et de leur gabarit ou équerre. Cela permet d'éviter les problèmes de mesure et d'utilisation de la règle graduée. Ils intègrent ensuite la procédure employée avec des mesures exprimées en centimètres.

CE1 | CE2

SÉANCE 1 — 30 min — LA MISSION

- En collectif, les élèves découvrent le matériel et l'objectif : tracer un carré à partir du matériel donné.
- L'enseignant·e questionne les élèves sur la manière de procéder :
  - **en CE1, les élèves peuvent utiliser leur gabarit et reporter la longueur de l'allumette ;**
  - **en CE2, les élèves peuvent utiliser leur équerre et reporter la longueur d'une pique en bois.**
- Les élèves cherchent en binômes afin de pouvoir s'aider, argumenter, justifier leurs choix. Ils tracent sur la feuille un carré.
- Lorsque les carrés sont terminés, un temps de verbalisation est proposé pour la validation du résultat (perpendicularité et mêmes longueurs de côté) et de la procédure employée. L'enseignant·e fait un temps d'arrêt sur les points d'attention : angle droit et même longueur.
- L'enseignant·e demande ensuite de tracer un autre carré sur leur feuille, mais avec une mesure à la place de l'allumette ou de la pique.
- **Pour les CE1, on propose une mesure proche de l'allumette (5 cm) pour que les approximations ne soient pas trop visibles. Pour les CE2, le carré sera plus grand (16 cm), ce qui demandera plus de précision dans le tracé.**
- L'ensemble de la démarche est repris pour tracer un rectangle. L'enseignant·e questionne sur ce qui va changer par rapport à la construction du carré (l'alternance des mesures de côtés). Les élèves tracent le rectangle sur leur feuille, puis font de même avec des mesures imposées : un rectangle de 5 cm de largeur et 10 cm de longueur.
- L'enseignant·e veillera tout au long de la séance à l'emploi d'un vocabulaire précis et à la verbalisation des propriétés de chaque figure.
- **Bilan et Miniquiz**

SÉANCE 2 — 30 min — ENTRAINEMENT (CE1)

▸ **cahier de géométrie** p. 32

OBSTACLES POSSIBLES

▸ **Ex. 1 et 3 :** comprendre que le 3e côté est déjà partiellement tracé.

▸ **Ex. 2 et 4 :** seul un ou deux côtés sont tracés.

▸ **Ex. 5 :** la largeur est à mesurer sur le seul côté tracé et la longueur est donnée.

SÉANCE 2 — 30 min — ENTRAINEMENT (CE2)

▸ **cahier de géométrie** p. 32

OBSTACLES POSSIBLES

▸ **Ex. 2 et 5 :** aucune amorce de figure.

▸ **Ex. 3 :** il peut être difficile de comprendre que le point noir est le sommet du carré suivant et que les deux points noirs ne sont pas à relier.

▸ **Ex. 6 :** il faut comprendre que le point rouge est le sommet du rectangle suivant.

▸ **Ex. 7 :** il peut y avoir plusieurs solutions : le carré n'a pas forcément de côté en commun avec un côté du rectangle.

Pour différencier

Fichier à photocopier : fiches * et **,
Construire un carré et un rectangle à partir de mesures.

MISSION 54

Reproduire un assemblage de figures

CE1 CE2

MATÉRIEL

▸ **Par binôme :**

CE1 1 fiche *Cartes assemblages CE1*, un paravent, une règle non-graduée, des formes à manipuler (triangles, rectangles, carrés), un gabarit

CE2 1 fiche *Cartes assemblages CE2*, un paravent, une règle non-graduée, un compas, une équerre

▸ **Collectif :** diaporama M54 • CE

SÉANCE 1	MISSION	30 min	En binôme
SÉANCE 2	Entrainement cahier de géométrie p. 34	30 min	Individuel, autonomie

PRINCIPE DE LA **MISSION**

Sous la forme d'un jeu de message, on demande aux élèves de reconstituer (CE1) ou tracer à main levée (CE2) un assemblage de figures. Le jeu s'effectue d'abord en collectif pour une prise en compte des différentes propositions quand le message est incomplet. Ensuite, en binômes, les élèves réitèrent le jeu. La confrontation directe au résultat par le locuteur montrera l'importance de la précision des informations à donner. Le paravent est une possibilité pour le locuteur de vérifier les propriétés sur sa carte, grâce à une règle non-graduée, une équerre ou un gabarit et un compas.

CE1 CE2

SÉANCE 1 30 min LA MISSION

- En groupe, l'enseignant·e explique la règle du jeu du message et demande aux élèves d'anticiper la procédure du locuteur. Un locuteur est choisi pour la classe pour la mise en situation. Celui-ci dictera aux élèves de la classe le message de sa carte. Il dispose de matériel, comme la règle pour repérer les alignements, le gabarit ou l'équerre pour repérer les angles droits et le compas pour repérer les égalités de longueurs et, spécifiquement pour les CE1, les formes en papier découpées et manipulables.
- **Les élèves de CE1 construisent à l'aide des formes découpées sur leur ardoise ou à main levée.**
  Les élèves de CE2 construisent leur assemblage sous la dictée du locuteur.
- L'enseignant·e fait un point d'arrêt pour comparer les différentes productions et la carte initiale ; les différences peuvent être dues soit à des imprécisions du locuteur soit à une mauvaise compréhension du récepteur.
- L'enseignant·e montre un pas-à-pas des échanges possibles entre un locuteur et son récepteur pour affiner.
- Puis, en binômes, les élèves font reproduire un nouvel assemblage de figures. Il y a des allers-retours entre les deux élèves. Il est possible de compter le nombre de fois où il y a des changements. La réussite étant de pouvoir tout dire dans une seule consigne.
- Les élèves changent de rôle au sein du binôme.
- L'enseignant·e veille tout au long de la séance à employer un vocabulaire précis, avec les termes : aligné, mêmes longueurs, angle droit.
- **Bilan et Miniquiz**

SÉANCE 2 — 30 min — ENTRAINEMENT ▶ **cahier de géométrie** p. 34	SÉANCE 2 — 30 min — ENTRAINEMENT ▶ **cahier de géométrie** p. 34
OBSTACLES POSSIBLES ▶ **Ex. 4 :** difficulté à repérer les alignements de points. ▶ **Ex. 5 :** difficulté à comprendre que les 4 points sont les sommets du carré. ▶ **Ex. 7 :** difficulté à repérer les milieux des côtés.	**OBSTACLES POSSIBLES** ▶ **Ex. 4 :** difficulté à repérer les alignements permettant de tracer les côtés des carrés plus rapidement. ▶ **Ex. 5 :** difficulté à repérer le carré puis les milieux des côtés comme centre des demi-cercles et pour tracer le triangle.

Pour différencier
Fichier à photocopier : fiche **, *Reproduire un assemblage de figures.*

Pour évaluer
Évaluation ***Géométrie 4 CE1***
Évaluation ***Géométrie 4 CE2***

Traces écrites
Leçon ***Angle droit et assemblage CE1***
Leçon ***Angle droit et assemblage CE2***

JEUX en ATELIERS — CE1 CE2

1. Le géoplan des figures planes

▶ **Objectif**

Il s'agit de tracer des figures planes sur un géoplan.

▶ **Organisation**

2 à 4 joueurs — 15 min

▶ **Matériel**

Diaporama **Jeu 1 geom 4**

1 géoplan par joueur et un lot d'élastiques (on peut remplacer les géoplans par des fiches pointées plastifiées et des feutres effaçables).

8 cartes *Consignes* (choisies au hasard ou par l'enseignant·e en fonction de ce qu'il·elle veut faire travailler ou du niveau des élèves), des jetons.

▶ **Qui gagne ?**

Le joueur qui a le plus de jetons à la fin gagne la partie. Il peut y avoir plusieurs gagnants.

▶ **Règle du jeu**

La première carte de la pioche est retournée. Les joueurs doivent « tracer » la figure demandée. Tous les joueurs qui ont correctement tracé la figure gagnent un jeton.

▶ **Variante**

On peut augmenter ou diminuer le nombre de cartes ou les sélectionner pour différencier. On peut également demander aux élèves de tracer les figures à main levée ou avec leurs instruments, et non plus sur un géoplan.

JEUX en ATELIERS (suite)

▶ **Verbalisation et institutionnalisation**

Reprendre avec les élèves les caractéristiques des différentes figures qu'ils connaissent : nombre de côtés, taille des côtés... Parler de l'orientation des figures et de la possibilité de tourner son géoplan.
Expliciter la nécessité de vérifier sa production une fois qu'on pense l'avoir terminée en relisant la carte consigne et en vérifiant les propriétés de la figure que l'on a tracée.

2. L'œil de lynx

▶ **Objectif**

Il s'agit de repérer une figure plane grâce à ses propriétés.

▶ **Organisation**

3 à 5 joueurs (un meneur de jeu et au moins 2 joueurs) 10 min

▶ **Matériel**

Diaporama Jeu 2 geom 4

Planche de jeu, cartes *Consignes*, 5 jetons par joueur.

▶ **Qui gagne ?**

Le premier à avoir placé 5 jetons gagne la partie.

▶ **Règle du jeu**

Le meneur de jeu retourne la première carte de la pioche et la lit. Les joueurs essaient de trouver le plus vite possible une figure correspondante. Le premier à trouver place un de ses jetons dessus. Le meneur de jeu doit vérifier que la figure choisie est correcte. Attention, on ne peut pas placer un deuxième jeton sur la même figure.

▶ **Variante**

Augmenter ou diminuer le nombre de jetons. Sélectionner les cartes *Consignes* pour différencier en fonction des besoins des élèves.

▶ **Verbalisation et institutionnalisation**

Redéfinir les propriétés des figures connues. S'attarder sur la planche de jeu, sur les représentations non conventionnelles, comme le rectangle très « aplati », le carré positionné « de travers »...

Rebrassage – Les maths dehors

Les **MATHS** dehors

Compétences

- **(Se) repérer** et **(se) déplacer** en utilisant des repères et des représentations.
- **Reconnaitre, nommer, décrire, reproduire quelques solides.**
- **Reconnaitre, nommer, décrire, reproduire, construire quelques figures géométriques.**
- Reconnaitre et utiliser les notions d'**alignement**, d'**angle droit**, d'**égalité de longueur et de milieu, de symétrie**.
- **Se repérer** dans son environnement proche.
- **Situer** des objets ou des personnes les uns par rapport aux autres ou par rapport à d'autres repères.
- **S'orienter** et se déplacer en utilisant des repères.
- Réaliser des **déplacements**.
- **Reconnaitre des solides simples** dans son environnement proche.
- Construire un **cercle** connaissant son centre et un point ou son centre et son rayon.
- **Construire** à partir des côtés et des angles droits, **un carré**, **un rectangle**, **un triangle rectangle**.
- Produire des **alignements**.
- Produire des **angles droits**.
- Reporter une **longueur**.
- Repérer ou trouver le **milieu**.
- Reconnaitre dans son environnement des situations de **symétrie**.
- **Compléter une figure** pour qu'elle soit symétrique par rapport à un axe donné.

Apports didactiques

L'école dehors permet de faire des croisements entre enseignements, comme préconisé dans le B.O. n° 31 du 30 juillet 2020 : « *Les connaissances sur les nombres et le calcul se développent en relation étroite avec celles portant sur les grandeurs. Elles sont par ailleurs nécessaires à la résolution de nombreux problèmes rencontrés dans "Questionner le monde".*
Le travail sur les grandeurs et leur mesure permet des mises en relations fécondes avec d'autres enseignements : "Questionner le monde" (longueurs, masses, durées), "Éducation physique et sportive" (durées, longueurs), "Éducation musicale" (durées).
Le travail sur l'espace se fait en forte interrelation avec "Questionner le monde" et "Éducation physique et sportive".
Le travail sur les solides, les figures géométriques et les relations géométriques peut se développer en lien avec "Arts plastiques" et "Éducation physique et sportive". »

L'école dehors permet de renforcer la construction des concepts mathématiques en les mettant en jeu dans des situations concrètes et pratiques.

LA CORDE À 13 NŒUDS

- La corde à 13 nœuds aurait été inventée par les Égyptiens dans l'Antiquité. Cette corde est appelée aussi corde égyptienne, corde d'arpenteur ou corde des druides. Les bâtisseurs du Moyen Âge s'en servaient pour réaliser les mesures et les tracés. Ils ont construit les cathédrales grâce à elle.
- Elle est composée de 13 nœuds à égale distance (à l'origine espacés d'une coudée). Elle permet de tracer des angles droits, en faisant un triangle rectangle.

> Un ouvrier tient les deux nœuds des extrémités. Un autre tient le 4e nœud, un dernier le 7e nœud. En tendant la corde, ils obtiennent un triangle rectangle parfait.
> $\mathbf{3^2 + 4^2 = 5^2}$

Cette règle est encore utilisée de nos jours dans les métiers du bâtiment (carreleur, maçon...). Ils l'appellent la règle du 3-4-5.

- La corde à 13 nœuds avec ses 12 intervalles offre beaucoup de possibilités.
  En effet, si on décompose le nombre 12 :
  - 12 = 3 + 3 + 3 + 3 soit un carré de 3 de côté ;
  - 12 = 4 + 4 + 4 soit un triangle équilatéral de 4 de côté ;
  - 12 = 4 + 4 + 2 + 2 soit un rectangle de 4 par 2 ;
  - 12 = 5 + 5 + 2 soit un triangle isocèle.
- La corde à 13 nœuds permet également la construction de cercles d'un rayon de 1 à 12 en prenant pour centre le nœud de l'extrémité.
- Elle permet aussi de tracer des volumes. En utilisant plusieurs cordes à nœuds, on peut reconstituer les faces d'un solide pour que le jardinier puisse tailler les topiaires (buis, charmes...) :
  - 3 triangles minimum pour faire une pyramide.
  - 4 carrés pour un cube...

Les MATHS dehors

CE1 CE2

Tracer des figures planes avec la corde à 13 nœuds

MATÉRIEL

▸ **Par groupes de 4 à 6 élèves :**
une corde à 13 nœuds, de la farine dans un sac percé ou une craie pour tracer, des piquets de fixation de tente (sardines)

DURÉE

60 min

PRINCIPE DE LA SÉANCE

Dans un parc, un champ ou dans la cour de l'école, les élèves vont tracer des figures planes à l'aide de la corde à 13 nœuds (ou 13 marques). Pour cela, ils devront s'organiser dans le groupe pour que chacun tienne un sommet et pour tendre la corde. Ils pourront s'aider en plantant un piquet de camping pour certains nœuds afin de remplacer un élève. Pour tracer les figures, ils utiliseront une craie sur un sol dur ou de la farine dans un sac percé.

- Dans un premier temps, l'enseignant·e fait tendre une corde et fait remarquer que tous les points sont alignés et qu'on peut tracer une droite, mais aussi que tous les points sont équidistants. Les élèves comptent ensuite le nombre de nœuds et le nombre d'intervalles : 13 nœuds, 12 intervalles. L'enseignant·e leur demande quelle est la moitié de 12. Les élèves doivent vérifier la réponse avec la corde : par tâtonnement ils plient la corde en deux et comptent les intervalles.
- L'enseignant·e demande ensuite aux élèves de faire un cercle à l'aide de piquets de camping et de la craie ou d'un sac de farine percé, la corde étant le rayon du cercle.
- Les élèves doivent ensuite construire un triangle. Les productions de chaque groupe sont comparées : triangle de 4 intervalles pour chaque côté (un triangle équilatéral), triangle avec 2 côtés de 5 intervalles et un côté de 2 intervalles (un triangle isocèle) ou encore triangle ayant pour côté 3, 4, 5 intervalles (un triangle rectangle).
- Les élèves doivent ensuite construire un carré (3-3-3-3) puis un rectangle (1-5-1-5 ou 2-4-2-4).
- On pourra aller plus loin en demandant un polygone avec 6 côtés de même longueur (2-2-2-2-2-2).
- La mise en commun porte sur la formidable fonctionnalité de la corde à 13 nœuds : elle permet de tracer des cercles, des triangles, des carrés, des rectangles, mais aussi des angles droits et des alignements.
- L'enseignant·e propose alors un défi : reproduire un assemblage de figures à l'aide de plusieurs cordes à 13 nœuds ou une seule par tracés successifs (3 tracés sur la 1re figure).
- Exemples possibles :

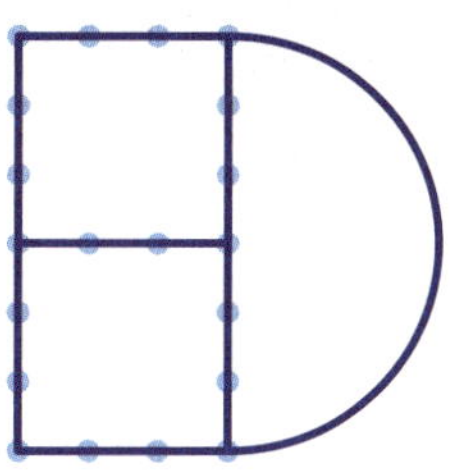
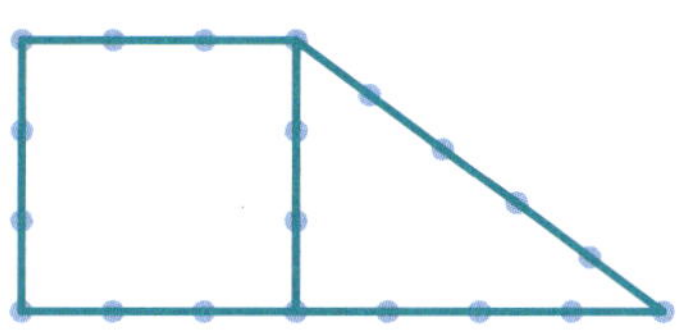
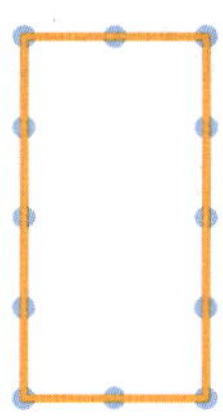
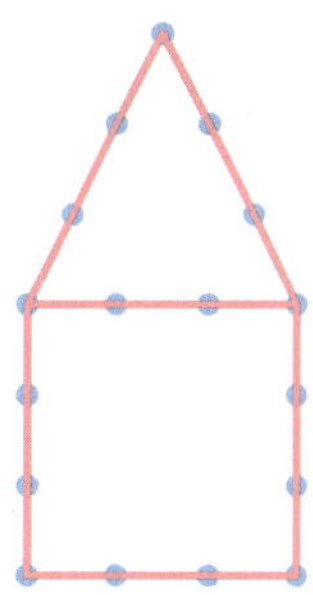
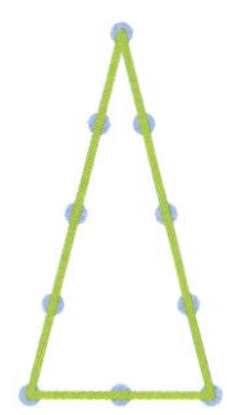

Pour aller plus loin

Le château de Guédelon dans l'Yonne a édité une fiche d'activités possibles (page 5) pour reproduire un château https://www.guedelon.fr/api/media/e8472c91-ce0b-403d-a98f-fd2510c01864

Les MATHS dehors

CE1 CE2

Créer un land art symétrique

MATÉRIEL

▸ **Par groupes de 2 à 4 élèves :** un bâton pour matérialiser l'axe de symétrie ; des collectes de végétaux (feuilles, fleurs, branchettes, pommes de pin, marrons…) et des collectes minérales (cailloux, sables, pierres, graviers…)

DURÉE

30 min

PRINCIPE DE LA SÉANCE

Dans un parc, un champ ou dans la cour de l'école, les élèves vont créer des land art symétriques.

- Dans un premier temps, l'enseignant·e fait collecter différents matériaux pour créer le land art.
- Il·Elle demande ensuite à un élève de poser un élément. Son voisin devra poser le même élément de façon symétrique par rapport à l'axe de symétrie, matérialisé par la branche. Et ainsi de suite avec les autres élèves.
- Cet art éphémère est photographié pour garder trace des productions de chaque groupe et pour valider collectivement les productions.

Les **MATHS** dehors

CE1 CE2

Archéologie avec des solides

MATÉRIEL

▸ **Par groupes de 4 à 6 élèves :** des solides

DURÉE

30 min

PRINCIPE DE LA **SÉANCE**

Dans un parc, un champ ou dans la cour de l'école, sur une zone de terre ou de sable, les élèves de chaque groupe vont faire des empreintes avec chacun des solides. Ils ne devront les utiliser qu'une seule fois. Puis les groupes devront reconstituer la structure originelle.

- Dans un premier temps, l'enseignant·e montre le matériel de chacun : de nombreux solides et le support du jour (terre, sable...). Il·Elle demande ensuite à chaque groupe d'élèves de construire un bâtiment en posant des solides sur le sable, de manière à laisser son empreinte. Quand tous les solides sont posés, l'enseignant·e prend une photo pour garder trace du bâtiment, puis les élèves doivent les enlever délicatement et les poser en dehors des traces obtenues.
- L'enseignant·e fait tourner les groupes. Chaque groupe doit alors reconstituer le bâtiment en reposant les solides. Ils devront s'aider des traces présentes (triangles, carrés, rectangles, cercles...).

Les MATHS dehors

CE1 CE2

Course d'orientation

MATÉRIEL

▶ **Par groupes de 4 à 6 élèves :**
un plan simplifié du parc ou de l'extérieur, 10 sacs avec des cubes ou jetons de couleurs (1 couleur différente par sac), une feuille de route

DURÉE

60 min

PRINCIPE DE LA **SÉANCE**

La course d'orientation se situe dans un parc, une forêt ou dans la cour de l'école : la zone doit posséder des repères visibles (banc, chemin, rocher, arbre, arbuste, mobilier urbain...). Les élèves doivent retrouver les cubes de la bonne couleur dans des sacs cachés à côté de chaque repère visible. Le plan doit montrer les repères visibles numérotés de 1 à 10, d'autres repères comme les chemins, les arbres, les arbustes, la zone départ/arrivée centrale, etc.

- Dans un premier temps, l'enseignant·e explique le principe d'une course d'orientation. Chaque groupe possède un plan. Il démarre du centre en direction d'un repère (un différent pour chacun) selon sa feuille de route où chaque groupe devra trouver un cube en s'aidant du plan. Il doit ensuite retourner à la zone centrale pour valider son cube de couleur. L'enseignant·e, en zone centrale, connait les couleurs de chaque repère (en amont, il a associé chaque repère à une couleur de cube), mais en garde le secret. Si la couleur est bonne, il coche le numéro sur la feuille de route ; si la couleur n'est pas bonne, il récupère le cube erroné et renvoie le groupe rechercher le bon cube du bon repère.
- Le groupe qui réussit à trouver ses 10 cubes (sa dizaine) gagne. Et on pourra voir visiblement sa tour de 10 cubes multicolores. Le classement des équipes se fera en fonction du nombre de cubes trouvés, puis du meilleur temps en cas d'égalité.

  Exemples de feuilles de route :

1	2	3	4	5	6	7	8	9	10

2	3	4	5	6	7	8	9	10	1

3	4	5	6	7	8	9	10	1	2

4	5	6	7	8	9	10	1	2	3

F Les séances de calcul

Des séances de calcul hebdomadaire

- Toutes les séances de calcul sont prévues séparément pour les élèves de CE1 et de CE2.

- En CE1, comme en CE2, chaque chapitre de calcul est proposé sous la forme de deux créneaux de 30 minutes, sur deux journées différentes (pour le détail, voir l'organisation au jour le jour sur l'espace numérique).

▶ Séance 1 : Manipulation individuelle ou en binôme guidée par l'enseignant·e

Elle s'appuie sur le même matériel qu'en numération et vise à faire le lien entre les étapes de manipulation et les étapes de calcul – qu'il soit en ligne ou posé. Le miniquiz permet, en fin de séance, de s'entrainer collectivement – avec l'ardoise – et de synthétiser les étapes de calcul.

▶ Séance 2 : Entrainement en autonomie

L'entrainement est conçu pour passer progressivement d'une représentation proche de la manipulation de la première séance à des écritures plus abstraites, par « abandon » des dessins et passage à l'écriture sur fond Seyès en remplacement des cartes-nombres. Un ou deux problèmes permettent d'illustrer les calculs proposés et de travailler le sens des opérations.

- Quatre chapitres sont prévus par période.

1 Changer l'ordre des nombres pour additionner

calcul en ligne — CE1

MATÉRIEL
- **Par élève :** base 10 (dizaines et unités)
- **Collectif :** diaporama Calculer 1 • CE1

CALCUL-TYPE
- 6 + 7 + 4

OBJECTIFS ET PARTIS-PRIS DIDACTIQUES

En mettant en évidence les termes faciles à regrouper (grâce au matériel et à une disposition explicite), nous proposons aux élèves de mobiliser les calculs mémorisés au CP, notamment les doubles ou les compléments à 10.

SÉANCE 1 — 30 min — DÉCOUVERTE

- La manipulation introduit la visualisation des nombres faciles à regrouper (pour faire 10) et la modification de l'ordre des nombres pour calculer plus facilement.
- Avec leur matériel de base 10, les élèves vont représenter l'addition proposée (6 + 7 + 4), rapprocher 6 et 4 pour recomposer 10 et trouver le résultat.

SÉANCE 2 — 30 min — ENTRAINEMENT ▸ **fichier** p. 84

1 Décomposer pour additionner (1)

calcul en ligne — CE2

MATÉRIEL
- **Par élève :** base 10 (dizaines et unités)
- **Collectif :** diaporama Calculer 1 • CE2

CALCUL-TYPE
- 43 + 25

OBJECTIFS ET PARTIS-PRIS DIDACTIQUES

- Il s'agit de rappeler les principes fondamentaux de décomposition de deux nombres à deux chiffres pour les additionner. Le premier nombre n'est pas systématiquement le plus grand : on peut utiliser la propriété de commutativité, mais aussi simplement considérer les nombres des dizaines / unités dans l'ordre initial du calcul.
- L'enseignant·e s'appuiera sur le travail sur les tables d'addition déjà réalisé en calcul mental.

SÉANCE 1 — 30 min — DÉCOUVERTE

- La manipulation introduit deux stratégies fondamentales de l'addition en ligne :
  - la visualisation de la décomposition d'un nombre, ici en dizaines et unités ;
  - l'addition d'unités de numération identiques : les dizaines avec les dizaines et les unités avec les unités.
- Les élèves vont réaliser les opérations suivantes avec leur matériel de base 10 :
  - décomposition de « 43 » et « 25 » en « 40 et 3 » et « 20 et 5 » ;
  - rapprochement, puis addition des dizaines et unités : « 40 » et « 20 », « 3 » et « 5 » ;
  - recomposition de « 60 et 8 » en « 68 ».

SÉANCE 2 — 30 min — ENTRAINEMENT ▸ **fichier** p. 84

2 Décomposer pour additionner (1) calcul en ligne CE1

MATÉRIEL

- **Par élève :** base 10 (dizaines et unités)
- **Collectif :** diaporama Calculer 2 • CE1

CALCUL-TYPE

- 32 + 6

OBJECTIFS ET PARTIS-PRIS DIDACTIQUES

- En décomposant un nombre à deux chiffres en dizaines et unités, les élèves mobilisent les tables d'addition pour calculer à part la somme des unités et éviter ainsi le surcomptage. Le choix est fait de présenter le « grand » nombre systématiquement en premier pour simplifier la tâche en début d'année.
- L'enseignant·e s'appuiera sur le travail sur les tables d'addition déjà réalisé en calcul mental.

SÉANCE 1 30 min DÉCOUVERTE

- La manipulation introduit la visualisation de la décomposition d'un nombre (ici, en dizaines et unités) et l'addition d'unités de numération identiques (ici, les unités avec les unités).
- Les élèves vont réaliser les opérations suivantes avec leur base 10 :
  - décomposition de « 32 » en « 30 et 2 » ;
  - rapprochement, puis addition des unités « 2 » et « 6 » ;
  - recomposition de « 30 et 8 » en « 38 ».

SÉANCE 2 30 min ENTRAINEMENT ▶ fichier p. 86

2 Décomposer pour additionner (2) calcul en ligne CE2

MATÉRIEL

- **Par élève :** base 10 (centaines, dizaines et unités)
- **Collectif :** diaporama Calculer 2 • CE2

CALCUL-TYPE

- 143 + 35

OBJECTIFS ET PARTIS-PRIS DIDACTIQUES

- Ce chapitre consolide le chapitre 1 en ajoutant une centaine au premier nombre. Il n'y aura pas d'addition des centaines, mais la difficulté est la distinction du nombre de dizaines dans un nombre à 3 chiffres. Les nombres ont été choisis proches de ceux du chapitre 1.
- Le premier nombre est toujours celui à 3 chiffres et le résultat toujours inférieur à 200, conformément aux nombres travaillés en numération durant la période 1.

SÉANCE 1 30 min DÉCOUVERTE

- La manipulation consolide la décomposition d'un nombre (en centaines, dizaines et unités) et la distinction des unités de numération lors du calcul : les centaines avec les centaines, les dizaines avec les dizaines et les unités avec les unités.
- Les élèves vont réaliser les opérations suivantes avec leur matériel de base 10 :
  - décomposition de « 143 » et « 35 », « 100 et 40 et 3 » et « 30 et 5 » ;
  - report de la centaine sans effectuer d'addition ;
  - rapprochement, puis addition des dizaines et unités (« 40 » et « 30 », « 3 » et « 5 ») ;
  - recomposition de « 100 et 70 et 8 » en « 178 ».

SÉANCE 2 30 min ENTRAINEMENT ▶ fichier p. 86

3 Décomposer pour additionner (2) calcul en ligne — CE1

MATÉRIEL
- **Par élève :** base 10 (dizaines et unités)
- **Collectif :** diaporama Calculer 3 • CE1

CALCUL-TYPE
- 43 + 25

OBJECTIFS ET PARTIS-PRIS DIDACTIQUES

- Comme pour le chapitre précédent, on propose de décomposer les deux nombres à deux chiffres en dizaines et unités. On rassemble les dizaines, l'élève mobilise le comptage de 10 en 10, puis les tables d'addition pour ajouter les unités.
- Le choix est de nouveau fait de présenter le nombre le plus grand systématiquement en premier pour simplifier la tâche.

SÉANCE 1 — 30 min — DÉCOUVERTE

- La manipulation introduit la visualisation de la décomposition d'un nombre (en dizaines et unités) et l'addition d'unités de numération identiques.
- Avec leur matériel de base 10, les élèves vont réaliser les opérations suivantes :
  - décomposition de « 43 » en « 40 et 3 », puis décomposition de « 25 » en « 20 et 5 » ;
  - rapprochement puis addition des dizaines puis des unités ;
  - recomposition de « 60 et 8 » en « 68 ».

SÉANCE 2 — 30 min — ENTRAINEMENT ▸ **fichier** p. 88

3 Décomposer pour soustraire (1) calcul en ligne — CE2

MATÉRIEL
- **Par élève :** base 10 (dizaines et unités)
- **Collectif :** diaporama Calculer 3 • CE2

CALCUL-TYPE
- 156 – 24

OBJECTIFS ET PARTIS-PRIS DIDACTIQUES

- La difficulté intrinsèque de la soustraction, en situation de manipulation, est le fait que le nombre à soustraire, qui apparait dans le calcul, ne peut être représenté au risque de créer la confusion avec l'addition.
- La méthode retenue ici est de faire apparaitre ce nombre à soustraire dans une boite à part, dans laquelle vont être transférés les éléments de base 10 à soustraire. Le résultat est figuré par le nombre restant « hors » boite (les éléments restant du nombre de départ).
- L'ordre « oral », plus facile à mémoriser, est conservé pour les calculs en ligne : après avoir décomposé 24 en « 20 et 4 », on ôte d'abord « 20 », puis on ôte « 4 ».

SÉANCE 1 — 30 min — DÉCOUVERTE

- La décomposition de « 24 en 20 et 4 », première étape du calcul, ne peut être faite sous forme de manipulation puisque 24 est une quantité à retirer. Cela est donc proposé aux élèves, sans manipulation.
- Les élèves vont ensuite réaliser les opérations suivantes avec leur matériel de base 10 :
  - transfert de 2 dizaines dans la boite ;
  - comptage du résultat intermédiaire restant ;
  - transfert de 4 unités dans la boite ;
  - comptage du résultat final.

SÉANCE 2 — 30 min — ENTRAINEMENT ▸ **fichier** p. 88

4 Utiliser les compléments pour additionner

calcul en ligne — CE1

MATÉRIEL
- **Par élève :** base 10 (dizaines et unités)
- **Collectif :** diaporama Calculer 4 • CE1

CALCUL-TYPE
- 56 + 7

OBJECTIFS ET PARTIS-PRIS DIDACTIQUES

- En complétant les unités du « grand » nombre pour former une nouvelle dizaine (compléter à la dizaine supérieure), on propose à l'élève de mobiliser ses connaissances des compléments à 10. Le nombre le plus grand est présenté en premier pour mieux visualiser la manipulation et simplifier le calcul final.
- L'enseignant·e s'appuiera sur les compléments à 10 travaillés au CP et en séance 1.

SÉANCE 1 — 30 min — DÉCOUVERTE

- La manipulation introduit l'addition d'unités de numération identiques jusqu'à 10 pour compléter à la dizaine supérieure et l'addition de dizaines entières avec un petit nombre d'unités.
- Avec leur matériel de base 10, les élèves vont réaliser les opérations suivantes :
  - compléter le « grand » nombre jusqu'à former une nouvelle dizaine ;
  - rapprochement, puis addition des dizaines ;
  - recomposition de « 60 et 3 » en « 63 ».

SÉANCE 2 — 30 min — ENTRAINEMENT ▶ fichier p. 90

4 Utiliser la droite graduée pour additionner

calcul en ligne — CE2

MATÉRIEL
- **Par élève :** *Droite graduée*
- **Collectif :** diaporama Calculer 4 • CE2

CALCUL-TYPE
- 267 + 18

OBJECTIFS ET PARTIS-PRIS DIDACTIQUES

- La droite graduée est un support complémentaire de manipulation pour l'addition. La droite permet de visualiser le passage à la dizaine supérieur (*via* le complément à 10), puis le reste de la décomposition du nombre.
- La stratégie est donc différente de celle représentée par le matériel de base 10 : le nombre à additionner n'est pas décomposé *a priori*, il est décomposé au fur et à mesure afin de s'adapter au mieux aux « bonds » sur la droite graduée.

SÉANCE 1 — 30 min — DÉCOUVERTE

- La décomposition, en passant par la droite graduée, s'appuie sur les éléments les plus évidents pour le comptage : les dizaines entières.
- Les élèves vont réaliser les opérations suivantes sur leur droite graduée :
  - bond en unités jusqu'à la dizaine supérieure et calcul du nombre restant à ajouter ;
  - bond de 10 (ou, par généralisation, de plusieurs dizaines) et calcul des unités restant à ajouter ;
  - bond des unités restantes.

SÉANCE 2 — 30 min — ENTRAINEMENT ▶ fichier p. 90

5 Utiliser les tables d'addition pour additionner

calcul en ligne **CE1**

MATÉRIEL

- **Par élève :** le matériel de base 10 (dizaines et unités)
- **Collectif :** diaporama Calculer 5 • CE1

CALCUL-TYPE

- 56 + 7

OBJECTIFS ET PARTIS-PRIS DIDACTIQUES

Ce chapitre consolide les chapitres « Décomposer pour additionner », avec passage de la dizaine. Le même calcul qu'en chapitre 4 est retravaillé pour montrer aux élèves différentes stratégies possibles pour un même calcul. L'enseignant·e s'appuie ici sur la mémorisation des tables d'addition.

SÉANCE 1 30 min DÉCOUVERTE

- La manipulation donne du sens aux stratégies fondamentales de l'addition en ligne :
  - la décomposition d'un nombre, ici en dizaines et unités ;
  - la distinction des unités de numération lors du calcul.
- Les élèves vont réaliser les opérations suivantes avec leur matériel de base 10 :
  - décomposition de 56 en 50 + 6 ;
  - rapprochement, puis addition des unités ;
  - rapprochement des dizaines et des unités 50 et 13 en 60 et 3, qui donne 63.

SÉANCE 2 30 min ENTRAINEMENT ▸ fichier p. 92

5 Utiliser la droite graduée pour soustraire

calcul en ligne **CE2**

MATÉRIEL

- **Par élève :** droite graduée de 1 en 1, entre 219 et 251
- **Collectif :** diaporama Calculer 5 • CE2

CALCUL-TYPE

- 243 – 15

OBJECTIFS ET PARTIS-PRIS DIDACTIQUES

La droite graduée est un support de manipulation pour qui évite le « cassage » d'une dizaine. Elle permet de figurer le passage à la dizaine inférieure, puis le reste de la décomposition du nombre à soustraire.

SÉANCE 1 30 min DÉCOUVERTE

- Le principe de ce mode de décomposition est de s'appuyer sur les éléments les plus évidents pour le comptage : les dizaines entières. Les bonds sont représentés par des flèches de droite à gauche (sens décroissant) sous la droite graduée.
- Les élèves vont réaliser les opérations suivantes sur leur droite graduée :
  - bonds en unités jusqu'à la dizaine inférieure et calcul du nombre restant à soustraire ;
  - bonds de 10 (ou par généralisation de plusieurs dizaines) et calcul des unités restantes à soustraire ;
  - bonds des unités restantes.

SÉANCE 2 30 min ENTRAINEMENT ▸ fichier p. 92

6 Décomposer pour soustraire (1) calcul en ligne CE1

MATÉRIEL
- **Par élève :** le matériel de base 10 (dizaines et unités)
- **Collectif :** diaporama Calculer 6 • CE1

CALCUL-TYPE
- 58 − 6

OBJECTIFS ET **PARTIS-PRIS DIDACTIQUES**

La difficulté de la soustraction, en situation de manipulation, vient du fait que le nombre à soustraire, qui apparait dans le calcul, n'est pas matérialisé. La méthode retenue ici est de faire apparaitre ce nombre à soustraire dans une boite à part, dans laquelle vont être transférés les éléments de base 10 à soustraire. Le résultat est figuré par le nombre restant « hors » boite.

SÉANCE 1 30 min **DÉCOUVERTE**

Les élèves vont réaliser les opérations suivantes avec leur matériel de base 10 :
- composition du nombre 58 en base 10 ;
- transfert de 6 unités dans la « boite » ;
- comptage des éléments restants pour obtenir le résultat final.

Trace écrite
Leçon *Utiliser un arbre à calcul pour soustraire*

SÉANCE 2 30 min **ENTRAINEMENT ▸ fichier** p. 94

6 Poser une addition (1) calcul posé CE2

MATÉRIEL
- **Par élève :** base 10
- **Collectif :** diaporama Calculer 6 • CE2

CALCUL-TYPE
- 564 + 365

OBJECTIFS ET **PARTIS-PRIS DIDACTIQUES**

L'addition posée a pour objectif d'être enseignée aux élèves comme un outil stable leur permettant de trouver (ou de vérifier) le résultat de n'importe quelle addition, si le calcul mental ou le calcul en ligne sont trop complexes et non comme une technique à adopter systématiquement.

SÉANCE 1 30 min **DÉCOUVERTE**

Les élèves vont réaliser les opérations suivantes avec leur matériel de base 10 :
- représentation des deux nombres 564 et 355 en colonnes ;
- addition des unités, dont le total reste inférieur à 10 (pas d'échange) ;
- addition des dizaines, aboutissant au constat qu'il n'est pas possible d'écrire « 11 » dans le calcul posé, et menant au principe fondamental d'échange / retenue ;
- addition des centaines, en prenant en compte la centaine issue de l'échange.

SÉANCE 2 30 min **ENTRAINEMENT ▸ fichier** p. 94

7 Décomposer pour soustraire (2) calcul en ligne CE1

MATÉRIEL
- **Par élève :** le matériel de base 10 (dizaines et unités)
- **Collectif :** diaporama Calculer 7 • CE1

CALCUL-TYPE
- 76 − 21

OBJECTIFS ET PARTIS-PRIS DIDACTIQUES

- Comme dans le chapitre 6, la manipulation ne permet pas de matérialiser le nombre à retirer. Nous faisons donc apparaitre ce nombre à soustraire dans une boite à part, dans laquelle vont être transférés les éléments de base 10 à soustraire.
- L'ordre « oral », plus facile à mémoriser, est conservé pour les calculs en ligne : après avoir décomposé 21 en « 20 et 1 », on ôte d'abord « 20 », puis on ôte « 1 ».

SÉANCE 1 30 min DÉCOUVERTE

Les élèves vont réaliser les opérations suivantes avec leur matériel de base 10 :
- composition de 76 en base 10 ;
- transfert de 2 dizaines dans la « boite » ;
- comptage du résultat intermédiaire restant ;
- transfert d'1 unité dans la « boite » ;
- comptage du résultat final.

SÉANCE 2 30 min ENTRAINEMENT ▶ fichier p. 96

7 Poser une soustraction (1) calcul posé CE2

MATÉRIEL
- **Par élève :** le matériel de base 10
- **Collectif :** diaporama Calculer 7 • CE2

CALCUL-TYPE
- 345 − 164

OBJECTIFS ET PARTIS-PRIS DIDACTIQUES

- Comme pour l'addition, la technique de la soustraction posée a pour objectif d'être enseignée aux élèves comme un outil stable leur permettant de trouver (ou de vérifier) le résultat de n'importe quelle soustraction, si le calcul mental ou le calcul en ligne sont trop complexes.
- Le nombre à soustraire est dessiné : ainsi, la soustraction consiste, en termes de manipulation, à déplacer les éléments à soustraire sur cette zone de soustraction, en colonnes.

SÉANCE 1 30 min DÉCOUVERTE

Les élèves vont réaliser les opérations suivantes avec leur matériel de base 10 :
- pose du nombre 345 et dessin du nombre 164 en dessous, en colonnes ;
- transfert de 4 unités sur la feuille et comptage des unités restantes ;
- constat qu'il est impossible de retirer 6 dizaines et échange : 1 centaine <> 10 dizaines ;
- transfert de 6 dizaines sur la feuille et comptage des dizaines restantes ;
- transfert d'1 centaine sur la feuille et comptage des centaines restantes.

SÉANCE 2 30 min ENTRAINEMENT ▶ fichier p. 96

8 Le sens de la multiplication (1) calcul en ligne CE1

MATÉRIEL
- **Par élève :** multicubes
- **Collectif :** diaporama Calculer 8 • CE1

CALCUL-TYPE
- 8 × 2

OBJECTIFS ET PARTIS-PRIS DIDACTIQUES

Dans ce chapitre, l'élève est amené à utiliser l'addition répétée pour résoudre un problème. L'introduction du signe « fois » se fait selon la chaine orale « j'ai écrit 8 fois le 2 », ce qui permet à l'élève de connaitre le lien entre addition répétée et multiplication.

SÉANCE 1 — 30 min — DÉCOUVERTE

- Les élèves doivent commander le nombre exact de multicubes pour construire 8 tours de 2 multicubes, puis 4 tours de 6 multicubes et 3 tours de 5 multicubes. Pour finir, on donne 12 multicubes pour construire des tours identiques. À chaque étape, l'élève écrit l'addition réitérée et la multiplication correspondante lui est présentée.
- Les élèves vont réaliser les opérations suivantes avec leur matériel :
  - dessin des tours ;
  - calcul du nombre de cubes nécessaires avec une addition ;
  - commande des cubes et vérification par construction.

SÉANCE 2 — 30 min — ENTRAINEMENT ▸ **fichier** p. 98

8 Décomposer pour multiplier (1) calcul en ligne CE2

MATÉRIEL
- **Par élève :** le matériel de base 10, 1 fiche *Étiquettes*
- **Collectif :** diaporama Calculer 8 • CE2

CALCUL-TYPE
- 8 × 30

OBJECTIFS ET PARTIS-PRIS DIDACTIQUES

- La première « expérience » de multiplication en ligne se base sur les propriétés de décomposition multiplicative : le multiplicateur est un multiple de 10, qui peut ainsi être décomposé en … × 10.
- Les deux multiplications sont présentées verticalement pour visualiser la propriété fondamentale de décalage d'une colonne vers la gauche dans le tableau de numération (lors de la 2e multiplication par 10).

SÉANCE 1 — 30 min — DÉCOUVERTE

- Les élèves manipulent pour la première fois une « carte multiplication » (carré de papier/carton indiquant × 30), dont ils doivent trouver la décomposition multiplicative et l'écrire sur deux autres cartes, laissées vierges. C'est l'étape-clé du calcul.
- Les élèves effectuent les manipulations suivantes avec leur matériel :
  - placement du nombre 8 en base 10 et de la carte multiplication × 30 ;
  - décomposition de la carte multiplication × 30 en × 3 × 10 ;
  - calcul et placement du résultat de la première multiplication : 8 × 3 ;
  - calcul et placement du résultat de la deuxième multiplication : 24 × 10, avec le décalage vers la gauche et la nécessaire verbalisation : « 4 unités deviennent 4 dizaines, 2 dizaines deviennent 2 centaines. »

SÉANCE 2 — 30 min — ENTRAINEMENT ▸ **fichier** p. 98

9 Le sens de la multiplication (2) calcul en ligne CE1

MATÉRIEL
- **Par élève :** multicubes
- **Collectif :** diaporama Calculer 9 • CE1

CALCUL-TYPE
- 12×3

OBJECTIFS ET PARTIS-PRIS DIDACTIQUES

Dans ce deuxième chapitre sur la multiplication, une situation problème relevant du champ multiplicatif avec des représentations en rangées est présentée, pour donner du sens au principe de commutativité de la multiplication.

SÉANCE 1 30 min **DÉCOUVERTE**

- Les élèves doivent placer leurs jetons (ou multicubes) en rangées avec 12×3. Ils doivent ensuite écrire les deux additions répétées correspondant à la représentation, puis les écrire sous forme d'une multiplication. On fera constater la commutativité de la multiplication et la possibilité de choisir l'addition la plus facile à calculer.
- Les élèves vont réaliser les opérations suivantes avec leur matériel :
  - placement en rangées de 12×3 ;
  - calcul du nombre de jetons avec une addition ;
  - écriture de la multiplication correspondante.

SÉANCE 2 30 min **ENTRAINEMENT** ▸ **fichier** p. 100

9 Décomposer pour multiplier (2) calcul en ligne CE2

MATÉRIEL
- **Par élève :** le matériel de base 10, 1 fiche *Étiquettes 2*
- **Collectif :** diaporama Calculer 9 • CE2

CALCUL-TYPE
- 132×3

OBJECTIFS ET PARTIS-PRIS DIDACTIQUES

- Ce deuxième chapitre sur la multiplication en ligne se fonde sur la propriété de distributivité de la multiplication sur l'addition : on décompose le grand nombre en centaines, dizaines et unités, qui sont ensuite chacune multipliées.
- Les parenthèses ne sont pas utilisées pour différencier les multiplications, et ce afin de ne pas surcharger l'aspect visuel potentiellement complexe de l'opération.
- L'ordre « oral » (centaines → unités) du calcul est privilégié comme pour tous les calculs en ligne.

SÉANCE 1 30 min **DÉCOUVERTE**

- La propriété de distributivité est introduite, lors de la manipulation, par la carte multiplication « × 3 » qui est déplacée des centaines aux dizaines, puis aux unités.
- Les élèves vont réaliser les opérations suivantes avec leur base 10 :
  - pose de « 132 » et séparation (décomposition) en centaines, dizaines et unités ;
  - multiplication des centaines par 3 et pose des éléments de base 10 correspondants ;
  - multiplication des dizaines par 3 et pose des éléments de base 10 correspondants ;
  - multiplication des unités par 3 et pose des éléments de base 10 correspondants ;
  - addition des centaines, dizaines et unités obtenues à chaque étape.

SÉANCE 2 30 min **ENTRAINEMENT** ▸ **fichier** p. 100

10 Poser une addition (1)

calcul posé — CE1

MATÉRIEL
- **Par élève :** le matériel de base 10
- **Collectif :** diaporama Calculer 10 • CE1

CALCUL-TYPE
- 65 + 26

OBJECTIFS ET PARTIS-PRIS DIDACTIQUES

L'addition posée a pour objectif d'être enseignée aux élèves comme un outil stable leur permettant de trouver (ou de vérifier) le résultat de n'importe quelle addition, si le calcul mental ou le calcul en ligne sont trop complexes.

SÉANCE 1 — 30 min — DÉCOUVERTE

Les élèves vont réaliser les opérations suivantes avec leur matériel de base 10 :
- représentation en base 10 des deux nombres 65 et 26 en colonnes ;
- regroupement des unités (11) aboutissant au constat qu'il n'est pas possible d'écrire « 11 » dans le calcul posé, et menant au principe fondamental d'échange / retenue ;
- regroupement (addition) des dizaines dont le total reste inférieur à 10 (pas d'échange), en prenant en compte la dizaine issue de l'échange.

SÉANCE 2 — 30 min — ENTRAINEMENT ▶ fichier p. 102

Trace écrite
Leçon *Poser une addition*

10 Poser une multiplication (1)

calcul posé — CE2

MATÉRIEL
- **Par élève :** le matériel de base 10
- **Collectif :** diaporama Calculer 10 • CE2

CALCUL-TYPE
- 118×3

OBJECTIFS ET PARTIS-PRIS DIDACTIQUES

- Comme pour l'addition et la soustraction, la multiplication posée est étudiée après la multiplication en ligne dans le but de trouver le résultat, si le calcul mental ou le calcul en ligne sont trop complexes.
- Ce chapitre ne présente qu'une retenue par calcul, compte tenu de la difficulté liée à l'usage de cette retenue, mais cette retenue peut être issue de la multiplication des dizaines comme des unités. Le placement de la retenue est proposé à droite du calcul, pour distinguer cette retenue de celle de l'addition.

SÉANCE 1 — 30 min — DÉCOUVERTE

Les élèves vont réaliser les opérations suivantes avec leur matériel de base 10 :
- présentation du nombre 118 et de la carte multiplication $\times 3$ en colonnes ;
- multiplication des unités par 3, aboutissant au constat qu'il n'est pas possible d'écrire « 24 » dans le calcul posé, et menant au principe fondamental d'échange / retenue ;
- échange en base 10 de 20 unités contre 2 dizaines et placement de la retenue correspondante ;
- multiplication des dizaines par 3 et ajout des 2 dizaines issues de l'échange ;
- multiplication des centaines par 3.

SÉANCE 2 — 30 min — ENTRAINEMENT ▶ fichier p. 102

11 Utiliser la droite graduée pour additionner

calcul en ligne — CE1

MATÉRIEL

- **Par élève :** une droite graduée, de 150 à 170 dizaines
- **Collectif :** diaporama Calculer 11 • CE1

CALCUL-TYPE

- 156 + 7

OBJECTIFS ET **PARTIS-PRIS DIDACTIQUES**

La droite graduée permet de figurer le passage à la dizaine supérieure (*via* le complément à 10), puis le reste de la décomposition du nombre. La stratégie est donc différente de celle figurée par la base 10 : le nombre à additionner n'est pas décomposé *a priori* (en dizaines et unités), il est décomposé au fur et à mesure afin de s'adapter au mieux aux « bonds » sur la droite graduée.

SÉANCE 1 30 min **DÉCOUVERTE**

- Le principe de l'addition passant par la droite graduée est de s'appuyer sur les éléments les plus évidents pour le comptage : les dizaines entières. Les bonds sont représentés par des flèches de la gauche vers la droite (sens croissant) sous la droite graduée. L'enseignant·e fait le parallèle avec l'écriture de l'arbre à calcul correspondant.
- Les élèves vont réaliser les opérations suivantes sur leur droite graduée :
  - placement du premier nombre sur la droite (156) ;
  - bonds en unités jusqu'à la dizaine supérieure (160) et calcul du nombre restant à ajouter ;
  - bonds des unités restantes.

SÉANCE 2 30 min **ENTRAINEMENT** ▸ **fichier** p. 104

11 Poser une multiplication (2)

calcul posé — CE2

MATÉRIEL

- **Par élève :** le matériel de base 10
- **Collectif :** diaporama Calculer 11 • CE2

CALCUL-TYPE

- 136 × 4

OBJECTIFS ET **PARTIS-PRIS DIDACTIQUES**

Ce chapitre introduit la difficulté liée à la présence de deux retenues, issues de la multiplication des unités, puis des dizaines. Le fait que le résultat de la multiplication des centaines soit supérieur à 10 et qu'il n'y ait pas de retenue pour autant conforte l'utilité de la retenue : elle est utilisée si la colonne où apparait le chiffre des dizaines « gêne » le calcul suivant, ce qui n'est pas le cas avec la multiplication des centaines.

SÉANCE 1 30 min **DÉCOUVERTE**

Les élèves vont réaliser les opérations suivantes avec leur base 10 :
- présentation du nombre 136 et de la carte multiplication × 4 en colonnes ;
- multiplication des unités par 4, aboutissant au constat qu'il n'est pas possible d'écrire « 24 » ;
- échange en base 10 de 20 unités contre 2 dizaines et placement de la retenue ;
- multiplication des dizaines par 4, ajout de la retenue aboutissant au constat qu'il n'est pas possible d'écrire « 14 » dans le calcul posé ;
- échange en base 10 de 10 dizaines contre 1 centaine et placement de la retenue ;
- multiplication des centaines par 4 et ajout de la retenue.

SÉANCE 2 30 min **ENTRAINEMENT** ▸ **fichier** p. 104

12 Utiliser la droite graduée pour soustraire

calcul en ligne — **CE1**

MATÉRIEL
- **Par élève :** une droite graduée, de 140 à 160 unités
- **Collectif :** diaporama Calculer 12 • CE1

CALCUL-TYPE
- 156 – 8

OBJECTIFS ET PARTIS-PRIS DIDACTIQUES

La droite graduée est un support de manipulation qui évite le « cassage » d'une dizaine. Elle permet de figurer le passage à la dizaine inférieure, puis le reste de la décomposition du nombre à soustraire. La décomposition du nombre à soustraire n'est pas canonique comme dans le chapitre 6, mais elle « s'adapte » aux dizaines qui sont des jalons pour soustraire facilement avec la droite graduée.

SÉANCE 1 — 30 min — DÉCOUVERTE

- Le principe fondamental de la soustraction en passant par la droite graduée est de s'appuyer sur les éléments les plus évidents pour le comptage : les dizaines entières. Les bonds sont représentés par des flèches de droite à gauche sous la droite graduée.
- Les élèves vont réaliser les opérations suivantes sur leur droite graduée :
  - placement du nombre 156 sur la droite ;
  - bonds en unités jusqu'à la dizaine inférieure (150) ;
  - bonds des unités restantes.

SÉANCE 2 — 30 min — ENTRAINEMENT ▶ **fichier** p. 106

12 Poser une multiplication (3)

calcul posé — **CE2**

MATÉRIEL
- **Par élève :** le matériel de base 10, 1 fiche *Étiquettes 3*
- **Collectif :** diaporama Calculer 12 • CE2

CALCUL-TYPE
- 64 × 20

OBJECTIFS ET PARTIS-PRIS DIDACTIQUES

Le principe de décomposition multiplicative est toujours le principe fondamental. Cependant, compte tenu des contraintes formelles du calcul posé, qui exige d'écrire le « 0 » dès le début du calcul, l'ordre des calculs est inversé par rapport au calcul en ligne : × 20 est calculé successivement avec × 10 (pour imposer l'évidence du décalage donc du « 0 » des unités), puis × 2.

SÉANCE 1 — 30 min — DÉCOUVERTE

- Il est un élément important pour faire comprendre la présence finale du « 0 » : ce n'est pas le nombre 64 dans son ensemble qui va être multiplié par 10 puis par 2, mais chacun de ses termes : « 4 unités » multiplié par 10 et par 2, puis « 6 dizaines » multiplié par 10 et par 2.
- Les élèves effectuent les manipulations suivantes avec leur matériel :
  - placement du nombre 64 en base 10 et de la carte multiplication × 20 ;
  - décomposition de la carte multiplication × 20 en × 2 × 10 ;
  - calcul et placement du résultat de la multiplication des unités : 4 × 10, puis 40 × 2 ;
  - calcul et placement du résultat de la multiplication des dizaines : 60 × 10, puis 600 × 2.

SÉANCE 2 — 30 min — ENTRAINEMENT ▶ **fichier** p. 106

13 Poser une addition (2)

calcul posé — CE1

MATÉRIEL
- **Par élève :** le matériel de base 10
- **Collectif :** diaporama Calculer 13 • CE1

CALCUL-TYPE
- 176 + 43

OBJECTIFS ET **PARTIS-PRIS DIDACTIQUES**

Ce deuxième chapitre sur l'addition posée propose des nombres plus grands (< à 200). Les résultats restent inférieurs à 300 : les calculs concernent des nombres à trois chiffres + 1 nombre à deux chiffres.

SÉANCE 1 30 min **DÉCOUVERTE**

Les élèves vont réaliser les opérations suivantes avec leur base 10 :
- représentation en base 10 des deux nombres 146 et 43 en colonnes ;
- addition des unités ;
- addition des dizaines (11) et constat qu'il n'est pas possible d'écrire « 11 » dans le calcul posé ;
- échange et addition des centaines.

SÉANCE 2 30 min **ENTRAINEMENT** ▶ **fichier** p. 108

13 Décomposer pour additionner (3)

calcul en ligne — CE2

MATÉRIEL
- **Par élève :** le matériel de base 10
- **Collectif :** diaporama Calculer 13 • CE2

CALCUL-TYPE
- 3 252 + 1 436

OBJECTIFS ET **PARTIS-PRIS DIDACTIQUES**

- Cette séance aborde la décomposition additive pour les nombres à 4 chiffres. Compte tenu de la taille des nombres, une étape intermédiaire n'est plus écrite. Elle rendrait les calculs très longs à écrire et les élèves l'ont intégrée.
- La manipulation est dessinée : les élèves sont capables à ce stade de symboliser les éléments de base 10 sur leur ardoise, ce qui permet d'éviter une manipulation parfois malaisée avec beaucoup d'éléments matériels.

SÉANCE 1 30 min **DÉCOUVERTE**

Les élèves vont réaliser les opérations suivantes sur leur ardoise :
- dessin en base 10 des nombres 3 252 et 1 436 ;
- rassemblement par un trait des milliers entre eux, et dessin de leur somme ;
- faire de même pour les centaines, les dizaines puis les unités ;
- addition des milliers, centaines, dizaines et unités.

SÉANCE 2 30 min **ENTRAINEMENT** ▶ **fichier** p. 108

14 Poser une soustraction (1)

calcul posé — CE1

MATÉRIEL
- **Par élève :** le matériel de base 10
- **Collectif :** diaporama Calculer 14 • CE1

CALCUL-TYPE
- 446 – 324

OBJECTIFS ET PARTIS-PRIS DIDACTIQUES

- La technique de la soustraction posée a pour objectif d'être enseignée aux élèves comme un outil stable leur permettant de trouver (ou de vérifier) le résultat de n'importe quelle soustraction, si le calcul mental ou le calcul en ligne sont trop complexes. Le nombre à soustraire est dessiné : la soustraction consiste, en termes de manipulation, à déplacer les éléments à soustraire sur cette zone de soustraction, en colonnes.
- Les nombres utilisés sont inférieurs à 1 000, il n'y a pas de retenue à ce stade.

SÉANCE 1 30 min **DÉCOUVERTE**

Les élèves vont réaliser les opérations suivantes avec leur matériel de base 10 :
- pose du nombre 446 et dessin du nombre 324 au-dessous, en colonnes ;
- transfert des unités sur la feuille et comptage des unités restantes ;
- transfert de 6 dizaines sur la feuille et comptage des dizaines restantes ;
- transfert de 1 centaine sur la feuille et comptage des centaines restantes.

SÉANCE 2 30 min **ENTRAINEMENT** ▸ **fichier** p. 110

14 Décomposer pour soustraire (2)

calcul en ligne — CE2

MATÉRIEL
- **Par élève :** le matériel de base 10
- **Collectif :** diaporama Calculer 14 • CE2

CALCUL-TYPE
- 2 348 – 135

OBJECTIFS ET PARTIS-PRIS DIDACTIQUES

Ce chapitre aborde la décomposition soustractive pour les nombres à 4 chiffres. Afin de ne pas complexifier l'écriture et mélanger les signes « + » et « – », l'étape intermédiaire de décomposition n'est pas écrite. Les éléments de base 10 sont dessinés sur ardoise et barrés (et non effacés) pour symboliser la soustraction.

SÉANCE 1 30 min **DÉCOUVERTE**

Les élèves vont réaliser les opérations suivantes sur leur ardoise :
- dessin en base 10 du nombre 2 348 ;
- report et dessin des milliers restants, en dessous de 2 348 ;
- retrait (barrer) des centaines à soustraire, puis dessin des centaines restantes en dessous ;
- faire de même avec les dizaines et les unités ;
- addition des milliers, centaines, dizaines et unités.

> Il est important de revenir sur le fait que le calcul intermédiaire est une addition, alors que le calcul initial est une soustraction. Les soustractions ne sont pas écrites mais elles sont effectivement réalisées et restent visible sur l'ardoise à travers les quantités barrées.

SÉANCE 2 30 min **ENTRAINEMENT** ▸ **fichier** p. 110

15 Poser une soustraction (2)

calcul posé — CE1

MATÉRIEL
- **Par élève :** le matériel de base 10
- **Collectif :** diaporama Calculer 15 • CE1

CALCUL-TYPE
- 446 – 328

OBJECTIFS ET PARTIS-PRIS DIDACTIQUES

La retenue est introduite dans ce deuxième chapitre sur la soustraction posée. Les nombres sont inférieurs à 1 000. Les calculs concernent des nombres à 3 et à 2 chiffres.

SÉANCE 1 — 30 min — DÉCOUVERTE

Les élèves vont réaliser les opérations suivantes avec leur base 10 :
- pose du nombre 446 et dessin du nombre 328 en dessous, en colonnes ;
- constat qu'il est impossible de retirer 8 unités et échange ;
- transfert de 2 dizaines sur la feuille et comptage des dizaines restantes ;
- transfert de 3 centaines sur la feuille et comptage des centaines restantes.

Trace écrite
Leçon *Poser une soustraction*

SÉANCE 2 — 30 min — ENTRAINEMENT ▸ fichier p. 112

15 Poser une addition et une soustraction (2)

calcul posé — CE2

MATÉRIEL
- **Par élève :** le matériel de base 10
- **Collectif :** diaporama Calculer 15 • CE2

CALCUL-TYPE
- 4 358 + 3 782
  et 4 358 – 3 782

OBJECTIFS ET PARTIS-PRIS DIDACTIQUES

La principale difficulté de ce chapitre réside dans la place et le sens de la retenue. De fait, le travail collectif proposé ici n'est pas tant une manipulation que la mise en parallèle de deux situations aboutissant à l'écriture d'une retenue et la verbalisation qui l'accompagne.

SÉANCE 1 — 30 min — DÉCOUVERTE

Les élèves vont résoudre par le dessin (de la base 10), l'addition et la soustraction.Dans chaque cas, la première survenue d'une retenue fait l'objet d'une explicitation collective :

- **Addition**
  - représentation de 4 358 en base 10 puis ajout de 2 unités : explicitation du problème rencontré et échange de 10 unités contre 1 dizaine ;
  - poursuite de la résolution de l'addition en autonomie (par le dessin de la base 10).
- **Soustraction**
  - représentation de 4 358 en base 10 puis retrait de 2 unités : retrait de 8 dizaines et explicitation du problème rencontré et retrait d'1 centaine pour l'échanger contre 10 dizaines ;
  - poursuite de la résolution de la soustraction sur ce même mode (dessin de la base 10).

SÉANCE 2 — 30 min — ENTRAINEMENT ▸ fichier p. 112

Traces écrites
Leçon *Poser une addition*
Leçon *Poser une soustraction*

16 Décomposer pour additionner (3) calcul en ligne CE1

MATÉRIEL
- **Par élève :** le matériel de base 10
- **Collectif :** diaporama Calculer 16 • CE1

CALCUL-TYPE
- 324 + 162

OBJECTIFS ET PARTIS-PRIS DIDACTIQUES

Ce chapitre consolide les chapitres 2 et 3 en ajoutant une centaine aux nombres.

SÉANCE 1 30 min DÉCOUVERTE

Les élèves vont réaliser les opérations suivantes avec leur matériel de base 10 :
- décomposition de 324 puis 162 (en 300 + 20 + 4 et 100 + 60 + 2) ;
- addition des centaines, des dizaines et des unités ;
- recomposition de 400 et 80 et 6 en 486.

SÉANCE 2 30 min ENTRAINEMENT ▸ fichier p. 114

16 Poser une soustraction par compensation calcul posé CE2

MATÉRIEL
- **Par élève :** le matériel de base 10
  1 fiche *Panier* dans une pochette plastique
- **Collectif :** diaporama Calculer 16 • CE2

CALCUL-TYPE
- 2 407 – 59

OBJECTIFS ET PARTIS-PRIS DIDACTIQUES

- La soustraction par compensation est une technique alternative à la soustraction par retrait. La compensation a l'avantage de pouvoir résoudre un problème difficilement soluble par ailleurs : l'absence d'une unité de numération nécessaire pour faire un échange.
- Ainsi, il est nécessaire de revenir à la manipulation pour comprendre le principe fondamental, qui ne peut pas être démontré à ce stade : ajouter la même quantité au « grand » nombre et au « petit » nombre.

SÉANCE 1 30 min DÉCOUVERTE

Les élèves effectuent les manipulations suivantes avec leur matériel :
- placement du nombre 2 407 en base 10 et dessin du nombre à retirer (59) ;
- constat de la nécessité de « trouver » 10 unités pour réaliser la soustraction des unités ;
- constat de l'absence de dizaines à échanger et de l'impossibilité d'échanger une centaine à la place ; proposition de la solution par l'enseignant·e : ajouter 1 dizaine aux deux membres de la soustraction ;
- échange qui permet de poursuivre l'opération ;
- réalisation d'un échange avec la même technique pour les centaines.

Si on juge nécessaire de prouver la justesse de l'échange, on peut procéder à une manipulation simple. Écrire l'opération 32 – 11 au tableau et poser 32 en base 10. Retirer par manipulation 11, constater et écrire le résultat. Puis faire la même manipulation en écrivant 42 – 21 au tableau et en faisant constater qu'on a ajouté 10 à chacun des 2 membres. Poser 42 en base 10, retirer par manipulation 21 et constater que le résultat est inchangé.

SÉANCE 2 30 min ENTRAINEMENT ▸ fichier p. 114

17 Poser une addition (3)

calcul posé — CE1

MATÉRIEL

- **Par élève :** le matériel de base 10 (dizaines et unités)
- **Collectif :** diaporama Calculer 17 • CE1

CALCUL-TYPE

- 563 + 378

OBJECTIFS ET PARTIS-PRIS DIDACTIQUES

Cette troisième séance sur l'addition posée propose des nombres plus grands (> à 200) et 2 retenues.

SÉANCE 1 30 min **DÉCOUVERTE**

Les élèves vont réaliser les opérations suivantes avec leur matériel de base 10 :
- présentation des deux nombres 563 et 378 en colonnes ;
- addition des unités, aboutissant au constat qu'il n'est pas possible d'écrire 11 dans le calcul posé ;
- addition des dizaines, en prenant en compte la retenue issue de l'échange précédent, puis même constat que pour les unités ;
- addition des centaines, en prenant en compte la centaine issue de l'échange, dont le total reste inférieur à 10.

SÉANCE 2 30 min **ENTRAINEMENT ▸ fichier** p. 116

17 Décomposer pour multiplier (3)

calcul en ligne — CE2

MATÉRIEL

- **Par élève :** le matériel de base 10
- **Collectif :** diaporama Calculer 17 • CE2

CALCUL-TYPE

- 1 324 × 3

OBJECTIFS ET PARTIS-PRIS DIDACTIQUES

La stratégie de la multiplication en ligne est ici rappelée pour les nombres à 4 chiffres, avec un résultat inférieur à 10 000. Comme pour les additions et soustractions en ligne, la ligne « développée » (milliers × 3, centaines × 3, etc.) n'est pas écrite car les calculs peuvent être réalisés mentalement et que cette écriture est particulièrement longue.

SÉANCE 1 30 min **DÉCOUVERTE**

Les élèves vont réaliser les opérations suivantes :
- placement du nombre 1 324 en base 10 et de la carte multiplication × 3 en dessous ;
- placement de × 3 sous les milliers et dessin du résultat de la multiplication ;
- faire de même successivement pour les centaines, les dizaines et les unités ;
- addition des quatre nombres ainsi obtenus.

SÉANCE 2 30 min **ENTRAINEMENT ▸ fichier** p. 116

18 Décomposer pour multiplier

calcul en ligne — CE1

MATÉRIEL

- **Par élève :** le matériel de base 10 (dizaines et unités)
- **Collectif :** diaporama Calculer 18 • CE1

CALCUL-TYPE

- 15 × 3

OBJECTIFS ET PARTIS-PRIS DIDACTIQUES

C'est la première fois que les élèves vont rencontrer la multiplication en ligne après avoir abordé le sens et la mémorisation des tables. La multiplication en ligne se base sur les propriétés de la décomposition, bien connue des élèves avec l'addition.

SÉANCE 1 30 min **DÉCOUVERTE**

Les élèves effectuent les manipulations suivantes avec leur matériel :
- placement du nombre 15 en base 10 et de la carte multiplication × 3 ;
- décomposition de 15 en 10 + 5 ;
- multiplication des dizaines par 3 (10 × 3), puis des unités (5 × 3) ;
- addition des deux résultats.

SÉANCE 2 30 min **ENTRAINEMENT** ▸ **fichier** p. 118

18 Poser une multiplication (4)

calcul posé — CE2

MATÉRIEL

- **Par élève :** le matériel de base 10
- **Collectif :** diaporama Calculer 18 • CE2

CALCUL-TYPE

- 36 × 14

OBJECTIFS ET PARTIS-PRIS DIDACTIQUES

Il s'agit ici de « fusionner » la multiplication par un nombre à un chiffre et la multiplication par un multiple de 10 en un seul calcul à étapes. En termes de manipulation, la difficulté consiste à considérer les deux multiplications successives indépendamment l'une de l'autre.

SÉANCE 1 30 min **DÉCOUVERTE**

Les élèves vont réaliser les opérations suivantes :
- dessin en base 10 du nombre 36 et placement de la carte multiplication × 4 en dessous ;
- report et dessin en base 10 du résultat de la multiplication de 36 par 4, en maitrisant l'usage de la retenue après la multiplication des unités ;
- report et dessin en base 10 du résultat de la multiplication de 36 par 10, en appliquant le principe du décalage du nombre d'une colonne vers la gauche ;
- addition successive des unités, des dizaines puis des centaines correspondant à l'addition des deux résultats des multiplications. Lors de cette étape, une retenue est nécessaire. Elle doit être clairement différenciée de la retenue de la première multiplication.

> Parmi les vérifications à l'issue du calcul, deux sont fondamentales :
> - le résultat de la 2e multiplication est forcément supérieur à celui de la première multiplication ;
> - le résultat de la 2e multiplication est un nombre se terminant par « 0 », car issu de la multiplication par un multiple de 10.

SÉANCE 2 30 min **ENTRAINEMENT** ▸ **fichier** p. 118

19 Utiliser les doubles pour multiplier

calcul en ligne — CE1

MATÉRIEL

- **Par élève :** le matériel de base 10 (dizaines et unités)
- **Collectif :** diaporama Calculer 19 • CE1

CALCUL-TYPE

- 24×2

OBJECTIFS ET PARTIS-PRIS DIDACTIQUES

Cette séance s'appuie sur la décomposition abordée au chapitre 18 et sur les doubles d'usage courant déjà travaillés/mémorisés. La stratégie de calcul proposée permet à l'élève d'aller au-delà des tables dont la mémorisation s'arrête généralement à $\times$ 10.

SÉANCE 1 30 min **DÉCOUVERTE**

Les élèves effectuent les manipulations suivantes avec leur matériel :
- placement du nombre 24 en base 10 et de la carte multiplication $\times$ 2 ;
- décomposition de 24 en 20 + 4 ;
- calcul du double des dizaines et du double des unités ;
- addition des deux résultats précédents.

Trace écrite
Leçon *Utiliser un arbre à calcul pour multiplier*

SÉANCE 2 30 min **ENTRAINEMENT ▸ fichier** p. 120

19 Poser une multiplication (5)

calcul posé — CE2

MATÉRIEL

- **Par élève :** le matériel de base 10
- **Collectif :** diaporama Calculer 19 • CE2

CALCUL-TYPE

- 124×36

OBJECTIFS ET PARTIS-PRIS DIDACTIQUES

Deux complexités supplémentaires sont apportées dans ce chapitre : le nombre à multiplier peut avoir 3 chiffres et le multiplicateur est supérieur à 20 (présence potentielle de retenues pour chacun des trois calculs). La principale difficulté demeure cependant dans la seconde multiplication par le multiple de 10 et la nécessité de comprendre le sens du « 0 » dans la colonne des unités.

SÉANCE 1 30 min **DÉCOUVERTE**

Les élèves vont réaliser les opérations suivantes :
- dessin en base 10 du nombre 124 et placement de la multiplication $\times$ 6 en dessous ;
- report et dessin du résultat de la multiplication de 124 par 6 (deux retenues successives) ;
- report et dessin du résultat de la multiplication de 124 par 10. En soi, il s'agit déjà d'un calcul à étapes ($\times$ 10 $\times$ 3), mais qui ne peut être décomposé explicitement sur l'ardoise. Ce calcul nécessite aussi une retenue, placée au-dessous ;
- cercle, puis addition des milliers, centaines, dizaines et unités ainsi comptabilisés.

SÉANCE 2 30 min **ENTRAINEMENT ▸ fichier** p. 120

Trace écrite
Leçon *Poser une multiplication*

20 Utiliser la multiplication pour diviser

calcul en ligne — CE1

MATÉRIEL
- **Par élève :** la table de 5 sous forme de droite graduée
- **Collectif :** diaporama Calculer 20 • CE1

CALCUL-TYPE
- 38 divisé par 5

OBJECTIFS ET PARTIS-PRIS DIDACTIQUES

Cette séance consolide les calculs avec la multiplication et permet de faire le lien entre multiplication et division (réciprocité). Pour cela, elle s'appuie sur les tables de multiplication représentées sur une droite graduée (sous forme de bonds). La droite permet de visualiser la division effectuée ainsi que le reste.

SÉANCE 1 30 min **DÉCOUVERTE**

Les élèves effectuent les manipulations suivantes :
- recherche si 38 apparait dans la table de 5 ;
- recherche et cercle autour du nombre inférieur le plus proche (35) ;
- comptage des bonds pour arriver à 35 ;
- calcul du reste pour aller de 35 à 38 ;
- écriture du calcul correspondant sur l'ardoise (38 = 7 × 5 + 3).

SÉANCE 2 30 min **ENTRAINEMENT** ▸ **fichier** p. 122

20 Diviser par essais-ajustements

calcul en ligne — CE2

MATÉRIEL
- **Par élève : 1 fiche** *Droite graduée à compléter*
- **Collectif :** diaporama Calculer 20 • CE2

CALCUL-TYPE
- 124 : 7

OBJECTIFS ET PARTIS-PRIS DIDACTIQUES

- La technique opératoire de la division n'est pas abordée en CE2. La principale alternative consiste à utiliser la multiplication à trou sous forme d'essais-ajustements pour se rapprocher du nombre à diviser, puis calculer le reste.
- Il est parfois difficile pour les élèves de faire évoluer de manière rationnelle les essais-ajustements, notamment quand les calculs deviennent nombreux. La stratégie proposée est de reporter les résultats des essais sur une droite graduée en indiquant les essais et en rayant les portions de droite qu'il n'est plus nécessaire d'explorer. Ainsi, la portion à explorer devient de plus en plus petite.

SÉANCE 1 30 min **DÉCOUVERTE**

Les élèves vont réaliser les opérations suivantes :
- recherche collective d'un premier multiplicateur simple ;
- calcul du résultat de la multiplication, report de l'opération sur la droite graduée et hachurage de la zone « qui n'est plus à explorer » ;
- répétition des deux premières opérations jusqu'à se rapprocher de 124 ;
- une fois le multiplicateur 17 validé collectivement, recherche du reste par addition à trou ;
- écriture du résultat sous la forme 124 = (17 × 7) + 5.

SÉANCE 2 30 min **ENTRAINEMENT** ▸ **fichier** p. 122

1 Situations de parties-tout

- En plus des problèmes réalisés au fil de chaque semaine en lien avec l'ensemble des modules d'apprentissage (en calcul, numération, grandeurs et mesures…), une semaine par période doit être réservée à l'apprentissage de stratégies de résolution de problèmes (pour l'organisation au jour le jour, voir la proposition sur l'espace numérique).
- *Tandem CE1/CE2* aborde toutes les familles de problèmes de manière progressive.
- Chaque mission comporte une phase de recherche de 30 minutes en appui sur le diaporama, suivie d'une phase d'entrainement de 30 minutes.
- Dans les séances que nous proposons :
  - les situations proposées sont **proches de l'environnement** des élèves (école ou maison) ;
  - les **nombres en jeu sont des nombres maitrisés**, plus simples que ceux travaillés pendant les séances de calcul et de numération ;
  - **le premier type d'énoncé proposé est toujours le plus simple.**
- En complément, nous proposons un rituel de problèmes, deux fois par semaine et ce, pour chaque niveau. Il s'agit d'un diaporama disponible sur le site compagnon.

PROBLÈMES *Tandem*

Sur votre espace numérique

Retrouvez sur l'espace numérique **tous les diaporamas** et les **ressources complémentaires** : leçons, évaluations, matériel, etc.

Apprendre à chercher

Compétences

- **Extrait du BO du 25 avril 2018 :** « Enseigner la résolution de problèmes nécessite de **concevoir une progressivité pour les problèmes** proposés, en commençant par des problèmes additifs élémentaires en une étape, avant de proposer des problèmes plus complexes. Au sein d'une même catégorie de problèmes, une progressivité doit être établie : par exemple, au sein des problèmes additifs élémentaires en une étape, les nombres en jeu ou l'aspect dynamique ou non de la situation peuvent ajouter de la complexité pour les élèves. La formalisation de ces exemples-types doit être l'occasion d'introduire des représentations, sous forme de schémas bien adaptés, permettant la modélisation des problèmes proposés. Ces représentations sont systématiquement utilisées lors des résolutions de problèmes menées face à la classe, afin de servir de référence aux élèves. »
- **Attendus de fin de cycle 2 :** Résoudre des problèmes issus de situations de la vie quotidienne conduisant à utiliser les quatre opérations :
  - problèmes relevant des **structures additives** (addition/soustraction) ;
  - problèmes relevant des **structures multiplicatives**, **de partages** ou **de groupements** (multiplication/division).

Lexique

- **Problèmes de parties-tout :** ils sont également appelés « problèmes de réunion-partage » ou « problèmes de composition ». Ce sont des situations dans lesquelles des parties sont réunies entre elles pour former un tout. Ainsi, selon l'énoncé, on cherche soit :
  - le tout ;
  - une des parties.

Dans ces énoncés, le tout peut être désigné par différents mots : l'ensemble, la totalité, la somme *totale*, la globalité, la masse *globale* ou *totale*…

Apports didactiques

- Les problèmes de parties-tout sont des problèmes de **structures additives** pour lesquels le calcul fait intervenir soit une addition, soit une soustraction (ou une addition à trou pour une procédure moins experte). Dans un problème basique, une seule étape est nécessaire pour le résoudre.
- **Schéma en barres :** c'est la représentation du problème selon un modèle normé et simplifié. Dans celui que nous proposons, la plus grande quantité est placée dans la barre du haut (ce sera toujours le cas, quel que soit le type de problème travaillé). Dans les situations de parties-tout, **elle représente la somme des parties du bas**.

▶ **Énoncé avec une étape :**

Le tout	
Partie 1	Partie 2

▶ **Énoncé avec plusieurs étapes :**

	Le tout	
Partie 1	Partie 2	Partie 3

- Lorsque l'on recherche la quantité correspondant à une des parties, il est nécessaire d'additionner les autres parties entre elles pour retrouver la structure d'un problème à deux parties.

Difficultés rencontrées par les élèves

1 **Difficulté à comprendre et à se représenter l'énoncé : le passage du registre littéral de l'énoncé au registre mathématique** est complexe pour les élèves. Ils doivent se représenter la situation et la structure sous-jacente afin de traiter correctement les données numériques qui y sont associées.

La machine à décoder est une représentation intermédiaire qui permet d'organiser les données sous forme littérale dans un premier temps (nombres de pommes au lieu de 18, par exemple), donnant ainsi à voir le passage aux données numériques et à leur articulation.

2 **Difficulté suivant le type de recherche :** la **recherche du tout** est un type d'énoncé plus intuitif qui est plus souvent rencontré par les élèves dans des situations vécues. **La recherche d'une des parties est plus complexe**. Elle implique une soustraction (procédure experte). Certains élèves utiliseront l'addition à trou (procédure moins experte) dans un premier temps.

3 **Le même énoncé sera plus résistant en fonction des nombres mis en jeu** et de la relation qu'ils ont entre eux.

4 Le **domaine de référence culturel** peut être facilitateur ou au contraire apporter davantage de complexité.

RECHERCHE

1 Recherche du tout

CE1 CE2

MATÉRIEL

- **Par élève :** 1 cahier de recherche, des cubes emboitables si besoin
- **Collectif :** 1 boite de crayons pour jouer la scène avec les élèves si besoin
- Diaporama *Parties-tout 1*

SÉANCE 1	RECHERCHE	30 min	En collectif
SÉANCE 2	Entrainement fichier p. 124	30 min	Individuel, autonomie

OBJECTIFS

Les élèves savent réunir des sous-collections quantifiées entre elles pour en trouver la quantité totale. C'est la structure sous-jacente des problèmes additifs qui est mise en jeu. Le principe de cette mission est de revenir de manière spiralaire sur l'identification de ce type de situation, puis d'introduire la représentation normée à travers la machine à décoder (ou schéma en barres). On institutionnalisera la machine à décoder comme outil d'aide au raisonnement, intermédiaire entre l'énoncé littéral du problème et sa représentation abstraite sous forme de calcul. Cet outil sert à organiser les données entre elles.

SÉANCE 1 — 30 min — LA RECHERCHE

- La situation présente une boite de crayons de trois couleurs différentes. Par le questionnement, on amène les élèves à identifier ce que l'on peut chercher à calculer dans cette situation. À partir d'une photographie commune, les élèves travaillent sur deux problèmes différents :

  – **En CE1 : recherche du tout lorsqu'il y a deux parties.**
  Dans une boite de crayons de couleur, il y a 12 crayons rouges et 8 crayons jaunes. Combien de crayons y a-t-il en tout ?

  – **En CE2 : recherche du tout lorsqu'il y a trois parties.**
  Dans une boite de crayons de couleur, il y a 12 crayons rouges, 8 crayons jaunes et 5 crayons bleus. Combien de crayons y a-t-il en tout ?

- Individuellement, les élèves découvrent l'énoncé du problème, puis représentent la situation décrite sur leur cahier de recherche afin de la résoudre.
- Une fois la recherche terminée, les représentations des élèves sont présentées collectivement. L'enseignant·e fait émerger le lien entre les différentes représentations. Une discussion pourra s'engager sur les procédures erronées.
- La représentation normée du schéma en barres est alors introduite à travers la machine à décoder pour les deux niveaux.
- Le bilan est ensuite réalisé avec les élèves : *Dans certains problèmes, on réunit les parties pour former le tout.*
- Pour terminer, les élèves sont invités à créer des énoncés de problèmes amenant à rechercher le tout, à la manière des énoncés des crayons. La validation des énoncés se fait en collectif.

SÉANCE 2 — 30 min — ENTRAINEMENT ▸ fichier p. 124

Il s'agit de s'entrainer à identifier ce type de situation et à utiliser le modèle en barres.

OBSTACLES POSSIBLES

▸ La **compréhension de l'énoncé écrit du problème** et **les nombres** mis en jeu dans le problème peuvent constituer des obstacles.

RECHERCHE

2 Recherche d'une partie

CE1 CE2

MATÉRIEL

- **Par élève : 1 cahier de recherche, des cubes emboitables si besoin**
- **Collectif : 1 boite de crayons pour jouer la scène avec les élèves si besoin**
- Diaporama *Parties-tout 2*

SÉANCE 1	RECHERCHE	30 min	En collectif
SÉANCE 2	Entrainement fichier p. 125	30 min	Individuel, autonomie

OBJECTIFS

Le principe de cette mission est d'apprendre à résoudre des problèmes dans lesquels on cherche la valeur d'une partie (problème avec deux parties pour les CE1 et problème avec plus de deux parties pour les CE2). L'utilisation de la machine à décoder comme outil d'aide au raisonnement, intermédiaire entre l'énoncé littéral du problème et sa représentation abstraite sous forme de calcul, est également à consolider.

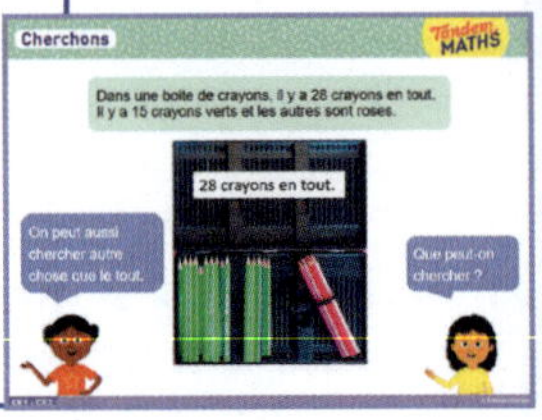

SÉANCE 1 30 min LA RECHERCHE

- Collectivement, les élèves réactivent ce qui a été vu dans la recherche 1 : la recherche du tout (*Quand on connait plusieurs parties, on peut trouver le tout.*) et le schéma en barres associé (machine à décoder).
- Individuellement, les élèves découvrent un nouvel énoncé de problème, puis représentent la situation sur leur cahier de recherche afin de le résoudre :
  Dans une boite de crayons, il y a 28 crayons en tout. Il y a 15 crayons verts et les autres sont des crayons roses. Combien de crayons roses y a-t-il dans la boite ?
- Une fois la recherche terminée, les représentations des élèves sont présentées collectivement. L'enseignant·e fait émerger le lien entre les différentes représentations. Une discussion pourra s'engager sur les procédures erronées.
- La représentation normée du schéma en barres est alors réactivée à travers la machine à décoder pour les deux niveaux de classe, successivement.
- Le bilan est ensuite réalisé avec les élèves : *Dans certains problèmes, on peut réunir les parties pour former le tout ou on peut connaitre le tout et rechercher une des parties. La machine à décoder permet de représenter la même situation quoi qu'on cherche.*
- Pour terminer, les élèves sont invités à créer les questions possibles pour une situation donnée, puis à trouver la question induite par un début d'énoncé.

SÉANCE 2 30 min ENTRAINEMENT ▸ fichier p. 125

Les objectifs sont de :
- s'entrainer à identifier les situations de parties-tout avec recherche d'une des parties, par analogie au problème de référence (problème des crayons) ;
- s'appuyer sur la machine à décoder pour résoudre ces problèmes.

OBSTACLES POSSIBLES

▶ La **compréhension de l'énoncé écrit du problème** et **les nombres** mis en jeu dans le problème peuvent constituer des obstacles. La recherche d'une des parties est plus complexe que la recherche du tout.
L'analogie avec les énoncés de la mission et l'usage de la machine à décoder devraient soutenir la représentation que les élèves vont se faire de chacun des problèmes.

RECHERCHE

3 Recherche d'une partie dans un problème à étapes

CE1 CE2

MATÉRIEL

- **Par élève :** 1 cahier de recherche, des cubes si besoin
- **Collectif :** 1 boite de crayons pour jouer la scène avec les élèves si besoin
- Diaporama *Parties-tout 3*

SÉANCE 1	**RECHERCHE**	30 min	En collectif
SÉANCE 2	**Entrainement fichier** p. 127	30 min	Individuel, autonomie

OBJECTIFS

Les élèves se remémorent les connaissances acquises dans les situations précédentes à travers un **bilan coconstruit**. Ils élargissent le raisonnement aux problèmes du même type avec une étape : recherche d'une partie quand on connait le tout et deux parties.

SÉANCE 1 30 min LA RECHERCHE

- Collectivement, les élèves réactivent ce qui a été vu précédemment (machine à décoder pour trouver une des parties et pour trouver le tout). Dans le but de vérifier leurs acquis, l'enseignant·e demande aux élèves de chercher la question d'un énoncé de problème donné associé à la photo de la boite de crayons.
- En binôme, les élèves sont invités à résoudre le problème en s'appuyant sur la machine à décoder.
- Une fois la recherche terminée, les représentations des élèves sont présentées collectivement. Le raisonnement collectif permettra de conserver la bonne représentation adossée au calcul expert. Le bilan est réalisé avec les élèves.

SÉANCE 2 30 min ENTRAINEMENT ▸ fichier p. 127

Les objectifs sont de :
- réactiver, à travers le bilan, les repères construits pour les situations de parties-tout ;
- s'entrainer à résoudre des problèmes de parties-tout à étapes en utilisant la machine à décoder.

OBSTACLES POSSIBLES

▸ La **compréhension de l'énoncé écrit du problème** peut constituer un obstacle.

Pour différencier

Fichier à photocopier : fiches * et **, *Situations de parties-tout*.

Pour évaluer

Évaluation ***Problèmes 1 CE1***

Évaluation ***Problèmes 1 CE2***

Apprendre à chercher

2 Situations de transformation

Nous recommandons de réserver une semaine par période pour l'apprentissage de stratégies de résolution de problèmes. Tous les apprentissages de résolution de problèmes sont prévus en tandem CE1/CE2.

PROBLÈMES *Tandem*

Sur votre espace numérique

Retrouvez sur l'espace numérique **tous les diaporamas** et les **ressources complémentaires** : leçons, évaluations, matériel, etc.

Compétences

- **Extrait du BO du 25 avril 2018 :** « Enseigner la résolution de problèmes nécessite de **concevoir une progressivité pour les problèmes proposés**, en commençant par des problèmes additifs élémentaires en une étape, avant de proposer des problèmes plus complexes. **Au sein d'une même catégorie de problèmes, une progressivité doit être établie** : par exemple, au sein des problèmes additifs élémentaires en une étape, les nombres en jeu ou **l'aspect dynamique** ou non de la situation peuvent ajouter de la complexité pour les élèves. La formalisation de ces exemples-types doit être l'occasion **d'introduire des représentations,** sous forme de schémas bien adaptés, permettant **la modélisation** des problèmes proposés. Ces représentations sont systématiquement utilisées lors des résolutions de problèmes menées face à la classe, afin de servir de référence aux élèves. »
- **Attendus de fin de cycle 2 :** Résoudre des problèmes issus de situations de la vie quotidienne conduisant à utiliser les quatre opérations :
  - problèmes relevant des **structures additives** (addition/soustraction) ;
  - problèmes relevant des **structures multiplicatives, de partages ou de groupements** (multiplication/division).

Lexique

Problèmes de transformation : ils font référence à l'aspect dynamique qui ajoute de la complexité dans la compréhension de la situation. Il existe une quantité **« avant »,** ou **« état initial »,** qui subit **une augmentation** ou **une diminution**. On peut également parler de **« perte »** ou de **« gain »**. La quantité **« après »** ou **« état final »** est donc différente. Ainsi, selon l'énoncé, on cherche :
- la quantité « après » ;
- la quantité « avant » ;
- la quantité « en plus » ou « en moins » appelée « augmentation » ou « diminution ».

Dans ces énoncés, les connecteurs de temps donnent des indications sur le déroulé de la situation : *hier, demain, aujourd'hui, il y a quelques jours, l'année dernière, mardi, samedi, en janvier, au mois de décembre, en premier, en dernier, au deuxième, au départ, à la fin, à l'arrivée...*
Parfois ces indications sont implicites (notamment le temps des verbes).

Apports didactiques

- **Les problèmes de transformation sont des problèmes de structure additive** pour lesquels le calcul fait intervenir soit une addition, soit une soustraction (ou une addition à trou pour une procédure moins experte). Dans un problème basique, une seule étape est nécessaire pour le résoudre.
- **Le schéma en barres appelé ici « machine à décoder »** est la représentation du problème selon un modèle normé et simplifié. Dans celui que nous proposons, la plus grande quantité est placée dans la barre du haut (ce sera toujours le cas, quel que soit le type de problème travaillé).
- Dans les situations de transformation, la grande barre représente **la grande quantité, qu'elle soit avant ou après**. Une première réorganisation des informations de l'énoncé dans un ordre chronologique est proposée afin de rendre plus accessible la représentation de la situation.

▸ **Énoncé avec une étape :**

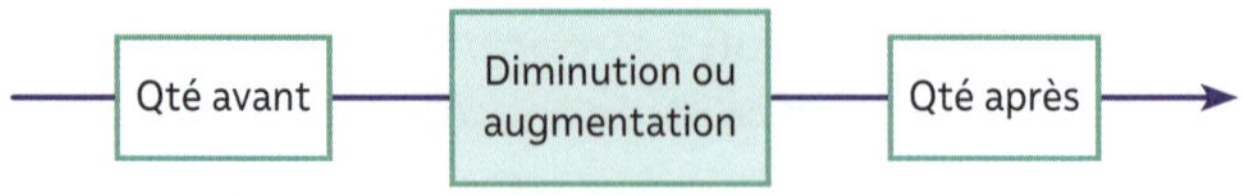

Grande quantité **(avant ou après)**	
Petite quantité **(avant ou après)**	Diminution ou augmentation

▸ **Énoncé avec plusieurs étapes : plusieurs augmentations ou/et plusieurs diminutions peuvent se succéder.**

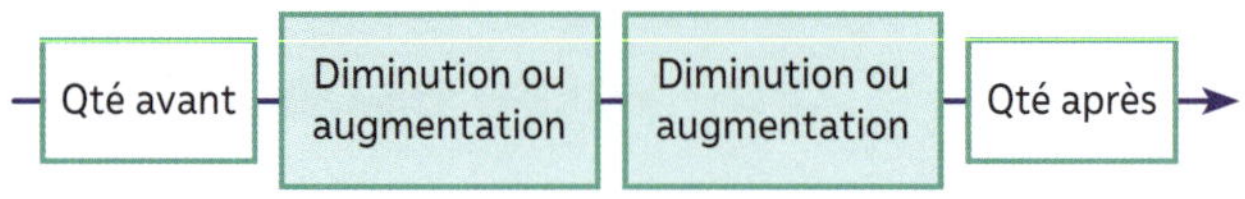

Grande quantité **(avant ou après)**	
Petite quantité **(avant ou après)**	Augmentation ou diminution totale

Difficultés rencontrées par les élèves

1 **Difficulté à comprendre et à se représenter l'énoncé : le passage du registre littéral de l'énoncé au registre mathématique** est complexe pour les élèves. Ils doivent se représenter la situation et la structure sous-jacente afin de traiter correctement les données numériques qui y sont associées. Ce passage est d'autant plus complexe dans **les situations de transformation que les indices liés à la chronologie peuvent être très variés, voire implicites**. De plus, les notions de temps et les connecteurs associés ne sont pas forcément stabilisés pour les élèves de cycle 2.

La **« ligne du temps »** associée à la machine à décoder permet d'organiser les informations de l'énoncé dans l'ordre chronologique afin d'aider à la représentation de la situation.

2 **Difficulté suivant le type de recherche :** la recherche de l'état final (quantité après) est un type d'énoncé plus intuitif car il est chronologique. La recherche de l'état initial (quantité avant) est plus complexe. Selon l'énoncé, elle nécessite de remettre dans l'ordre les « transformations subies » par la quantité. Exemple : *Cet après-midi, Léa a 27 perles. Ce matin, elle en a donné 15 à Lili. Combien en avait-elle ce matin ?* Cet énoncé, pour un élève de CE, est complexe car il n'est pas écrit dans l'ordre chronologique.

3 **Difficulté liée aux nombres en jeu :** le même énoncé sera plus résistant en fonction de la taille des nombres, de la relation qu'ils ont entre eux et de la stabilité des connaissances acquise en calcul par les élèves.

4 **Difficulté liée au domaine de référence** culturel qui peut être facilitateur ou au contraire apporter davantage de complexité.

RECHERCHE

1 Recherche de l'état final ou de l'évolution

CE1 CE2

MATÉRIEL

- **Par élève :** 1 cahier de recherche, du matériel de manipulation si besoin
- **Collectif :** une pile de cahiers pour jouer la scène si besoin
- Diaporama *Transformation 1*

SÉANCE 1	RECHERCHE	30 min	En collectif
SÉANCE 2	Entrainement fichier p. 128	30 min	Individuel, autonomie

OBJECTIFS

Le principe de cette mission est d'identifier les problèmes de transformation par la recherche de l'état final ou de l'évolution, puis de construire des repères pour faciliter la résolution du problème énoncé. La ligne du temps aide à remettre dans l'ordre chronologique les informations de l'énoncé. La machine à décoder est maintenant un outil connu. Son utilisation reste la même : intermédiaire entre l'énoncé littéral du problème et sa représentation abstraite sous forme de calcul. Elle est associée à la ligne du temps afin de repérer le statut particulier de chaque donnée.

SÉANCE 1 30 min LA RECHERCHE

- La situation propose deux séries de trois photos représentant :
  - un stock de cahiers qui diminue : la pile de **départ** – les cahiers **enlevés** – la pile **après** ;
  - un stock de cahiers qui augmente : la pile de **départ** – les cahiers **ajoutés** – la pile **après**.
- Par le questionnement, on amène les élèves de CE1 et de CE2 à se demander ce que l'on peut chercher à partir de ces situations. À partir des séries de photos communes, les élèves de CE1 et de CE2 travaillent sur deux énoncés qui diffèrent uniquement par la taille des nombres en jeu.
  - **En CE1 : Recherche de l'état final avec une diminution.**
  En début d'année, la maitresse a un stock de 40 cahiers neufs dans le placard. Elle en donne 22 aux élèves. Combien de cahiers neufs reste-t-il ?
  - **En CE2 : Recherche de l'état final avec diminution.**
  En début d'année, la maitresse a un stock de 100 cahiers neufs dans le placard. Elle en donne 82 aux élèves. Combien de cahiers neufs reste-t-il ?
- Individuellement, les élèves découvrent l'énoncé du problème, puis représentent la situation décrite sur leur cahier de recherche afin de la résoudre.
- Une fois la recherche terminée, les représentations des élèves sont présentées collectivement. L'enseignant·e fait émerger le lien entre les différentes représentations. Une discussion pourra s'engager sur les procédures erronées.
- **La ligne du temps et la machine à décoder sont alors introduites**. Le 1er questionnement concerne l'ordre chronologique des informations et le 2e rend visible le transfert dans la machine à décoder. La grande quantité (ici, celle d'avant) est mise dans la barre du haut. L'évolution (ici, diminution) est représentée par la case grisée.
- Le bilan est ensuite réalisé oralement avec les élèves : *Dans certains problèmes, il y a une quantité avant. Cette quantité diminue. Elle devient la quantité après.*
- La même démarche est réalisée avec un énoncé similaire présentant **une augmentation**.

- Le bilan est ensuite réalisé oralement avec les élèves : *Dans certains problèmes, il y a une quantité avant. Cette quantité augmente. Elle devient la quantité après.*
- Le bilan général est réalisé avec les élèves : *Dans certains problèmes, on peut avoir une quantité qui évolue entre un moment avant et un moment après ; soit elle augmente – soit elle diminue. On peut chercher :*
  - *la quantité avant ;*
  - *la quantité après ;*
  - *la quantité en plus ou en moins.*
- Pour terminer, les élèves sont invités à créer des énoncés de problèmes dans lesquels on recherche :
  - une quantité après une diminution ;
  - une quantité après une augmentation.

SÉANCE 2 — 30 min — ENTRAINEMENT ▸ fichier p. 128

Les objectifs sont :
- de s'entrainer à identifier les situations de transformation avec recherche de l'état final ou de l'évolution, par analogie au problème de référence (problème des cahiers) ;
- de s'appuyer sur la ligne du temps et la machine à décoder pour résoudre ces problèmes.

OBSTACLES POSSIBLES

▸ La **compréhension de l'énoncé écrit du problème** constitue l'obstacle premier. L'analogie avec les énoncés de la mission et l'usage des outils de modélisation devraient soutenir la représentation que les élèves vont se faire de chacun des problèmes.

RECHERCHE 2 — Recherche de l'évolution ou de l'état initial

CE1 CE2

MATÉRIEL

- **Par élève : 1 cahier de recherche, du matériel de manipulation si besoin**
- **Collectif :** une pile de cahiers pour jouer la scène si besoin
- Diaporama *Transformation 2*

SÉANCE 1	RECHERCHE	30 min	En collectif
SÉANCE 2	Entrainement fichier p. 129	30 min	Individuel, autonomie

OBJECTIFS

Le principe de cette mission est **d'identifier les problèmes de transformation par la recherche de l'évolution ou de l'état initial, puis de construire des repères pour faciliter la résolution du problème énoncé**. La ligne du temps aide à remettre dans l'ordre chronologique les informations de l'énoncé. La machine à décoder est maintenant un outil connu. Son utilisation reste la même : intermédiaire entre l'énoncé littéral du problème et sa représentation abstraite sous forme de calcul. Elle est présentée associée à la ligne du temps afin de repérer le statut particulier de chaque donnée.

SÉANCE 1 30 min LA RECHERCHE

- Collectivement, les élèves réactivent ce qui a été vu dans la recherche 1 :
  - la recherche de l'état final à partir de la situation de référence *(Quand on connait la quantité avant et l'évolution, on peut trouver la quantité après.)* ;
  - la ligne du temps permet de remettre les informations en ordre chronologique ;
  - la machine à décoder avec la case grisée (l'évolution).
- **Individuellement, les élèves découvrent un énoncé de problème, puis représentent la situation sur leur cahier de recherche afin de la résoudre.**
- Une fois la recherche terminée, **les représentations des élèves sont présentées collectivement**. L'enseignant·e fait émerger le lien entre les différentes représentations. Une discussion pourra s'engager sur les procédures erronées.
- **La représentation normée du schéma en barres est alors réactivée** à travers la machine à décoder pour les deux niveaux de classe.
- **Le bilan est ensuite réalisé avec les élèves :** *Dans certains problèmes, on peut chercher la quantité avant. Cette quantité augmente ou diminue. Elle devient la quantité après. La machine à décoder permet de représenter la même situation quoi qu'on cherche.*
- **Les élèves sont ensuite invités à réfléchir sur des énoncés dont les données sont effacées afin de :**
  - formuler ce qu'on peut chercher ;
  - trouver la question associée ;
  - inventer les données ;
  - résoudre le problème en s'aidant de la machine à décoder.
- Cette réflexion guidée permettra de leur faire prendre conscience des différentes recherches possibles pour une même situation.

SÉANCE 2 30 min ENTRAINEMENT ▸ fichier p. 129 et 130

Les objectifs sont :
- de construire des repères sur les situations de transformation avec recherche de l'évolution ou de l'état initial, par analogie au problème de référence (problème des cahiers) ;
- de s'appuyer sur la ligne du temps et la machine à décoder pour résoudre ce type de problème.

OBSTACLES POSSIBLES

▶ La **compréhension de l'énoncé écrit du problème** constitue l'obstacle premier. La recherche de l'état initial (la quantité avant) est complexe pour les élèves.

RECHERCHE

3 Recherche de l'évolution dans un problème à étapes

CE1 CE2

MATÉRIEL

- **Par élève :** 1 cahier de recherche, du matériel de manipulation si besoin
- **Collectif :** une pile de cahiers pour jouer la scène si besoin
- Diaporama *Transformation 3*

SÉANCE 1	RECHERCHE	30 min	En collectif
SÉANCE 2	Entrainement fichier p. 130	30 min	Individuel, autonomie

OBJECTIFS

Les élèves se remémorent les connaissances acquises dans les situations précédentes à travers un bilan coconstruit. Ils élargissent le raisonnement aux problèmes incluant plusieurs transformations (gains et/ou pertes). La ligne du temps aide à remettre dans l'ordre chronologique les informations de l'énoncé, d'autant plus nécessaire dans les problèmes à étapes.

SÉANCE 1 — 30 min — LA RECHERCHE

- Collectivement, les élèves réactivent ce qui a été vu précédemment : problème de référence avec recherche de la quantité « après » ou recherche de la quantité « avant » ou de la quantité en plus ou en moins.
- Individuellement, les élèves découvrent un **énoncé de problème de transformation à étapes (une diminution et une augmentation cumulées)**. Ils représentent la situation afin de résoudre le problème sur leur cahier de recherche.
- Une fois la recherche terminée, les représentations des élèves sont présentées collectivement. L'enseignant·e fait émerger le lien entre les différentes représentations. Une discussion pourra s'engager sur les procédures erronées.
- Deux procédures différentes utilisant la ligne du temps et la machine à décoder sont présentées successivement afin de rendre visible des cheminements de résolution différents au regard des propositions des élèves.

SÉANCE 2 — 30 min — ENTRAINEMENT ▸ fichier p. 130

Les objectifs sont :
- de réactiver, à travers le bilan, les repères construits sur les situations de transformation ;
- de s'entrainer à résoudre des problèmes de transformation à étapes en utilisant la machine à décoder et la ligne du temps.

OBSTACLES POSSIBLES

▶ La **compréhension de l'énoncé écrit du problème** constitue l'obstacle premier. Le cumul entre les augmentations et les diminutions peut constituer des obstacles (problèmes à étapes).

Pour différencier Fichier à photocopier : fiches * et **, *Situations de transformation.*

Pour évaluer Évaluation *Problèmes 2 CE1*
Évaluation *Problèmes 2 CE2*

Apprendre à chercher

3 Situations de comparaison

Nous recommandons de réserver une semaine par période pour l'apprentissage de stratégies de résolution de problèmes. Tous les apprentissages de résolution de problèmes sont prévus en tandem CE1/CE2.

PROBLÈMES *Tandem*

Sur votre espace numérique

Retrouvez sur l'espace numérique **tous les diaporamas** et les **ressources complémentaires** : leçons, évaluations, matériel, etc.

Compétences

- **Extrait du BO du 25 avril 2018 :** « Enseigner la résolution de problèmes nécessite de **concevoir une progressivité pour les problèmes proposés**, en commençant par des problèmes additifs élémentaires en une étape, avant de proposer des problèmes plus complexes. **Au sein d'une même catégorie de problèmes, une progressivité doit être établie** : par exemple, au sein des problèmes additifs élémentaires en une étape, les nombres en jeu ou **l'aspect dynamique** ou non de la situation peuvent ajouter de la complexité pour les élèves. La formalisation de ces exemples-types doit être l'occasion **d'introduire des représentations,** sous forme de schémas bien adaptés, permettant **la modélisation** des problèmes proposés. Ces représentations sont systématiquement utilisées lors des résolutions de problèmes menées face à la classe, afin de servir de référence aux élèves. »
- **Attendus de fin de cycle 2 :** Résoudre des problèmes issus de situations de la vie quotidienne conduisant à utiliser les quatre opérations :
  - problèmes relevant des structures additives (addition/soustraction) ;
  - problèmes relevant des structures multiplicatives, de partages ou de groupements (multiplication/division).

Lexique

- **Problèmes de comparaison :** les problèmes de comparaison multiplicatifs/divisifs ne seront abordés qu'en cycle 3. En CE, nous n'aborderons que les comparaisons additives/soustractives. Ce sont des problèmes dans lesquels deux quantités sont comparées entre elles : **une grande quantité et une petite quantité**. Il existe **un écart** entre ces deux quantités. Ainsi, selon l'énoncé, on cherche :
  - la grande quantité ;
  - la petite quantité ;
  - l'écart entre les deux : c'est-à-dire la quantité « en plus » ou « en moins ».

- Les expressions **« de plus que »** et **« de moins que »** sont souvent présentes dans les énoncés rattachés aux situations de comparaison. Les formulations parfois utilisées **« en moins »** et **« en plus »** qui sont fortement corrélées dans la représentation des élèves aux opérations (+ et –) peuvent induire des calculs erronés si les élèves n'ont pas appris à inhiber ces automatismes, profitables par ailleurs, en calcul.

Apports didactiques

- **Les problèmes de comparaison** sont des problèmes de **structure additive** pour lesquels le calcul fait intervenir soit une addition, soit une soustraction (ou une addition à trou pour une procédure moins experte). Dans un problème basique, une seule étape est nécessaire pour le résoudre.
- **Le schéma en barres appelé ici « machine à décoder »** est la représentation du problème selon un modèle normé et simplifié. Dans celui que nous proposons, **la grande quantité**, qu'elle soit connue ou non, est placée dans la barre du haut (ce sera toujours le cas, quel que soit le type de problème travaillé). La case grisée représente la quantité **« en plus »** ou **« en moins »**.

▶ **Énoncé avec une étape :**

Grande quantité	
Petite quantité	Écart

▶ **Énoncé avec plusieurs étapes :** la représentation peut prendre différentes formes : une modélisation unique pour les différentes étapes (plus complexe) ou une modélisation pour chaque étape. Selon la nature de chaque étape, on utilisera la modélisation correspondante.

Difficultés rencontrées par les élèves

1 **Difficulté à comprendre et à se représenter l'énoncé.** Le **passage du registre littéral de l'énoncé au registre mathématique** est complexe pour les élèves. Ils doivent se représenter la situation et la structure sous-jacente afin de traiter correctement les données numériques qui y sont associées. Ce passage est d'autant plus complexe dans les situations de comparaison que les indices liés à **la quantité en plus** ou **en moins** peuvent induire une opération erronée. Par exemple : *J'ai 8 ans. C'est deux ans de plus que ma sœur. Quel âge a ma sœur ?* Dans ce cas, le mot « plus » pourrait induire chez l'élève l'utilisation d'une addition alors qu'il faut faire une soustraction pour trouver le résultat. Ces situations présentent un large panel de formulations pour la même recherche. Certaines sont peu rencontrées.

2 **Difficulté suivant le type de recherche :** la recherche de la grande ou de la petite quantité peut être plus complexe en fonction de la formulation de l'énoncé. Parfois, il sera « concordant » avec l'opération à faire. Par exemple : *Marc a un collier de 34 perles. Le collier d'Ada a 23 perles de plus. Combien de perles a le collier d'Ada ?* **L'association « de plus » à l'addition des deux nombres en jeu** (34 perles + 23 perles) **fonctionne** pour répondre à la question.

En revanche, dans l'énoncé : *Le papa de Lou a 38 ans. C'est 27 ans de plus que Lou.* **L'association « de plus » à l'addition ne fonctionne pas.** Il faut que les élèves inhibent ce réflexe pour faire une soustraction (38 ans – 27 ans) ou qu'ils surcomptent jusqu'à 38 afin de répondre correctement à la question.

La recherche de l'écart présente peu de difficultés. Cependant, certaines formulations de la question peuvent dérouter les élèves.

Par exemple : *Marc a 34 perles. Lou en a 23.*

1. *Quel est l'écart entre les perles de Marc et celles de Lou ?* → Formulation assez facile à traiter.
2. *Combien de perles Marc a-t-il de plus que Lou ?*
3. *Combien de perles Lou a-t-elle de moins que Marc ?*

Les deux dernières sont liées : si l'un en a plus que l'autre, c'est que l'autre en a moins. Cela n'est pas forcément une évidence pour les élèves.

3 **Difficulté liée à la taille des nombres :** le même énoncé sera plus résistant en fonction des nombres mis en jeu, de la relation qu'ils ont entre eux et de la stabilité des connaissances acquise en calcul par les élèves.

4 **Difficulté liée au domaine de référence** culturel qui peut être facilitateur ou au contraire apporter davantage de complexité.

RECHERCHE

1 Recherche de l'écart ou de la grande quantité

CE1 CE2

MATÉRIEL

- **Par élève :** 1 cahier de recherche, du matériel de manipulation si besoin
- **Collectif :** des jeux de cartes pour jouer la scène si besoin
- Diaporama *Comparaison 1*

SÉANCE 1	RECHERCHE	30 min	En collectif
SÉANCE 2	Entrainement fichier p. 132	30 min	Individuel, autonomie

OBJECTIFS

Le principe de cette mission est **d'identifier les problèmes de comparaison par la recherche de l'écart ou de la grande quantité, puis de construire des repères pour faciliter la résolution du problème énoncé**. La machine à décoder se dote d'une case grisée qui représente l'écart. Son utilisation reste la même : c'est un intermédiaire entre l'énoncé littéral du problème et sa représentation abstraite sous forme de calcul. La grande quantité est toujours placée dans la barre du haut, qu'elle soit connue ou non.

SÉANCE 1 30 min LA RECHERCHE

- La situation présente une photographie de deux joueurs avec leur paquet de cartes :
  - le tas de cartes d'Inès : grande quantité de cartes ;
  - le tas de cartes d'Arthur : petite quantité de cartes.
- Par le questionnement, on amène les élèves de CE1 et de CE2 à se demander ce que l'on peut chercher à partir de cette situation.
- Les élèves de CE1 et de CE2 travaillent sur deux énoncés qui diffèrent uniquement par la taille des nombres en jeu.

  – **En CE1 : recherche de l'écart.**
  Inès a gagné 25 cartes à la bataille. Arthur a gagné 7 cartes. Quel est l'écart entre le nombre de cartes d'Inès et le nombre de cartes d'Arthur ?

  – **En CE2 : recherche de l'écart.**
  Inès a gagné 79 cartes à la bataille. Arthur a gagné 33 cartes. Combien Inès a-t-elle gagné de cartes de plus qu'Arthur ?
- Individuellement, les élèves découvrent l'énoncé du problème, puis représentent la situation décrite sur leur cahier de recherche afin de la résoudre.
- Une fois la recherche terminée, les représentations des élèves sont présentées collectivement. L'enseignant·e fait émerger le lien entre les différentes représentations. Une discussion pourra s'engager sur les procédures erronées.
- La représentation normée du schéma en barres est alors introduite à travers la machine à décoder pour les deux niveaux successivement. La case grisée représente l'écart entre les deux quantités. C'est dans cette case que le point d'interrogation est noté (la recherche).
- Les élèves de CE1 et de CE2 travaillent sur deux énoncés qui diffèrent uniquement par la taille des nombres en jeu. La même démarche est réalisée.

  – **En CE1 : recherche de la grande quantité.**
  Arthur a gagné 18 cartes. C'est 7 de moins qu'Inès. Combien de cartes a Inès ?

  – **En CE2 : recherche de la grande quantité.**
  Arthur a gagné 54 cartes. C'est 25 de moins qu'Inès. Combien de cartes a Inès ?

La formulation « de moins » n'amène pas à une soustraction pour répondre à la question. Un débat explicite est à mener avec les élèves pour mettre en évidence que cela n'implique pas forcément de faire une soustraction.

- Le bilan général est réalisé avec les élèves : *Dans un problème de comparaison, il y a une grande quantité et une petite quantité qui sont comparées. Il existe un écart entre les deux.*
- Les élèves sont invités à créer des énoncés de problèmes de comparaison amenant à rechercher l'écart ou la grande quantité.

SÉANCE 2 30 min ENTRAINEMENT ▸ fichier p. 132-133

Les objectifs sont :
- de s'entrainer à identifier les situations de comparaison avec recherche de l'écart et/ou de la grande quantité, par analogie au problème de référence (problème des cartes) ;
- de s'appuyer sur la machine à décoder (avec la case grisée de l'écart) proposée pour résoudre ces problèmes.

OBSTACLES POSSIBLES

▸ La **compréhension de l'énoncé écrit du problème** constitue l'obstacle premier avec des formulations parfois contre-intuitives. L'analogie avec les énoncés de la mission et l'usage de l'outil de modélisation devraient soutenir la représentation que les élèves vont se faire de chacun des problèmes.

RECHERCHE 2 — CE1 CE2

Recherche de la grande ou de la petite quantité

MATÉRIEL

- **Par élève :** 1 cahier de recherche, du matériel de manipulation pour la différenciation
- **Collectif :** un tas de cartes pour jouer la scène si besoin
- Diaporama *Comparaison 2*

SÉANCE 1	RECHERCHE	30 min	En collectif
SÉANCE 2	Entrainement fichier p. 133	30 min	Individuel, autonomie

OBJECTIFS

Le principe de cette mission est d'identifier les problèmes de comparaison par la recherche de la grande ou de la petite quantité, puis de construire des repères pour faciliter la résolution du problème énoncé.

SÉANCE 1 30 min LA RECHERCHE

- Collectivement, les élèves réactivent ce qui a été vu dans la recherche 1 :
  - la recherche de l'écart ou de la grande quantité dans un problème de comparaison ;
  - la machine à décoder avec une case grisée représentant l'écart.
- La situation du diaporama présente une photographie de deux joueurs avec leur tas de cartes :
  - le tas de cartes d'Inès : grande quantité de cartes ;
  - l'écart entre le tas d'Inès et le tas d'Arthur.
- Par le questionnement, on amène les élèves de CE1 et de CE2 à se demander ce que l'on peut chercher à partir de cette situation : la petite quantité.
- Individuellement, les élèves découvrent l'énoncé de problème, puis représentent la situation décrite sur leur cahier de recherche afin de le résoudre.
- Une fois la recherche terminée, les représentations des élèves sont présentées collectivement. L'enseignant·e fait émerger le lien entre les différentes représentations. Les procédures erronées sont évincées.
- La représentation normée du schéma en barres est alors réactivée à travers la machine à décoder, pour les deux niveaux de la classe. La case représentant l'écart est grisée.
- Le bilan est ensuite réalisé avec les élèves : *Dans un problème de comparaison, on peut chercher la grande ou la petite quantité, ou l'écart. La machine à décoder permet de représenter la même situation, quoi qu'on cherche.*
- Les élèves sont ensuite invités à réfléchir sur des énoncés dont les données sont effacées afin de :
  - formuler ce qu'on peut chercher ;
  - trouver la question associée ;
  - inventer les données ;
  - résoudre le problème en s'aidant de la machine à décoder.
- Cette réflexion guidée permettra de prendre conscience des différentes recherches possibles pour une même situation.

SÉANCE 2 30 min ENTRAINEMENT ▸ fichier p. 133-134

Les objectifs sont :
- de construire des repères sur les situations de **comparaison** avec recherche **de la grande ou de la petite quantité**, par analogie au problème de référence (le problème des cartes) ;
- de s'appuyer sur **la machine à décoder** avec **la case grisée** pour résoudre ce type de problème.

OBSTACLES POSSIBLES

▸ La **compréhension de l'énoncé écrit du problème** constitue l'obstacle premier. Une vigilance est à avoir sur certaines formulations avec « de plus » et « de moins » qui peuvent induire des opérations erronées sur les nombres en jeu. La formulation de la question, pour une même recherche, peut prendre des formes plus ou moins résistantes.

RECHERCHE

3 Recherche d'une grande quantité et d'un écart dans un problème à étapes

CE1 CE2

MATÉRIEL

- **Par élève :** 1 cahier de recherche, du matériel de manipulation si besoin
- **Collectif :** des tas de cartes pour jouer la scène si besoin
- Diaporama *Comparaison 3*

SÉANCE 1	RECHERCHE	30 min	En collectif
SÉANCE 2	Entrainement fichier p. 135	30 min	Individuel, autonomie

OBJECTIFS

Les élèves se remémorent les connaissances acquises dans les situations précédentes à travers un bilan coconstruit. Ils élargissent le raisonnement aux problèmes incluant plusieurs étapes dont une étape de comparaison.

SÉANCE 1 30 min LA RECHERCHE

- Collectivement, les élèves réactivent ce qui a été vu précédemment : machine à décoder pour trouver la grande ou la petite quantité ou l'écart entre les deux quantités.
- Individuellement, les élèves découvrent un énoncé de problème de comparaison à étapes (trois enfants comparent entre eux leur tas de cartes). Les élèves représentent la situation sur leur cahier de recherche afin de résoudre le problème.
- Une fois la recherche terminée, les représentations des élèves sont présentées collectivement. L'enseignant·e fait émerger le lien entre les différentes représentations. Une discussion pourra s'engager sur les procédures erronées.
- Un bilan est réalisé avec les élèves.

SÉANCE 2 30 min ENTRAINEMENT ▸ fichier p. 135

Les objectifs sont :
- de réactiver, à travers le bilan, les repères construits sur les situations de comparaison ;
- de s'entrainer à résoudre des problèmes de comparaison à étapes en utilisant la machine à décoder avec la case grisée.

OBSTACLES POSSIBLES

▸ La **compréhension de l'énoncé écrit du problème** constitue l'obstacle premier. **L'organisation de la succession des comparaisons peut induire pour l'élève une difficulté de traitement des étapes.**

Pour différencier Fichier à photocopier : fiches * et **, *Situations de comparaison.*

Pour évaluer Évaluation ***Problèmes 3 CE1***
Évaluation ***Problèmes 3 CE2***

4 Situations de groupement et partage

Nous recommandons de réserver une semaine par période pour l'apprentissage de stratégies de résolution de problèmes. Tous les apprentissages de résolution de problèmes sont prévus en tandem CE1/CE2.

PROBLÈMES *Tandem*

Sur votre espace numérique

Retrouvez sur l'espace numérique **tous les diaporamas** et les **ressources complémentaires** : leçons, évaluations, matériel, etc.

Compétences

- **Extrait du BO du 25 avril 2018 :** « Enseigner la résolution de problèmes nécessite de **concevoir une progressivité pour les problèmes proposés**, en commençant par des problèmes additifs élémentaires en une étape, avant de proposer des problèmes plus complexes. **Au sein d'une même catégorie de problèmes, une progressivité doit être établie** : par exemple, au sein des problèmes additifs élémentaires en une étape, les nombres en jeu ou **l'aspect dynamique** ou non de la situation peuvent ajouter de la complexité pour les élèves. La formalisation de ces exemples-types doit être l'occasion **d'introduire des représentations,** sous forme de schémas bien adaptés, permettant **la modélisation** des problèmes proposés. Ces représentations sont systématiquement utilisées lors des résolutions de problèmes menées face à la classe, afin de servir de référence aux élèves. »
- **Attendus de fin de cycle 2 :** Résoudre des problèmes issus de situations de la vie quotidienne conduisant à utiliser les quatre opérations :
  - problèmes relevant des structures additives (addition/soustraction) ;
  - problèmes relevant des structures multiplicatives, de partages ou de groupements (multiplication/division).

Lexique

- **Problème de parties-tout** : ils sont également appelés « problèmes de réunion-partage » ou « problèmes de composition ». Il existe les problèmes de parties-tout multiplicatifs/divisifs appelés problèmes de groupement et partage.
- Les problèmes de parties-tout additifs/soustractifs avec des parties différentes ont été abordés en période 1. Les problèmes de parties-tout multiplicatifs/divisifs sont d'abord présentés comme des problèmes avec une partie réitérée un certain nombre de fois afin de rendre plus visible le passage aux problèmes de groupement et partage.

Dans les problèmes appréhendés, des parties sont réunies entre elles pour former un tout ; le tout est partagé en un nombre de parties de valeurs équivalentes (on parlera ici de partage équitable). Le nombre de parties est visible dans la case du bas. Puis, quand la même « partie » est réitérée un nombre de fois trop important, seule la partie réitérée est inscrite dans la case du bas ; le nombre de fois est placé sous la machine à décoder. On peut envisager les situations de partage et de groupement comme une évolution des problèmes de parties-tout additifs/soustractifs avec une partie réitérée un certain nombre de fois.

- Ainsi, selon l'énoncé, on cherche soit :
  - le tout ;
  - la valeur d'une partie ;
  - le nombre de parties (représenté par le nombre de cases dans un premier temps).
- Dans ces énoncés, le tout peut être désigné par différents mots : *l'ensemble, la totalité, la somme totale, la globalité, la masse globale ou totale...*
- Le nombre de parties peut être désigné par l'idée de parties particulières (des parties identiques) ou/et d'un groupement : des sacs, des sachets, des groupes, des packs, des paquets, des boites, des tables...

Apports didactiques

- Les problèmes de groupement et de partage rencontrés durant cette période appellent soit une addition réitérée, soit une soustraction réitérée (partage), soit une multiplication, soit une division.
- **Le schéma en barres** est la représentation du problème selon un modèle normé et simplifié. Dans celui que nous proposons, la plus grande quantité est placée dans la barre du haut (ce sera toujours le cas, quel que soit le type de problème travaillé). Elle est identifiée lors du questionnement oral.
- Dans les situations de parties-tout multiplicatives-divisives, **elle représente la somme des parties du bas** (le tout).

▶ **Énoncé traité par une addition réitérée :**

▶ **Énoncé traité par la multiplication/division :**

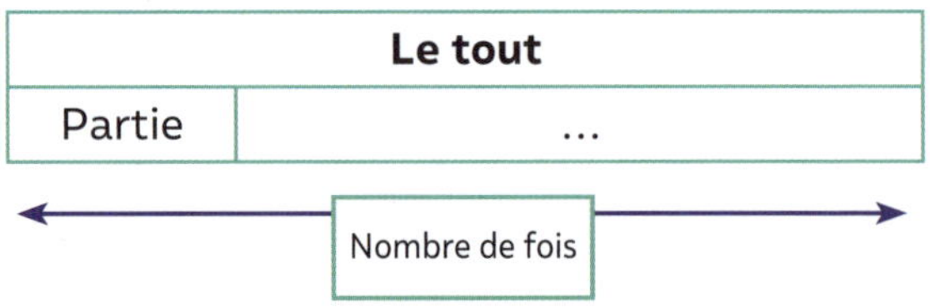

Difficultés rencontrées par les élèves

1 Difficulté à comprendre et à se représenter l'énoncé : le **passage du registre littéral de l'énoncé au registre mathématique** est complexe pour les élèves comme pour les autres situations.

La recherche de la valeur de **la partie réitérée** dans le cas d'une « division partition » sera plus aisée car la réponse sera exprimée dans la même unité que celle du tout. Exemple : *45 perles sont partagées équitablement entre 9 enfants. Combien de perles a chaque enfant ? Chaque enfant a 5 perles.*

La recherche **du nombre de parts** ou de groupements dans le cas d'une « division quotition » sera plus complexe car la réponse sera exprimée dans une unité différente de celle du tout. Exemple : ***45 perles*** *sont partagées équitablement entre des enfants. Chacun reçoit 5 perles. Combien d'enfants y a-t-il ? Il y a 9 enfants.*

2 Difficulté suivant le type de recherche.

- **La recherche du nombre de parties** : il correspond au nombre de « groupements » donné par l'énoncé. Une vigilance particulière sera apportée à ce moment-là pour que les tailles des cases tracées soient visiblement égales.
- La **recherche du tout** est plus intuitive et est plus souvent rencontrée par les élèves dans des situations vécues. Plusieurs procédures plus ou moins expertes pourront être utilisées :
  - par ajouts successifs de la partie réitérée ;
  - en faisant appel au multiplicande mémorisé dans la table de multiplication associée. La recherche de la valeur de la partie réitérée est plus complexe. Elle se fera par essais-erreurs dans un premier temps.
- Pour la **recherche du nombre de parties**, plusieurs procédures plus ou moins expertes peuvent être utilisées :
  - par le retrait successif de la partie réitérée ;
  - par le rappel du multiplicateur mémorisé ciblé dans la table de multiplication associée.

3 Difficulté liée à la taille des nombres.

4 Difficulté liée au domaine de référence. Quand l'énoncé met en jeu une seule unité, le problème est plus facile à résoudre.

RECHERCHE 1

Recherche du tout ou de la valeur d'une partie

CE1 CE2

MATÉRIEL

- **Par élève :** 1 cahier de recherche, des cubes si besoin
- **Collectif :** des paquets de madeleines pour jouer la scène avec les élèves si besoin
- Diaporama *Groupement partage 1*

SÉANCE 1	RECHERCHE	30 min	En collectif
SÉANCE 2	Entrainement fichier p. 136	30 min	Individuel, autonomie

OBJECTIFS

Le principe de cette mission est **d'identifier, dans les problèmes de groupement et de partage, la recherche du tout ou de la valeur de la partie réitérée, puis de construire des repères pour faciliter la résolution du problème énoncé**.
Deux représentations progressives sont explicitées :
- celle dont le nombre de cases de la barre du bas correspond au nombre de parties. Les cases sont de taille identique.
- celle dont le nombre de cases de la barre du bas est signalé par « le nombre de fois ». Une case donne la valeur de la partie réitérée ; des points de suspension symbolisent la réitération. Une case est ajoutée afin d'identifier le nombre de fois ciblé.

L'utilisation de la machine à décoder reste la même : intermédiaire entre l'énoncé littéral du problème et sa représentation abstraite sous forme de calcul. Le tout est toujours placé dans la barre du haut.

SÉANCE 1 30 min LA RECHERCHE

- La situation présente 5 paquets identiques de 12 madeleines chacun. Par le questionnement, on amène les élèves de CE1 et de CE2 à se demander ce que l'on peut chercher à partir de cette situation.
- Les élèves de CE1 et de CE2 travaillent sur deux énoncés qui diffèrent uniquement par la taille des nombres en jeu :

  – **En CE1 : recherche de la totalité.**
  Moussa a acheté 5 paquets de 12 madeleines ce matin. De combien de madeleines dispose-t-il pour le gouter ?

  – **En CE2 : recherche de la totalité.**
  La pâtissière a fabriqué 110 paquets de madeleines. Chaque paquet contient 24 madeleines. Combien de madeleines la pâtissière a-t-elle fabriquées ?
- Individuellement, les élèves découvrent l'énoncé du problème, puis représentent la situation décrite sur leur cahier de recherche afin de la résoudre.
- Une fois les recherches des élèves terminées, elles sont présentées collectivement. L'enseignant·e fait émerger le lien entre les différentes représentations. Une discussion pourra s'engager sur les procédures erronées.
- La représentation normée du schéma en barres est alors introduite à travers la machine à décoder pour les deux niveaux successivement. **Pour les CE1, la machine à décoder donne à voir le nombre de parties exact dans la barre du bas. Chaque « paquet » de madeleines est représenté par une case. Pour les CE2, le nombre de paquets est trop grand pour être représenté par les cases : le « nombre de fois » est alors posé.**

- Les élèves de CE1 et de CE2 travaillent sur deux énoncés qui diffèrent uniquement par la taille des nombres en jeu. La même démarche est réalisée.
  - **En CE1 : Recherche du nombre de madeleines dans chaque paquet.**
  Moussa a acheté 48 madeleines en tout. Elles sont rangées par paquets. Il y a 4 paquets. Combien de madeleines y a-t-il dans chaque paquet ?
  - **En CE2 : Recherche du nombre de madeleines dans chaque paquet.**
  La pâtissière a fabriqué 200 madeleines en tout. Elle les range dans 4 cartons et en met le même nombre dans chaque. Combien de madeleines y a-t-il dans chaque carton ?
- Le bilan général est réalisé avec les élèves de CE1 et CE2 : *Dans un problème de parties-tout, on peut avoir plusieurs fois une même partie. Regroupées, elles forment un tout.* La machine à décoder rend visible le nombre de paquets à travers les cases et le nombre de fois.
- Les élèves sont invités à créer des énoncés de problèmes de groupement et partage amenant à rechercher la totalité ou la valeur de la partie réitérée par analogie aux énoncés rencontrés.

SÉANCE 2 — 30 min — ENTRAINEMENT ▸ fichier p. 136-137

Les objectifs sont :
- de s'entrainer à identifier les situations de groupement et partage avec recherche du tout ou de la valeur d'une partie, par analogie au problème de référence (problème des paquets de madeleines) ;
- de s'appuyer sur la machine à décoder pour résoudre ces problèmes.

OBSTACLES POSSIBLES

▸ La **compréhension de l'énoncé écrit du problème** et **la taille des nombres** dans le problème peuvent constituer des obstacles.

RECHERCHE 2 — CE1 — CE2

Recherche de la valeur d'une partie ou du nombre de parties

MATÉRIEL

- **Par élève : 1 cahier de recherche, des cubes si besoin**
- **Collectif : des paquets de madeleines pour jouer la scène avec les élèves si besoin**
- Diaporama *Groupement partage 2*

SÉANCE 1	RECHERCHE	30 min	En collectif
SÉANCE 2	Entrainement **fichier** p. 137	30 min	Individuel, autonomie

OBJECTIFS

Le principe de cette mission est d'**identifier les problèmes de groupement et partage par la recherche de la valeur de la partie réitérée ou du nombre de parties, puis de construire des repères pour faciliter la résolution du problème énoncé**.
Deux représentations progressives sont explicitées :
- celle dont le nombre de cases de la barre du bas correspond au nombre de parties. Les cases sont de taille identique ;
- celle dont le nombre de cases de la barre du bas est signalé par « le nombre de fois » grâce à un codage dédié.

L'utilisation de la machine à décoder reste la même : intermédiaire entre l'énoncé littéral du problème et sa représentation abstraite sous forme de calcul. Le tout est toujours placé dans la barre du haut.

SÉANCE 1 30 min LA RECHERCHE

- Collectivement, les élèves réactivent ce qui a été vu précédemment : la recherche du tout ou de la valeur de la partie réitérée, la machine à décoder avec le nombre de cases correspondant aux nombres de « paquets » et le nombre de fois indiqué sur la ligne du bas (en CE1, le nombre de cases est visible dans la barre du bas).
- Les élèves de CE1 et de CE2 travaillent sur deux énoncés qui diffèrent uniquement par la taille des nombres en jeu.

  – **En CE1 : Recherche du nombre de parties.**
  Moussa a acheté 48 madeleines en tout. Elles sont rangées par paquets de 8. Combien de paquets Moussa a-t-il achetés ?

  – **En CE2 : Recherche du nombre de parties.**
  La pâtissière a fabriqué 600 madeleines en tout. Elle les range par 50 dans des cartons. Combien de cartons la pâtissière réalise-t-elle ?
- Individuellement, les élèves découvrent l'énoncé de problème, puis représentent la situation décrite sur leur cahier de recherche afin de la résoudre.
- Une fois les recherches des élèves terminées, elles sont présentées collectivement. L'enseignant·e fait émerger le lien entre les différentes représentations. Les procédures erronées sont évincées.
- La représentation normée du schéma en barres est alors réactivée à travers la machine à décoder pour les deux niveaux de classe, successivement (avec le nombre de cases tracées – avec la réitération symbolisée et le nombre de fois indiqué).
- Le bilan est ensuite réalisé avec les élèves : *Dans un problème de parties-tout, on peut réunir des parties identiques pour trouver le tout. On peut connaitre le tout et chercher : le nombre de parties, la valeur de chaque partie.*
- Les élèves sont ensuite invités à réfléchir sur des énoncés dont les données sont effacées afin de :
  - formuler ce qu'on peut chercher ;
  - trouver la question associée ;
  - inventer les données ;
  - résoudre le problème en s'aidant de la machine à décoder.
- Cette réflexion guidée permettra de leur faire prendre conscience des différentes recherches possibles pour une même situation.

SÉANCE 2 30 min ENTRAINEMENT ▸ fichier p. 137-138

Les objectifs sont :
- de s'entrainer à identifier les situations de groupement et partage avec recherche de la valeur d'une partie ou du nombre de parties, par analogie au problème de référence (problème des paquets de madeleines) ;
- de s'appuyer sur la machine à décoder pour résoudre ces problèmes.

OBSTACLES POSSIBLES

▸ La **compréhension de l'énoncé écrit du problème** et **les nombres** mis en jeu dans le problème peuvent constituer des obstacles. **La recherche du nombre de parties sera plus complexe** quand la réponse appelle une unité différente de celle du tout.

RECHERCHE

3 Recherche du tout ou de la valeur d'une partie dans un problème à étapes

CE1 CE2

MATÉRIEL

- **Par élève :** 1 cahier de recherche, des cubes si besoin
- **Collectif :** le matériel de manipulation habituel
- Diaporama *Groupement partage 3*

SÉANCE 1	RECHERCHE	30 min	En collectif
SÉANCE 2	Entrainement fichier p. 139	30 min	Individuel, autonomie

OBJECTIFS

Les élèves se remémorent les connaissances acquises dans les situations précédentes à travers un **bilan coconstruit**. Ils élargissent le raisonnement aux problèmes incluant plusieurs étapes dont une étape de partage/groupement.

SÉANCE 1 30 min LA RECHERCHE

- Collectivement, les élèves réactivent ce qui a été vu précédemment à travers les problèmes de référence et la machine à décoder associée pour :
  - trouver le tout quand on connait le nombre de parties et la valeur de la partie réitérée ;
  - trouver le nombre de parties ou la valeur de la partie réitérée.
- Les élèves de CE1 et de CE2 travaillent sur deux énoncés présentant des étapes simples qui diffèrent uniquement par la taille des nombres en jeu.
  - **En CE1 : Recherche du tout.**
  À la crêperie, le restaurateur a commandé 5 boites de 6 œufs et 10 boites de 12 œufs. Combien d'œufs le restaurateur a-t-il achetés ?
  - **En CE2 : Recherche du tout.**
  À la crêperie, le restaurateur a commandé 10 boites de 6 œufs et 20 boites de 12 œufs. Combien d'œufs le restaurateur a-t-il achetés ?
- Individuellement, les élèves découvrent l'énoncé de problème, puis représentent la situation décrite sur leur cahier de recherche afin de la résoudre.
- Une fois les recherches des élèves terminées, elles sont présentées collectivement. L'enseignant·e fait émerger le lien entre les différentes représentations. Une discussion pourra s'engager sur les procédures erronées.
- Un bilan est réalisé avec les élèves. La machine à décoder est alors présentée sous forme de deux barres dont les élèves s'emparent selon l'enchainement de leur raisonnement.

SÉANCE 2 30 min ENTRAINEMENT ▸ fichier p. 139

Les objectifs sont :
- de réactiver, à travers le bilan, les repères construits sur les situations de groupement et partage ;
- de s'entrainer à résoudre des problèmes de groupement et partage à étapes en utilisant la machine à décoder.

OBSTACLES POSSIBLES

▸ La **compréhension de l'énoncé écrit du problème** constitue l'obstacle premier. L'organisation de la succession des groupements peut constituer un obstacle.

Pour différencier Fichier à photocopier : fiches * et **, *Situations de groupement et partage*.

Pour évaluer Évaluation *Problèmes 4 CE1*
Évaluation *Problèmes 4 CE2*

5 Situations de groupement et partage (avec reste)

Nous recommandons de réserver une semaine par période pour l'apprentissage de stratégies de résolution de problèmes. Tous les apprentissages de résolution de problèmes sont prévus en tandem CE1/CE2.

PROBLÈMES *Tandem*

Sur votre espace numérique

Retrouvez sur l'espace numérique **tous les diaporamas** et les **ressources complémentaires** : leçons, évaluations, matériel, etc.

Compétences LSU et BO

- **Extrait du BO du 25 avril 2018 :** « Enseigner la résolution de problèmes nécessite de **concevoir une progressivité pour les problèmes proposés**, en commençant par des problèmes additifs élémentaires en une étape, avant de proposer des problèmes plus complexes. **Au sein d'une même catégorie de problèmes, une progressivité doit être établie** : par exemple, au sein des problèmes additifs élémentaires en une étape, les nombres en jeu ou **l'aspect dynamique** ou non de la situation peuvent ajouter de la complexité pour les élèves. La formalisation de ces exemples-types doit être l'occasion **d'introduire des représentations,** sous forme de schémas bien adaptés, permettant **la modélisation** des problèmes proposés. Ces représentations sont systématiquement utilisées lors des résolutions de problèmes menées face à la classe, afin de servir de référence aux élèves. »
- **Attendus de fin de cycle 2 :** Résoudre des problèmes issus de situations de la vie quotidienne conduisant à utiliser les quatre opérations :
  - problèmes relevant des structures additives (addition/soustraction) ;
  - problèmes relevant des structures multiplicatives, de partages ou de groupements (multiplication/division).

Lexique

- **Problème de groupement et partage avec reste :** Les problèmes de parties-tout additifs/soustractifs avec des parties différentes ont été abordés dans le module 1. Les problèmes de parties-tout multiplicatifs/divisifs ont été abordés d'abord comme des problèmes avec une partie réitérée un certain nombre de fois afin de rendre plus visible le passage aux problèmes de parties-tout multiplicatifs/divisifs par la suite.
- Dans ce module, les problèmes de groupement et partage sont considérés avec un reste. Il s'agit de problèmes à étapes particuliers car la réponse aux énoncés dépendra de l'interprétation du reste.

Ainsi, selon l'énoncé, on cherche le tout, la valeur d'une partie, le nombre de parties (nombre de fois) ou le reste.

- Dans ces énoncés, le tout peut être désigné par différents mots : *l'ensemble, la totalité, la somme totale, la globalité, la masse globale ou totale…*
- Le nombre de parties peut être désigné par l'idée d'un groupement : *des sacs, des sachets, des groupes, des packs, des paquets, des boites, des tables…*
- Le reste est repérable par l'idée d'« objets » qui ne sont pas réunis dans un groupement, contrairement aux autres. L'usage même du mot **« reste »** doit être interrogé lors de la réflexion menée sur l'énoncé en distinguant son usage dans le langage courant et dans un contexte mathématique.

Apports didactiques

- Les problèmes de groupement et partage rencontrés dans ce module appellent soit une addition réitérée, soit une soustraction réitérée (partage), soit une multiplication, soit une division et pour lesquels, un reste existe, une fois le partage équitable réalisé.
- **Le schéma en barres** est la représentation du problème selon un modèle normé et simplifié. Dans celui que nous proposons, la plus grande quantité est placée dans la barre du haut (ce sera toujours le cas, quel que soit le type de problème travaillé, que cette quantité soit connue ou non).

▶ **Énoncé traité par une addition réitérée avec un reste :**

Le tout				
Partie	Partie	Partie	Partie	Reste

▶ **Énoncé traité par la multiplication/division :**

Le tout		
Partie	…	Reste

← Nombre de fois →

Difficultés rencontrées par les élèves

1 Difficulté à comprendre et à se représenter l'énoncé. Le passage du registre littéral de l'énoncé au registre mathématique est complexe pour les élèves. Ils doivent se représenter la situation, repérer, puis traiter les informations et les données numériques qui y sont associées. Les problèmes à étapes sont plus résistants : **le repérage des questions implicites intermédiaires, l'organisation des données et la pertinence de la réponse à la question ne peuvent plus être résolus par analogie à des problèmes de référence.**

- La machine à décoder sous ses différentes formes sera convoquée en fonction de l'analogie possible avec les problèmes de référence travaillés précédemment. Pour ce dernier module, les problèmes de groupement et partage avec reste pourront illustrer un traitement articulant l'appui sur la modélisation et le nécessaire retour à la logique pour rédigée la réponse *(Demande-t-on le quotient ? Le reste ? Le quotient +1 ?).*
- La recherche de la **valeur de la partie réitérée,** quand **on connait le tout et le reste**, peut être représentée en deux étapes :
  - le reste et la partie correspondant aux parties identiques réitérées forment le tout. On ôte le reste au tout ;
  - on recherche la valeur d'une partie en considérant la nouvelle totalité.
- La recherche du nombre de parties identiques quand on connait le tout et le reste peut être représentée en deux étapes :
  - **on ôte le reste** au tout afin de retrouver un énoncé simple de groupement et partage ;
  - on recherche la valeur de la partie réitérée.

2 Difficulté suivant le type de recherche.

- La **recherche du tout** est la plus simple. Elle revient à la somme des deux parties (celle avec la partie réitérée et celle avec le reste). Les techniques de calcul pourront varier en fonction des automatismes développés.
- **La recherche de la valeur de la partie réitérée ou du nombre de parties identiques est plus complexe**. Plusieurs procédures plus ou moins expertes pourront être utilisées : il faudra, dans une première étape, ôter la partie « reste » au tout afin de pouvoir considérer la deuxième étape comme un problème simple de groupement et partage.

3 Difficulté liée à la taille des nombres.

4 Difficulté liée au domaine de référence qui peut être facilitateur ou au contraire apporter davantage de complexité.

RECHERCHE

1 Recherche du tout ou de la valeur d'une partie

CE1 CE2

MATÉRIEL

- **Par élève :** 1 cahier de recherche, des cubes si besoin
- **Collectif :** le matériel de manipulation habituel
- Diaporama *Groupement partage avec reste 1*

SÉANCE 1	RECHERCHE	30 min	En collectif
SÉANCE 2	Entrainement fichier p. 140	30 min	Individuel, autonomie

OBJECTIFS

Le principe de cette mission est **d'identifier les problèmes de groupement et partage avec reste par la recherche du tout ou de la valeur de la partie réitérée, puis de construire des repères pour faciliter la résolution du problème énoncé**.
La représentation, dans la barre du bas, combinera deux éléments vus dans les modules précédents :
- autant de cases que de parties pour le CE1 (en CE2, quand le nombre de parties ne pourra pas être représenté, on utilisera une accolade et on indiquera le nombre de parties) ;
- une case reste, apparentée à une partie supplémentaire.

SÉANCE 1 — 30 min — LA RECHERCHE

- La situation présente des paquets identiques contenant le même nombre de madeleines et des madeleines non conditionnées. Par le questionnement, on amène les élèves de CE1 et de CE2 à se demander ce que l'on peut chercher à partir de cette situation.
- Les élèves de CE1 et de CE2 travaillent sur deux énoncés qui diffèrent uniquement par la taille des nombres en jeu.
  - **En CE1 : Recherche de la totalité.**
  La pâtissière a fabriqué des madeleines. Elle réalise 5 sachets de 6 madeleines chacun et il lui reste 3 madeleines. Combien de madeleines la pâtissière a-t-elle fabriquées ?
  - **En CE2 : Recherche de la totalité.**
  La fabrique de gâteaux a produit des madeleines. Elles sont conditionnées par sachets de 10. Ils réalisent 50 sachets et il reste 4 madeleines. Combien de madeleines ont été produites ?
- Individuellement, les élèves découvrent l'énoncé de problème, puis représentent la situation décrite sur leur cahier de recherche afin de la résoudre.
- Une fois les recherches des élèves terminées, elles sont présentées collectivement. L'enseignant·e fait émerger le lien entre les différentes représentations. Une discussion pourra s'engager sur les procédures erronées.
- La représentation normée du schéma en barres est alors introduite à travers la machine à décoder pour les deux niveaux successivement :
  - **pour les CE1, la machine à décoder donne à voir le nombre de parties exact dans la barre du bas. Chaque « paquet » de madeleines est représenté par une case. Sachant qu'une case représente les madeleines non conditionnées ;**
  - **pour les CE2, le nombre de paquets est trop grand pour être représenté par des cases : le « nombre de fois » est alors posé. Et la case représentant le reste est également visible.**

- La même démarche est réalisée pour un autre problème. Les élèves de CE1 et de CE2 travaillent sur deux énoncés différents uniquement par la taille des nombres en jeu.

  – **En CE1 : Recherche du nombre de madeleines dans chaque paquet.**
  La pâtissière a confectionné 44 madeleines. Elle les range dans 5 sachets et en met la même quantité dans chaque. Combien de madeleines doit-elle mettre dans les sachets ?

  – **En CE2 : Recherche du nombre de madeleines dans chaque paquet.**
  L'usine a fabriqué 257 madeleines. Elles sont rangées dans 50 sachets identiques. Combien de madeleines sont rangées dans les sachets ?

  Cette recherche induit également la considération des madeleines restantes.
- Le bilan général est réalisé avec les élèves de CE1 et CE2 : *Dans un problème de parties-tout, on a plusieurs fois une même partie. Il y a parfois un reste.*
- Les élèves sont invités à créer à l'oral des énoncés de problèmes de groupement et partage avec reste amenant à rechercher la totalité ou la valeur de la partie réitérée.

SÉANCE 2 — 30 min — ENTRAINEMENT ▸ fichier p. 140-141

Les objectifs sont :
- de s'entrainer à identifier les situations de groupement et partage avec reste dont les recherches correspondent au tout ou à la valeur d'une partie, par analogie au problème de référence (problème des paquets de madeleines avec des madeleines non conditionnées) ;
- de s'appuyer sur la machine à décoder pour résoudre ces problèmes.

OBSTACLES POSSIBLES

▸ La **compréhension de l'énoncé écrit du problème** et **les nombres** mis en jeu dans le problème peuvent constituer des obstacles. Ces problèmes s'apparentant à des problèmes à étapes appellent une compilation de différents problèmes basiques.

RECHERCHE 2 — CE1 CE2

Recherche de la valeur d'une partie ou du nombre de parties (avec reste)

MATÉRIEL

- **Par élève :** 1 cahier de recherche, des cubes si besoin
- **Collectif :** le matériel de manipulation habituel
- Diaporama *Groupement partage avec reste 2*

SÉANCE 1	RECHERCHE	30 min	En collectif
SÉANCE 2	Entrainement fichier p. 141	30 min	Individuel, autonomie

OBJECTIFS

- Le principe de cette mission est **d'identifier les problèmes de groupement et partage avec reste par la recherche de la valeur d'une partie ou du nombre de parties, puis de construire des repères pour faciliter la résolution du problème énoncé**.
- Deux représentations sont combinées pour satisfaire les différents niveaux des élèves : le nombre de cases de la barre du bas qui correspond au nombre de parties, auquel est ajouté une case pour le reste. La double flèche permet d'associer le nombre de fois.
- L'utilisation de la machine à décoder reste la même : intermédiaire entre l'énoncé littéral du problème et sa représentation abstraite sous forme de calcul.

SÉANCE 1 30 min LA RECHERCHE

- Collectivement, les élèves réactivent ce qui a été vu précédemment :
  - la recherche du tout ou de la valeur de la partie réitérée dans des problèmes de groupement et partage avec reste ;
  - la machine à décoder faisant apparaitre les parties distinctes : celles avec les parties identiques et celle du reste.
- Les élèves de CE1 et de CE2 travaillent sur deux énoncés qui diffèrent uniquement par la taille des nombres en jeu.

  – **En CE1 : Recherche du nombre de parties.**
  La pâtissière a confectionné 33 madeleines. Elle en met 6 par sachet. Combien de sachets peut-elle mettre en rayon ?

  – **En CE2 : Recherche du nombre de parties.**
  L'usine a fabriqué 503 madeleines. Elles sont conditionnées par sachets de 5. Combien de sachets sortent de l'usine ?
- Individuellement, les élèves découvrent l'énoncé de problème, puis représentent la situation décrite sur leur cahier de recherche afin de la résoudre.
- Une fois les recherches des élèves terminées, elles sont présentées collectivement. L'enseignant·e fait émerger le lien entre les différentes représentations. Une discussion pourra s'engager sur les procédures erronées.
- La représentation normée du schéma en barres est alors réactivée à travers la machine à décoder pour les deux niveaux de classe, successivement (**avec le nombre de cases à tracer pour les CE1**, **avec la réitération symbolisée et le nombre de fois indiqué pour les CE2**). Dans les deux cas, la case représentant le reste est visible afin de soutenir le raisonnement des élèves.
- Le bilan est ensuite réalisé avec les élèves : *Dans un problème de parties-tout avec des parties, il peut y avoir un reste.*
  - *soit on cherche le tout ;*
  - *soit on cherche le nombre de parties ;*
  - *soit on cherche la valeur d'une partie ;*
  - *soit on cherche le reste.*
- Les élèves sont ensuite invités à trouver la question d'un énoncé qui **porte sur le tout.** Le problème est résolu collectivement en s'appuyant sur la machine à décoder présentée. Le questionnement guidé permet de réactiver le passage de l'énoncé à la représentation.
- Les élèves sont invités·ées à trouver la question :
  - d'un énoncé qui **porte sur la valeur de la partie réitérée** ;
  - d'un énoncé qui **porte sur le nombre de parties identiques** ;
  - d'un énoncé qui **porte sur le reste.**

  Chaque problème est résolu collectivement en s'appuyant sur la machine à décoder présentée. Le questionnement guidé permet de réactiver le passage de l'énoncé à la représentation.
- Cette réflexion guidée permettra de leur faire prendre conscience des différentes recherches possibles pour une même situation.

SÉANCE 2 30 min ENTRAINEMENT ▸ fichier p. 141-142

Les objectifs sont :
- de s'entrainer à identifier les situations de groupement et partage avec reste dont les recherches correspondent à la valeur d'une partie ou au nombre de parties, par analogie au problème de référence (problème des paquets de madeleines avec des madeleines non conditionnées) ;
- de s'appuyer sur la machine à décoder pour résoudre ces problèmes.

OBSTACLES POSSIBLES

▸ La **compréhension de l'énoncé écrit du problème** et **les nombres** mis en jeu dans le problème peuvent constituer des obstacles. Les problèmes à étapes appellent une compilation de différents problèmes basiques plus complexes.

Apprendre à chercher

RECHERCHE

3 Recherche de la valeur d'une partie, du nombre de parties ou du reste dans un problème à étapes

CE1 CE2

MATÉRIEL

- **Par élève : 1 cahier de recherche, des cubes si besoin**
- **Collectif :** le matériel de manipulation habituel
- Diaporama *Groupement partage avec reste 3*

SÉANCE 1	RECHERCHE	30 min	En collectif
SÉANCE 2	Entrainement fichier p. 143	30 min	Individuel, autonomie

OBJECTIFS

Le principe de cette mission est de se remémorer le bilan des connaissances acquises sur les situations de groupement et partage avec reste et de rencontrer une recherche compilant deux étapes pour rechercher la valeur de la partie réitérée ou le reste.

SÉANCE 1 30 min LA RECHERCHE

- Collectivement, les élèves réactivent ce qui a été vu précédemment, situations et machines à décoder associées. Les différentes recherches possibles sont rappelées.
- Les élèves de CE1 et de CE2 travaillent sur le même énoncé : *Toute l'école part en classe de découverte. Il y a 312 élèves. On commande des cars de 50 places. Combien de cars seront nécessaires ? Combien de places libres restera-t-il dans le bus ?*
- Individuellement, les élèves découvrent l'énoncé de problème, puis représentent la situation décrite sur leur cahier de recherche afin de la résoudre.
- Une fois les recherches des élèves terminées, elles sont présentées collectivement. L'enseignant·e fait émerger le lien entre les différentes représentations. Une discussion pourra s'engager sur les procédures erronées.
- La machine à décoder permet de représenter la situation avec la recherche du reste connaissant les autres données.
- Un bilan est réalisé avec les élèves. Il met l'accent sur la partie « restante ». Des exemples de situations du même type attirent l'attention sur **la phrase réponse** qui doit être contrôlée au regard du contexte présenté.

SÉANCE 2 30 min ENTRAINEMENT ▸ fichier p. 143

Les objectifs sont :
- de réactiver, à travers le bilan, les repères construits sur les situations de groupement et partage avec reste ;
- de s'entrainer à résoudre des problèmes de groupement et partage avec recherche de la valeur de la partie réitérée ou de la valeur de la partie « restante ». La résolution devrait être facilitée en utilisant la machine à décoder.

OBSTACLES POSSIBLES

▸ La **compréhension de l'énoncé écrit du problème** et **les nombres** mis en jeu dans le problème peuvent constituer des obstacles. Les problèmes à étapes appellent une compilation de différents problèmes basiques plus complexes.

Pour différencier : Fichier à photocopier : fiches * et **, *Situations de groupement et partage (avec reste).*

Pour évaluer : Évaluation ***Problèmes 5 CE1***
Évaluation ***Problèmes 5 CE2***

Conception de la couverture et de la maquette intérieure : Julie Lannes
Mise en pages et schémas : STDI
Illustrations : Thierry Manes
Édition : Sarah Billecocq
Fabrication : Sébastien Argant

N° éditeur : 125197 - N° projet : 10303297 - Dépôt légal : août 2023
Achevé d'imprimer en août 2024 par l'imprimerie Chirat en France - N° 202408.0020